Einführung in die Neurolinguistik

Horst M. Müller

Einführung in die Neurolinguistik

2., aktualisierte und erweiterte Auflage

 **J.B. METZLER**

Prof. Dr. Dr. Horst M. Müller
AG Experimentelle Neurolinguistik,
Department Linguistik,
Universität Bielefeld
Bielefeld, Deutschland

ISBN 978-3-662-67484-0   ISBN 978-3-662-67485-7   (eBook)
https://doi.org/10.1007/978-3-662-67485-7

Die Deutsche Nationalbibliothek verzeichnet diese Publikation in der Deutschen Nationalbibliografie; detaillierte bibliografische Daten sind im Internet über http://dnb.d-nb.de abrufbar.

1. Aufl.: © Wilhelm Fink GmbH & Co. Verlags-KG, Paderborn 2013
© Der/die Herausgeber bzw. der/die Autor(en), exklusiv lizenziert an Springer-Verlag GmbH, DE, ein Teil von Springer Nature 2024

Das Werk einschließlich aller seiner Teile ist urheberrechtlich geschützt. Jede Verwertung, die nicht ausdrücklich vom Urheberrechtsgesetz zugelassen ist, bedarf der vorherigen Zustimmung des Verlags. Das gilt insbesondere für Vervielfältigungen, Bearbeitungen, Übersetzungen, Mikroverfilmungen und die Einspeicherung und Verarbeitung in elektronischen Systemen.
Die Wiedergabe von allgemein beschreibenden Bezeichnungen, Marken, Unternehmensnamen etc. in diesem Werk bedeutet nicht, dass diese frei durch jedermann benutzt werden dürfen. Die Berechtigung zur Benutzung unterliegt, auch ohne gesonderten Hinweis hierzu, den Regeln des Markenrechts. Die Rechte des jeweiligen Zeicheninhabers sind zu beachten.
Der Verlag, die Autoren und die Herausgeber gehen davon aus, dass die Angaben und Informationen in diesem Werk zum Zeitpunkt der Veröffentlichung vollständig und korrekt sind. Weder der Verlag noch die Autoren oder die Herausgeber übernehmen, ausdrücklich oder implizit, Gewähr für den Inhalt des Werkes, etwaige Fehler oder Äußerungen. Der Verlag bleibt im Hinblick auf geografische Zuordnungen und Gebietsbezeichnungen in veröffentlichten Karten und Institutionsadressen neutral.

Umschlagabbildung: © Horst M. Müller

Planung/Lektorat: Ferdinand Pöhlmann
J.B. Metzler ist ein Imprint der eingetragenen Gesellschaft Springer-Verlag GmbH, DE und ist ein Teil von Springer Nature.
Die Anschrift der Gesellschaft ist: Heidelberger Platz 3, 14197 Berlin, Germany

Das Papier dieses Produkts ist recyclebar.

Vorwort zur zweiten Auflage

Zehn Jahre nach der ersten Auflage der Einführung ist eine Überarbeitung und Aktualisierung notwendig, da sich der Forschungsbereich der experimentellen Neurolinguistik kontinuierlich ausweitet und methodisch weiterentwickelt. Die Zahl einschlägiger Veröffentlichungen hat in der letzten Dekade stark zugenommen und die Erkenntnisse in der Grundlagenforschung sowie der angewandten klinischen Forschung zur Sprachfähigkeit sind enorm gewachsen. Die vorliegende Auflage ist daher stark überarbeitet, umfangreich erweitert und mit neuen Abbildungen versehen. Das Buch soll den Lesern sowohl einen umfassenden Einstieg in die Neurolinguistik ermöglichen als auch fortgeschrittenen Studierenden eine Orientierung und Hilfestellung für eigene Studien bieten. Daher ist besonderer Wert auf die Einbindung weiterführender und vor allem aktueller Literatur in Form von Lehrbüchern und Forschungsbeiträgen gelegt worden.

Der Band soll in den Themenbereich „Sprache und Gehirn" einführen, indem er die wichtigsten Forschungsfragen und Erkenntnisse sowie aktuelle Methoden vorstellt. Er wendet sich in erster Linie an Studierende der Linguistik, Psychologie, Medizin, Philosophie und Informatik, die sich intensiv mit den neurolinguistischen Grundlagen von Sprache und Kommunikation beschäftigen wollen. Es werden theoretische Grundlagen, konkrete Experimente und gängige Modelle zur Verarbeitung von Sprache im Gehirn vorgestellt und weiterführende Hinweise zur experimentellen Neurolinguistik, zu *Brain Imaging* und Klinischer Linguistik gegeben. Das Lehrbuch bietet auch Einblicke in den spannenden Bereich neurolinguistischer und klinischer Forschung zur Sprachfähigkeit, die wesentlich für das Studium der Klinischen Linguistik, Patholinguistik und Logopädie sind. Im letzten Kapitel werden anhand wissenschaftstheoretischer Betrachtungen historische und auch gegenwärtige Beschränkungen durch jeweils vorherrschende Denkmodelle in diesem Forschungsbereich angesprochen.

Für hilfreiche Gespräche und Kommentare zu früheren Versionen des Manuskriptes danke ich Prof. Dr. Sabine Weiss, Dr. Franziska Schaller und Dr. Kerstin Richter sehr herzlich. Beim Verlag J. B. Metzler möchte ich mich für die Bereitschaft bedanken, das Buch in der 2. Auflage sowohl digital als auch in einer sehr gut ausgestatteten Druckversion zu verlegen. Hier möchte ich mich besonders bei Dr. Ferdinand Pöhlmann herzlich für die Betreuung und Unterstützung bei der Neuauflage sowie die sehr gute Zusammenarbeit bedanken.

Bielefeld Horst M. Müller
im Frühjahr 2023

Inhaltsverzeichnis

1	**Sprache als Forschungsbereich der Linguistik, Psychologie und Neurowissenschaft**...	1
	1.1 Sprachwissenschaft: Der Zusammengang von Introspektion und Empirie	5
	1.2 Psycholinguistik: Sprache als kommunikatives Verhalten......	9
	1.3 Neurolinguistik: Neurokognitive und klinische Fragestellungen	11
2	**Modellvorstellungen zur Sprachverarbeitung**	15
	2.1 Annahmen zur Kognition: Modular oder holistisch?..........	16
	2.2 *Bottom-up* oder *Top-down*?	18
	2.3 Levelts Modell der Sprachproduktion: inkrementell und modular	19
	2.4 Interaktive Modelle und Parallelverarbeitung	22
3	**Wortverarbeitung und mentales Lexikon**........................	27
	3.1 Objekterkennung und Wissensrepräsentation	28
	3.2 Sprachrezeption auf der Wortebene: Das Kohortenmodell	34
	3.3 Schema, Skript und mentales Konzept	37
4	**Der kindliche Spracherwerb**	41
	4.1 Zum Verhältnis von Sprachevolution und kindlicher Sprachentwicklung..	41
	4.2 Die kindliche Sprachentwicklung	43
	4.3 Die Stufen des Spracherwerbs	47
5	**Mehrsprachigkeit und neurokognitive Störungen der Sprachentwicklung**...	57
	5.1 Zweitspracherwerb: Das bilinguale Gehirn..................	57
	5.2 Störungen der Sprachentwicklung.........................	60
	5.3 Existiert ein zeitkritisches Fenster für den Erstspracherwerb?	63

6	**Spezialisierung der Hemisphären – Sprachlateralisierung**	71
	6.1 Händigkeit und Sprache	77
	6.2 Komplementäre Hemisphärenspezialisierung	81
	6.3 Erfahrungen mit Split-Brain-Patienten	83
7	**Erworbene Sprachstörungen durch Hirnschädigung**	89
	7.1 Die Anfälligkeit der Sprachfähigkeit: Ursachen von Aphasie	90
	7.2 Formen der Aphasie	93
	7.3 Diagnostik und Therapie aphasischer Störungen	98
8	**Sprachverarbeitung: Die Messung von Verhalten und Reaktionen**	105
	8.1 Beispiele behavioraler Untersuchungen der Psycholinguistik	106
	8.2 Die Messung von Reaktionszeiten	111
	8.3 Die Registrierung von Blickbewegungen (*eye tracking*)	115
9	**Klinische Untersuchungen zur funktionellen Neuroanatomie der Sprache**	121
	9.1 Eingriffe ins Gehirn: Intrakraniale Ableitungen und Stimulationsexperimente	121
	9.2 Die kurzzeitige Betäubung einer Gehirnhälfte: Der Wada-Test	129
	9.3 Die selektive Störung von Gehirnfunktionen mittels TMS	131
10	**Nicht-invasive elektrophysiologische Methoden**	135
	10.1 Die Haut als Fenster zur Kognition: Messung der elektrodermalen Aktivität (EDA)	135
	10.2 EEG und MEG zur Messung der elektrischen Hirnaktivität	138
	10.3 Das ereigniskorrelierte Potential (ERP)	141
	10.4 Spektrale Kohärenz und Phasensynchronisation	145
11	**Sprachverarbeitung: Einblicke in das arbeitende Gehirn**	147
	11.1 Funktionelle Bildgebung	147
	11.2 Exogene ereigniskorrelierte Potentiale	150
	11.3 Endogene ereigniskorrelierte Potentiale	154
12	**Gehirnstoffwechsel und Kognition: Cerebrale Blutflussmessung und metabolische Methoden**	161
	12.1 Die Messung des cerebralen Blutflusses (CBF)	161
	12.2 Die Positronenemissionstomographie (PET)	163
	12.3 Die Nahinfrarotspektroskopie (NIRS)	169
	12.4 Die funktionelle Magnetresonanztomographie (fMRT)	171
13	**Sprache als Leistung interagierender Neuronennetzwerke**	181
	13.1 Sprache: Leistung persistenter Gehirnregionen oder transienter Netzwerke?	182
	13.2 Oszillatorische Aktivität und Synchronisation von Nervenzellverbänden	185
	13.3 Die oszillatorische Stimulation von Neuronen	190

14	**Wissenschaftshistorische und wissenschaftstheoretische Aspekte zur Frage der Hirnfunktion**	195
	14.1 Das Gehirn verstehen: Metaphern zur Erklärung der Hirnfunktion.	197
	14.2 Technikmetaphern von der Antike bis zur Aufklärung	198
	14.3 Neuzeitliche Modelle zur Erklärung der Hirnfunktion	201

Literatur. 209

Register 235

Sprache als Forschungsbereich der Linguistik, Psychologie und Neurowissenschaft

Was ist experimentelle Neurolinguistik?
Die nachfolgenden 10 Schwerpunktfragen zur Repräsentation von Sprache im Gehirn geben einige **Beispiele für konkrete Forschungsansätze** aus dem Bereich der experimentellen Neurolinguistik:

- Wie leistet das Gehirn Sprache? Wie ist die funktionelle Neuroanatomie der Sprachfähigkeit?
- Wie ist der neurokognitive Zusammenhang von Sprache und allgemeinen Denkprozessen?
- Ist die Sprache überhaupt bestimmten Bereichen im Gehirn eindeutig zuzuordnen oder handelt es sich vielmehr um eine jeweils kurzzeitige Verbundleistung variabler neuronaler Netzwerke?
- Falls Sprache anatomisch verortet werden kann: Wo und wie ist Sprache bzw. sind einzelne Teilleistungen im Gehirn lokalisiert?
- Existiert für den erlernten Wortschatz im Gehirn ein mentales Lexikon? Wie ist die Binnenstruktur eines solchen Lexikons für unterschiedliche Wortkategorien? Wie ist es in der Hirnrinde repräsentiert?
- Teilen sich Muttersprache und später erlernte Fremdsprachen die gleichen Gehirnbereiche oder nutzt der kindliche Mutterspracherwerb ganz besondere Gehirnbereiche, die nur in frühester Kindheit zur Verfügung stehen?
- Existiert für Sprache eine kritische Phase und kann Sprache nur im Kleinkindalter erworben werden? Ist Fremdspracherwerb nach der Pubertät oder im hohen Alter neurokognitiv grundsätzlich erschwert?
- Sind kindliche Sprech- und Sprachstörungen noch beeinflussbar? Wie ist es bei Erwachsenen, die z.B. lispeln, stottern oder poltern?

- Wie lassen sich durch einen Unfall oder durch Erkrankung erworbene Sprachbeeinträchtigungen (Aphasie) neurokognitiv bzw. mittels Elektrostimulation effizient therapieren?
- Wie lässt sich ein drohender Verlust der Sprache bei Menschen mit beginnender Demenz neurokognitiv hinauszögern?

Die oben genannten Fragen geben nur einige Beispiele für die Vielfalt der bearbeiteten Forschungsfragen der Neurolinguistik, der Klinischen Linguistik und der Psycholinguistik. Neurolinguistische Experimente dienen somit nicht nur der Grundlagenforschung. Erkenntnisse zur Physiologie der Sprachverarbeitung haben auch eine Bedeutung für anwendungsorientierte Bereiche der Sprache. Beispielsweise ermöglichen sie ein besseres Verständnis des kindlichen Erstspracherwerbs, aber auch des Zweitspracherwerbs bei Erwachsenen. Sie beeinflussen daher Theorien der Didaktik allgemein sowie das schulische Bemühen um die Verbesserung der Sprachleistung von Kindern bzw. den Erwerb von Fremdsprachen. Beispielsweise wird die Diskussion, ob Kinder eine Zweitsprache bereits im Kindergarten, in der Grundschule oder erst ab dem zehnten Lebensjahr erlernen sollen, aufgrund neurolinguistischer Befunde geführt. Gleiches gilt für den kindlichen Schriftspracherwerb und die Diskussionen um die Art und Weise der Vermittlung der Schriftsprache in der Grundschule. Auch für die Klinische Linguistik und die Therapie von Sprachbeeinträchtigungen nach einer Hirnschädigung (Aphasie), die z. B. durch einen Schlaganfall ausgelöst werden können, sind die Erkenntnisse zu den neurokognitiven Grundlagen der Sprachfähigkeit von stets größer werdender Bedeutung. Dieses Kapitel zeigt, wie die Entstehung der Neurolinguistik in die Entwicklung der Sprachwissenschaft eingebettet ist.

Von der Sprachbeschreibung zu den neurokognitiven Grundlagen der Sprache
Die traditionelle Sprachwissenschaft hat sehr davon profitiert, dass zu einem modernen wissenschaftlichen Diskurs über einen Forschungsgegenstand die fachübergreifende Auseinandersetzung mit inhaltlich bedeutsamen Erkenntnissen benachbarter Disziplinen gehört. Gegenwärtig wird zum Phänomen Sprache nicht nur in der Sprachwissenschaft bzw. Linguistik wissenschaftlich gearbeitet. Die kognitiven und neurophysiologischen Aspekte der Sprachverarbeitung bilden einen wichtigen Schwerpunkt innerhalb des viel umfassenderen Forschungsbereichs der kognitiven Neurowissenschaft und der *Cognitive Science*. Letztere wird in vorliegendem Buch inhaltlich in der international üblichen Breite und empirischen Ausrichtung verstanden. Der deutsche Begriff Kognitionswissenschaft ist nicht ganz bedeutungsgleich und hat eher theoretische, computerlinguistische und im engeren Sinne kognitionswissenschaftliche Schwerpunkte. Traditionell gehören zur Cognitive Science Teile der Psychologie, der Sprachwissenschaft, der Philosophie, der Künstliche-Intelligenz-Forschung (KI), der Neurowissenschaft und der Anthropologie. Bei dieser vergleichsweise jungen, vor weniger als 50 Jahren in den USA formulierten Cognitive Science handelt es sich

1 Sprache als Forschungsbereich

um einen Zusammenschluss von Forschungsrichtungen mehrerer traditioneller Disziplinen zu einem neuen Forschungsschwerpunkt, bei dem die Kognition im Mittelpunkt steht (s. Abb. 1.1). In der Cognitive Science werden kognitive Vorgänge fachübergreifend aus benachbarten beteiligten Disziplinen heraus untersucht, bei Lebewesen ebenso wie auch bei ‚intelligenten' technischen Systemen (Stephan & Walter 2013; Friedenberg et al. 2021; Bermúdez 2023). Bei der menschlichen Sprache handelt es sich um eine besonders vielschichtige und komplexe kognitive Leistung, die im Rahmen eines einzelnen wissenschaftlichen Ansatzes gar nicht adäquat erfasst werden könnte. Die Beschäftigung mit Sprache verlangt geradezu eine integrative Betrachtung aus verschiedenen Disziplinen, insbesondere wenn die Ebenen des sprachlichen Verhaltens, der dahinterliegenden kognitiven Prozesse sowie die darunterliegende funktionelle Neuroanatomie aufeinander abgebildet werden sollen.

Die Analyse der Hirnfunktionen, die den Erzeugungs- und Verarbeitungsprozessen der menschlichen Sprache zugrunde liegen, ist dabei eine der großen Herausforderungen der Gegenwart. Aus diesem Grund haben sich während der letzten 30 Jahre Bereiche der traditionellen Sprachwissenschaft sowie die Psycholinguistik, die Neurolinguistik und die KI-Forschung zu einer Gruppe innerhalb der Kognitionswissenschaft formiert und den Zusammenhang von Gehirn, Kognition und Sprache in den Mittelpunkt der Forschung gestellt. Aus sprachwissenschaftlicher Sicht handelt es sich um eine Entwicklung in der die Psycholinguistik (Traxler 2012; Dietrich & Gerwien 2017; Rueschemeyer & Gaskell 2018), die Kognitive Linguistik (Schwarz 2008; Rickheit et al. 2010; Wen & Taylor 2021) und die Neurolinguistik (Stemmer & Whitaker 1998; 2008; Ingram 2007; De Zubicaray & Schiller 2018) Methoden und Verfahren der kognitiven Neurowissenschaft (Karnath & Thier 2012; de Groot & Hagoort 2018; Poeppel et al. 2020) einsetzen.

Die Sprachwissenschaft oder Philologie war lange Zeit ein typischer Vertreter der geisteswissenschaftlichen Disziplinen mit Methoden der Selbstbeobachtung (**Introspektion**) und sachgerechten Interpretation (**Hermeneutik**). Inhaltlich bestand die Sprachwissenschaft um 1930 im Wesentlichen aus der Formen- und Wortbaulehre (Morphologie), der Satzbaulehre (Syntax) und der Bedeutungslehre (Pragmatik). Erst als sich die Lautlehre (Phonetik) seit Beginn des 20. Jahrhunderts zunehmend stärker der Medizin und der Physik näherte, konnten sich auch technisch-naturwissenschaftliche Ansätze in der traditionellen Sprachwissenschaft etablieren. Während der letzten einhundert Jahre hat sich die Sprachwissenschaft komplett verändert. Parallel zur Entwicklung in anderen Disziplinen, beispielsweise der Physik oder der Biologie hat sich auch in der Sprachwissenschaft der Gegenstandsbereich, die Methoden und vor allem der Erkenntnisstand massiv erweitert. In der Physik und Biologie sind viele moderne Teildisziplinen in Europa erst nach dem Zweiten Weltkrieg an den Universitäten etabliert worden, wie z. B. die Molekulargenetik, die Elektrophysiologie oder die Elementarteilchenphysik. Auch in der Sprachwissenschaft sind einige Teildisziplinen keine 70 Jahre alt. In der Sprachwissenschaft des 21. Jahrhunderts prägen und erweitern die Kognitive Linguistik, Phonologie, Psycholinguistik, Neurolinguistik,

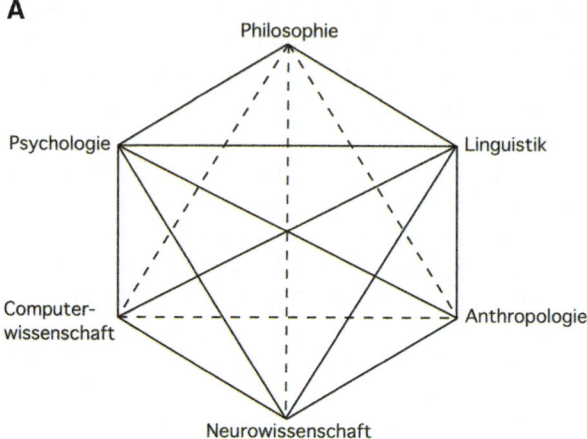

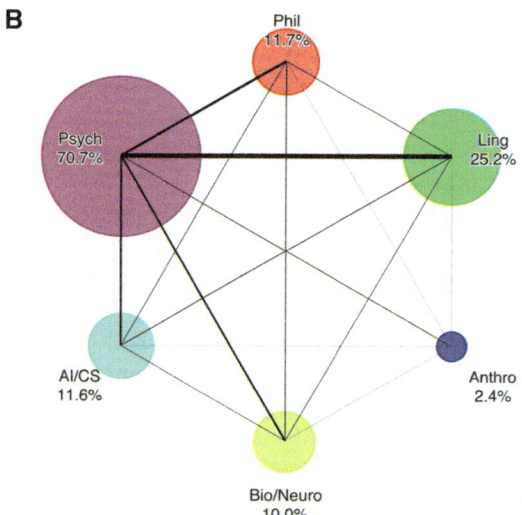

Abb. 1.1 **A**: Die 1978 im Sloan Report formulierte multidisziplinäre Ausrichtung der *Cognitive Science* (umgezeichnet). Die durchgezogenen Linien zeigen damals bestehende Kooperationen, die unterbrochenen Linien zeigen noch zu stärkende Verbindungen an, z. B. zwischen der Computerwissenschaft und der Anthropologie.
B: Die gegenwärtige Präsenz der beteiligten Fächer anhand bibliometrischer Daten aus den Jahren 2015 bis 2019. Ausgewertet wurde die Fächerzugehörigkeit der bei der Zeitschrift Cognitive Science eingereichten Manuskripte in Prozent. Die Strichdicke zeigt die fachübergreifenden Verbindungen an, Psychologie und Linguistik nehmen hier eine zentrale Rolle ein. (Cooper 2019, 7)

Grammatiktheorie und Computerlinguistik die Disziplin wesentlich. Die oben genannten Teildisziplinen aus der Anfangszeit evidenzbasierter sprachwissenschaftlicher Forschung haben sich jedoch den gegenwärtigen Anforderungen an wissenschaftliche Verfahrensweisen und an einer grundsätzlich interdisziplinären Ausrichtung stellen müssen.

Um diesen grundlegenden Wandel sprachwissenschaftlicher Arbeit zu verdeutlichen und um sich von der sprachwissenschaftlichen Arbeit der Einzelphilologien (z. B. Anglistik, Romanistik oder Germanistik) zu unterscheiden, wird terminologisch gelegentlich zwischen der traditionellen ‚Sprachwissenschaft' und der zumindest moderner klingenden ‚Linguistik' unterschieden. Die Begriffe Sprachwissenschaft und Linguistik sind jedoch gleichbedeutend – und werden so auch in diesem Buch verwendet.

1.1 Sprachwissenschaft: Der Zusammengang von Introspektion und Empirie

Grammatische Regelwerke
Eine im engeren Sinne wissenschaftliche Beschäftigung mit Sprache ist etwa für die letzten 3000 Jahre durch schriftsprachliche Zeugnisse belegt. Die damals verfolgten Ansätze mit der Beschäftigung des Phänomens Sprache lassen sich in drei Gruppen einteilen. Eine Gruppe ist durch die eher philosophische Betrachtung des Denkens gekennzeichnet, bei der Sprache lediglich der unvermeidliche Ausdruck solcher Denkprozesse ist. Hier wurde das menschliche Denken als ganzheitliche Entität gesehen, in der die Sprache lediglich ein integrativer Bestandteil des menschlichen Bewusstseins ist. Typisch für diese Sichtweise sind Schriften griechischer Philosophen, wie beispielsweise der etwa 399 v. Chr. entstandene Dialog **Kratylos**, in dem Platon vor allem die Herkunft der Wörter und deren Beziehung zum Denkprozess thematisiert. Auch der griechische Stoiker Chrysippos von Soloi hat um 230 v. Chr. vor allem Probleme der Logik und des Schlussfolgerns anhand des sprachlichen Ausdrucks bearbeitet.

Eine weitere Gruppe bilden Schriften, die ein sprachbeschreibendes Regelwerk liefern, um letztlich eine präskriptive Grammatik zu erstellen. Beispielsweise hat sich etwa im achten Jahrhundert v. Chr. Śākaṭāyana im heutigen Pakistan mit der beschreibenden (deskriptiven) und hinsichtlich der Wortbedeutung (Etymologie) erklärenden Grammatik des Sanskrit beschäftigt. Etwa im fünften Jahrhundert v. Chr. hat Pāṇini an der Universität von Takṣaśilā, ebenfalls im heutigen Pakistan, eine aus fast 4000 Regeln bestehende Grammatik im Sinne eines festen Regelwerks (präskriptive Grammatik) für das Sanskrit vorgelegt. Um 280 hat C. J. Romanus Texte zur Grammatik verfasst (Schenkeveld 2004), die um 400 in umfangreichere Grammatiken des Lateinischen eingeflossen sind. Beispielsweise in die fünfbändige **Ars Grammatica** des Römers Flavius Sosipater Charisius um 360, die nach ihrer Wiederentdeckung im Jahr 1493 mehrfach editiert und 1551 von Georg Fabricius als Lehrbuch zum Erwerb der lateinischen Sprache neu aufgelegt worden ist. Im sechsten Jahrhundert hat Abū l-Aswad ad-Du'alī in Basra, im heutigen Irak, eine Grammatik des Arabischen verfasst. Eine etwa 1150 verfasste Schrift, der sogenannte Erste Grammatische Traktat, ist die erste Grammatik des Altisländischen, die nicht nur umfassend aufgebaut ist, sondern auch über eine Lautlehre verfügt. Zu den weiteren richtungsweisenden Beispielen solcher einzelsprachlicher Grammatiken zählt ein 1660 von den Franzosen Antoine Arnauld und Claude Lancelot verfasstes Werk, die sogenannte Grammatik von Port-Royal (Koerner & Asher 1995).

Zur dritten Gruppe der frühen sprachanalytischen Ansätze gehören grammatische Darstellungen, die nicht nur Grammatikregeln vermitteln und aufrechterhalten wollen (präskriptive Grammatik), sondern stärker auch die Wechselbeziehung von sprachlicher und außersprachlicher Wirklichkeit berücksichtigen. Hier sind z. B. Arbeiten aus der Schule des Modismus, wie etwa die um 1300 von Thomas von Erfurt (Bursill-Hall 1972) verfasste **Grammatica Speculativa** (*„Tractatus de modis significandi"*) zu nennen (Gardt 1999; Auroux et al. 2000). Diese Arbeiten weisen bereits in die Richtung moderner kognitionswissenschaftlicher Ansätze. Moderne Grammatiken schreiben sprachliche Regeln nicht mehr statisch vor, sondern berücksichtigen den Sprachwandel, beobachten den tatsächlichen Sprachgebrauch und justieren das Regelwerk ggf. nach (deskriptive Grammatik, z. B. Eisenberg 2020a, b).

All den historischen Grammatiken und Sprachbeschreibungen ist jedoch gemein, dass die Sprachfähigkeit des Menschen nicht als Teil des kommunikativen Verhaltens und als Leistung des kognitiven Systems betrachtet wurde. Von der Antike (etwa 1200 v. Chr.) bis zur frühen Neuzeit (ausgehendes 15. Jahrhundert) war die vorherrschende Sichtweise, dass die Denkfähigkeit ganzheitlich, beseelt und nur dem Menschen vorbehalten ist, wobei die Sprache nicht als kognitive Teilleistung gesehen wurde. Dementsprechend wurde Sprache auch als ein vom Menschen losgelöstes System betrachtet, dessen systemeigene Logik erforscht werden musste. Dazu reichte es, sich ausschließlich mit der **schriftsprachlichen Realisierung von Sprache** in Form von Texten zu beschäftigen. Vielmehr noch, die schriftsprachliche Form galt als die sprachliche Reinform, die Sprache in ihrer höchsten Vollendung darstellte. Gesprochene Sprache hingegen wurde lediglich als eine verunreinigte, unvollständige und individuell gefärbte Probe des Phänomens Sprache gesehen, die für eine sprachanalytische Arbeit unbrauchbar ist. In dieser Sichtweise waren Sprache und Text gleichbedeutend. Noch in den 1980er Jahren haben manche Sprachwissenschaftler die Meinung vertreten, dass allein der Text Grundlage für die sprachwissenschaftliche Arbeit sein kann. Diese extreme Sichtweise gilt jedoch als überholt und längst werden in der Sprachwissenschaft auch Phänomene wie beispielsweise Intonation, Prosodie, Dialogstrukturen, Gestik, Mimik und Interaktionen umfassend untersucht.

Empirische Sprachwissenschaft

Wie weiter oben erwähnt, lässt sich anhand schriftsprachlicher Belege eine fast 3000-jährige Tradition der Beschäftigung mit Sprache nachweisen, die sich im Wesentlichen auf die Methode der Introspektion stützt. Durch Selbstbeobachtung

1.1 Sprachwissenschaft: Der Zusammengang von Introspektion und Empirie

wurden Fragen zur Sprachrichtigkeit, zur sprachlichen Ästhetik, zur Akzeptabilität und auch zur Wirksamkeit der politischen Rede (Rhetorik) beantwortet. Viele der über die Introspektion gewonnenen Einsichten bilden auch heute noch wesentliche Teile der Basis unserer Sicht auf Sprache. Beispielsweise verwenden wir nach wie vor das in der Antike entwickelte sprachliche Kategoriensystem der Wortklassen (z. B. Name, Nomen, Verb). Im Zuge der allgemeinen Wissenschaftsentwicklung hat sich natürlich auch die Beschäftigung mit Sprache weiterentwickelt. In der modernen Sprachwissenschaft ist vor etwa 200 Jahren die bis dahin vorherrschende Introspektion um die Aneignung von Erfahrungswissen (**Empirie**) als weiteren methodischen Ansatz ergänzt worden. So deckten empirische sprachvergleichende Untersuchungen erstmalig Zusammenhänge und Ähnlichkeiten im Wortbestand zwischen europäischen Einzelsprachen auf. Zuvor ist man bibelkonform von einer eher chaotischen Vielfalt der verschiedenen Sprachen ausgegangen („Babylonische Sprachverwirrung"). Beginnend im 16. Jahrhundert wurde zunächst von mehreren Forschern eine entwicklungsgeschichtliche Verwandtschaftsbeziehung zwischen Einzelsprachen lediglich vermutet. Interessanterweise sind z. B. bei einstelligen Zahlwörtern bestimmter Sprachen mögliche Verwandtschaftsverhältnisse aus heutiger Sicht leicht nachvollziehbar (s. Abb. 1.2). Diese Ähnlichkeiten blieben aber ohne Wirkung. Weiterhin verstärken sich diese Ähnlichkeiten bei einem Vergleich der jeweils älteren Sprachstufen.

	deutsch	niederländ.	englisch	norwegisch	schwedisch	dänisch
	eins	een	one	en	ett	et
	zwei	twee	two	to	två	to
	drei	drie	three	tre	tre	tre
	rumänisch	französisch	spanisch	portugiesisch	italienisch	katalanisch
	unu	un	uno	um	uno	un
	doi	deux	dos	dois	due	dos
	trei	trois	tres	três	tre	tres
	tschechisch	polnisch	ukrainisch	belarussisch	slowenisch	bulgarisch
	jedna	raz	odyn	raz	ena	edin
	dvě	dwa	dva	dva	dva	dve
	tři	trzy	try	try	tri	tri
	arabisch	samoanisch	türkisch	finnisch	ungarisch	somalisch
	wahid	tasi	bir	yksi	egy	hal
	aithnayn	lua	iki	kaksi	kettő	laba
	thalatha	tolu	üç	kolme	három	saddex

Abb. 1.2 Die jeweiligen Wörter für die Zahlen Eins, Zwei und Drei in Sprachen der indoeuropäischen Sprachfamilie (oben). Gezeigt sind Beispiele der germanischen (blau), der slawischen (grün) und romanischen Sprachgruppe (rot). Zum Vergleich sind im unteren Teil Beispiele aus anderen Sprachfamilien aufgeführt (schwarz).

Die Ähnlichkeit zwischen dem 3000 Jahre alten Sanskrit im heutigen Indien sowie der griechischen und lateinischen Sprache ist 1776 von William Jones dargelegt worden, der damit die Voraussetzungen für die Entdeckung der indoeuropäischen Sprachfamilie schuf, zu der neben anderen Sprachen z. B. Englisch, Französisch, Russisch, Deutsch, Griechisch, Latein aber auch Persisch und Sanskrit gehören. Die Entstehung der empirisch-vergleichenden Sprachforschung (**Typologie**) gilt spätestens mit der 1833 von Franz Bopp verfassten Arbeit zur vergleichenden Grammatik des Sanskrit, des Altpersischen (Zend), Griechischen, Lateinischen, Litauischen, Gotischen und Deutschen als abgeschlossen. Die ersten im engeren Sinn empirischen Arbeiten zur Sprache sind somit sprachvergleichende Untersuchungen, als deren Vorläufer z. B. 1882 Wilhelm von Humboldt mit seinen vergleichenden Arbeiten zur unterschiedlichen Realisierung des Numerussystems in europäischen Einzelsprachen gilt.

Einen richtungsweisenden Einfluss auf die Sprachwissenschaft haben um 1900 Ferdinand de Saussure in der Schweiz und Charles Sanders Peirce in den USA genommen, indem sie die Grundlagen einer modernen Zeichentheorie (Semiotik) entwickelt haben. Die beginnende Empirie in der Sprachwissenschaft kam zunächst aus der Medizin und der Psychologie, indem sie die menschliche Sprache als ein Problem der Naturwissenschaften erkannten. Bereits 1934 hat der Mediziner und Psychologe Karl Bühler die Sprachfähigkeit fächerübergreifend und methodenvielfältig (Introspektion und Empirie) untersucht. Sein Organon-Modell der Sprache, das insbesondere den Werkzeugcharakter des Sprachgebrauchs betont und in ein umfassenderes **Kommunikationsmodell** einbettet, hat die moderne Sprachwissenschaft nachhaltig beeinflusst (s. Abb. 1.3). Bei der Analyse des sprachlichen Verhaltens ist hier die Sprachfunktion in den Mittelpunkt gerückt. So wird das konkrete Schallereignis (Kreis in Abb. 1.3) um Eigenschaften der sinnlichen Wahrnehmung des Hörers ergänzt (apperzeptive Ergänzung) und als Zeichen im situativen Kontext interpretiert (abstraktive Relevanz), so dass es sich in diesem Spannungsverhältnis zu einem sprachlichen **Zeichen** formt (Dreieck Z in Abb. 1.3). Die konkrete Zeichenbedeutung umfasst daher mehr als lediglich die lautsprachliche Äußerung, was durch die überlappende Anordnung von Sprachschall (Kreis) und Sprachzeichen (Dreieck) angedeutet ist. In einer dynamischen Situation vermittelt das Sprachzeichen somit zwischen dem Sprecher (Sender), der Umwelt (Gegenstände und Sachverhalte) und dem Hörer (Empfänger). Diese komplexe Relation in Form einer Funktion beschreibt Bühler als Ausdruck, Appell und Darstellung.

Im weiteren Entwicklungsverlauf der Sprachwissenschaft als wissenschaftliche Disziplin hat zwischen 1920 und 1950 die fachlich expandierende **Psychologie** die Untersuchung der Sprachfähigkeit zunehmend stärker berücksichtigt. Zum Vergleich: In den Forschungsbereichen der Biologie ist die menschliche Sprache erst in den 1980er Jahren als Untersuchungsgegenstand interessant geworden, als entsprechende neurowissenschaftliche Methoden zur Verfügung standen und nachdem menschliche Kommunikation in der vergleichenden Verhaltensforschung (Ethologie) untersucht worden ist. Die in der Psychologie entwickelten Methoden und Verfahren moderner empirischer Sozialforschung haben

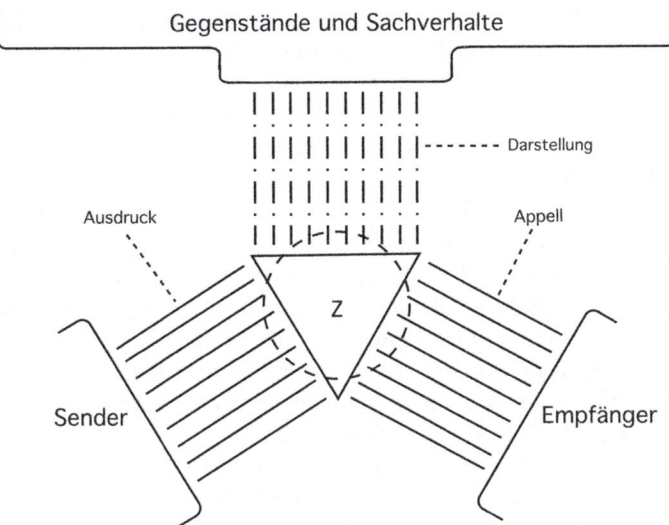

Abb. 1.3 Das 1934 veröffentlichte Organon-Modell der Sprache von Karl Bühler. Wichtige Aspekte betreffen den situationsabhängigen Zeichencharakter (Dreieck) der sprachlichen Äußerung (Kreis) sowie das relationale Verhältnis von Ausdrucks-, Darstellungs- und Appellfunktion der sprachlichen Äußerung. (Bühler 1965, 28, umgezeichnet)

einen zunehmend stärker werdenden Einfluss auf die sprachwissenschaftliche Forschung genommen. Neben der klassischen Introspektion sind nun zunehmend Techniken der empirischen Forschung eingesetzt worden, die Beobachtungsfehler, logische Fehler oder Projektionsfehler der Untersuchung sprachlicher Phänomene ausschließen. Mögliche Einflussfaktoren werden im experimentellen Design des geplanten Versuchs herausgearbeitet und die nachfolgenden Resultate werden anhand statistischer Überprüfung mit einem Vertrauensbereich versehen (Dean et al. 2017; Sedlmeier & Renkewitz 2018; Gillioz & Zufferey 2020; Meindl 2022). Theoretische Modelle zur Sprachproduktion und Sprachrezeption mussten sich nun widerspruchsfrei mit der experimentell ermittelten Daten- und Befundlage verbinden lassen, um von der Scientific Community der Cognitive Science akzeptiert zu werden.

1.2 Psycholinguistik: Sprache als kommunikatives Verhalten

Der inhaltliche und methodische Einfluss der Psychologie auf innovationsoffene Teile der klassischen Sprachwissenschaft war so groß, dass innerhalb der Sprachwissenschaft in den 1950er Jahren eine neue „Bindestrich-Disziplin" entstanden ist: die Psycho-Linguistik (Rickheit et al. 2003; Traxler & Gernsbacher 2006; Höhle 2012; Dietrich & Gerwien 2017; Fernández & Cairns 2018; Rueschemeyer

& Gaskell 2018; Sedivy 2020). Seit über 70 Jahren trägt die Psycholinguistik mit einer naturwissenschaftsnahen Betrachtung von Sprache zum gegenwärtigen Kenntnisstand der Sprachwissenschaft bei und hat die wesentlichen Grundlagen für sprachtheoretische Modelle der Sprachrezeption und der Sprachproduktion geliefert. Daneben ist auch die aus der medizinisch-psychologischen Tradition kommende Erforschung des kindlichen Spracherwerbs zu einem wichtigen Untersuchungsfeld der neueren Psycholinguistik geworden. Eingeleitet wurde dies durch den Wechsel des **Behaviorismus** als Leitparadigma der amerikanischen Psychologie der 1940er und 1950er Jahre hin zu einer kognitionspsychologischen Ausrichtung in den 1960er Jahren. Die während der sogenannten **Kognitiven Wende** der 1960er und 1970er Jahre formulierten Sichtweisen auf die Struktur von Denk- und Sprachprozessen (Neisser 1967) bilden die Grundlage moderner Modelle zur Wissensrepräsentation und zur Sprachfähigkeit (Anderson 2007; Wentura & Frings 2013; Eysenck & Keane 2020).

In den letzten 40 Jahren ist die empirische Untersuchung von Sprache nochmals erweitert worden. Mit der allgemeinen Verfügbarkeit von Computern wurden in der **Computerlinguistik** spezielle Softwaretools zur Implementierung von Sprachverarbeitungsprozessen entwickelt. In der Computerlinguistik werden seither sprachwissenschaftliche Hypothesen und Theorien in einer künstlichen Modellumgebung im Rahmen von computergestützten Simulationen von Sprachverarbeitungsprozessen überprüft und weiterentwickelt (Sinha & Suri 2020). Wenngleich die Technik der Simulation von Sprachprozessen auch einen sehr erfolgversprechenden Ansatz darstellt, so sind zumindest gegenwärtig die Auswirkungen der Computerlinguistik auf den Wissensstand der neurokognitiven Sprachverarbeitung noch nicht in wünschenswertem Umfang realisiert. Ein Grund dafür ist, dass für die Modellierung von Sprache noch nicht hinreichend modelltheoretische und physiologische Eingangsdaten zur Verfügung stehen. Notwendig sind umfangreichere Daten zur funktionellen Neuroanatomie, zur physiologischen Struktur, zur kognitiven Funktion und zur neurokognitiven Realisierung von Sprachprozessen. Kurzum: wie Sprache im Gehirn repräsentiert ist und vom Gehirn geleistet wird. Seit etwa 40 Jahren können solche Daten mit ganz unterschiedlichen Methoden der **kognitiven Neurowissenschaft** erhoben werden. Neben elektrophysiologischen Verfahren, wie der Magnetenzephalographie (MEG) oder der Elektroenzephalographie (EEG) (vgl. Kap. 10.2.), hat die vor etwa 30 Jahren entwickelte Technik der funktionellen Magnetresonanztomographie (fMRT, vgl. Kap. 12.4) erstmals Untersuchungen kognitiver Prozesse im intakten, arbeitenden Gehirn ermöglicht (funktionelle Bildgebung). So können beispielsweise Prozesse der akustischen Wahrnehmung, der phonologisch/syntaktisch/semantisch/pragmatischen Analyse sowie der Planung, Konstituierung und Artikulation von Sprache unmittelbar im lebenden Gehirn gemessen und ggf. lokalisiert werden. Und zwar ohne dass der Versuchsperson in irgendeiner Weise Schaden zugefügt wird, da es sich hierbei nicht um neurochirurgische, sondern um sogenannte nicht-invasive Verfahren handelt (Brown & Hagoort 1999; Gullberg & Indefrey 2006; Ulmer & Jansen 2020).

Die traditionelle Sprachphilosophie und Sprachwissenschaft ist somit um weitere empirische Verfahren und methodische Ansätze bereichert worden. Gleichzeitig haben sich durch die Öffnung der traditionellen Sprachwissenschaft hin zu Teilbereichen der Kognitionspsychologie, der Neurologie, der Kognitiven Neurowissenschaft, der Anthropologie und der KI-Forschung auch weitere neue Anwendungsfelder für sprachwissenschaftliche Erkenntnisse ergeben. Psycho- und neurolinguistische Ergebnisse reichen heute wie selbstverständlich in andere Wissenschaftsdisziplinen hinein, die vor 100 Jahren noch als mit der Sprachwissenschaft thematisch unvereinbar galten. Erkenntnisse der Neurolinguistik beeinflussen beispielsweise die wissenschaftliche Fundierung der Art und Weise, wie in Kindergärten und Schulen Erst- und Zweitsprache unterrichtet werden, wie kindliche Sprachstörungen oder durch eine Hirnschädigung verursachte Sprachbeeinträchtigungen therapiert werden und wie technische Systeme (Roboter) mit Sprachverstehens- und Sprachproduktionsmodulen ausgestattet werden können. Die moderne Sprachwissenschaft ist zu einem wesentlichen Bestandteil der fächerübergreifenden Cognitive Science geworden.

1.3 Neurolinguistik: Neurokognitive und klinische Fragestellungen

In der Medizin hat Herrmann Gutzmann, der als Gründer der Phoniatrie gilt, bereits um 1905 Sprachheilkunde als eigenständiges Fach an der Berliner Universität gelehrt (Grohnfeld 2009). Lange bevor die funktionelle Neuroanatomie der Sprache zu einem wichtigen Forschungsthema der Sprachwissenschaft wurde, formulierten Mediziner die Notwendigkeit einer sprachwissenschaftlich fundierten Analyse der sprachlichen Beeinträchtigungen von Patienten mit einer Aphasie (Alajouanine et al. 1939) und einer für den Behandlungserfolg notwendigen Kooperation zwischen der Medizin und der Sprachwissenschaft – die inhaltliche Ausrichtung der gegenwärtigen Disziplin ‚Klinische Linguistik'. Die Analyse und Diagnostik der beeinträchtigten Sprache von Aphasiepatienten hatte seit den 1960er Jahren eine anfängliche Zusammenarbeit zwischen den beiden Disziplinen bewirkt. Auch wenn die ersten Ansätze zu einer sprachtherapeutischen Arbeit vor über 100 Jahren entstanden sind, so war doch die Erforschung und Behandlung aphasischer Störungen ursprünglich eine rein medizinische Disziplin (**Aphasiologie**). Erst die Notwendigkeit einer sprachwissenschaftlich fundierten Beschreibung der unterschiedlichen Sprachbeeinträchtigungen und Teilleistungsstörungen sorgte für eine verstärkte Zusammenarbeit zwischen Medizin und Sprachwissenschaft, da sie eine Vergleichbarkeit der Störungsbilder ermöglichte. So konnten Gemeinsamkeiten der Beeinträchtigung erkannt und belegt werden, was nachfolgend auch auf die Leistungsfähigkeit der Therapie von Sprachstörungen einen positiven Einfluss hatte. In den 1960er Jahren hatte z. B. der Neurologe Norman Geschwind an der Universität Boston ein interdisziplinäres Aphasiezentrum errichtet (Bostoner Schule). Im deutschsprachigen Raum hat vor allem die Aachener Schule um Klaus Poeck an der RWTH Aachen seit den 1970er Jahren für eine intensive Zusammenarbeit von Neurologen und Sprachwissenschaftlern gesorgt. Der Forschungsbereich *Neurolinguistics* wurde von Harry A. Whitaker 1969 in seiner Dissertationsschrift formuliert (Whitaker 1971) und umfasste von vornherein sowohl den sprachtherapeutischen Bereich der Aphasiologie als auch die neurokognitive Grundlagenforschung bei Sprachgesunden (Peng 1985). Der deutsche Begriff **Patholinguistik** bezog sich hingegen von Anfang an auf die sprachtherapeutische Arbeit innerhalb der angewandten Sprachwissenschaft, in der die sprachwissenschaftlich begründete Diagnose und Sprachtherapie von Aphasien im Mittelpunkt steht (Peuser 1977).

Im deutschen Sprachraum wurden die Begriffe Patholinguistik und Neurolinguistik bis in die 1980er Jahre gleichbedeutend mit Sprachtherapie verwendet. In den 1990er Jahren setzte sich für diese klinische Arbeit der Aphasiediagnose und Sprachtherapie die Bezeichnung Klinische Neurolinguistik durch, während die Grundlagenforschung mit neurowissenschaftlichen Methoden an Sprachgesunden als Experimentelle Neurolinguistik bezeichnet wurde (Stemmer & Whitaker 1998). Kurze Zeit später wurde diese Zweiteilung begrifflich in **Klinische Linguistik und Experimentelle Neurolinguistik** getrennt. In Deutschland existieren seit den 1990er Jahren Patholinguistik und Klinische Linguistik als eigenständige universitäre Studiengänge zur Ausbildung von akademischen Sprachtherapeuten, Experimentelle Neurolinguistik kann als Fachprofil innerhalb der Linguistik studiert werden.

Psycholinguistik und Neurolinguistik
Um zu einer größtmöglichen ökologischen Validität bei der Untersuchung von Sprache zu gelangen, ist die empirische Untersuchung von echten Dialogen sowie von gesprochener Sprache in realen Handlungssituationen das eigentliche Ziel der Psycho- und Neurolinguistik. Das ist jedoch ein gegenwärtig viel zu komplexes Unterfangen. Um diesem Ziel zumindest näher zu kommen, müssen die zu untersuchenden sprachlichen Phänomene für das Experiment soweit eingeschränkt, vereinfacht und vor allem in ihren Eigenschaften kontrollierbar werden, dass sie sich für eine kontrollierte Laboruntersuchung eignen. Unter den experimentellen Bedingungen des **Laborversuchs** soll lediglich eine Variable variiert werden können, um die Ausgangshypothese der Untersuchung belegen oder zurückweisen zu können. Beispielsweise ist ausgehend von introspektiven Befunden lange vermutet worden, dass Aktivsätze (z. B. *Der Jäger sieht den Förster*) leichter zu verstehen sind als Passivsätze (*Der Förster wird vom Jäger gesehen*). Mit Hilfe von Laborexperimenten zur Verarbeitungszeit solcher Sätze konnte diese Vermutung schließlich empirisch untermauert werden.

Einen großen Beitrag leisten psycholinguistische Befunde auch, indem sie empirische Daten zur Klärung eines Problems liefern, wenn mehrere miteinander konkurrierende Hypothesen zur Erklärung eines Phänomens diskutiert werden, ohne zu einem endgültigen Schluss zu gelangen. Basierend auf den empirischen Befunden entsprechender Experimente können idealerweise die konkurrierenden Hypothesen vergleichend beurteilt werden. So ist beispielsweise die hypothetische

Annahme von ausschließlich nacheinander ablaufenden, sequenziellen Sprachverarbeitungsschritten im Gehirn (inkrementelle Verarbeitung) aufgrund von Studienergebnissen eher unwahrscheinlich, andererseits wird die Annahme von gleichzeitig auch parallel ablaufenden Prozessen im Gehirn (Parallelverarbeitung) durch Studienergebnisse unterstützt. Neben der empirischen Unterstützung/Verwerfung von miteinander konkurrierenden Hypothesen zu bekannten Fragen werden im psycho-/neurolinguistischen Experiment auch neuartige Erkenntnisse gewonnen und Zusammenhänge entdeckt, die zuvor in der mindestens 3000-jährigen Geschichte der Sprachforschung unbekannt waren. Insbesondere neurolinguistische Experimente, die kognitive Prozesse im arbeitenden Gehirn während der **Wahrnehmung oder Produktion von Sprache** offenlegen, tragen gegenwärtig wesentlich zum weiteren Verständnis der Sprachfunktion bei. Das liegt u. a. daran, dass psycholinguistische Versuche verhaltensbasiert sind und im Experiment eine reale Reaktion oder Entscheidung der Versuchsperson erforderlich machen. Es wird somit das bewusste Verhalten der Versuchsperson untersucht und es können daher auch nur bewusst ablaufende Vorgänge erfasst werden. Bei elektrophysiologischen oder bildgebenden Verfahren hingegen werden auch unbewusst ablaufende Vorgänge anhand von Hirnaktivität gemessen (van Gaal et al. 2014). Beispielsweise kann eine Versuchsperson im Experiment die Frage verneinen, ob sie im Hintergrundrauschen ein Sprachsignal wahrgenommen hat, wenn es zu keiner bewussten Wahrnehmung gekommen ist. Andererseits kann anhand der Hirnaktivitätsmuster eine vorbewusste (präattentive) Wahrnehmung zweifelsfrei erkannt werden (Sheikh et al. 2019). Weiterhin schaffen neurolinguistische Verfahren die Möglichkeit einer getrennten Beobachtung von gleichzeitig (parallel) im Gehirn ablaufenden Vorgängen zur Sprachfähigkeit sowie die Möglichkeit der sukzessiven zeitlichen Analyse des Verlaufs solcher Vorgänge. In Verbindung mit der Messung auch unbewusst ablaufender kognitiver Prozesse sind die neurowissenschaftlichen Methoden der Neurolinguistik eine ideale Ergänzung und Ausweitung sprachwissenschaftlicher Untersuchungen.

Modellvorstellungen zur Sprachverarbeitung

Wenn komplexe Zusammenhänge gedanklich nachvollzogen werden sollen, hilft zunächst eine drastische Vereinfachung des zu erklärenden Systems: Es wird ein Modell erstellt. Die bisherigen Beobachtungen zum Forschungsgegenstand sowie die bekannten Verhaltensweisen des Systems werden gesammelt, sortiert und in einer für den Menschen leicht nachvollziehbaren Weise dargelegt, und zwar als lineare Abfolge von aufeinander bezogenen Ereignissen, die stets gleichförmige Wirkungen und Reaktionen zeigen. Lineare und seriell verlaufende Vorgänge können wir leicht erfassen und nachvollziehen. So lassen sich sehr einfache Modelle von komplexen Systemen erstellen, die unserer Denkstruktur entgegenkommen. Leider sind reale Sachverhalte und Zusammenhänge der Natur zumeist nicht linear, sondern eher in einem komplexen, interaktiven Netzwerk eingebettet, das unseren Denkmustern überhaupt nicht entgegenkommt. An einem Beispiel aus der Biologie lässt sich das leicht zeigen. Die natürliche Umwelt besteht nicht aus einfachen Kausalketten, deren jeweilige Veränderungen in ihrer Auswirkung leicht berechnet werden können. Beispielsweise gibt es keine ‚Nahrungskette‘, sondern es existiert vielmehr ein sehr komplexes ökologisches System von Tier- und Pflanzenarten, bei dem sich die tatsächlichen Auswirkungen von gezielten Eingriffen in dieses System nicht im Vorhinein berechnen lassen. Es gibt somit kein funktionierendes einfaches Modell der Natur. Hinsichtlich der kognitiven Prozesse von Lebewesen sind die Zusammenhänge sicher von gleicher Komplexität. Dennoch ist die vereinfachende Modellbildung ein wichtiger Bestandteil der wissenschaftlichen Arbeit. Modelle ermöglichen Hypothesen, die dann im theoriegeleiteten Experiment überprüft werden können (Pulvermüller et al. 2021). Daher sind stark vereinfachte Modellsysteme zur ansatzweisen Erklärung bestimmter Aspekte der Kognition oft die einzige Möglichkeit, um weitere empirische Untersuchungen zu einem Sachverhalt durchzuführen.

2.1 Annahmen zur Kognition: Modular oder holistisch?

Soll das menschliche Denkvermögen untersucht werden, so erscheint es aus heutiger Sicht sinnvoll sich auch mit den Grundlagen der Sprachverarbeitung zu beschäftigen. Aufgrund unserer Alltagserfahrung sind wir es gewohnt ein ‚Ganzes' – hier das menschliche **Denkvermögen** – zunächst in Einzelteile zu zerlegen und diese dann in einen funktionellen Zusammenhang zu stellen. In der Kognitionswissenschaft besteht aus heutiger Sicht das Konstrukt ‚Denkvermögen' aus mehreren kognitiven Teilleistungen, wie etwa der Fähigkeit zu sprechen, zu rechnen, zu musizieren oder der Fähigkeit der Objekterkennung. Das ist jedoch eine Erkenntnisweise, die erst seit etwa 250 Jahren verbreitet ist. In den Schriften der griechischen Antike beispielsweise wird deutlich, dass damals die psychischen Eigenschaften des Menschen vielmehr als Einheit gesehen wurden. Diese Einheit, die man mit dem Begriff ‚Seele' beschreiben könnte, galt als die notwendige und zwangsläufige Eigenschaft von Lebendigkeit: Lebt ein Mensch, so sind die Fähigkeiten zur Bewegung, zur Orientierung, zum Sprechen, zum Denken unausweichlich und als Ganzheit vorhanden. Stirbt ein Mensch, so entweicht dem Körper nach damaliger Vorstellung nicht nur die Seele (die Seele aushauchen), es entweichen damit automatisch auch alle an sie gekoppelten geistigen Fähigkeiten. In der Antike wurde daher grundsätzlich zwischen dem materiellen Körper, der nach dem Tode zurückbleibt, und einem transmateriellen Pneuma, einem Spiritus unterschieden. Dieses Pneuma, das den Körper während des Todes verlässt und sich nach der griechischen Mythologie in die Unterwelt (Reich des Hades) begibt, konnte nach damaliger Vorstellung gar nicht in weitere psychische Komponenten unterteilt werden. In der ganzheitlichen Sichtweise der griechischen Antike wäre es demnach völlig sinnfrei gewesen, nach den Ursachen z. B. der Sprachfähigkeit oder der Musikalität zu fragen, da die gesamte Lebendigkeit eines Menschen als Ausdruck des unteilbaren **transmateriellen Pneumas** gesehen wurde. Dieses Beispiel verdeutlicht, wie stark Ansichten und auch ‚denkbare' Fragestellungen von den jeweils zugrundeliegenden Modellannahmen bestimmt und eingeengt werden – ein Phänomen das grundsätzlich Gültigkeit hat und natürlich auch für die gegenwärtige Weltsicht gilt. In diesem Sinne dominierte in der griechischen Lehrmeinung der Antike eine ganzheitliche (holistische) Betrachtung der geistigen Fähigkeiten des Menschen. Eine solche strikte Trennung von Körper einerseits und einem unteilbaren Geist andererseits ist in vielen ursprünglichen Kulturen vorhanden.

Aus dieser Sichtweise heraus ist es auch nachvollziehbar, dass noch im Mittelalter Menschen den Verlust von kognitiven Teilleistungen (z. B. den Verlust der Sprachfähigkeit) stets als eine allgemeine Beeinträchtigung des Geistes angesehen haben. Selbst wenn es sich nicht einmal um den Verlust kognitiver Leistungen, sondern lediglich um periphere Wahrnehmungsstörungen (z. B. Gehörlosigkeit) handelte, führte das häufig zu einer Einstufung der Betroffenen in die Gruppe der ‚Schwachsinnigen'. Dementsprechend spiegelt die Herkunftsgeschichte (Etymologie) des Wortes ‚dumm' über das mittelhochdeutsche ‚tump' (= stumm, töricht, unerfahren), das althochdeutsche ‚tumb' (= stumm, taub, töricht) hin zu einer

2.1 Annahmen zur Kognition: Modular oder holistisch?

Grundbedeutung ‚mit stumpfen Sinnen' diese Sichtweise auch im Sprachgebrauch wider. Diese Einschätzung von Menschen mit selektiven Störungen hat sich lange gehalten. Noch in den 1960er Jahren gab es z. B. Aufklärungskampagnen an Schulen in Deutschland, um auf die Lese-Rechtschreib-Schwäche (Lachmann & Weis 2018; Klicpera et al. 2020; Skeide 2022) oder die Rechenstörung (Skeide 2022) als engumgrenztes Störungsbild hinzuweisen. Es sollte erreicht werden, dass Kinder mit selektiven Störungen beim Lesen und Schreiben bzw. beim Rechnen nicht auf Sonderschulen überführt werden, da es sich bei diesen Kindern um normale bis überdurchschnittlich intelligente Kinder handelt, die lediglich eine kognitive **Teilleistungsschwäche** haben (vgl. Abschn. 5.2). Weitere Teilleistungsstörungen des Denkvermögens können sich z. B. auf Aspekte der sozialen Intelligenz, der Raumorientierung, der Gesichtserkennung oder der Handlungsmotorik beziehen.

Die weiter oben erwähnte Erkenntnis der Neuzeit, dass das menschliche Denkvermögen immer weiter zerlegt und in eine Vielzahl von kognitiven Einzelleistungen weiter unterteilt werden kann, ermöglichte somit erst den bahnbrechenden Wechsel von einer holistischen zu einer **modularen Sichtweise** auf das menschliche Denken. Ohne Zweifel hat dieser Wechsel unser Wissen über die Funktion kognitiver Vorgänge stark vorangetrieben (Fodor 1983; Garfield 1991). Ob eine solche modulare Sichtweise auf kognitive Prozesse aber die optimale Voraussetzung für noch weitergehende Erkenntnis ist, ist unklar (Zerilli 2019).

Im Verlauf der Geschichte lässt sich bei den wissenschaftlichen Erklärungen zum menschlichen Denkprozess über die Jahrhunderte eine Pendelbewegung zwischen prinzipiell holistischen und modularen Sichtweisen feststellen. In der Antike wurde die Psyche des Menschen ganzheitlich als ‚Seele' gesehen, seit dem 19. Jahrhundert eher als aus einzelnen Bausteinen, aus einzelnen Modulen zusammengesetzt, wie beispielsweise Sprache, Rechnen, Gedächtnis usw. Mit fortschreitender Erkenntnis vor allem in den Neurowissenschaften änderte sich während der letzten 100 Jahre jedoch wieder die Betrachtungsweise, was jeweils als modular und was als holistisch angesehen wurde (Finger 2001). Im 19. Jahrhundert verkörperte die erstmalige Forderung nach einem separaten **Sprachmodul** im Gehirn, das vom Denkprozess unabhängig ist, noch die damals neuartige modulare Sichtweise. Andererseits wurde im 20. Jahrhundert hingegen die Annahme nur eines einzigen Sprachmoduls, eines einzigen Rechenmoduls usw. bereits als zu holistisch angesehen. In der modularen Sichtweise des 20. Jahrhunderts wurde z. B. das ursprüngliche Modul ‚Sprache' noch weiter unterteilt: in ein Sprachrezeptionsmodul und ein Sprachproduktionsmodul. Einige Zeit später wurde auch das Sprachrezeptionsmodul als zu wenig differenziert erkannt und mit weiteren (Unter-)Modulen erklärt, z. B. dem mentalen Lexikon oder dem phonetischen Analysemodul. Mit fortschreitendem Wissen über die Denkprozesse zerfallen immer mehr ehemalige ‚Ganzheiten' in immer spezifischere Modul-Bausteine. Jedes ehemalige Modul erlebt eine weitere Binnendifferenzierung.

Angesichts dieser Vorgehensweise wissenschaftlicher Erkenntnis bleibt es jedoch zweifelhaft, ob wir dem Phänomen ‚Sprache' damit gerecht werden, wenn lediglich der Versuch unternommen wird, beobachtete Phänomene stets in kleinere Bausteine zu zerlegen. Es lässt sich nämlich auch beobachten, dass Funktionsprinzipien und systemische Leistungen des Ganzen bei der Zerlegung verloren gehen können und ein einsichtiges Verstehen erschweren. Beispielsweise kann das Phänomen ‚Motorradfahrt' mit seinen typischen Fahrgeräuschen, dem dabei auftretenden Fahrtwind sowie den auf den Fahrer einwirkenden Kräften (Beschleunigungs-, Flieh-, Verzögerungskräfte) nur schwer verstanden werden, wenn man zur Erklärung ein Motorrad in farblich oder gewichtsmäßig zusammenpassende Einzelteile zerlegt und entsprechende Häufchen bildet. In der Geschichte der Neurowissenschaften sind die oben angesprochenen Erkenntnisprozesse zum menschlichen Denken und zur Sprache somit entlang eines Spannungsbogens zwischen zwei Extrempositionen angeordnet: Menschliche Denkprozesse als ein scheinbar mystisches, systemisches Ganzes (holistisch, emergent) einerseits und andererseits als eine scheinbar analytische, kausalistische Mechanik von separierbaren Modulen. Die wirkliche Erklärung für die Phänomene ‚Kognition' oder ‚Sprachfähigkeit', die es eines Tages ermöglichen wird technische Systeme mit echter künstlicher Intelligenz auszustatten, mag eine vielleicht noch unentdeckte Basis haben.

2.2 Bottom-up oder Top-down?

In der Geschichte der Erforschung von Sprache ist ein weiterer Spannungsbogen der Erkenntnis deutlich geworden, der sich von der Untersuchung einfacher Wahrnehmungsprozesse, z. B. der Lautwahrnehmung, bis hin zu komplexen Erwartungen und Annahmen in der Psyche eines Menschen erstreckt. Beispielsweise verstehen wir ein gesprochenes Wort dadurch, dass das Schallsignal zunächst über das Innenohr wahrgenommen und es dann über die sogenannte auditorische Bahn zur primären auditorischen Hirnrinde und nachfolgenden, höheren Verarbeitungsstufen des Gehirns geleitet wird. Bereits in dem vom Innenohr abgehenden Hörnerv und auf jeder der nachfolgenden Verarbeitungsebenen im Gehirn wird der Sprachschall zerlegt, analysiert und verarbeitet, bis dem wahrgenommenen Sprachsignal eine endgültige konzeptuelle Bedeutung zugewiesen werden kann (**Bedeutungskonstitution**). Das ist ein typisches Beispiel für einen sogenannten Bottom-up-Prozess, der von einfachen Wahrnehmungsprozessen (also von ‚unten', der einfachen Schallwahrnehmung) ausgehend zu immer komplexer werdenden Prozessen (nach ‚oben', der kognitiven Verarbeitung) und letztlich zu einem Analyseergebnis führt. Die Art und Weise, wie wir ein gesprochenes Wort verstehen, welche exakte Bedeutung in einer bestimmten Situation einem Wort zugewiesen wird, hängt jedoch auch stark von unseren Erfahrungen, Einstellungen und situationsspezifischen Erwartungen ab. Komplexe kognitive Prozesse (‚oben') wirken somit hinunter bis auf tiefere Ebenen der Wahrnehmung und beeinflussen so auch die nachfolgende Bedeutungszuweisung. Beispielsweise werden in einer Unterhaltung manche Versprecher vom Sprecher selbst oder auch vom Hörer gar nicht wahrgenommen, sondern überhört, d. h. während der Wahrnehmung unbemerkt bereits inhaltlich passend korrigiert. Das ist ein Beispiel für einen sogenannten Top-down-Prozess, bei dem Erwartungen die eigentlich tieferliegenden Verarbeitungsschritte beeinflussen und korrigieren.

Bei der Untersuchung der Sprachverarbeitung lassen sich sowohl für Bottom-up- als auch für Top-down-Prozesse Belege finden, die verdeutlichen, dass es sich beim Sprachverstehen um mehrere **parallele Prozesse** handelt. Diese laufen gleichzeitig von ‚unten' und von ‚oben' ab und führen, basierend auf wahrgenommenem Sprachschall in Übereinstimmung mit erwarteten Bedeutungen, die endgültige Bedeutungskonstitution durch.

Weder holistische oder modulare, noch Bottom-up- oder Top-down-Modelle können zur Zeit das kognitive Phänomen ‚Sprache' hinreichend erklären. Es ist noch nicht einmal abzusehen, ob wir jemals die funktionelle Neuroanatomie sowie die physiologischen Prinzipien des Denkens, des Bewusstseins und der Sprachfähigkeit gänzlich nachvollziehen und etwa auf technische Geräte (z. B. Computer) übertragen werden können. Im Bereich der Psycho- und Neurolinguistik existiert jedoch bereits eine Anzahl von Modellen und Hypothesen zu den kognitiven Grundlagen der Sprache, die zumindest Teilleistungen der Sprachfähigkeit beschreiben und einigermaßen schlüssig anordnen. Bis jetzt erlaubt jedoch keines dieser Modelle eine technische Simulation der kognitiven Vorgänge, die eine praktische Umsetzung der modelltheoretischen Annahmen in ein Künstliche-Intelligenz-System ermöglichen würde. Vielmehr handelt es sich bei den bisherigen Vorstellungen zur Sprachverarbeitung um erste Modell-Ansätze, die, wie ein Blick durch benachbarte Fenster eines Hauses, es nur ermöglichen die neurokognitiven Grundlagen des Phänomens ‚Sprache' von außen in jeweils unterschiedlicher Perspektive zu betrachten. Solche Modellansätze beschreiben somit nur ausschnittweise bestimmte Eigenschaften von Sprache und betonen jeweils unterschiedliche Aspekte. Nur so ist es zu erklären, dass gegenwärtig gänzlich unterschiedliche Modell-Ansätze nebeneinander existieren können und holistische, modulare, Bottom-up- und Top-down-Modelle sich in sinnvoller Weise ergänzen, obwohl sie sich von ihren Grundannahmen her eigentlich gegenseitig ausschließen sollten. Den ultimativen Test aller modelltheoretischen Vorstellungen zur Sprachfähigkeit, nämlich die unmittelbare Umsetzbarkeit der Modelle in ein funktionierendes technisches Sprachverarbeitungssystem (Implementierung), hat bislang kein Modell zur Sprachfunktion wirklich bestanden.

2.3 Levelts Modell der Sprachproduktion: inkrementell und modular

Ein Beispiel für ein inspirierendes Sprachmodell mit modularen Komponenten ist das 1989 vorgestellte Sprachproduktionsmodell von W. J. M. Levelt, das in Abb. 2.1 zu sehen ist. Es handelt sich um ein sehr verbreitetes Modell zur Sprachproduktion, das z. B. sowohl für die Planung experimenteller Fragestellungen zur Untersuchung von Sprache als auch für die Planung von Therapiekonzepten in der Behandlung von erworbenen Sprachstörungen (Aphasien) eingesetzt wird. Um die

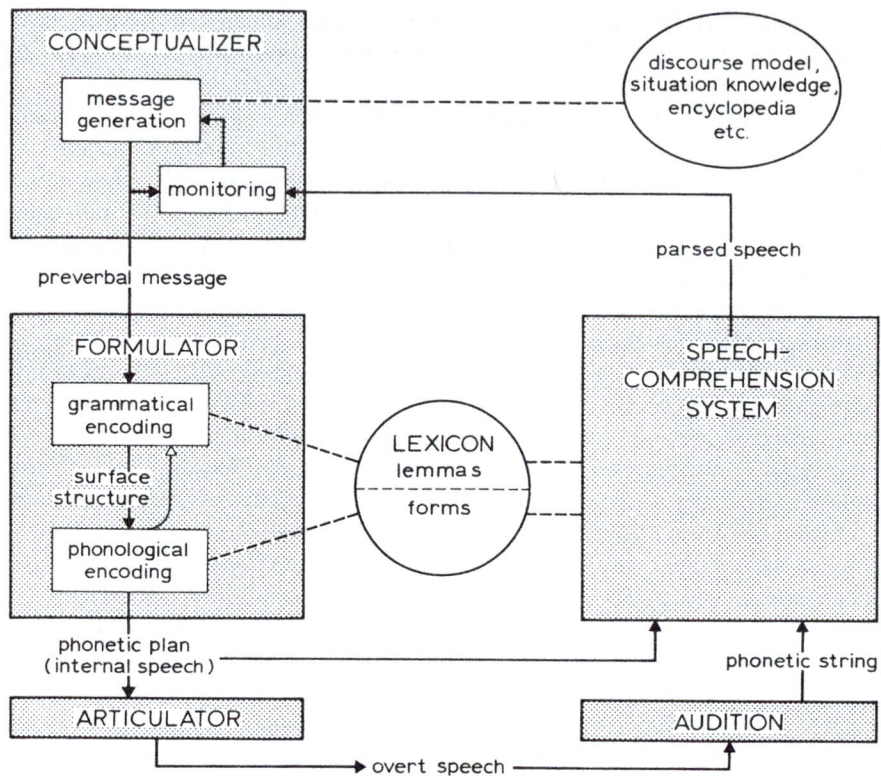

Abb. 2.1 Das von W. J. M. Levelt entwickelte Modell zur Sprachproduktion als ein Beispiel für ein inkrementelles Modell mit autonomen Modulen. Weitere Erläuterungen im Text. (Levelt 1989, 9)

Art und Weise der aphasischen Störungen vergleichend einschätzen zu können, werden hypothetische Modelle zur Prozessanalyse des Sprachverhaltens zur Orientierung verwendet. Zur Beschreibung der Sprachproduktion werden hierzu häufig Levelts Modell oder das Logogenmodell (Morton 1969, Patterson 1988) zugrunde gelegt (vgl. Abb. 7.5).

Levelts Modell beginnt mit der konzeptuellen Vorbereitung des Sprachhandelns (Konzeptplanung). Zu Beginn des Planungsprozesses stützt sich der Sprecher natürlich auf das Wissen, das er von der Welt hat und welches er auch beim Adressaten in ähnlicher Weise voraussetzen kann: einen gemeinsamen Wissensraum (Weltwissen). Dieses gemeinsame Wissen, das auch **Common Ground** (Clark 2002; Stalnaker 2002) genannt wird, ist eine notwendige Bedingung für die beabsichtigte Verständigung zwischen Sprecher und Hörer, um eine gemeinsam koordinierte Handlung *(joint action)* durchführen zu können. Diese auch **Grounding** genannte Kooperationsbereitschaft und Kooperationsfähigkeit einen gemeinsamen Kommunikationsakt zu ermöglichen ist angeboren: Bereits

2.3 Levelts Modell der Sprachproduktion: inkrementell und modular

Neugeborene und Säuglinge interessieren sich für menschliches Miteinander und kooperieren zum Zweck der Aufrechterhaltung dieser sozialen Interaktion (Übersicht in Tomasello 2014).

Weiterhin hat der Sprecher eine gewisse Vorstellung von der Wesensart, der Denkweise, der individuellen Ausprägung des Hörers (Adressaten), die mehr oder weniger der Realität entsprechen kann und Teil der sogenannten sozialen Intelligenz sind. Diese Vorstellungen, diese Annahmen über die Gefühle, Erwartungen, Sichtweisen und Empfindungen des Hörers verhelfen dem Sprecher einen adressatenspezifischen Verlauf der Kommunikation zu planen und aufrechtzuerhalten. Es handelt sich hierbei um eine Leistung, die u. a. durch die Fähigkeit zur Empathie erreicht wird, durch ein Sich-Hineinversetzen in den Adressaten. Der Sprecher verfügt somit über eine ***Theory of Mind*** (ToM), die ihm die Situation und die Empfindungen, Einstellungen und Bedürfnisse des Adressaten erahnen lassen, um dadurch die jeweilige Kommunikationssituation hinsichtlich der geplanten Sprechhandlung optimal zu bedienen. Die ToM ist bei jedem Sprecher unterschiedlich leistungsfähig und z. B. abhängig vom Entwicklungsalter und der jeweiligen sozialen Intelligenz. Auch die Vorstellungen über die unterschiedlichen Realisierungsmöglichkeiten sprachlicher Kommunikation (Diskursmodelle), über die Sprecher verfügen, zählen zur Wissensbasis und beeinflussen die konzeptuelle Vorbereitung einer Äußerung.

Auch wenn nach diesem Sprachproduktionsmodell nicht alle Konzeptualisierungen letztlich zu konkreten und abrufbaren Lexikoneinträgen führen müssen, geht Levelt auf dieser Stufe von der Existenz einer präverbalen Botschaft (*preverbal message*, vgl. Abb. 2.1) aus, die im nächsten Schritt grammatisch enkodiert wird. Hierbei werden durch die Konzeptualisierungen entsprechende Grundwortformen (Lemmata) im mentalen Lexikon aktiviert und von der sogenannten Tiefenstruktur des rhetorisch/semantisch/syntaktischen Systems in die Oberflächenstruktur überführt. Die Lemma-Aktivierung bewirkt die gleichzeitige Bereitstellung morpho-phonologischer Information der jeweiligen Lemmata, um die artikulatorischen Motorprogramme zur Erzeugung der entsprechenden Silben für die jeweilige syntaktische Umgebung (syntaktischer Kontext) vorzubereiten. Als letzter Schritt des phonologisch/phonetischen Systems werden nun diejenigen artikulatorischen Bewegungen ausgeführt, die zur lautlichen Äußerung führen: Der Sprachschall verlässt den Mund- und Rachenraum. Die sprachliche Äußerung wird natürlich auch vom Sprecher selbst wahrgenommen und zum Zweck der Selbstkorrektur eingesetzt (*Monitoring*).

Levelts Sprachproduktionsmodell ist ein typisches Beispiel für die Annahme von abgrenzbaren autonomen Modulen, die strikt einen gegebenen Input in einen definierten Output umwandeln. Es handelt sich dabei um separate, unabhängig voneinander arbeitende (autonome) Einheiten, die in einer seriellen Abfolge Verarbeitungsprozesse ausführen. Der Output eines Moduls wird dabei zum Input des nachfolgenden Moduls, was als **inkrementelle Verarbeitung** bezeichnet wird. Aufgrund der seriellen Abfolge von Prozessen ist allerdings die Verarbeitung stets nur in eine Richtung möglich. Um der allgemein zu beobachtenden enormen Geschwindigkeit der Sprachverarbeitung gerecht zu werden, geht Levelt in seinem Modell zumindest von einer insofern parallelen Verarbeitung aus, als dass alle Module ohne Unterbrechung arbeiten: Eine Äußerung muss demnach nicht erst die gesamte Prozedur abschließend durchlaufen, bevor die nachfolgende Äußerung geplant und aktiviert werden kann.

In einer späteren Variante des Modells ist die strikte Modularisierung aufgegeben. Es wurde eine direkte Verknüpfung zwischen Lemmata und Konzepten eingeführt, was auch dazu geführt hat, dass die Konzeptplanung enger mit der grammatischen Enkodierung verbunden wurde. Weiterhin wurde das ‚Syllabary' eingeführt (Levelt 1999). Um das ursprüngliche Modell (Levelt 1989) um weitere wichtige Aspekte des sprachlichen Verhaltens (Sprachhandelns) zu erweitern, ist die Erzeugung sprachbegleitender Gesten integriert worden. In dem erweiterten Modell werden bereits im Konzeptualisator Motorprogramme für entsprechende Gesten, parallel zur Artikulation der Lautäußerung angestoßen (De Ruiter 2000).

2.4 Interaktive Modelle und Parallelverarbeitung

Ein bedeutender Prüfstein für jedes Modell zur Sprachverarbeitung ist die konkrete Umsetzung der Modellarchitektur und der spezifischen Verarbeitungsschritte in eine computergestützte Simulation. Es ist gewissermaßen ein Hypothesenprüfverfahren, wenn die für ein Sprachmodell angenommenen Verarbeitungsschritte auch in eine Computersimulation überführt (**implementiert**) werden können und zu erwarteten und nachvollziehbaren Ergebnissen führen. Praktisch bedeutet das, dass auf der Grundlage des Modells ein Computerprogramm geschrieben werden kann, das sprachlichen Input zu einem Output verarbeitet, der den natürlichen Daten zumindest sehr ähnlich ist. Obwohl sich serielle Modelle (z. B. Levelt 1989) prinzipiell gut für eine solche Simulation eignen (z. B. Roelofs & Piai 2011), existieren auch gänzlich andere, möglicherweise implementierbare Modelle, die jedoch eine größere Nähe zur neurokognitiven Realität vermuten lassen.

Ein Beispiel für eine andersartige modelltheoretische Sichtweise auf Sprache ist ein Modell zur Worterkennung (Sprachrezeption), bei dem sich die einzelnen Verarbeitungsstufen bereits während der Verarbeitung gegenseitig beeinflussen und sich in einem beiderseitigen Informationsaustausch (Interaktion) befinden (Marslen-Wilson & Welsh 1978). Bei diesem Vertreter eines sogenannten **interaktiven Modells** ist ein Informationsfluss stets in alle Richtungen möglich, während es bei einem inkrementellen Modell (s. o.) aufgrund des seriellen Ablaufs von Prozessen nur einen Informationsfluss entlang der Verarbeitungsrichtung geben kann. Weiterhin konnten Marslen-Wilson und Welsh (1978) in Experimenten nachweisen, dass der Vorgang der Worterkennung gleichzeitig von anfänglichen Wahrnehmungsprozessen (‚unten') und kognitiven Prozessen (‚oben') beeinflusst wird. Marslen-Wilson und Welsh (1978) stellen daher die besondere Bedeutung gleichzeitigen Zusammenwirkens von Bottom-up- und Top-down-Prozessen in den Vordergrund ihres Modells. Anhand von Studien, bei denen die Versuchspersonen die Äußerungen eines Sprechers ohne Verzögerung

2.4 Interaktive Modelle und Parallelverarbeitung

nachsprechen sollten (*Shadowing*) bzw. falsch ausgesprochene Wörter erkennen sollten, konnte der starke Einfluss von Erwartungshaltung und sprachlicher Vorerfahrung gezeigt werden (Marslen-Wilson 1985). Natürlich basiert der Vorgang der Worterkennung im Wesentlichen auf der Wahrnehmung des Sprachschalls und somit auf Eingangsdaten. Innere Zustände des Hörers wirken jedoch ebenfalls auf jede Verarbeitungsstufe ein und können die Verarbeitungsergebnisse durchaus verändern (Top-down-Prozess). Weiterhin zeigen neuere Experimente zur Sprachrezeption, dass Hörer während des Sprachverstehens zeitgleich auf separate Wissensbasen zugreifen: auf einen vorlexikalischen Bereich abstrakter Repräsentation und auf einen lexikalischen Bereich mit konkreter Wortform und daran gekoppelten Wortbedeutungen (Cutler 2008). Insbesondere die in einem solchen Modell mögliche parallele Verarbeitung von Informationen ist ein wichtiger Aspekt. Die in der Realität beobachtete enorme Geschwindigkeit von Sprachverarbeitungsprozessen lässt sich mit seriellen Abläufen nur schwer in Verbindung bringen, da natürliche Prozesse stets einer Effizienzerhöhung unterliegen und die **Parallelverarbeitung** Ressourcen sehr viel effektiver nutzt. Auch in den basalen Ebenen von Kognition, wie z. B. den neurophysiologischen und sinnesphysiologischen Prozessen der Wahrnehmung, lässt sich Parallelverarbeitung feststellen.

In einem **konnektionistischen Ansatz**, bei dem von einer starken Interaktion vieler vernetzter Einheiten ausgegangen wird, haben McClelland und Elman (1986) ein Modell zur Sprachrezeption vorgestellt und zugleich in ein lauffähiges Computerprogramm umgesetzt (TRACE). Die TRACE-Architektur basiert auf drei Schichten (*Layers*): der Merkmalsschicht, der Phonem- und der Wortschicht. Das Modell hat auf die weitere Entwicklung einer naturwissenschaftsnahen Psycholinguistik großen Einfluss gehabt. Eine modernere Variante eines konnektionistischen Modells ist beispielsweise ShortlistB (Norris & McQueen 2008).

Die Art und Weise welche Bedeutung Wörtern zukommt und wie sie gespeichert sind, erklärt Elman (2004) mit dem erweiterten konnektionistischen Modell ‚Simple Recurrent Network' (SRN), nach dem der Informationsfluss der simulierten Neuronenaktivität ebenso wie beim TRACE-Model in drei Schichten von der Input Unit über die Hidden Layer zur Output Unit verläuft, die Hidden Layer aber über eine bidirektionale Verbindung mit der Context Unit wechselwirkt. Diese Context Unit ist in gewisser Weise lernfähig und ‚erinnert' sich an ähnliche Ereignisse früherer Simulationen. Durch diese rekurrente Verrechnung wird die Hidden Layer stark beeinflusst und die Verrechnungen zeigen über die Zeit dynamische Veränderungen bzw. Anpassungen. Nach dem Training solcher Netzwerke zeigen sich Wortkategorien und Verbindungen, die z. B. auch Ähnlichkeiten zur Entwicklung von Wortkategorisierung und zu semantischen Netzen im kindlichen Spracherwerb aufzeigen. Abb. 2.2 zeigt eine schematische 3D-Darstellung eines Ergebnisses der SNR Hidden Layer. Eine Übersicht aktueller Entwicklungen konnektionistischer Modelle findet sich bei Maurer (2021).

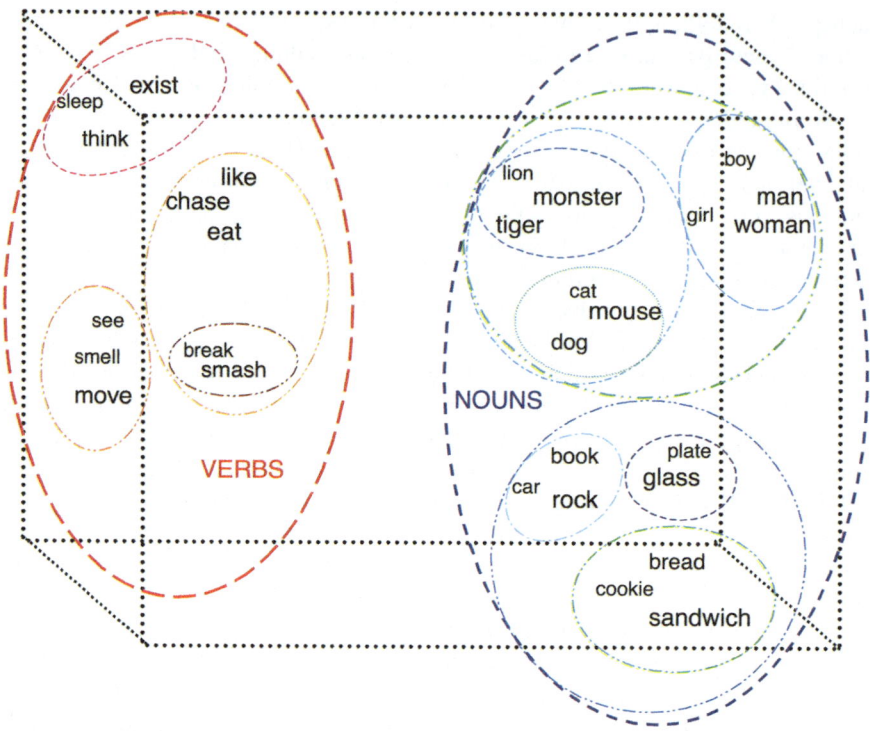

Abb. 2.2 3D-Schema des mehrdimensionalen Raums (Punktlinien) eines Ergebnisses der Hidden Layer in einem SRN-Training. Es treten Bereiche auf, die mit grammatikalischen und semantischen Kategorien übereinstimmen, z. B. die Kategorien ‚Verb' (rote Strichlinie) und ‚Nomen' (blaue Strichlinie), sowie innerhalb der Nomen das Wort ‚Mann' innerhalb der Kategorie ‚belebt' (grüne Strichzweipunktlinie). (Elman 2004, 304)

Embodied Cognition

Bei den klassischen Annahmen zur Struktur kognitiver Prozesse wird zumeist eine strikte Trennung von Sinneseindrücken und der Wahrnehmung der Welt einerseits, sowie von den symbolischen, völlig abstrakten Repräsentationen in Form eines mentalen Konzepts andererseits, angenommen. Nach dieser Sichtweise existieren somit Wahrnehmungen in den fünf Sinnesmodalitäten (Sehen, Hören, Riechen, Schmecken, Fühlen), die als modale Entitäten verstanden werden. Daneben werden mentale Konzepte als amodale, als von den jeweiligen Sinnesmodalitäten unabhängige Symbolsysteme interpretiert. Daher spricht man von **modalen und amodalen Hypothesen** zur Sprachverarbeitung. Wichtige Modelle zur Sprachverarbeitung sind eindeutig amodal ausgerichtet (z. B. Fodor 1983; Pylyshyn 1986). Insbesondere jedoch durch die Integration neurophysiologischer Befunde zur Kognition sind in den letzten Jahren verstärkt modale Hypothesen zur Erklärung kognitiver Prozesse formuliert worden (Pulvermüller & Fadiga 2010).

2.4 Interaktive Modelle und Parallelverarbeitung

Hierbei werden die Leistungen des Gehirns in einem Zusammenhang gesehen: Die Möglichkeiten des Wahrnehmens, des Erlebens, des Handelns und des sozialen Interagierens werden gemeinsam mit den Möglichkeiten eines abstrakten Symbolsystem in einer Art Abhängigkeitsverhältnis gesehen (z. B. Rickheit et al. 2010). Dabei profitieren beide Systeme voneinander, jedoch kann sich ein abstraktes Symbolsystem nicht ohne ein Wahrnehmungs-/Handlungsfundament entwickeln. Egal ob man einen Menschen beobachtet und sich in seine Situation hineinversetzt oder ob man sich mit diesem Menschen unterhält und Verständnis für seine Situation entwickelt: Die adäquate Interpretation, das Erschließen der Bedeutung gelingt nur, wenn man auf ähnlich gelagerte eigene Erfahrungen zurückgreifen kann. Das gilt für konkrete Aussagen wie *„Ich habe Hunger"* genauso wie für das abstrakte *„Ich habe Zuversicht"*. Neben der Verfügbarkeit solcher eigenen Primärerfahrungen ist für das Verstehen zusätzlich noch eine Verbindung zwischen der Wahrnehmungs-/Handlungsebene und der abstrakten Symbolebene notwendig. Erst diese Verbindung ermöglicht beim Sprachverstehen eine **Bedeutungszuweisung** auch für abstrakte Konzepte (Balduin et al. 2021). Vereinfacht gesagt existiert somit ein noch unklarer neurokognitiver Zusammenhang z. B. beim Verstehen der beiden Äußerungen *„Ich ziehe die Koffer"* und *„Ich ziehe die Konsequenzen"*, denen ein Hörer eine konkrete bzw. eine abstrakte Bedeutung zuweisen muss (Rickheit et al. 2010).

Wenn erlebte Situationen oder sprachliche Äußerungen verstanden und angemessen interpretiert werden sollen (**Bedeutungskonstitution**), bilden in beiden Fällen erlebte Erfahrungen der eigenen Körperlichkeit, eigener Bewegungen und eigener Handlungen eine wichtige Grundlage. Die kognitiven Verarbeitungsunterschiede von sprachlichen Äußerungen mit einer konkreten, abstrakten oder metaphorischen Aussage wären demnach nur graduell, da allen Bedeutungszuweisungen identische mentale Simulationen sensomotorischer Erfahrung zugrunde liegen (Schaller et al. 2017a; Visani et al. 2022; Tian et al. 2023). Im Sinne der Embodied Cognition beruhen kognitive Leistungen sowie die meisten Lernvorgänge ausschließlich auf mentalen Simulationen des Gehirns, die letztlich auf einer Re-Aktivierung zuvor erfahrener und stets konkreter sensomotorischer Repräsentationen und deren Interaktion beruhen. Ein prinzipieller Unterschied zwischen konkreter und abstrakter Sprache wäre demnach nicht vorhanden.

In der Geschichte der kognitiven Wissenschaften sind solche körperbetonten Ansätze nicht neu und haben bereits in der klassischen Psychologie eine wichtige Rolle gespielt. Insbesondere nach der großen Zeit der computationellen und symbolverarbeitenden Modelle der 1970 bis1990er Jahre erleben gegenwärtig solche modalen Modelle der Kognition einen großen Aufschwung. Die gegenwärtig wichtigste Ausformulierung eines solchen Ansatzes wird *Grounded Cognition*, *Embodied Cognition* oder kurz **Embodiment** genannt (z. B. Zwaan 2003; Barsalou 2008, 2020; Shapiro 2014; Bergen 2015; Robinson & Thomas 2021).

Zusammenfassung
Üblicherweise basieren kognitive Modelle zur Sprachverarbeitung auf einer Vielzahl von empirischen Befunden und Ergebnissen experimenteller Untersuchungen. Weiterhin werden sie fortwährend anhand neuer Befunde überprüft und ggf. an neue Untersuchungsergebnisse angepasst, da theoretische Modelle zur Sprachfunktion sich widerspruchsfrei mit Ergebnissen empirischer Untersuchungen verbinden lassen müssen. Dennoch handelt es sich bei den bisherigen Modellen nicht um **Funktionsmodelle** sprachlicher Leistungen, die die tatsächliche neurokognitive oder gar physiologische Realität des Gehirns (Funktionen) widerspiegeln, sondern um **Leistungsmodelle**, die lediglich einen schematischen Ablauf der in der Realität beobachteten Sprachhandlungen aufzeigen. Weiterhin ist anzumerken, dass bei der Weiterentwicklung solcher Leistungsmodelle zur Sprachfunktion stets die Gefahr eines Zirkelschlusses (*circulus vitiosus*) besteht: Bei jeder Planung von neuen Experimenten zur Untersuchung der Sprachverarbeitung müssen Sprachmodelle zugrunde gelegt werden, um überhaupt konkrete Fragen für die geplante Laboruntersuchung entwickeln zu können. Die Gefahr dabei ist, dass die im geplanten Experiment zu prüfenden Annahmen zu einem konkreten Sprachmodell das eigentlich erst noch zu Beweisende bereits enthalten.

Wortverarbeitung und mentales Lexikon

3

Die zentrale Ressource für die Benutzung von Sprache ist die Verfügbarkeit von Bezeichnungen für Objekte, Handlungen, Empfindungen usw., die dem Individuum als Wortschatz zur Verfügung stehen, wobei die Anzahl der aktiv im Alltag verwendeten Wörter eines deutschen Durchschnittssprechers mit 12.000 bis 16.000 Wörtern angegeben wird (Duden 2019). Nicht aktiv verwendet, jedoch passiv verstanden werden im Fall eines deutschen Muttersprachlers etwa 50.000 bis 70.000 Wörter. Nach dem Universalwörterbuch der deutschen Sprache (Duden 2019) umfasst der alltagssprachliche Anteil der deutschen Gegenwartssprache 300.000 bis 500.000 Wörter, die Anzahl der eigentlich dazugehörigen fachsprachlichen, regionalen und nicht mehr gebräuchlichen Wörter ist unbekannt. Die mittlere Länge der etwa 148.000 im Rechtschreibduden aufgeführten Wörter beträgt 10,6 Buchstaben (Duden 2020). Legt man das Dudenkorpus (Schriftsprache) zugrunde, so sind 72,8 % der Wörter Substantive, 14,1 % Adjektive und 10,9 % Verben. Die restlichen 2,2 % entfallen auf Adverbien, Interjektionen, Präpositionen, Pronomen und Konjunktionen (Duden 2019).

Nach psycholinguistischen Kriterien kann ein bestimmtes Nomen beispielsweise in der Alltagssprache häufig oder eher selten auftreten (Wortfrequenz, s. Abb. 3.1), hinsichtlich der Artikulationsdauer kurz oder lang sein, in seiner Bedeutung eher konkret oder abstrakt sowie bildhaft oder weniger bildhaft sein. Weiterhin unterscheiden sich die jeweiligen Wörter hinsichtlich ihrer Lern- und Gedächtnisanforderungen, beispielsweise reicht die graphematische Wortlänge von drei Buchstaben (z. B. „Uhr" oder „Aal") bis zu 79 oder 67 Buchstaben („Rinderkennzeichnungsfleischetikettierungsüberwachungsaufgabenübertragungsgesetz" bzw. „Grundstücksverkehrsgenehmigungszuständigkeitsübertragungsverordnung") (Duden 2020). Hinzu kommen grammatische Markierungen wie etwa die Genuszuweisung: 46 % der deutschen Substantive sind feminin, 34 % maskulin und 20 % neutral.

Rang	Die häufigsten Substantive	Die häufigsten Adjektive	Die häufigsten Verben	Rang	Die häufigsten Substantive	Die häufigsten Adjektive	Die häufigsten Verben
1.	Mann	ander…	sein	11.	Vater	weit	machen
2.	Frau	klein	haben	12.	Kind	viel	geben
3.	Hand	groß	werden	13.	Haus	einig	lassen
4.	Tag	erst…	können	14.	Blick	jung	sollen
5.	Auge	gut	sagen	15.	Leben	nahe	stehen
6.	Zeit	alt	sehen	16.	Mensch	gerade	wissen
7.	Jahr	ganz	müssen	17.	Tür	eigen	fragen
8.	Kopf	lang	wollen	18.	Ander…	spät	tun
9.	Gesicht	letzt…	kommen	19.	Wort	einzig	nehmen
10.	Mutter	neu	gehen	20.	Stimme	lieb	hören

Abb. 3.1 Rangliste der häufigsten Substantive, Adjektive und Verben in den Romantexten des Dudenkorpus. (Duden 2019, 76)

Eng mit der Benennung verbunden ist natürlich zunächst das bewusste Erkennen eines Objekts. Die Objekterkennung geht der Benennung voraus und ist vollständig sprachunabhängig. Für die Erkennung von Objekten, Handlungen und Individuen ist keine Sprache notwendig, da es sich um eine stammesgeschichtlich sehr alte Fähigkeit handelt, die sich bei allen Tieren in unterschiedlichem Maße entwickelt hat (Umweltwahrnehmung). Wahrgenommen und in ihrer emotional-affektiven oder sozialen Bedeutung erkannt werden beispielsweise Nahrung, Fressfeinde, individuelle Gruppenmitglieder usw. Auch Menschen mit einem kompletten Verlust der Sprachfähigkeit durch Hirnschädigung (Aphasie, s. Kap. 7.2) zeigen diese vorsprachlichen sozialen und handlungsorientierten Kognitionsleistungen und verfügen daher auch ohne eine Sprache nach wie vor über eine typisch menschliche Kognition.

Allerdings knüpft die Sprachfähigkeit bei der Objektbenennung direkt an die stammesgeschichtlich ältere Objekterkennung an und baut darauf auf. Es wird allgemein in der Sprachwissenschaft angenommen, dass es ein dynamisches, sich ständig anpassendes Reservoir von kombinierten Lautketten (Wörter) im Gehirn gibt, die zur sprachlichen Benennung von Objekten, Handlungen usw. eingesetzt werden: das sogenannte mentale Lexikon (Dóczi 2020; Papafragou et al. 2021).

3.1 Objekterkennung und Wissensrepräsentation

Wie bei allen hochentwickelten Lebewesen ist auch für den Menschen die Erkennung von Objekten von besonderer Bedeutung, um die Umwelt erfassen und sich mit ihr auseinandersetzen zu können. Gleichzeitig mit dem Erkennungsprozess muss eine zunächst sprachfreie Bedeutungszuweisung erfolgen, die das erkannte Objekt mit mutmaßlichen Eigenschaften und Verhaltensweisen in Verbindung bringt, die im Gedächtnis abgerufen werden und mit früheren Erfahrungen in Verbindung stehen. Kurzum: Es müssen Objekte wahrgenommen, erkannt und in der jeweiligen Situation in ihrem Ausmaß möglicher Bedeutung

3.1 Objekterkennung und Wissensrepräsentation

beurteilt werden, um z. B. eine Einschätzung potentieller Bedrohung oder Nützlichkeit zu ermöglichen (Feind, Futter/Beute, Balzpartner, Revierfeind, Nistplatz usw.). Neben dem Gehör und dem Geruchssinn sind für Mensch und Menschenaffen die Augen wichtige Organe für die **Objekterkennung**. Abb. 3.2 A zeigt eine Übersicht der vier Gehirnlappen und des Kleinhirns (Cerebellum). Abb. 3.2 B zeigt die Verläufe des auditorischen und des visuellen Was- und des Wo-Pfades der Hirnrinde (Kortex). Letztlich ziehen sowohl die auditorischen als auch die visuellen Pfade danach weiter zum präfrontalen Kortex.

Für ein erfolgreiches Alltagshandeln von Säugetieren muss die Umwelt- und Objekterkennung in allen Sinnessystemen vergleichsweise schnell erfolgen. Es wundert daher nicht, dass im elektrophysiologischen Experiment bereits ab 100 Millisekunden nach der Präsentation von Objekten entsprechende Aktivitäten in höheren visuellen Zentren des Gehirns nachzuweisen sind. Die Bedeutung der visuellen Objekterkennung für Mensch und Menschenaffen ist u. a. an der Größe der am Sehprozess beteiligten Bereiche der Hirnrinde zu erkennen. Mehr als 40 % der Großhirnrinde sind an der visuellen Erkennung beteiligt. Dabei wird die Information von der Netzhaut (Retina) der Augen über die visuelle Bahn zur primären Sehrinde (V1) im Hinterhauptslappen (Okzipitallappen) über die sekundäre, tertiäre sowie die nachfolgende assoziative und integrative Sehrinde weitergeleitet und verarbeitet. Bereits in der Retina beginnend werden auf jeder Stufe der visuellen Bahn bestimmte Merkmale der visuellen Wahrnehmung analysiert, z. B. bestimmte Kontrast-, Form-, Farb- oder Bewegungsmerkmale des Gesehenen. Die Gesichtserkennung hat eine besondere Bedeutung für das komplexe Sozialverhalten bei Mensch und Menschenaffen, sowohl für die Individuenerkennung als auch für die mimische Kommunikation untereinander. Im Verlauf der Evolution haben sich daher speziell für die Gesichtserkennung und **Mimikinterpretation** Bereiche im Temporallappen und Okzipitallappen des Gehirns herausgebildet (s. Abb. 3.3), wobei hier der rechten Hemisphäre eine besondere Bedeutung zukommt (Ganel et al. 2005; Kanwisher & Yovel 2006).

Die starke Beteiligung der rechten Hemisphäre beim Erkennen und Benennen von bekannten Gesichtern ist bei neurolinguistischen Experimenten zur Personenbenennung mit Sprachgesunden zu beachten. Auch für die kategorienspezifische Objekterkennung (z. B. die Kategorien ‚Früchte' oder ‚Werkzeuge') konnten anhand bildgebender Verfahren spezifische Gehirnregionen ermittelt werden (Martin 2007). Sowohl Patientenstudien mit hirnverletzten Personen als auch fMRT-Studien zeigen, dass semantische Prozesse während des Benennens selektiv gestört sein können, was z. B. auf eine unterschiedliche **kortikale Repräsentation** in getrennten Neuronennetzen hindeuten könnte (Mahon & Caramazza 2009). Anhand von Befunden bei Patienten mit Schädel-Hirn-Verletzungen lässt sich 1.) eine Binnenstruktur des mentalen Lexikons feststellen und 2.) zeigen, dass die Separierungen z. T. Wortkategoriegrenzen umfassen (z. B. Nomen vs. Verben) und semantischen Kriterien folgen, die allerdings nicht unbedingt mit den klassischen Wortfeldern bzw. semantischen Feldern übereinstimmen (z. B. Bauernhof: Traktor, Gänse, Kühe, Scheune usw.). Vielmehr sind sie bestimmt von semantischen Kriterien, vom individuellen Erfahrungswissen und von kulturellen Vorein-

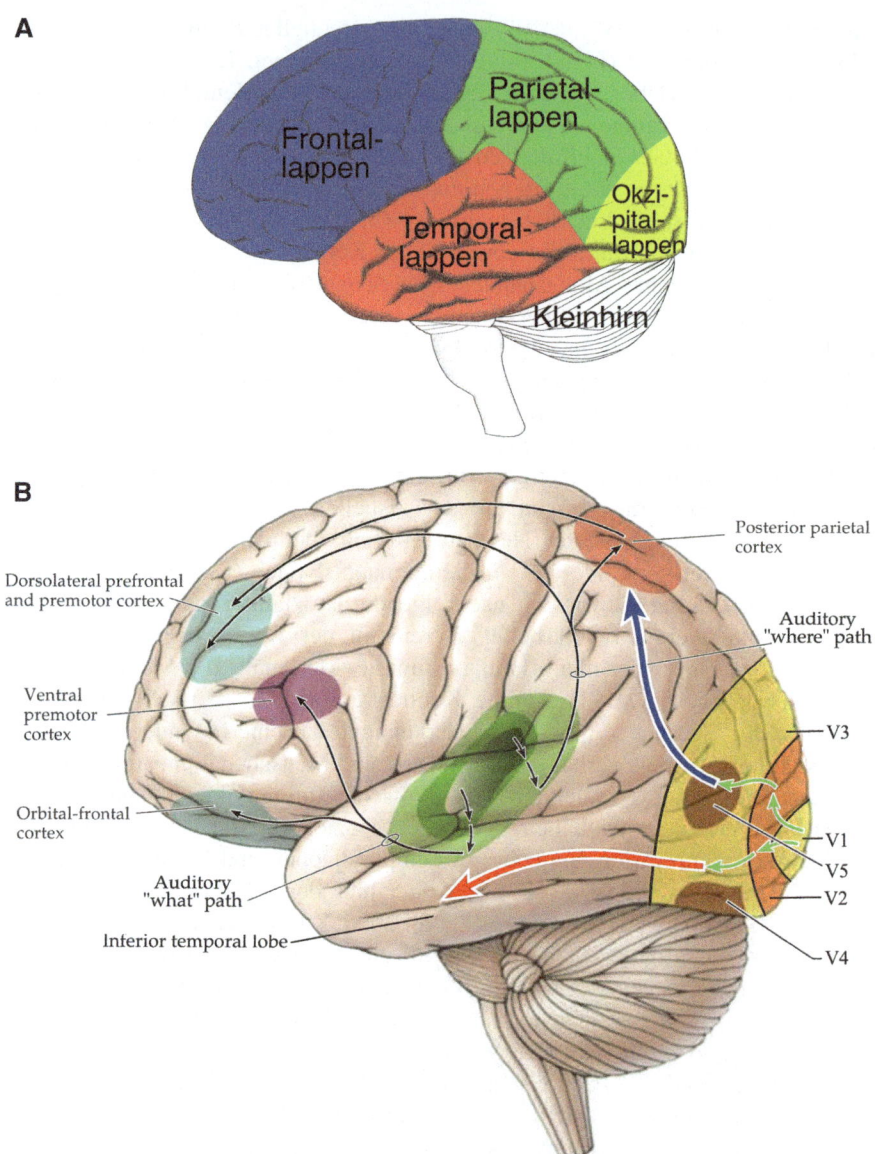

Abb. 3.2 A: Seitliche Ansicht der linken Hirnhälfte mit der Unterteilung in Gehirnlappen: der Frontallappen (Lobus frontalis), der Scheitel- oder Parietallappen (Lobus parietalis), der Schläfen- oder Temporallappen (Lobus temporalis) und der Hinterhaupts- oder Okzipitallappen (Lobus occipitalis) sowie dem Kleinhirn (Cerebellum).
B: Schematische Darstellung der auditorischen und visuellen Pfade für ‚Was' und ‚Wo'. Vom primären und sekundären auditorischen Kortex (grün) ausgehend (schwarze Pfeile) wird das Wahrgenommene in der Umwelt lokalisiert (auditory „where" path) und identifiziert (auditory „what" path). Beim visuellen System ziehen vom primären visuellen Kortex im Okzipitallappen (V1) über die höheren visuellen Zentren (V2, V3, V4, V5) (grüne Pfeile) der „what"-Pfad (roter Pfeil) zum Teil des inferioren Temporallappens sowie der „where"-Pfad (blauer Pfeil) zum posterioren Parietalkortex. (B=Martin 2021, 159 und 178, verändert)

3.1 Objekterkennung und Wissensrepräsentation

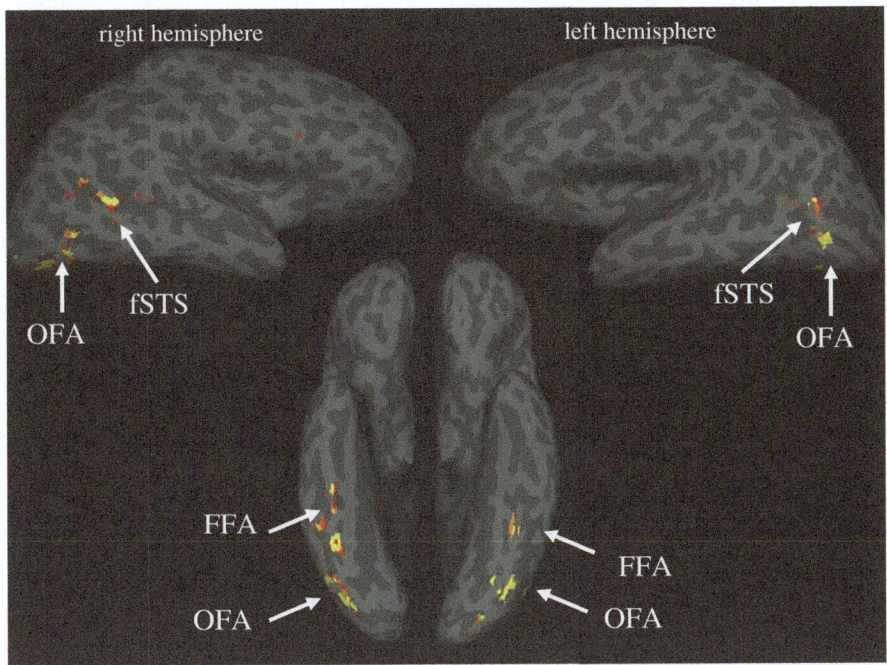

Abb. 3.3 Seitenansicht und Ansicht der Hirnbasis beider Hemisphären (*inflated brain*). Die farbigen Bereiche zeigen die Aktivierungen bei der Gesichtserkennung einer Versuchsperson (OFA = occipital face area; FFA = fusiform face area; fSTS = face-selective region in the posterior part of the superior temporal gyrus). (Kanwisher & Yovel 2006, 2114)

stellungen. Es existieren somit neuronal repräsentierte Strukturen in der kortikalen Repräsentation des mentalen Lexikons, jedoch lässt sich bislang keine sprachübergreifende und allgemeingültige Struktur bestimmen (Kim et al. 2021).

Für die Untersuchung von erworbenen Anomien bei Patienten mit einer Hirnschädigung sollte zuvor geprüft werden, ob sich z. B. die Verarbeitung der Gruppe der Personennamen (Nomina propria) von der der Gattungsbezeichnungen (Nomina appellativa) unterscheidet, da bei der Verarbeitung von Personennamen sich Beeinträchtigungen der rechten Hemisphäre stärker auswirken können (Geukes & Müller 2015). Allgemein lässt sich feststellen, dass vor allem Beeinträchtigungen des linken Temporalpols Benennstörungen in umgrenzten Wortkategorien zeigen, die von Personennamen (Semenza 2022), Namen bekannter Melodien (Belfi et al. 2017) bis hin zu kategorienspezifischen Benennstörungen von Gattungsbezeichnungen reichen (Caramazza & Mahon 2003).

Bedeutungszuweisung
Nach der visuellen Wahrnehmung und der nachfolgenden Erkennung von Objekten ist die Bedeutungszuweisung und Interpretation des Gesehenen der nächste wichtige Schritt. Nun müssen mit dem erkannten Objekt dessen Objekt-

eigenschaften, die ggf. möglichen Verhaltensweisen des Objekts sowie die bislang mit vergleichbaren Objekten individuell gemachten Erfahrungen abgerufen und im Rahmen der aktuellen Situation ausgewertet werden. Beispielsweise ist ein als Tiger erkanntes Lebewesen ungefährlich, wenn es lediglich als Fotografie oder in einem Zoo und hinter den Gitterstäben eines Tigergeheges gesehen wird. Auch das in Kap. 2 erwähnte Weltwissen hilft diese Situation angemessen zu beurteilen, da die meisten Menschen ausgearbeitete Vorstellungen und Erwartungen (Szenario, Schema) mit einem Zoo verbinden. Sie gehen davon aus, dass solche Gehege z. B. geschlossen und hinreichend gesichert sind. Sie haben nicht nur eine Vorstellung von den Eigenschaften und Verhaltensweisen eines Tigers, sondern auch von den Eigenschaften und Möglichkeiten eines Zoos, um nur zwei exemplarische Aspekte der hier durchgeführten und viel umfangreicheren Bedeutungszuweisung zu nennen. Genauer gesagt, verbinden Menschen mit den erkannten Objekten eine Vielzahl von konkreten und abstrakten Eigenschaften die auf Sozialisation, stellvertretender und eigener Erfahrung usw. basieren. Zu diesen Eigenschaften gehören, um beim Beispiel des Tigers zu bleiben, auch der Geruch des Tieres, das Wissen über die Weichheit eines Tierfells, das Schnurren oder Brüllen eines Tigers usw. Diese Vielzahl an Eigenschaften lässt sich bedeutungsmäßig zu einem neurokognitiven Ganzen verbinden, das dann die **mentale Repräsentation** eines Tigers ausmacht und zum Konzept ‚Tiger' gehört. In diesem Beispiel ist die Aktivierung der mentalen Repräsentation TIGER somit der letzte Schritt auf dem Weg von der visuellen Wahrnehmung über die Objekterkennung und die Bedeutungszuweisung. Diese Art der Aktivierung mentaler Repräsentation vollzieht sich ohne Sprache und gehört in unterschiedlich starkem Ausmaß zur kognitiven Grundausstattung hochentwickelter Lebewesen. Beispielsweise verfügen auch Hunde oder Menschenaffen in unterschiedlicher Weise über solche mentalen Repräsentationen und orientieren sich mit ihnen im jeweiligen Lebensalltag. In dieser Weise die Umwelt wahrzunehmen und sich mit ihr bei Partnerwahl, Beutefang, Feindvermeidung usw. auseinanderzusetzen, ist eine wichtige Leistung kognitiver Systeme – nicht nur beim Menschen.

Ausschließlich beim Menschen ist jedoch aufgrund der Sprache noch ein weiterer Schritt bei der Objekterkennung möglich: die **Wortzuweisung** (Benennung). Hierbei handelt es sich um einen weiteren kognitiven Verarbeitungsschritt, der parallel zur oben erwähnten sprachfreien (averbalen) Bedeutungszuweisung erfolgt. Weiterhin ist beim Menschen ist die zeitliche Überlappung und Parallelität der Wahrnehmungs-, Erkennungs-, Bedeutungszuweisungs- und Benennungsprozesse ein wichtiger Grund für die im Verhaltensversuch zu beobachtende Geschwindigkeit der sprachlichen Objektbenennung. Wenn z. B. in einem Benennexperiment einer Versuchsperson Bildkarten mit einfachen Objekten (z. B. einem Stuhl oder einem Auto) für 200 Millisekunden präsentiert werden, wird interaktiv mit dem Objekterkennungsprozess und basierend auf der mentalen Repräsentation des Objekts automatisch ein Eintrag aus dem mentalen Lexikon zugewiesen. Diese Prozesse sind in zahlreichen neurowissenschaftlichen Studien mit bildgebenden Verfahren untersucht worden. Aus methodischen Gründen sind jedoch – je nach Ausrichtung der spezifischen Fragestellung der jeweiligen

3.1 Objekterkennung und Wissensrepräsentation

Untersuchung – ganz unterschiedliche Untersuchungsdesigns, Versuchspersonenaufgaben und Verfahren eingesetzt worden. Beispielsweise unterscheiden sich die Studien in der Modalität (Objektbild, Wort lesen oder Wort hören), der Aufgabe für die Versuchsperson (benennen, lesen, zuhören, dazugehöriges Verb generieren o. ä.) oder in der der Versuchsperson mitgeteilten Aufgabe (Kategorien bilden, merken, vorstellen usw.). Die bisher erzielten Ergebnisse solcher Studien führen daher noch nicht zur wünschenswerten Klarheit. In einer Meta-Analyse von 120 Studien zur Sprachverarbeitung mit bildgebenden Verfahren (PET und fMRT) haben Binder et al. (2009) die bisherigen Gemeinsamkeiten der unterschiedlichen Studien zusammengefasst, um die an der semantischen Analyse von Sprache beteiligten Gehirnregionen zu ermitteln. Konkret handelt es sich um ein funktionelles Netzwerk in der sprachdominanten (zumeist linken) Hemisphäre, das sieben Gehirnregionen umfasst und semantisch-pragmatisches Wissen dem Sprachverarbeitungsprozess zur Verfügung stellt (s. Abb. 3.4). Rot dargestellt sind lediglich diejenigen Gehirnregionen, die in allen Studien eine erhöhte Aktivität bei der semantischen Verarbeitung gezeigt haben. Nicht eingezeichnet hingegen sind diejenigen Gehirnregionen, die nur bei einigen dieser 120 Studien Aktivitäten zeigten und die vermutlich auf sehr aufgabenspezifische Aktivitätssteigerungen speziell in diesen wenigen Studien zurückzuführen sind.

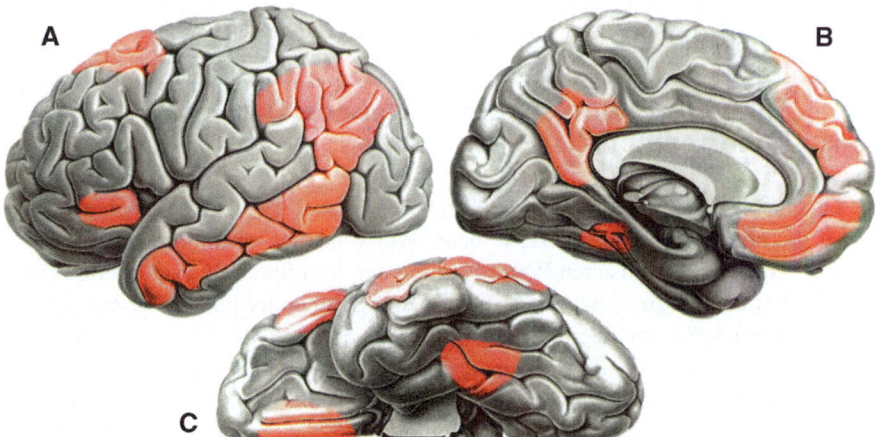

Abb. 3.4 Das semantische Netzwerk der Sprachverarbeitung anhand einer Meta-Analyse von 120 PET- und fMRT-Studien zur semantischen Verarbeitung. Dargestellt ist die linke Hemisphäre in der Seitenansicht (**A**), im Medianschnitt (**B**) und von unten (Hirnbasis) gesehen (**C**). In allen 120 Studien vorhandene Aktivitäten bei unterschiedlichen semantischen Aufgaben zeigen sieben Gehirnregionen (rot eingefärbt) im posterior-inferioren Parietallappen, im Gyrus temporalis medius, im Gyrus fusiformis und Gyrus parahippocampalis, im dorsomedialen präfrontalen Kortex, im Gyrus frontalis inferior, im ventromedialen präfrontalen Kortex sowie im posterioren Gyrus cinguli. (aus Binder et al. 2009, 2779, verändert)

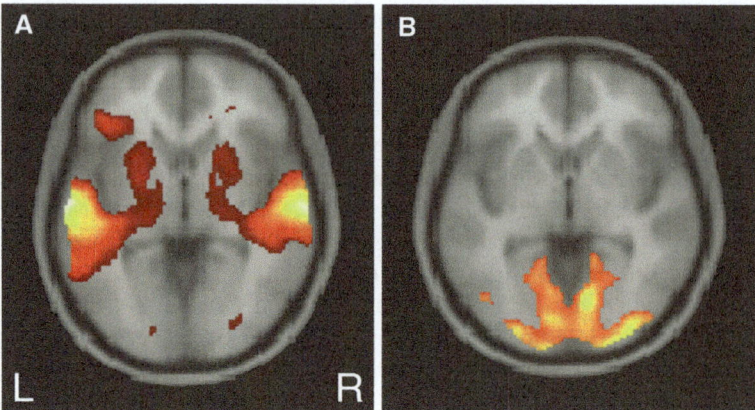

Abb. 3.5 Darstellung der Hirnaktivität während der Verarbeitung gesprochener konkreter Nomen mittels fMRT. Gezeigt werden zwei Horizontalschnitte des Kopfes (= von oben gesehen) auf gleicher Schnittebene.
A: Das Hören von konkreten Nomen im Kontrast zur Ruhe mit geöffneten Augen zeigt die Aktivität der Hörrinde beider Hemisphären. Im Vergleich zur rechten erscheint in der linken Hemisphäre (L) zusätzlich die Aktivität der benachbarten Wernicke-Region und der Broca-Region. Bei diesem Kontrast hat sich die Hirnaktivität der Sehrinde gegenseitig ausgelöscht, da eine visuelle Wahrnehmung in beiden Bedingungen vorhanden war.
B: Das Hören von konkreten Nomen im Kontrast zu einer Pseudosprache offenbart die durch die bildliche Vorstellung ("vor dem inneren Auge") erzeugte Aktivität in der Sehrinde (Okzipitallappen) aufgrund der Bildhaftigkeit der gehörten Wörter. Bei diesem Kontrast hat sich die Hirnaktivität der Hörrinde beider Hemisphären gegenseitig ausgelöscht, da eine Geräusch- bzw. Sprachverarbeitung in beiden Bedingungen vorhanden war.

3.2 Sprachrezeption auf der Wortebene: Das Kohortenmodell

Im Unterschied zu den oben aufgeführten Vorgängen bei der Objektbenennung laufen die neurokognitiven Prozesse beim Wortverstehen in umgekehrter Reihenfolge ab. Nach der akustischen Wahrnehmung der vom Sprecher artikulierten Lautkette (Wort) erfolgt zunächst eine Analyse und Segmentierung des Sprachschalls, die bereits im Innenohr beginnt. Nach der phonetischen Interpretation wird eine Einheit im mentalen Lexikon zugewiesen und aktiviert konzeptuelle Bedeutung im Rahmen der mentalen Repräsentationen. Der dadurch bestimmte Lexikoneintrag stößt eine mentale Repräsentation an und führt ggf. sogar zu einer **bildlichen Vorstellung** (Imagination), die umgangssprachlich „vor dem inneren Auge sehen" genannt wird. Beim Hören von einfachen konkreten Wörtern, wie z. B. „*Haus*" oder „*Auto*", kann diese bildliche Vorstellung eines prototypischen Hauses oder Autos anhand der funktioneller Magnetresonanztomographie (fMRT) als Aktivität im visuellen Kortex (Okzipitallappen) dargestellt werden (s. Abb. 3.5).

Ein verbreitetes und nach wie vor erklärungsstarkes Modell zum Wortverstehen ist das Kohortenmodell (Marslen-Wilson & Welsh 1978, Marslen-Wilson

& Tyler 1980). Während der Wahrnehmung der Phonemkette führt nach dem Kohortenmodell bereits das Initialphonem (Wortbeginn), d. h. bereits das Analyseergebnis der ersten ein bis zwei Phoneme, durch Antizipation zu einer vorläufigen Festlegung über die vermutliche Äußerung, indem alle in Frage kommenden Wortkandidaten vom Hörer proaktiv bestimmt werden und eine **Initialkohorte** von möglichen Wörtern bilden. Handelt es sich beispielsweise um das Zielwort „Zitrone" (/tsitro:nə/), so kommen für den Hörer zum Zeitpunkt des wahrgenommenen /tsi/ im Deutschen noch mehrere Wörter in Frage und bilden die Initialkohorte: z. B. Zitadelle (/tsita'dɛlə/), Zitation (/tsita'tsio:n/) oder Zivilisation (/tsiviliza'tsio:n/). Diese Initialkohorte besteht aus denjenigen lexikalischen Konkurrenten, die zu diesem Zeitpunkt des Wortverstehens aufgrund der phonematischen Analyse noch möglich sind. Andere Wortkandidaten mit identischem Initialphonem, wie z. B. „Zahl" (/tsa:l/), sind zu diesem Zeitpunkt bereits durch eine Deaktivierung herausgefallen. Es handelt sich somit zunächst um einen datenbasierten Ansatz. Neben diesem Bottom-up-Prozess existiert parallel aber auch eine wissensbasierte Analyse: Vom Hörer wird gleichzeitig über die situativen Bezüge, die Kontextinformationen, die Erwartungshaltung usw. die Anzahl der möglichen Wortkandidaten reduziert (Top-down-Prozess). Beispielsweise ist in der Situation ‚Einkaufen auf dem Wochenmarkt' und im Kontext eines Verkaufsgespräches mit einem Obsthändler die Wahrscheinlichkeit für „Zitadelle" weitaus geringer als für „Zitrone". Daher wird die Aktivierung von „Zitrone" Top-down unterstützt. Je mehr von dem sequentiell artikulierten Wort nun wahrgenommen wurde, desto mehr lexikalische Konkurrenten können ausgeschlossen werden und die Kohorte verkleinert sich zusehends. Häufig noch vor dem eigentlichen Artikulationsende des Wortes wird bei der Wortanalyse ein Punkt erreicht, bei dem von der ursprünglichen Kohorte nur noch ein einziger Wortkandidat übrigbleibt: der sogenannte Diskriminationspunkt oder ***uniqueness point***. Hat die Analyse eines Wortes diesen Punkt erreicht, existieren keine lexikalischen Konkurrenten mehr, die Analyse ist beendet und die Bedeutungszuweisung kann bereits abgeschlossen werden (s. Abb. 3.6).

Durch das interaktive und parallele Zusammenwirken von Bottom-up- und Top-down-Prozessen wird nach dem Kohortenmodell ein Weg des effizienten und schnellen Wortverstehens aufgezeigt, der sich in vielen Experimenten zur Sprachverarbeitung als nützliche Orientierung erwiesen hat. Für das Englische wird angenommen, dass bereits 200 ms nach Artikulationsbeginn eines Wortes im Schnitt nur noch 40 konkurrierende Wortkandidaten übrig bleiben (Traxler 2012). Unabhängig von der konkreten Situation in der sich Sprecher und Hörer befinden, hat auch die generelle Verwendungshäufigkeit eines Wortes (Wortfrequenz) sowie die kontextbedingte Auftrittswahrscheinlichkeit eines Wortes einen Einfluss auf die Aktivierung der Initialkohorte. Bei den oben genannten Wortbeispielen ist die Worthäufigkeit in etwa gleich: beide sind nicht sehr häufig. Befinden sich jedoch lexikalische Konkurrenten mit hoher Wortfrequenz in der Initialkohorte, werden diese stärker aktiviert als niedrigfrequente Konkurrenten. Der experimentell leicht nachzuweisende Einfluss der Wortfrequenz auf das Kohortenmodell wurde

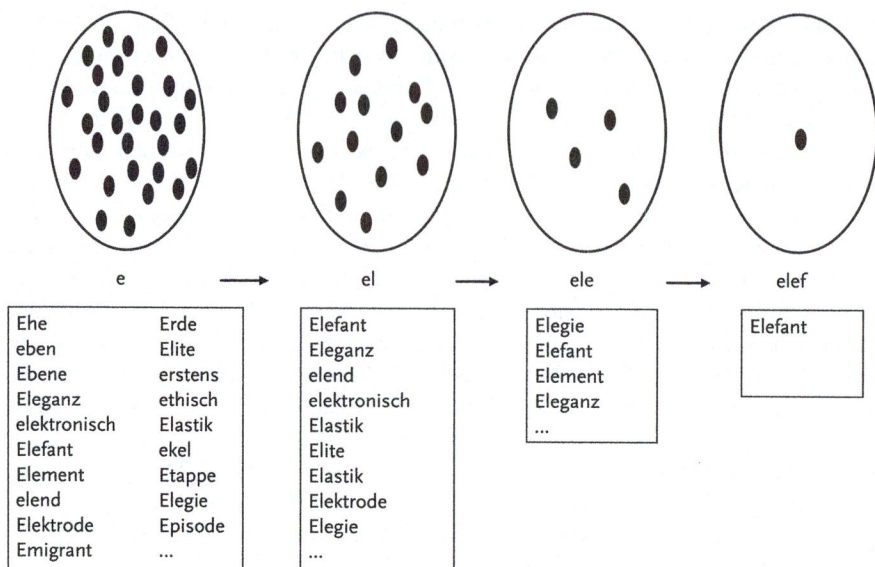

Abb. 3.6 Die fortschreitende Verringerung möglicher Wortkandidaten der Initialkohorte am Beispiel (Pfeile) des geschriebenen Wortes ‚Elefant' (Bottom-up). Im Stadium ‚Elef' ist der Diskriminationspunkt erreicht, da keine lexikalischen Konkurrenten mehr vorhanden sind. Gleichzeitig werden durch Top-down-Prozesse (Weltwissen, Situation, grammatisches Wissen) viele Kandidaten bereits früher zurückgewiesen. Beim Verstehen natürlicher Sprache vollziehen sich diese Vorgänge nicht auf der Buchstabenebene (graphematisch), sondern auf der Lautebene (phonematisch). Die oberen Ellipsen sollen schematisch die sich verringernden Kohorten darstellen. (Dijkstra & Kempen 1993, 39, umgezeichnet)

durch Modelle wie TRACE und SHORTLIST erreicht, die auch prosodische Informationen berücksichtigen.

Bereits die vergleichsweise einfache Verarbeitung von Wörtern bzw. die Objektbenennung zeigt die enorme Komplexität der Sprachverarbeitungsprozesse. Modelle zur Verarbeitung von Sätzen diskutieren Ferreira und Çokal (2016) sowie MacDonald und Hsiao (2018). Die Verarbeitung von realen Dialogen, Aushandlungen oder Gesprächen ist neurolinguistisch bislang nur wenig untersucht.

Exkurs: Wortfrequenz
Die Häufigkeit eines Wortes (vgl. Abb. 3.1) wird ermittelt, indem eine große Menge an Gesprächen oder Texten (sogenannte Korpora) hinsichtlich der jeweiligen Worthäufigkeiten ausgewertet werden (Kupietz & Schmidt 2018; Hirschmann 2019). Üblich ist eine Angabe in ‚Vorkommen pro eine Million Wörter', die als Wortfrequenz angegeben wird. Beispielsweise kann das Deutsche Referenzkorpus (DeReKo) des Instituts für Deutsche Sprache, das über 50 Milliarden Wortformen unterschiedlicher Quellen seit 1956 umfasst (Stand 2021), über die Software COSMAS II für die Ermittlung der jeweiligen Worthäufigkeit genutzt werden. Legt man das Archiv der geschriebenen Sprache des DeReKo zu Grunde, so ergeben sich für die oben genannten Beispiele ‚Zitrone' und ‚Zitadelle' vergleichbare Häufigkeiten von etwa zwei Auftritten pro eine Million Wörter, was einer eher niedrigen Wortfrequenz entspricht. Eine andere Möglichkeit die Häufigkeit eines Wortes in Bezug auf das jeweilige Korpus auszudrücken ist

die Einteilung in Häufigkeitsklassen. Dabei hat das Zielwort die Häufigkeitsklasse X, wenn das häufigste Wort des Korpus etwa zwei hoch X mal häufiger ist als das Zielwort. Sowohl für ‚Zitadelle' als auch ‚Zitrone' ergibt sich dann die gleiche Häufigkeitsklasse 14 (DeRrKo 2009). Die in einem neurolinguistischen Experiment verwendeten Sprachstimuli müssen nach psycholinguistischen Kriterien kontrolliert und abgestimmt werden, um zu belastbaren Ergebnissen zu gelangen. Die Kontrolle der jeweiligen Worthäufigkeiten (Wortfrequenz) der Stimuli nimmt dabei eine wichtige Rolle ein.

3.3 Schema, Skript und mentales Konzept

In der Psychologie gibt es eine lange Tradition der Untersuchung von Prozessen der Wahrnehmung, des Erkennens sowie des Speicherns und Abrufens von Gedächtniseinträgen. Diese Teilleistungen sind zunächst sprachunabhängig und bilden eine fundamentale Voraussetzung für kognitive Prozesse bei Tier und Mensch. Im Verlauf der Evolution zum Menschen hat das Ausmaß der kognitiven Leistungen vor ein bis zwei Millionen Jahren eine Stufe erreicht, die die grundsätzliche Entwicklung von Sprache ermöglichte (Sprachbereitschaft). Im weiteren Verlauf der Evolution des Menschen haben vor etwa 250.000 Jahren einzelne Individuen diese grundsätzliche Fähigkeit auch umgesetzt und ‚Sprache' als Werkzeug erfunden (z. B. Müller 1990; 2009). Dieses vergleichsweise junge Alter der menschlichen Sprachfähigkeit ist ein Grund, warum im Gehirn kein dezidiertes Sprachorgan existiert, da für die evolutionäre Entwicklung eines solchen Sprachorgans eine viel längere Entwicklungszeit notwendig gewesen wäre. Die menschliche Sprachfähigkeit baut somit auf stammesgeschichtlich älteren kognitiven Fähigkeiten der Säugetiere und insbesondere der Primaten auf – und erweitert sie gleichzeitig, da die zugrunde liegende Kognition enorm von der Sprachverwendung profitiert (rekursive Schleife). Beispielsweise sind komplexe Gedächtnisleistungen für das Funktionieren von Sprache sehr wichtig, es muss Weltwissen abrufbar sein, Lexikoneinträge müssen zur Verfügung stehen und selbst das Verstehen (parsen) einer mehrsekündigen Sprachäußerung ist nur unter Zuhilfenahme eines Arbeitsgedächtnissen möglich. Ohne ein Gedächtnissystem wäre weder ein Spracherwerb (Sprachlernen) noch eine Sprachplanung oder ein Sprachverstehen möglich (Baddeley et al. 2020; Logie et al. 2021). Gleichzeitig ermöglicht die Versprachlichung von Informationen im Rückbezug eine noch effizientere Informationsspeicherung und Struktur von Gedächtniseinträgen, was zu einer gegenseitigen Verstärkung von Sprache und Gedächtnisleistung führt (im Sinne einer Aufwärtsspirale).

Skript
Die jeweilige Art und Weise eines Gedächtniseintrags (z. B. die Durchführung einer Handlung oder das Aussehen eines Objekts) wird auch als mentale Repräsentation bezeichnet. Diese zunächst sprachunabhängige Repräsentation dient dazu, **mentale Modelle** zu kreieren und mit diesen weitere Prozeduren und Berechnungen im Rahmen von kognitiven Simulationen im Gehirn durch-

zuführen (‚Denkvorgänge'), beispielsweise das gedankliche Einüben einer zuvor erlernten Handlung oder die gedankliche Drehung eines erinnerten Objektes vor dem ‚geistigen Auge' (Spagna 2022). Mit zunehmender Entwicklungshöhe basieren die jeweiligen kognitiven Leistungen von hochentwickelten Lebewesen wesentlich auf solchen mentalen Repräsentationen und Prozessen. Insbesondere für den Menschen bilden sie die Grundlage aller Denkvorgänge. Beispielsweise existieren mentale Repräsentationen zu Objekten (z. B. ‚Stuhl'), zu Bewegungen und Handlungen (z. B. ‚gehen') und komplexen Handlungsabläufen in spezifischen Situationen (z. B. ‚Geburtstagsparty'). Solche Handlungs- oder Ereignisschemata werden auch Skripten genannt, da sie teilweise aus Stereotypen bestehen, wie z. B. die einzelnen konventionalisierten Handlungsabläufe während eines typischen Restaurantbesuchs (Hampe & Grady 2005). Dieses Erfahrungswissen sorgt für eine gewisse Planungssicherheit für Abläufe im alltäglichen Leben, z. B. beim erstmaligen Betreten eines unbekannten Restaurants. Dem Individuum dienen solche abstrakten Repräsentationen in Form von Schema und Skript in einer konkreten, neuen Wahrnehmungssituation als Vergleichsmuster, um bereits während des Wahrnehmungsprozesses eine Zuordnung und Bedeutungszuweisung durchführen zu können: beispielsweise ein gegebenes Objekt in die Kategorie ‚Stuhl' einzuordnen, auch wenn es vom prototypischen Stuhl stark abweichen sollte. Aufbauend auf diesem psychologischen Konzept der Existenz mentaler Repräsentationen (Skript) werden auch in der Psycholinguistik ähnliche Modelle zur sprachlichen Produktion und Rezeption erarbeitet. Ein Grund dafür ist, dass die Versprachlichung die nächsthöhere Stufe der Repräsentation von Umwelteigenschaften darstellt.

Schema
Im Jahr 1932 hat der Experimentalpsychologe F. C. Bartlett für die Art und Weise des Erinnerns festgestellt, dass Versuchspersonen bereits beim Abspeichern von Informationen auf vorgegebene Erwartungen, Einstellungen und auf Weltwissen zurückgreifen. Soll beispielsweise eine kurze Geschichte später erinnert werden, so werden nur bestimmte Aspekte kategorisiert und lediglich diese Information als ‚Schema' abgespeichert. Der Top-down-gesteuerte Rückgriff auf solche Schemata erleichtert und beschleunigt die Speicherung von Informationen. Bei seinen Versuchen hat F. C. Bartlett die vorgelesene Geschichte von den Versuchspersonen unmittelbar danach, nach wenigen Stunden, nach mehreren Wochen und bis zu 20 Jahre danach erinnern lassen. Insbesondere bei Inhalten, die für den Hörer ungewöhnlich und kulturfremd sind, schrumpfen die erinnerten Informationen schnell auf einige wenige Schemata zusammen, die dann nur noch wenig mit dem ursprünglichen Inhalt zu tun haben können (Evans & Green 2006; Tuggy 2007).

Auf die Benennung von Objekten bezogen, konnte der Linguist W. Labov zeigen, dass konzeptuelle Repräsentationen (z. B. ‚Tasse' *vs.* ‚Schüssel') prinzipiell unscharfe Grenzen haben. Die jeweilige Kategorisierung ist durchaus von äußeren Einflüssen abhängig. Situative, kontextuelle und erwartungsmäßige Aspekte beeinflussen somit auch die Benennung wesentlich (s. Abb. 3.7).

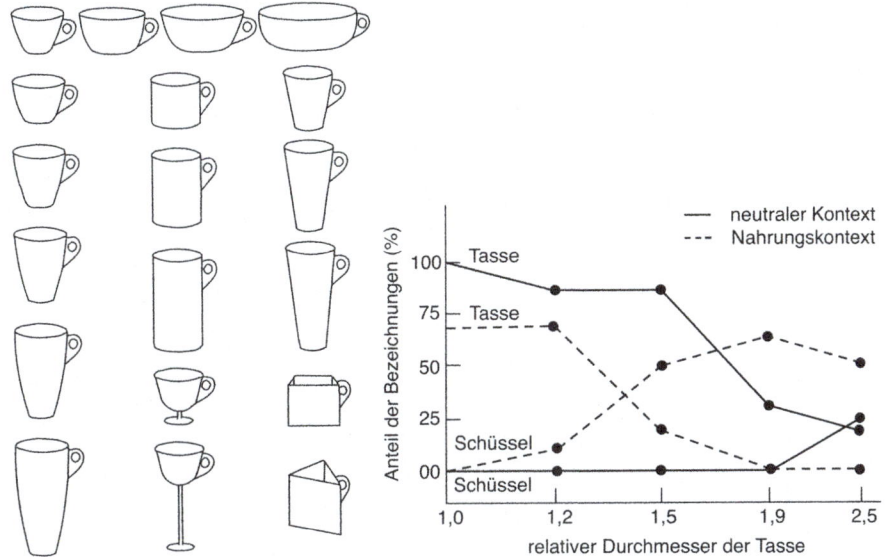

Abb. 3.7 In Benennversuchen wird deutlich, dass konzeptuelle Repräsentationen (z. B. ‚Tasse' vs. ‚Schüssel') unscharfe Grenzen haben (linke Abb.) und ein gegebenes Objekt sowohl Merkmale einer Tasse als auch von einer Schüssel haben kann. Das Diagramm (rechts) zeigt die prozentuale Häufigkeit der Benennung ‚Tasse' vs. ‚Schüssel', abhängig vom Verhältnis von Höhe und Breite der gezeigten Objekte. Sind Durchmesser und Höhe gleich groß (1,0 auf der X-Achse) so haben 100 % der Befragten das Objekt in einem neutralen Kontext als ‚Tasse' und null Prozent als ‚Schüssel' benannt. Ist das Objekt maximal 1,5 mal so breit wie hoch, wurde es im neutralen Kontext überwiegend als Tasse bezeichnet (durchgezogene Linie). Bei der Vorgabe sich das Gefäß mit Kartoffelpüree gefüllt zu denken (Nahrungskontext), haben jedoch 50 % der Versuchspersonen das gleiche Objekt als ‚Schüssel' benannt (gestrichelte Linie). (nach Labov 1973, aus Anderson 2007, 191 f., verändert)

Abschließend ist festzustellen, dass der Vorgang der sprachlichen Benennung kein eigenständiger, engumgrenzter kognitiver Prozess ist, der in einer ausschließlich dafür reservierten Gehirnregion abläuft. Vielmehr sind die allgemeinen kognitiven Vorgänge der Objekt- und Handlungserkennung sowie der Absichtserkennung beim Menschen so leistungsstark geworden, dass sie umfangreiche neurokognitive Simulationen in größeren Zusammenhängen erlaubten. Dadurch können Menschen sich z. B. ausgezeichnet in andere Menschen hineinversetzen und deren Simulationen nachempfinden bzw. in bestimmten Situationen vorhersagen. Und zwar in einem viel stärkeren Maße als das andere Primaten, beispielsweise Schimpansen können. Durch die zusätzliche Fähigkeit einer Aneinanderreihung und Vernetzung solcher komplexer Simulationen von Empfindungen, wahrgenommenen Objekten oder Handlungen wird es letztlich auch ermöglicht, solche Simulationen mit symbolischen Stellvertretern zu markieren: mit akustischen Stellvertretern in Form von Wörtern für Objekte, Empfindungen oder Handlungen.

Der kindliche Spracherwerb

4

Die Untersuchung des kindlichen Spracherwerbs ist eine der zentralen Forschungsaufgaben der Entwicklungspsychologie und der Psycholinguistik. Auch mit neurolinguistischen Methoden wird versucht diejenigen neurokognitiven Prozesse zu analysieren, die es Kindern während der ersten Lebensjahre ermöglicht Sprache zu erkennen, zu interpretieren und eigene sprachliche Äußerungen in Abhängigkeit von Intentionen und Aussageabsichten hervorzubringen. Bei der kindlichen Sprachentwicklung handelt es sich um einen Prozess, der sich parallel zur kindlichen Gehirnentwicklung (Hirnreifung) und zur allgemein kognitiven Entwicklung der Kleinkinder vollzieht – und somit auf das Engste von genau diesen Vorgängen abhängig und mit diesen verbunden ist (z. B. Siegler et al. 2020).

4.1 Zum Verhältnis von Sprachevolution und kindlicher Sprachentwicklung

Die Fähigkeit zur **Kommunikation** bzw. zu kommunikativem Verhalten gehört zu den wichtigsten Ausstattungsmerkmalen von Lebewesen. Kommunikation und Sozialverhalten ermöglichen hochentwickelten Lebewesen eine schnelle Anpassung an veränderte Lebensbedingungen durch Informationsauslagerung und die Informationsweitergabe an Gruppenmitglieder. Hierbei kommt es über zeichenbasierte Kommunikation zu einer Wechselwirkung zwischen allgemeinen Prozessen der Wahrnehmung und der Kognition eines einzelnen Individuums mit ähnlichen Prozessen anderer Individuen. Die Fähigkeit zur individuenübergreifenden Kommunikation ist somit ein typisches und zugleich notwendiges Grundprinzip von Lebewesen. Aufgrund dieser prinzipiellen Bedeutung kommunikativen Verhaltens für Lebewesen und einer über 250 Millionen Jahre währenden stammesgeschichtlichen Entwicklung der Säuger, ist es bei allen Säugetieren zu ähnlichen, aufeinander aufbauenden Strukturen der Kommunikation gekommen. Dabei können Kommunikationssignale häufig nicht nur innerhalb einer einzelnen Tierart (= innerartliche Kommunikation), sondern auch artübergreifend (= zwischenartliche Kommunikation) als solche erkannt und verstanden werden. Beispielsweise wird eine Drohgeste mittels Körperhaltung oder Zähnefletschen von unterschiedlichen Säugetierarten auch entsprechend ‚verstanden'. Im Vergleich zu dieser zeichenbasierten Kommunikation der Säugetiere ist die **menschliche Sprachfähigkeit** stammesgeschichtlich eine eher junge Errungenschaft. Obwohl sich die Entwicklungslinie des Menschen bereits vor 6 bis 8 Millionen Jahren von der Entwicklungslinie der Menschenaffen getrennt hat, liegt die Ausbildung von Sprache vermutlich nicht länger als 250.000 Jahre zurück – vielleicht sogar nur lediglich 150.000 Jahre (z. B. Müller 1990; Nichols 2012; Langdon 2022). Bei der Sprache handelt es sich somit um eine entwicklungsgeschichtlich sehr spät entstandene Fähigkeit in der Entwicklungslinie des Menschen, die als Folge der Integration und Synergie von vielen unterschiedlichen kognitiven Einzelleistungen des Systems ‚Gehirn' entstanden ist. Sprache ist keine genetisch verankerte Kognitionsleistung, die auf eine exakt lokalisierbare Sprachregion des Gehirns zurückgeht, sondern eher ein umfangreiches Verbundprojekt von kognitiven Einzelleistungen, die zumindest teilweise auch bei Menschenaffen oder anderen Säugetieren bereits vorhanden sind (z. B. Tallerman & Gibson 2012). Die menschliche Sprachfähigkeit erscheint als eine neue kognitive Qualität und Systemleistung oberhalb der sie formierenden kognitiven Einzelleistungen.

> „Das was aus Bestandteilen so zusammengesetzt ist, dass es ein einheitliches Ganzes bildet, nicht nach Art eines Haufens, sondern wie eine Silbe, das ist offenbar mehr als bloß die Summe seiner Bestandteile." (Aristoteles (384–322 v. Chr.) Metaphysik, VII. Buch, Kap. 17, 1041b)

Ein Kind kann während der ersten Lebensjahre jede natürliche Sprache erlernen, unabhängig davon, ob seine Vorfahren seit tausenden von Jahren z. B. eine indoeuropäische Sprache (z. B. Griechisch), eine Tonsprache (wie Mandarin oder einige afrikanische Sprachen) oder eine Sprache mit über 140 bedeutungsunterscheidenden Lauten (Phonemen), wie z. B. bei den Khoisan-Sprachen im südlichen Afrika problemlos erlernen. Sprache wird aktiv in einem Lernvorgang erworben und ist ‚Sprachlernen'. Lediglich die grundsätzliche Fähigkeit und die offensive Bereitschaft zur **Vokalisation**, zur audio-visuellen Kommunikation und zum Spracherwerb sind angeboren. Erlernt wird darauf aufbauend die jeweilige ‚Muttersprache'. Daher ist die konkrete Ausbildung einer Sprache nicht genetisch vorgegeben und vollzieht sich auch nicht unausweichlich: kein Kind würde ohne Sprachinput selbstständig eine Art Sprache hervorbringen. Angeboren ist nur das säugetiertypische nicht-sprachliche (non-verbale) Kommunikationsverhalten mittels einfacher Lautäußerungen (Vokalisation) zum Ausdruck von Stimmungen, Warnungen, Ängsten usw. in Verbindung mit der ebenfalls angeborenen mimischen und gestischen Kommunikation (Brudzynski 2010). Weiterhin ist dem Menschen und den Menschenaffen eine primatentypische Erwartung von sozialer

Interaktion angeboren. Neugeborene bzw. Säuglinge interessieren sich bereits für Sozialkontakte bestehend aus visueller (Gesichtserkennung, Lächeln), körperlicher (Berührung) und akustischer (modulierte Sprachlaute) sozialer Ansprache. Das sich entwickelnde Gehirn ‚wartet' gewissermaßen auf solche Reize – und es benötigt sie existenziell für die weitere gesunde Entwicklung (Lagercrantz 2016; Siegler et al. 2022).

Die Sprachfähigkeit des Menschen und die Erfindung einer Lautsprache hat das stammesgeschichtlich weitaus ältere Kommunikationsverhalten der nichtmenschlichen Primaten stark erweitert und eine neuartige Leistungsstufe sozialer Interaktion ermöglicht. Das vorsprachliche Kommunikationsverhalten ist jedoch nicht außer Kraft gesetzt und auch in einem sprachlichen Dialog geschieht nach wie vor ein wesentlicher Teil der Kommunikation über non-verbale Signale, beispielsweise über die Gesichtsmimik, die Gestik, die Stimmfärbung oder die Körperhaltung. Die unterschiedlichen Leistungsgrenzen von non-verbaler und verbaler Kommunikation lassen sich auch beim kindlichen Spracherwerb beobachten, der viele Stadien der evolutionären Entstehung von Kommunikation durchläuft. Diese Unterschiede in der Kommunikationsleistung sind so markant, dass man früher glaubte mit dem kindlichen Spracherwerb ein gutes Modell für die Evolution der menschlichen Sprache zu haben. Insbesondere, weil in der Entwicklungsbiologie beobachtet wurde, dass in der anatomischen Embryonalentwicklung der Wirbeltiere häufig Merkmale der Stammesentwicklung ansatzweise durchlaufen werden (die sogenannte **Biogenetische Grundregel**). Die Biogenetische Grundregel gilt jedoch nur sehr eingeschränkt und nur im Kontext einiger anatomischer Merkmale, die sich über viele Millionen Jahre in der stammesgeschichtlichen Entwicklung herausgebildet haben. Für kognitive Leistungen gilt sie nicht. Die Evolution der menschlichen Sprache wird nicht in den Phasen des kindlichen Spracherwerbs rekapituliert. Die Sprachevolutionsforschung kann sich daher nicht am kindlichen Spracherwerb orientieren.

4.2 Die kindliche Sprachentwicklung

Lange Zeit wurden bei der Untersuchung der kindlichen Sprachentwicklung lediglich sprachliche Äußerungen des Kindes beachtet, was zu der unklaren Aussage *„Kinder lernen im Alter von zwei Jahren sprechen"* führt. Richtig ist, dass Sprache und non-verbale Kommunikation gemeinsam sprachliches Verhalten darstellen und Kinder bereits weit früher kommunizieren können (Rohmann & Aguado 2009; Kauschke 2012; Klann-Delius 2016; Szagun 2019; Rohlfing 2019; Sachse et al. 2020). Weiterhin geht die kindliche Entwicklung sprachlich-kommunikativer Fähigkeiten mit der Entwicklung allgemein-kognitiver Fähigkeiten einher und beginnt bereits im Mutterleib. In Krankenhaus-Studien wurden Frühgeborene 1.) entweder in ruhigen Einzelzimmern oder 2.) in aktiv genutzten Zimmern versorgt, in denen sehr häufig gesprochen wurde und Hintergrundgeräusche vorhanden waren. Die Kinder der 1. Gruppe hatten ein verzögertes Hirnwachstum und im Alter von 7 bis 18 Monaten niedrigere Werte in Sprachtests (Lagercrantz 2016). In der vergleichsweise ruhigen Atmosphäre eines Einzelzimmers fehlten die für das Sprachlernen notwendigen Stimuli.

Entwicklung im Uterus
Aus heutiger Sicht beginnt die Entwicklung sprachlich-kommunikativer Fähigkeiten bereits als Fötus im Uterus. Die **Entwicklung des Hörorgans** beginnt in der 3. Schwangerschaftswoche und ab der 24. Woche können Föten z. B. den Herzschlag der Mutter sowie dumpf, tiefpassgefiltert durch das sie umgebende Fruchtwasser, die mütterliche Stimme wahrnehmen. Gleiches gilt für fremde Stimmen, Musik und Geräusche der Umgebung (Kisilevsky 2016). Bereits in den 1980er Jahren konnten z. B. De Casper et al. (1986) nachweisen, dass Neugeborene nicht nur die Stimme der eigenen Mutter erkennen können, sondern dass sie sich auch an vorgeburtlich gehörte Stimmmuster erinnern können (Dahaene-Lambertz et al. 2006). Beispielsweise wurde Kindern etwa sieben Wochen vor der Geburt zweimal täglich die gleiche Geschichte vom Band vorgespielt. Nach der Geburt konnte gezeigt werden, dass die spezielle Silbenstruktur, insbesondere Intonation und Prosodiemuster sowie weitere, für diese Geschichte typische Sprachmerkmale erlernt wurden und die Neugeborenen anhand dieser Merkmale die intrauterin gehörte Geschichte von anderen Sprachstimuli unterscheiden konnten. Gleiches trifft für das vorgeburtliche Lernen von Melodien zu. Wenn das Neugeborene bereits vorgeburtlich eine bestimmte Melodie häufiger gehört hat, z. B. durch eine wiederholt auf dem Bauch der Schwangeren liegende Spieluhr, wird vom Neugeborenen diese Melodie einer unbekannten Melodie vorgezogen. Aufgrund von Erfahrungswissen empfehlen Hebammen den Schwangeren seit langem, die zur Beruhigung des Neugeborenen gedachten Baby-Spieluhren sich bereits in den letzten zwei Schwangerschaftsmonaten regelmäßig auf den Bauch zu legen, um eine Gewöhnung des Kindes an die jeweilige Melodie zu erreichen. In unterschiedlichen Experimenten ist dieses Erfahrungswissen der Hebammen nun bestätigt worden. Feststellen kann man die Wiedererkennungsleistung bei Neugeborenen beispielsweise durch den Einsatz von drucksensitiven Schnullern, die Veränderungen der Nuckelrate messen und seit über 30 Jahren zum Einsatz kommen (high-amplitude-sucking technique, HSE). Dabei führt ein erhöhtes Interesse des Säuglings zu einer gesteigerten, ein sich abschwächendes Interesse zu einer absinkenden ‚Nuckelrate'.

Neugeborene
Weitere Möglichkeiten Wahrnehmungsleistungen von Säuglingen während der ersten Lebensmonate zu erfassen, bieten die Messung von Hinwendungs- und Aufmerksamkeitsreaktionen, die Messung der Herzrate bzw. die Ermittlung von Schreck- und Weinreaktionen (Friederici 2005, Johnson & Seidl 2008, Gervain et al. 2008, Gervain & Mehler 2010). Abb. 4.1 zeigt ein Experiment mit einer binauralen Vokalpräsentation bei einem Neugeborenen. Die Versuche wurden in Schweden und in den USA durchgeführt und jeweils 40 Neugeborene reagierten auf Vokale in der jeweiligen Fremdsprache mit einer längeren Nuckeldauer. Im Vergleich zu den schon vorgeburtlich bekannten Vokalen der jeweiligen Mutter-

4.2 Die kindliche Sprachentwicklung

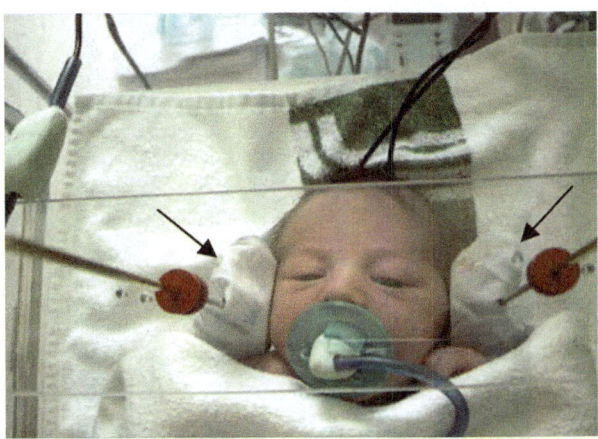

Abb. 4.1 Akustische Präsentation von mutter- und fremdsprachlichen Vokalen über Kopfhörer (Pfeile) bei einem Neugeborenen. Die Aufmerksamkeitsreaktion wird anhand der Nuckelrate über einen Drucksensor im Babyschnuller erfasst. (Lagercrantz 2013, 109, verändert)

sprache, zeigten sie ein stärkeres Interesse an den bis dahin unbekannten fremdsprachlichen Lauten (Moon et al. 2013).

Neugeborene zeigen ein prinzipielles starkes Interesse an sozialer Interaktion, Kommunikation und direkter Ansprache und erkennen auch die mütterliche Stimme, was anhand entsprechender Experimente gezeigt werden konnte. In einer fMRT-Studie mit 15 maximal drei Tage alten Neugeborenen konnten Perani et al. (2011) zeigen, dass Sprache, in diesem Fall eine kurze Märchengeschichte mit kindgerechter Intonation, die auditorische Hirnrinde beider Hemisphären aktiviert und die Neugeborenen die Stimme als Schallereignis selbstverständlich wahrnehmen können (s. Abb. 4.2). Darüber hinausgehende sprachspezifische Aktivierungen des Gehirns, wie sie beim späteren Sprachverstehen auftreten, fehlen in dieser Entwicklungsphase jedoch. Es scheint eher so, als ob die rechte eine im Vergleich zur linken Hemisphäre stärkere Aktivierung zeigt, was auf eine Verarbeitung von Rhythmus, Sprachmelodie und Intonation (Prosodie) schließen lässt. Neugeborene reagieren mit Beruhigung auf leisen, kindgerechten Singsang (Schlaflied), der daher mit einer neurokognitiven Wirkung einhergehen muss. Allerdings ist die funktionell-neuroanatomische Hemisphärenspezialisierung bei Kleinkindern noch längst nicht ausgebildet und somit nicht vorhanden. Spätestens ab der Pubertät ist die Verarbeitung von Melodie und Prosodie eine überwiegende Leistung der rechten Hemisphäre.

Das große Interesse des Neugeborenen an sozialer Interaktion und Ansprache wird dadurch noch verstärkt, dass Erwachsene für die Ansprache von Säuglingen und Kleinkindern häufig eine spezielle Redeweise verwenden. Typisch für diese kindgerichtete Sprache (*child-directed speech*, CDS bzw. *infant-directed speech*, IDS) oder Ammensprache (**Motherese**) ist eine Verlangsamung der Äußerung in einer höhere Stimmlage mit deutlicher Intonation, Prosodie und

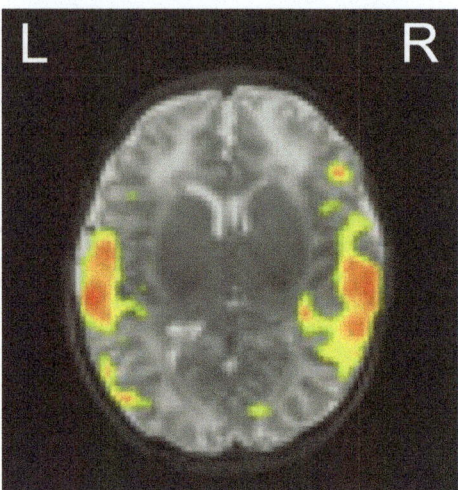

Abb. 4.2 Darstellung der Hirnaktivität von max. drei Tage alten Neugeborenen während ihnen eine Geschichte präsentiert wurde. Es handelt sich um ein Horizontalschnittbild des Kopfes (= von oben gesehen) einer fMRT-Untersuchung. Die Neugeborenen waren nicht sediert. Sprache im Kontrast zur Ruhebedingung führte zu einer Aktivität in den auditorischen Kortizes beider Hemisphären, da lediglich der Sprachschall als akustisches Signal verarbeitet wird. Die umfangreichere Aktivität der rechten Hemisphäre ist möglicherweise auf die melodischen Anteile der Sprache zurückzuführen, die Neugeborene sehr wohl wahrnehmen können. Darüber hinausgehende sprachspezifische, auf ein Sprachverstehen zurückführbare Gehirnregionen (vgl. Abb. 3.5) sind in diesem Stadium der Gehirnentwicklung noch nicht aktiv. (Perani et al. 2011, 16.057, verändert)

Rhythmisierung. Nach Lagercrantz (2016, 109) verfügen Kleinkinder im Alter von 24 Monaten über einen signifikant höheren Wortschatz, wenn sie zuvor im Alter von 11 Monaten sehr häufig eine kindgerichtete Ansprache gehört haben.

Werden in einem Experiment dem Neugeborenen abwechselnd komplexe Geräusche und menschliche Stimmen präsentiert, so werden menschliche Stimmen den Geräuschen vorgezogen. Weiterhin wird bei wechselnder Präsentation von zwei Frauenstimmen (Mutter *vs.* fremde Frau) die mütterliche Stimme bevorzugt. Gleiches trifft auf die Präsentation einer muttersprachlichen und einer fremdsprachlichen Äußerung zu. Hier werden von Neugeborenen die Äußerungen in der Muttersprache aufgrund vorgeburtlichen Lernerfahrungen gegenüber Äußerungen in einer anderen Sprache vorgezogen. Dies ist jedoch nicht als genetische Präferenz für die Muttersprache zu sehen, sondern als Auswirkung erster kleiner Lernschritte auf dem Weg zum Spracherwerb, die bereits im Mutterleib begonnen haben, indem bestimmte Aspekte im Lautmuster der Muttersprache abstrahiert und gespeichert werden. Bereits Neugeborene bzw. Säuglinge können einige phonematische Kontraste erkennen und spätestens nach zehn Monaten sind die Grundlagen der **kategorialen Phonemwahrnehmung** gelegt, bevor die ersten eigenen Wörter gesprochen werden. Bereits nach der Geburt ist der kindliche

 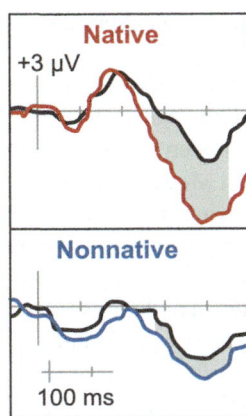

Abb. 4.3 Elektroenzephalographische Ableitung (EEG) der Hirnaktivität bei einem Säugling (links). Die Diagramme (rechts) zeigen die an der Elektrodenposition CZ abgeleitete Mismatch Negativity (MMN) für einen Säugling im Alter von 7,5 Monaten: einmal für einen Kontrast in der Muttersprache Englisch (schwarz *vs.* rot) und einer Fremdsprache (Mandarin, schwarz *vs.* blau). Da der Muttersprachwerb bereits begonnen hat, erzeugt der phonematische Kontrast im Englischen eine höhere Mismatch Negativity. (Kuhl & Rivera-Gaxiola 2008, 214 ff., verändert)

Wahrnehmungsapparat auf sprachliche Kontraste in ihrer Gesamtheit ausgerichtet. Einige Monate später schärft bzw. verengt sich die Wahrnehmung zusehends und es werden zunehmend nur noch die ausschließlich für die Muttersprache bedeutsamen Kontraste beachtet (Bavin 2009; Klann-Delius 2016; Fernández & Cairns 2018; Rohlfing 2019; Szagun 2019; Dittmann 2020). Abb. 4.3 zeigt ein Beispiel für die Herausbildung dieser Fokussierung auf phonematische Kontraste der Muttersprache.

4.3 Die Stufen des Spracherwerbs

Der Spracherwerb ist ein Prozess, der bereits im Mutterleib beginnt (s. o.) und einige Jahre andauert. Je nach Schwerpunktsetzung der Beurteilung ist der wesentliche Teil des Spracherwerbs nach drei bis fünf Jahren abgeschlossen. Parallel zur allgemeinen kognitiven Entwicklung des Kindes dauert es jedoch noch weitere Jahre bis die Sprache komplett ausgebildet ist und sich einem mittleren Erwachsenenniveau annähert.

Bereits unmittelbar nach der Geburt können Neugeborene schreien – es wird in der Geburtshilfe als ein wichtiges Lebenszeichen angesehen. Es handelt sich um angeborene, durchaus strukturierte Lautmuster, die in den Bereich der Vokalisation fallen (**Reflexschreie**). Aus medizinischer Sicht reorganisieren solche kurzfristigen Vokalisationen das kardio-respiratorische System und bewirken auch eine Vergrößerung des Lungenvolumens. Längere Schreiphasen des Neugeborenen bzw. Säuglings sind für die weitere Entwicklung jedoch nicht notwendig und dürfen eine soziale Vernachlässigung nicht rechtfertigen („*Schreien kräftigt die Lungen...*").

Ab der zweiten Lebenswoche ist das Schreien bereits ausdifferenziert und zeigt deutlich wahrnehmbare Unterschiede affektiver Zustände an: Gefühle und Stimmungen können so vermittelt werden. Auch Wohlbefinden kann mit melodischen Modulationen von Grundlauten ausgedrückt werden.

Ab der vierten Lebenswoche entwickelt sich mimische Kommunikation in Form des sogenannten **sozialen Lächelns** (Widerlächeln), das ab der sechsten Woche massiv einsetzt: lächelnde Gesichter werden nun mit einem Lächeln ‚beantwortet'. Die Fähigkeit zu lächeln ist offensichtlich angeboren und nicht etwa erlernt, da auch von Geburt an blinde Kinder das soziale Lächeln zeigen. Über hochauflösende 3D-Ultraschalldarstellungen über mehrere Sekunden lässt sich ebenfalls zeigen, dass die zum mimischen Lächeln gehörenden Motorprogramme bereits im Uterus ablaufen und das Ungeborene in den letzten Schwangerschaftsmonaten gelegentlich spontan lächeln lassen. Auch die entsprechenden Grimassen für Schrecken oder Ekel (z. B. auf Bitterstoffe) sind angeboren. Die Fähigkeit auf ein lustiges Ereignis mit Lachsalven zu reagieren, entwickelt sich jedoch erst mit vier bis fünf Monaten.

Nach der Geburt wird ab der sechsten Lebenswoche die Kommunikation durch weitere non-verbale Anteile unterstützt und koordinierte Handbewegungen ermöglichen nun auch gestische Bewegungen der Hände und Arme. Weiterhin ermöglicht das Sehsystem, das zunächst nur ein unscharfes Bild z. B. von nahen Gesichtern liefert, nun eine etwas genauere Wahrnehmung von sprechenden Gesichtern im unmittelbaren Nahbereich. Spricht eine sich über das Kind beugende Person, kommt es beim Kind zu einer kognitiven Verknüpfung von beobachteter **Lippenbewegung** und der gehörten Sprache. Es lernt somit den Zusammenhang der Gleichzeitigkeit und verknüpft audio-visuelle Signale. Wird im Experiment gegen diese Gleichzeitigkeit von Lippenbewegung und Sprachschall verstoßen, indem die Person lautlos die Lippen bewegt und dazu Sprache geringfügig zeitversetzt präsentiert wird, reagiert das Kind nachweislich auf diese Abweichung.

Im dritten bis vierten Lebensmonat kommt es zu einer enormen stimmlichen Ausweitung (**stimmliche Expansion**). Gleichzeitig entwickeln die Kinder Spaß daran mit der eigenen Stimme zu spielen und die Möglichkeiten unterschiedlicher Stimmregister zu erproben. Die Modulation von Intensität, Klangfarbe und Intonation wird entdeckt und weiterentwickelt, wobei überwiegend Vokale erzeugt werden. Im Zuge des Imitations- bzw. Modelllernens kommt es auch zu lautlichen Nachahmungsspielen, indem die Kinder z. B. einfache Lautvorgaben der Mutter imitieren und mit ihr so kommunikativ interagieren. Auch die Gesichtsmimik ist nun ausgeprägter und wird willentlich eingesetzt, um z. B. Freude, Scham, Trauer oder Ärger auszudrücken. Ebenfalls lassen sich im Alter von vier Monaten sprachspezifische Aktivitäten in der linken Hemisphäre nachweisen, die nur durch Sprache aber beispielsweise nicht durch Affenlaute oder ‚Kauderwelsch' ausgelöst werden (Minagawa-Kawai et al. 2011). Parise et al. (2010) konnten mittels Elektroenzephalographie (EEG) in einem Versuch zeigen, dass Kinder anhand

4.3 Die Stufen des Spracherwerbs

der elektrischen Hirnaktivität bereits im Alter von vier Monaten ihren eigenen Vornamen von anderen Namen unterscheiden können, während sie erst mit fünf Monaten auch mit einer Verhaltensreaktion auf ihren Namen reagieren.

Die Kehlkopfabsenkung
Mit etwa sechs Monaten werden auch Konsonanten systematisch produziert und mit Vokalen verbunden: Es beginnt die Phase des sogenannten Babbelns (Babbelphase). Der kindliche Vokaltrakt verändert sich nun im Aufbau und wird dem eines Erwachsenen ähnlicher. Bis zum dritten Lebensmonat ist der kindliche Vokaltrakt noch wie bei allen nichtmenschlichen Primaten aufgebaut. Insbesondere die Kehlkopfposition ist affentypisch, um ein gleichzeitiges Schlucken und Atmen zu ermöglichen, was überlebenswichtig ist (s. Abb. 4.4).

In den ersten Lebensmonaten befindet sich der Kehlkopf gegenüber den ersten drei Halswirbeln. Mit sechs Monaten wird durch den menschentypischen, anfänglichen Umbau des Rachenraumes eine bereits umfangreichere **Lautbildung** ermöglicht. Die in dieser Phase produzierten Laute werden zunehmend sprachähnlicher, die Zunge ist jedoch noch nicht feinmotorisch vollständig kontrolliert. Erst im Alter von 18 bis 24 Monaten ist der Kehlkopf soweit abgesunken, dass die endgültige, menschentypische Position erreicht ist (Laitman 1987). Der Kehlkopf befindet sich nun auf der Höhe des vierten bis siebten Halswirbels. Dadurch kreuzen sich allerdings die Wege zur Luft- und zur Speiseröhre, was zum Verschlucken und nachfolgend durchaus zu einem Erstickungstod führen kann. Außerdem ist beim Menschen durch diese Entwicklung die neuromuskuläre Steuerung des Schluckmechanismus viel komplizierter geworden. Im hohen Alter und vor allem auch nach Schädigungen des Gehirns, z. B. durch einen Schlaganfall (vgl. Kap. 7), kommt es daher häufig zu neurogenen Störungen des Schluckvorgangs, der sogenannten Schluckstörung oder Dysphagie (Daniels et al. 2019; Warnecke et al. 2021). Innerhalb der Primaten hat nur der Mensch einen abgesenkten Kehlkopf, der zwar artikulatorisch neue Möglichkeiten bewirkt – ein gleichzeitiges Trinken und Atmen jedoch verhindert.

Die neuronale Schärfung phonemdistinktiver Kontraste
Bei Säuglingen im sechsten bis siebten Monat zeigt sich im Bereich der auditorischen Wahrnehmung eine weitere Besonderheit der menschlichen Sprachfähigkeit: Die in den ersten Lebensmonaten gleichmäßig aufgefächerte Unterscheidungsfähigkeit von Sprachlauten spreizt sich in bestimmten Bereichen auf (ähnlich einer Kurzwellenlupe). Die ursprünglich gleichverteilte Diskriminationsfähigkeit wird zugunsten einer gesteigerten Unterscheidungsfähigkeit von Lauten der eigenen Muttersprache aufgegeben (vgl. Kuhl & Rivera-Gaxiola 2008). Natürlich können auch danach noch alle Laute wahrgenommen werden aber die **Unterscheidungsfähigkeit für bedeutungsunterscheidende Lautpaare**, sogenannte phonemdistinktive Kontraste, wird zentralnervös stärker beachtet. Andererseits werden die für die Muttersprache nicht-phonemdistinktiven Kontraste nicht mehr so stark beachtet bzw. unterschieden. Die zentralnervöse Wahrnehmung von Sprachlauten fokussiert auf das Phonemset der Muttersprache. Beispiels-

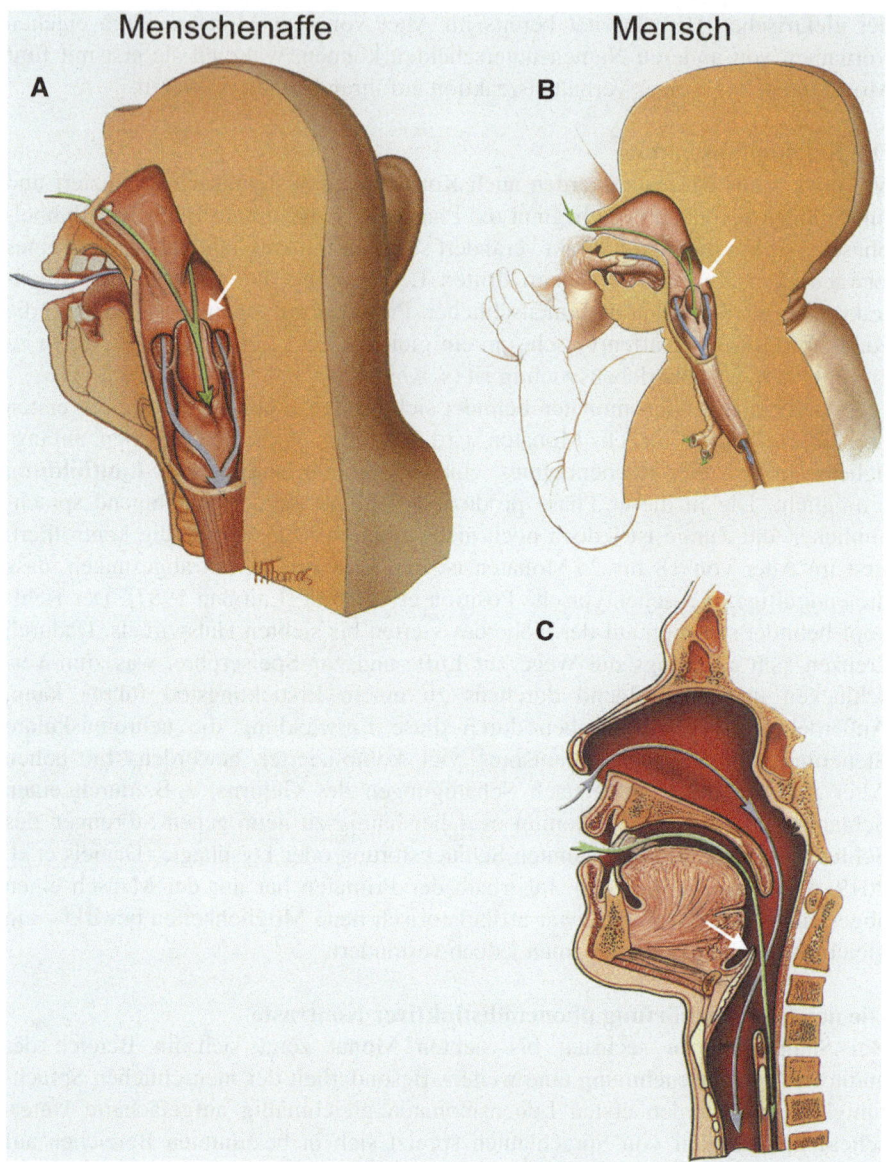

Abb. 4.4 Die säugetiertypisch hohe Position des Kehlkopfes (Larynx) ermöglicht bei Menschenaffen (**A**) und bei Säuglingen (**B**) ein gleichzeitiges Schlucken und Atmen, da in dieser Position des Kehlkopfs der hochgeklappte Kehldeckel (Epiglottis, weiße Pfeile) das Gaumensegel erreicht. Nahrungsbrei oder Flüssigkeit kann zu beiden Seiten am Kehlkopf vorbei in die Speiseröhre fließen, während gleichzeitig über die Nasenlöcher geatmet werden kann. Durch die hohe Kehlkopfposition sind die Möglichkeiten der Lauterzeugung durch Modulation des Rachenraumes bei Menschenaffen stark eingeschränkt. Beim erwachsenen Menschen (**C**) ist der Kehlkopf abgesenkt und der so erweiterte Rachenraum steht als ausdifferenzierter Artikulationsraum zur Verfügung – um den Preis, dass nicht mehr gleichzeitig geatmet und geschluckt werden kann, da sich Nahrungsweg und Luftstrom kreuzen. (Laitman 1987, 42, verändert)

4.3 Die Stufen des Spracherwerbs

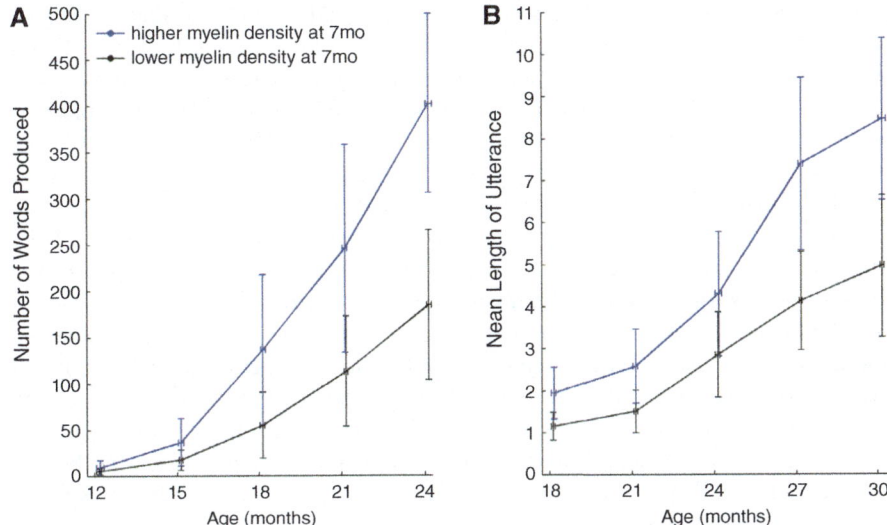

Abb. 4.5 Die Zunahme der produzierten Wörter (**A**) sowie der mittleren Äußerungslänge (**B**) von Kleinkindern zwischen 12 und 30 Monaten, die im Alter von sieben Monaten eine niedrige (schwarz) oder hohe Myelindichte (blau) im Gehirn aufwiesen. (Corrigan et al. 2022, 9)

weise konnten Werker und Lalonde (1988) zeigen, dass sechs bis achtmonatige Säuglinge einer englischsprachigen Umgebung sehr wohl einige, nur für das Hindi typische phonematische Kontraste wahrnehmen können. Im Alter von elf bis dreizehn Monaten hingegen waren sie jedoch bereits unsensibel für diese Kontraste – zugunsten einer ausschließlich auf die muttersprachlichen Kontraste (hier Englisch) optimierten Wahrnehmung. Im Zuge der kindlichen Hirnreifung – ein Prozess der letztlich erst im Alter von etwa 20 Jahren abgeschlossen ist, vgl. Abb. 5.3 – vollziehen sich wesentliche Entwicklungen bereits in den ersten Lebensmonaten. Beispielsweise konnten Corrigan et al. (2022) zeigen, dass bereits bei 7-monatigen Säuglingen das Ausmaß der Myelinisierung der Axone („weiße Substanz") hoch mit der späteren Sprachfähigkeit im Alter von 24 bis 30 Monaten korreliert (s. Abb. 4.5). Sprache wirkt sich in vielerlei Hinsicht positiv auf die Kognition insgesamt aus. Auch bei Erwachsenen haben z. B. Kuhl et al. (2016) anhand einer MRT-Untersuchung (DTI) positive Effekte der Zweisprachigkeit von Versuchspersonen auf die Neuroplastizität des Gehirns belegen können.

Silbenplappern und erste Wörter
Im Alter vom siebten bis zum zehnten Monat wird die Phase des Silbenplapperns durchlaufen (Babbelphase). Auch Konsonanten werden nun vermehrt artikuliert und unabhängig von der späteren Muttersprache produzieren Kinder nun

repetitive Konsonant-Vokal-Silben wie „ba", „da" oder „ga", die darauf folgend auch als „baba" oder „dada" gedoppelt auftreten (kanonisches Lallen). Mit elf bis zwölf Monaten werden daraus komplexere Lautmuster, wie „badu" oder „duba". Hinsichtlich der Sprachrezeption sind zehnmonatige Kinder typischerweise in der Lage bereits erste Wörter zu verstehen. Mit etwa zwölf Monaten produzieren Kinder erste Wörter (Nomen), die jedoch nur aus Konsonant-Vokal- oder Konsonant-Vokal-Konsonant-Clustern bestehen. Einen Erklärungsansatz für den Prozess des Wortlernens bietet die von Carey und Bartlett (1978) entwickelte Annahme des *fast mapping*. Nach dieser Hypothese wird beim erstmaligen Hören eines neuen Wortes das neue mentale Konzept zunächst nur grob abgesteckt. Erst beim längerfristigen Gebrauch werden dann die Details der mentalen Repräsentation dieses Konzepts angelegt und verfestigt. Der entscheidende Punkt dieser Hypothese ist, dass ein einmaliger Kontakt mit einem bislang unbekannten Wort bereits zu einer anfänglichen, groben Konzeptbildung führt – wenn sich das Kind in der entsprechenden Entwicklungsphase befindet. Andererseits sind Kinder natürlich auch in den zuvor stattfindenden Phasen der Sprachvorbereitung sprachlichem Input ausgesetzt.

In einer Einzelfallanalyse konnte Behrens (2006) zeigen, dass die ersten Verben erst knapp ein Jahr später produziert werden. In diesem Entwicklungszeitraum wurde das von Behrens (2006) untersuchte Kind (Leo) geschätzte 550.000 mal mit einem Verb konfrontiert, bevor es Verben erstmalig selbst produzierte. Auch wenn in dieser Phase erste einzelne Wörter benutzt werden, verbleiben die Kinder noch überwiegend beim Babbeln. Erst wenn sie etwa 30 einfache Wörter sprechen wird im nächsten Entwicklungsschritt die **Babbelphase** durch die Möglichkeiten des sogenannten Vokabelspurts (**Wortschatzexplosion**) abgelöst. Mit 18 bis 24 Monaten verfügen Kinder über einen Wortschatz von 50 bis 75 Wörtern. Für die darauffolgenden sechs Monate zeigt sich eine wahre Wortschatzexplosion: Bis etwa zu ihrem zweiten Lebensjahr können Kinder täglich fünf bis zehn neue Wörter lernen. Der genaue Verlauf des Vokabelspurts kann jedoch sehr individuell sein. Insbesondere das soziale Umfeld, der erlebte Umfang allgemeine Interaktion sowie Frühförderung sorgen für individuelle und unterschiedliche Lernzuwächse, wie Abb. 4.6 zeigt. In einer Studie haben Hart und Risley (1995) anhand von Videoaufnahmen gemessen, mit wie vielen Wörtern pro Stunde Kinder in ihren ersten Lebensjahren angesprochen werden (direkte Ansprache). Sie kamen zu dem Schluss, dass der sozioökonomische Status einen großen Einfluss auf den sprachlichen Input der Kinder haben. Nach Hochrechnung der ermittelten Zahlen werden Kinder aus Familien mit hohem Einkommen im Verlauf von vier Jahren mit 44 Mio. Wörtern angesprochen, während Kinder aus Familien mit mittlerem/niedrigerem Einkommen auf 24 Mio. Wörter und Kinder aus Familien mit Grundsicherung (welfare) auf nur 12 Mio. Wörter kommen. Die Studie ist z. T. stark kritisiert worden und es ist unklar ob es wirklich einen Unterschied von über 30 Mio. Wörter bereits im Vorschulalter gibt. Andererseits ist es sicher, dass solche Unterschiede einen enormen Einfluss auf die Hirnreifung und die Anlage der Sprachentwicklung haben (vgl. Abb. 4.5). Das ist u. a. ein Grund dafür, dass z. B. gemeinsames Buchvorlesen förderlich für die frühkindliche Sprachentwicklung ist (Rohlfing et al. 2021).

4.3 Die Stufen des Spracherwerbs

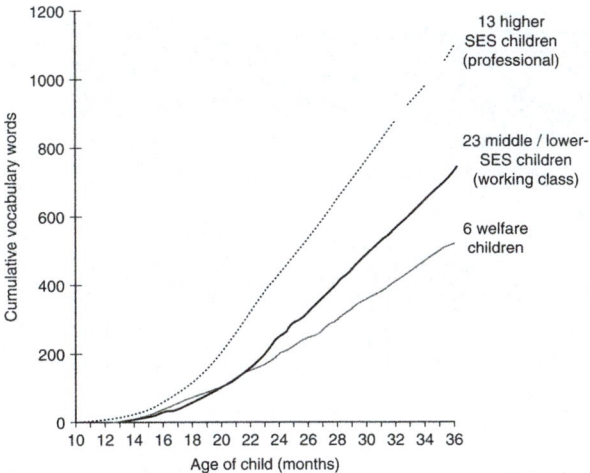

Abb. 4.6 Die Entwicklung des kindlichen Wortschatzes während der ersten drei Lebensjahre. Gezeigt werden Daten von 42 US-amerikanischen Kindern, aufgeteilt nach der Einkommenshöhe der Eltern (sozioökonomischer Status, SoS bzw. SES). Deutlich zu sehen ist die immer stärker werdende Abweichung der Verläufe. (nach Hart & Risley 1975, aus Rowe 2012, 197)

Zwei-Wort-Phase

Mit einem Alter von 1;10 (= Jahre;Monate) können einige Kleinkinder bereits zwei Wörter kombinieren (z. B. „*Ball haben*") und einfache Handlungsanweisungen können verstanden und ausgeführt werden (z. B. „Lege den Löffel auf den Teller"). Der passive Sprachgebrauch geht so weit, dass Kinder ab dem zweiten Lebensjahr bei einfachen Sätzen bereits einen gestörten Satzbau erkennen können. Insgesamt ist festzustellen, dass das Wortverstehen (passiver Gebrauch der Sprache) der Wortproduktion (aktiver Gebrauch) stark vorauseilt. Hinsichtlich der Sprachproduktion verfügen Kinder mit 2;0 bis 2;6 häufig über 200 bis 400 aktiv verwendete Wörter und auch über die meisten Wortstellungsregeln. Ein Beispiel für den fortschreitenden Erwerb unterschiedlicher Wortkategorien über einen Zeitraum von drei Jahren und einem Monat zeigt Abb. 4.7.

Kinder lernen neue Wörter durch Interaktion mit Menschen in sozialen Kontexten und anhand realer Handlungserfahrungen. Dennoch wurden auch kindgerechte Fernsehformate geschaffen (z. B. Sesame street, USA 1969; Teletubbies, GB 1997), die als quasi-Bildungsfernsehen dazu gedacht waren, vor allem benachteiligte Vorschul- bzw. Kleinkinder zu fördern. Wenn Kleinkinder andere Menschen lediglich per Video über einen Monitor wahrnehmen, profitieren sie jedoch weit weniger von der beobachteten Interaktion (Kuhl & Rivera-Gaxiola 2008). In einer umfassenden Studie konnten Roseberry et al. (2009) zeigen, dass Kinder unter drei Jahren keine neuen Verben lernen, wenn sie z. B. eine vergleich-

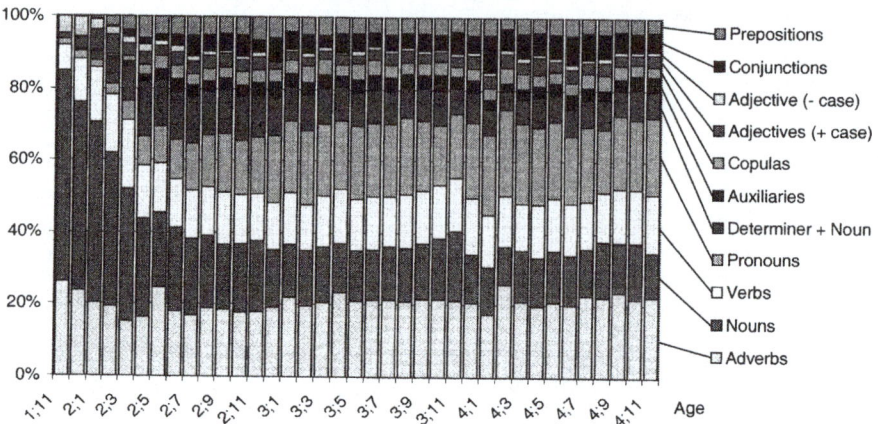

Abb. 4.7 Auftrittszeitpunkte und prozentuale Häufigkeitsverteilungen unterschiedlicher Wortkategorien der Sprachproduktion bei einem Jungen (Leo) im Alter von einem Jahr und 11 Monaten (1;11) bis 5 Jahren. Ausgewertet wurden für diesen Zeitraum insgesamt etwa 400.000 Wörter. (Behrens 2006, 15, verändert)

bare Mutter-Kind-Interaktion per Video präsentiert bekommen. Selbst wenn ein solches Video nur aus Szenen besteht, in denen eine Mutter ihrem Kind die Bedeutung eines Verbs spielerisch beibringt, führt die Beobachtung einer solcher Videoszene nicht zum Wortlernen beim zusehenden Kleinkind. Bei Kindern über drei Jahren kommt es zwar zu einem Wortlernen durch Videopräsentation, allerdings nur bei speziellen Szenen mit starker, kindgerechter Interaktion. Von gewöhnlichen TV-Sequenzen für Erwachsene (Werbung, Unterhaltungsprogramm o.ä.) ist kein Nutzen für den kindlichen Spracherwerb zu erwarten, ganz abgesehen von anderen negativen Auswirkungen (Lagercrantz 2016). Der Spracherwerb sowie die Fähigkeit zu sozialer Interaktion profitieren von **multimodaler Verankerung in realen Situationen** mit emotional-affektiv positiv belegten Bezugspersonen. Weiterhin profitieren 11- bis 15-monatige Kinder bereits vom beobachteten Lippenbild während des Hörens von bekannten Wörtern (Weatherhead & White 2017).

Ausdifferenzierung und lebenslange Veränderung von Sprache
Spätestens im Kleinkindalter ist die sprachliche Verständigung hinreichend elaboriert, um im Rahmen der kognitiven Möglichkeiten der kleinkindlichen Gehirnentwicklung sprachlich adäquat zu kommunizieren und auch im Selbstbezug zu denken bzw. **Selbstgespräche** zu führen („laute" innere Sprache, Egozentrische Sprache) (Alderson-Day & Fernyhough 2015). Ein Beispiel für die sich entwickelnde Komplexität sprachlicher Äußerungen während der frühen Kindheit zeigt Abb. 4.8.

Während das kindliche Nomenlexikon weiter ausgebaut wird, lassen sich Veränderungen der Binnenstruktur der Nomen feststellen (Kauschke 2012). Beispiels-

4.3 Die Stufen des Spracherwerbs

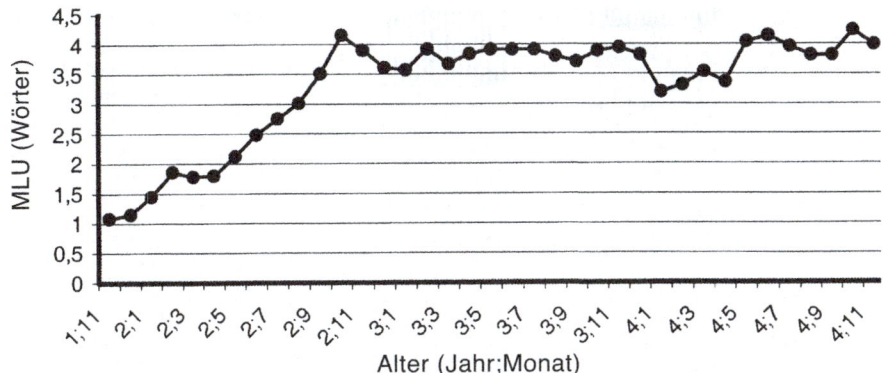

Abb. 4.8 Die Sprachentwicklung eines Kindes (Leo) über vier Jahre (Einzelfall-Längsschnittstudie). Gezeigt ist die Zunahme der mittleren Wortanzahl pro Äußerung (*mean length of utterance*, MLU) zwischen 1;11 und 5 Jahren. Zur Bestimmung der MLU werden mindestens 100 Äußerungen ausgewertet und dann (in diesem Fall) die mittlere Wortanzahl bzw. die mittlere Morphemanzahl errechnet. (Behrens 2006, 12, verändert)

weise können drei- bis vierjährige Kinder bereits untergeordnete (subordinierte) und übergeordnete (superordinierte) Begriffe verwenden. Für eine Querschnittstudie mit zwei Gruppen von Kindern (vier und neun Jahre) zeigt Kauschke (2012) wie bei der Gruppe der Neunjährigen konkrete Objektbezeichnungen der Basisebene seltener und subordinierte sowie vor allem abstrakte Begriffe in Spontansprache häufiger auftreten (s. Abb. 4.9).

Das Wissen über komplexe, verschachtelte Äußerungen (z. B. Relativsatzkonstruktionen) oder Passivkonstruktionen wird erst zwischen vier und fünf Jahren erworben. Mit fünf bis sechs Jahren ist das Wissen um die Satzerzeugungsregeln und die grammatische Korrektheit der Muttersprache bereits sehr weit fortgeschritten. Wirklich ausgebildet ist die Muttersprache erst mit elf oder zwölf Jahren, aber auch danach verändert sich der persönliche Sprachgebrauch noch ständig. Erst mit den letzten Schritten der Hirnreifung, die im präfrontalen Bereich des Gehirns mit etwa 20 Jahren abgeschlossen sind, kann von einer Stabilisierung der Persönlichkeitsmerkmale ausgegangen werden, die letztlich auch die individuellen Besonderheiten des sprachlichen Kommunikationsverhaltens mitbestimmen.

Ab etwa dem 45. Lebensjahr treten aufgrund von beginnenden Abbauprozessen im Gehirn (altersgemäße neurodegenerative Prozesse) vermehrt Störungen im Lexikonabruf auf (**Wortfindungsstörungen**), die sich weiter manifestieren und sich ab dem 70. bis 80. Lebensjahr bereits sehr deutlich darstellen (Wulff et al. 2019). Die durchschnittliche Komplexität (z. B. Satzeinbettung) der Äußerungen geht ebenfalls zurück, was u. a. auch auf die verringerte Arbeitsgedächtnisleistung zurückzuführen ist (Wright 2016). Auch die Stimme verändert sich nach dem sechsten Lebensjahrzehnt langsam zur Altersstimme aufgrund von Veränderungen im Knorpelgerüst des Kehlkopfes, einem Elastizitätsverlust, nachlassender

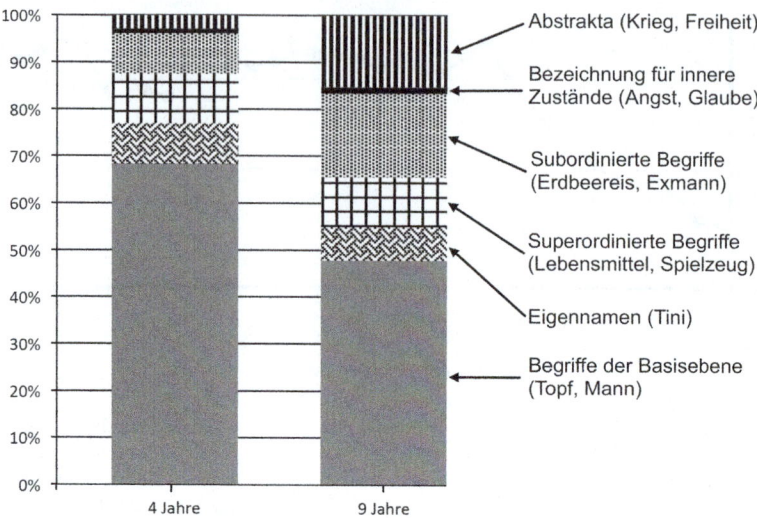

Abb. 4.9 Veränderungen des Nomenlexikons in der Spontansprache von zwei Kindergruppen (vier und neun Jahre). Durch die vermehrte Verwendung von subordinierten Begriffen und abstrakten Nomen wird die Sprache differenzierter. (Kauschke 2012, 57, verändert)

Muskelkoordination und Durchblutungsänderungen im Artikulationstrakt, wobei u. a. Männerstimmen im Alter höher und Frauenstimmen tiefer werden (Hammer & Teufel-Dietrich 2017). Neben der normalen Altersstimme zeigen etwa 20 % der über 60-jährigen krankhafte Veränderungen, die zu einer brüchigen Stimme führen (Presbyphonie). Auch die Sprachwahrnehmung wird im Alter erschwert, da ab dem 50. Lebensjahr nicht nur die Hörschwelle ansteigt, sondern auch die obere Hörgrenze zunehmend sinkt (**Presbyakusis**). Sie fällt von etwa 18.000 Hz bei einem jungen Erwachsenen über etwa 12.000 Hz bei einem 50-jährigen bis auf 5000 Hz bei einem 80-jährigen (Seikel et al. 2021; Hoit et al. 2022; Lass & Donai 2023). Zusätzlich zu den externen Phänomenen des allgemeinen Sprachwandels, die ein Sprecher über die Dauer von mehreren Jahrzehnten deutlich realisieren kann, verändern sich auch die persönlichen, die kognitiven, physiologischen und anatomischen Eigenschaften der Sprache lebenslang.

5. Mehrsprachigkeit und neurokognitive Störungen der Sprachentwicklung

In diesem Kapitel werden zwei besondere neurokognitive Phänomene der menschlichen Sprachfähigkeit dargestellt. Einerseits die Fähigkeit gleichzeitig über mehrere Sprachen zu verfügen und sie separiert anwenden zu können, ohne dass sie sich fortwährend gegenseitig stören (Mehrsprachigkeit). Andererseits die bei manchen Menschen auftretende Unfähigkeit, die Muttersprache im üblichen Leistungsumfang zu erwerben und zu verwenden (Sprachstörung). Für beide Fälle gilt, dass ihre Erforschung wichtige Einsichten in die Struktur und Funktion der menschlichen Sprachfähigkeit geben (Kroll & De Groot 2005; Hernandez 2013; Schwieter 2015).

5.1 Zweitspracherwerb: Das bilinguale Gehirn

Sowohl der Verlauf der Sprachevolution in der Menschheitsentwicklung (**Phylogenese**) als auch die Entwicklung des kindlichen Spracherwerbs (**Ontogenese**) belegen die Komplexität des Phänomens Sprache. Es handelt sich dabei nicht um eine einzelne, engumgrenzte Fähigkeit. Sprache basiert vielmehr auf dem Zusammenspiel einer Vielzahl kognitiver Fähigkeiten, die zu ganz unterschiedlichen Zeitpunkten der Menschheitsentwicklung entstanden sind. Die erstmalige Verwendung/Erfindung von Sprache vor etwa 150.000 bis maximal 250.000 Jahren ist eine interaktive Leistung unterschiedlicher kognitiver Prozesse. Durch die Erfindung der **Schrift** vor ca. 6000 Jahren (Haarmann 1991; Coulmas 2003), die erstmalig die Auslagerung von Denkinhalten in Textform ermöglichte, ist ein andersartiger Umgang mit Sprache entstanden: Lesen und Schreiben. Um so mehr verwundert es, dass Menschen nicht nur Sprache in ihrer Kindheit problemlos erwerben, sondern sogar viele Sprachen nebeneinander souverän beherrschen können, ohne diese zu vermischen oder sich im Alltag in den vielen Sprachen zu verlieren.

Hinsichtlich der unterschiedlichen individuellen Ausprägung sprachlicher Fähigkeiten ist zu sagen, dass Frauen in sehr anspruchsvollen Sprachverständnistests im Mittel geringfügig besser abschneiden als Männer. Darüber hinaus existieren große individuelle Unterschiede auf jeder Ebene der Sprachfähigkeit. Beispielsweise kann die zentralnervöse Steuerung der **Artikulationsmotorik** unterschiedlich leistungsfähig sein. Menschen sind somit unterschiedlich geschickt in Bezug auf die Lauterzeugung, was einen großen Einfluss auf die Aussprache vor allem von Fremdsprachen hat (Reiterer 2018). Hier verhält sich die Artikulation ebenso wie andere feinmotorische Fähigkeiten, die ebenfalls unterschiedlich gut ausgeprägt sein können. Manche Menschen sind hinsichtlich der Artikulationsmotorik so geschickt, dass sie nicht nur die jeweiligen Phonemsets mehrerer Sprachen beherrschen, sondern sogar individuelle Stimmen und Sprechweisen von Personen imitieren können. In Bezug auf Mehrsprachigkeit ist einer der berühmtesten vielsprachigen Menschen der Sinologe Emil Krebs (1867–1930), der 68 Sprachen in Wort und Schrift beherrschte und sich mit weiteren 111 Sprachen intensiv beschäftigt hat (Rickheit et al. 2010).

Was bedeutet nun **fremdsprachliche Kompetenz**? Um den sprachlichen Anforderungen im Alltag gerecht werden zu können, muss z. B. eine Mindestgröße des verfügbaren Lexikons in einer Sprache erreicht werden. Hierbei handelt es sich um Wörter einer alltäglichen, nicht technischen Kommunikation, sogenannte hochfrequente Lemmata. In der Regel gilt, dass die Kenntnis von etwa 2000 hochfrequenten Wörtern für eine in Ansätzen gelungene Kommunikation hinreichend ist. Werden jedoch Zweitsprachenlerner befragt, wann sie Texte vollständig verstehen und mit ihrer Wortkenntnis zufrieden sind, dann sind sie es zumeist mit einer Wortkenntnis von 3500 bis 4000 Wörtern (Milton 2009).

In vielen afrikanischen Ländern sprechen die meisten Menschen mehr als nur eine Sprache, da im Alltag mehrere Sprachen geläufig sind. Das gilt auch für westliche Industriestaaten. So sind in den USA laut Census des Jahres 2000 mehr als 18 % der Einwohner sogar als bilingual einzustufen. Im Staatsgebiet von Indien werden weit über 100 Sprachen gesprochen. In einer jeden Gesellschaft mit den alltäglichen Notwendigkeiten von sozialem Kontakt, Handel und Dienstleistungen, haben mehrsprachige Menschen einen großen Vorteil. Solche Personen erhalten dann die Zuschreibung ‚mehrsprachig' oder ‚bilingual' (eigentlich Zweisprachigkeit). Dabei kann es sich um eine symmetrische (balancierte) **Zweisprachigkeit** handeln (z. B. bei verschiedensprachigen Eltern) oder um eine später erworbene (gesteuerte) Zweisprachigkeit im Rahmen der Schulausbildung. Die Erstsprache bzw. Muttersprache eines Individuums wird häufig als L1, die später erworbenen Sprachen als L2, L3 usw. bezeichnet. Eine wirklich balancierte Zweisprachigkeit ist eher selten und für viele mehrsprachige Kinder ist es im Alltag häufig eher so, dass zuhause die Muttersprache gesprochen wird und es eine Sprache ‚auf der Straße' und ggf. noch eine offizielle Amtssprache in der Schule gibt. Im Zusammenspiel mit Unterschieden in der sozialen Bewertung und Wertschätzung der verschiedenen Sprachen sowie Möglichkeiten der Abgrenzung und Identitätsbildung entsteht ein kompliziertes, soziolinguistisches System der Herausbildung von Mehrsprachigkeit (Harr et al. 2018; Sachse et al. 2020). In kultureller

Hinsicht mag es somit einen Unterschied machen, ob jemand als Zweitsprache z. B. Französisch oder Türkisch spricht – in neurokognitiver Hinsicht ergibt sich jedoch aus jeder Zweitsprache ein großer Vorteil für das Individuum (Schwieter 2015; Ardila et al. 2017). Auch wenn Mehrsprachigkeit bedeuten kann, dass geringfügig weniger Wörter (Lexikoneinträge) in den Einzelsprachen vorhanden sind (Hoff & Core 2013) und im Laborversuch die Zugriffszeiten auf die Wörter geringfügig verlangsamt sind, so profitiert das kognitive System insgesamt durch die Mehrsprachigkeit deutlich in der Ausführung sprachlicher Aufgaben (Bialystok & Craik 2010). Selbst die Folgen neurodegenerativer Erkrankungen im Alter (Demenz) werden durch eine Mehrsprachigkeit gemildert und entsprechende Beeinträchtigungen treten bei mehrsprachigen Menschen im Mittel erst vier Jahre später auf als bei monolingualen Vergleichsgruppen (Bialystok & Sullivan 2017).

Insbesondere die frühe Zweisprachigkeit noch im Kleinkindalter wird heute als sinnvolle Ausbildung angesehen, wenn jeweils ein Elternteil konsequent in einer Sprache mit dem Kind spricht. Obwohl es durch diese anfängliche zusätzliche Belastung des Kindes zunächst zu einer leichten Verzögerung des Spracherwerbs kommen kann, profitieren simultan bilinguale Kinder ganz besonders auch in allgemein kognitiver Hinsicht von der Zweisprachigkeit (Cook & Bassetti 2011; De Groot 2011; Grosjean & Li 2013).

Neuronale Repräsentation von Sprache
Hinsichtlich der neurophysiologischen Repräsentation von L1 und L2 stellt sich die Frage, ob beide Sprachen an das identische neuronale Substrat gebunden sind oder jeweils separate neuronale Netzwerke beanspruchen (Pavlenko 2009). Wenn man der Annahme folgt, dass z. B. die kortikale Repräsentation des muttersprachlichen Lexikons einer engumgrenzten Hirnregion zuzuschreiben ist, so gibt es drei Möglichkeiten: 1.) Die entsprechenden Gehirnregionen für L1 und L2 stimmen völlig überein, 2.) sie überlappen sich teilweise oder 3) sie existieren vollständig voneinander getrennt. Mittlerweile existieren viele Befunde zur neuronalen Organisation des bilingualen Gehirns, die mit elektrophysiologischen und bildgebenden Methoden der Neurowissenschaft (z. B. EEG, fMRT, MEG, PET) erhoben wurden (Paradis 2004; Abutalebi et al. 2005; Gullberg & Indefrey 2006; Hernandez 2013; Hickok & Small 2016). Eindeutige Ergebnisse zu dieser Frage konnten jedoch noch nicht erzielt werden. Weitere wichtige Einflussgrößen bei der Entwicklung eines bilingualen neuronalen Netzwerks sind das jeweilige **Erwerbsalter** sowie die erreichte Sprachkompetenz in der Zweitsprache. Es könnte nämlich sein, dass nur die balancierte, frühkindliche Bilingualität zu einer völlig identischen neuronalen Repräsentation beider Sprachen führt (früh- vs. spätbilingual). Der späte Beginn des Zweitspracherwerbs, z. B. erst nach der Pubertät, könnte für die L2 im Vergleich zu L1 zu einer andersartigen neuronalen Repräsentation im Gehirn führen. Vor diesem Hintergrund sind viele Studien zum neuronalen Substrat von L1/L2 durchgeführt worden, deren Ergebnisse nach wie vor kontrovers diskutiert werden (Pavlenko 2009). Auch die in der Muttersprache erreichte Sprachkompetenz scheint einen starken Einfluss auf die prinzipielle Anlage einer neuronalen Repräsentation zu haben. Wenn die Muttersprache L1 in

den ersten Lebensjahren normal erworben wurde, dann kann die Sprachfähigkeit problemlos um weitere Sprachen erweitert werden. Zu Schwierigkeiten kommt es, wenn lediglich ein unvollständiger Erstspracherwerb durchgeführt wird. Für den Spracherwerb werden zwei starke Einflussfaktoren diskutiert: 1.) der Einfluss unterschiedlicher **Zeitfenster** (Kleinkindalter, vor der Pubertät, junge Erwachsene, ältere Erwachsene), 2.) die durch die individuelle Lernintensität erreichte **Sprachkompetenz** (z. B. täglich mehrstündige Intensivlehre, Einbettung in konkrete Handlungsabläufe).

Zusammenfassend sieht es für den Zweitspracherwerb gegenwärtig so aus, als ob nicht ausschließlich das Erwerbsalter (*age of acquisition*, AoA), sondern eher die individuelle Sprachkompetenz (*proficiency level*, PL) mit einer gleichartigen neuronalen Organisation von L1 und L2 einhergeht. Demnach sind auch die Sprachverarbeitungsprozesse der L2 größtenteils auf das gleiche neuronale Substrat der L1 zurückzuführen, wenn die Sprecher eine sehr hohe Sprachkompetenz in der L2 erreicht haben – was natürlich häufig damit einhergeht, dass die Sprecher die L2 bereits in einem sehr frühen Lebensalter erworben haben. Es gibt jedoch auch Fälle, bei denen dies auf Menschen zutrifft, die die L2 erst weit nach der Pubertät, jedoch mit einer hohen Sprachkompetenz erworben haben. Mehrere Studien konnten anhand von MRT-Untersuchungen zeigen, dass ein mehrmonatiger intensiver Fremdspracherwerb bei Erwachsenen im Gehirn zu einer erhöhten Kortexdicke in bestimmten Gehirnregionen führt (Mårtensson et al. 2012; Hervais-Adelman et al. 2017).

5.2 Störungen der Sprachentwicklung

Der kindliche Erwerb der Muttersprache ‚passiert' im Alltagsgeschehen zumeist ohne besonderes Zutun und ohne besondere Schulung der Eltern oder Kinder – eine Situation, die man gemeinhin ‚natürlicher Spracherwerb' nennt. Gleichzeitig handelt es sich beim kindlichen Spracherwerb um einen sehr komplexen und sensiblen Prozess, der integrative Höchstleistungen vieler Gehirnbereiche erfordert, die sich gleichzeitig im Rahmen der kindlichen Gehirnentwicklung kontinuierlich verändern und reifen. Aus diesem Grund ist es durchaus möglich, dass der kindliche Spracherwerb nicht optimal verläuft und stärkere Einschränkungen, Entwicklungsverzögerungen oder Beeinträchtigungen zeigen kann, die z. B. als Stottern (Balbuties), Poltern (Battarismus) oder als Aussprachestörungen (Dyslalie) in Erscheinung treten (Ochsenkühn et al. 2015; Sandrieser & Schneider 2015; Natke & Kohmäscher 2020). Sprachentwicklungsstörungen sind zwischen den Geschlechtern ungleich verteilt. Bereits während der Embryonalentwicklung ergeben sich im Verlauf der weiteren Geschlechtsdifferenzierung durch die Wirkung des Sexualhormons Testosteron hinsichtlich der Sprachfähigkeit negative Einflüsse auf die Entwicklung des männlichen Gehirns (Lautenbacher et al. 2007; Hines 2010; Luders & Toga 2010; Paus 2010). Das ist vermutlich auch ein Grund für die Feststellung, dass Sprachstörungen bei Jungen viel häufiger vorkommen als bei Mädchen. Man spricht von einer generellen Vulnerabilität des kindlichen Spracherwerbs bei Jungen. Aufgrund der **geschlechtsspezifischen Gehirnentwicklung** ergeben sich lebenslang funktionell-anatomische und auch leistungsmäßige Unterschiede zwischen Männern und Frauen, die die Sprachverarbeitung bei Frauen geringfügig begünstigen. Allerdings zeigen sich diese Unterschiede nur bei maximaler Belastung z. B. des sprachlichen Arbeitsgedächtnisses oder in der Verarbeitungszeit von komplexen Relativsätzen (Müller et al. 1997).

Auch der Erwerb der Lese- bzw. Schreibfähigkeit kann selektiv mehr oder weniger stark gestört sein. Beispielsweise kann die Beziehung von bedeutungsunterscheidenden Lauten (Phonemen) zu Buchstaben (Graphemen) beeinträchtigt sein, die sogenannte Phonem-Graphem-Umsetzung. Es handelt sich dann um eine **Lese-Rechtschreib-Störung** (LRS), Legasthenie bzw. Dyslexie, von der etwa vier bis fünf Prozent aller Menschen unterschiedlich stark betroffen sind (Lachmann & Weis 2018; Klicpera et al. 2020; Skeide 2022).

Neben der Umsetzung von Sprache zu Schrift bzw. von Schrift zu Sprache beim Schreiben bzw. Lesen kann aber auch der Sprachgebrauch selbst beeinträchtigt und das grammatische Regelwissen selektiv gestört sein. Es handelt sich in diesem Fall um eine **spezifische Sprachentwicklungsstörung** (SSES), die auch als *Specific Language Impairment* (SLI) bekannt ist. Bei dieser mehr oder weniger starken Störung bzw. Entwicklungsverzögerung der Sprache sind die Ursachen bislang unbekannt. Per Definition liegen bei einer SSES keine neurologischen, kognitiven oder psychosozialen Ursachen für die Sprachbeeinträchtigung vor. Mit geeigneten Testverfahren können erste Hinweise für eine sich abzeichnende SSES jedoch schon sehr früh in der Kindesentwicklung festgestellt werden (Kannengieser 2019; Cochlewa 2020).

Verallgemeinernd lässt sich sagen, dass Kinder mit einer normalen Sprachentwicklung ihr erstes Wort mit etwa elf Monaten sprechen, mit etwa 20 Monaten Zweiwortäußerungen verwenden und im Alter von zwei Jahren über einen Wortschatz von etwa 50 Wörtern verfügen (s. o.). Sprachentwicklungsgestörte Kinder hingegen sprechen ihr erstes Wort erst nach dem 20. Monat und produzieren Zweiwortäußerungen erst nach dem dritten Lebensjahr. Nach Grimm (2012) verfügen 13 bis 20 % aller Kinder im Altern von zwei Jahren nicht über den üblichen Wortschatz von etwa 50 Wörtern. Diese Kinder, die ‚späte Wortlerner' (*late talker*) genannt werden, gelten hinsichtlich des Spracherwerbs als auffällig und sollten in ihrem weiteren Verlauf der Sprachentwicklung beobachtet werden (s. Abb. 5.1).

Im weiteren Verlauf holt etwa die Hälfte der *late talker* diesen Entwicklungsverzug während der nächsten zwölf Monate nach, sie gelten dann als ‚Aufholer' (*late bloomer*) mit einer in den darauffolgenden Jahren unauffälligen Sprachentwicklung. Bei der anderen Hälfte der *late talker* (etwa sechs bis acht Prozent aller Kinder) bildet sich eine spezifische Sprachentwicklungsstörung (SSES) aus, die sofort umfassende sprachtherapeutische Maßnahmen erforderlich macht. Es handelt sich hierbei um Kinder, die auch nachfolgend bei der Einschulung über einen eingeschränkten Wortschatz, über geringe Kenntnisse morpho-syntaktischer Regeln (Dysgrammatismus) und über ein eingeschränktes Sprachverständnis verfügen. Der von Hannelore Grimm entwickelte Sprachentwicklungstest zur Erkennung einer SSES erlaubt eine sichere und frühzeitige Diagnose, um der

5 Mehrsprachigkeit und neurokognitive Störungen der Sprachentwicklung

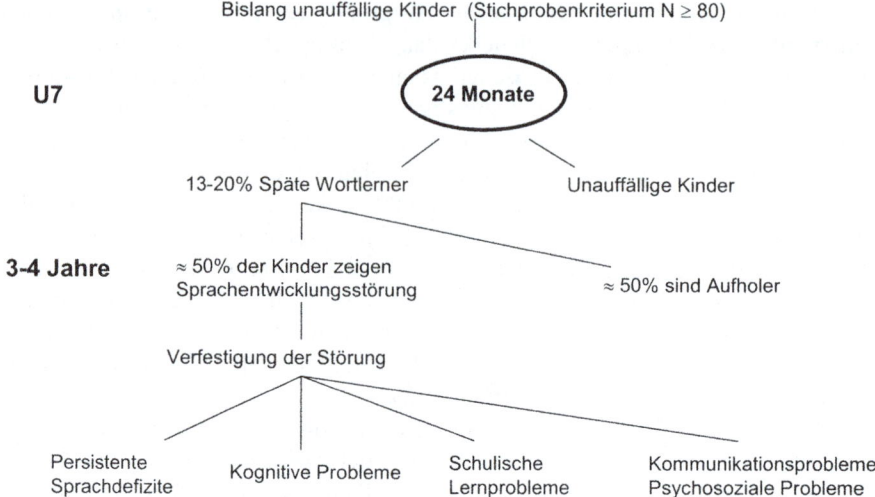

Abb. 5.1 Der Weg sprachauffälliger Kinder von der kinderärztlichen Vorsorgeuntersuchung U7, die zwischen dem 21. und 24. Lebensmonat durchgeführt werden muss, über die Verfestigung der Sprachstörung bis hin zu den psychosozialen Problemen im Jugendalter. Untersuchungen in den USA und Europa zeigen, dass bei einer Stichprobe mit mehr als 80 Kindern etwa 13 bis 20 % der Zweijährigen sprachliche Defizite aufweisen. (Grimm 2012, 205)

SSES sprachtherapeutisch bis zur Einschulung begegnen zu können. Er liegt in zwei Versionen vor, der SETK 2 für Kinder im dritten Lebensjahr und der SETK 3–5 für Drei- bis Fünfjährige. Werden hingegen bei den kritischen Kindern aus der Gruppe der *late talker* sprachtherapeutische Maßnahmen bis zur Einschulung versäumt, so bleiben die sprachlichen Defizite zumeist lebenslang bestehen. Die Ursachen der SSES sind noch unklar, auch hier sind Jungen häufiger betroffen als Mädchen. Die Schwere der Störung im Hinblick auf das kommunikative Verhalten machen folgende Sprachbeispiele eines fast sechsjährigen Mädchens deutlich. Ein sprachlich unauffälliges Kind gleichen Alters kann die Sätze hingegen problemlos nachsprechen (Grimm 2012, 134).

Nachsprechübung bei einem sprachentwicklungsgestörten Mädchen (5;8)

Vorgabe	Reproduktion
„Die Tante, die weit weg wohnt, kommt zu Besuch."	*„Den Tante Besuch kommt."*
„Bevor du spielst, musst du den Tisch abräumen."	*„He du spiel hen Tisch abräumen muss."*
„Vater hat einen Rucksack gekauft, bevor wir wanderten."	*„Der Vater ein Rucksack und dann de wandern."*

5.3 Existiert ein zeitkritisches Fenster für den Erstspracherwerb?

Die kindliche Gehirnentwicklung
Der sprachliche Input beginnt noch im Uterus mit der fortschreitenden Ausbildung des Hörsinns ab dem sechsten Monat der Schwangerschaft (s. Abschn. 4.2). Die vorherige neuroanatomische Entwicklung des Gehirns, beginnend mit der Befruchtung der Eizelle verläuft wie folgt: In der Embryonalentwicklung kommt es am 17. Embryonaltag zur Bildung des Neuroektoderms (**Neuralinduktion**). Aus dieser Neuralplatte bildet sich dann ab dem 18. Embryonaltag das Neuralrohr und die Neuralleiste (**Neurulation**). Ab der vierten Embryonalwoche bilden sich die ersten Hirnbläschen (Bläschenformation). In den darauffolgenden Wochen und Monaten kommt es nun zu weiteren Wachstumsschüben. Um die hinreichende Anzahl von Neuronen eines Neugeborenengehirns zu erreichen, werden zwischen der 5. und der 30. Schwangerschaftswoche (SWS) im sich entwickelnden Gehirn im Mittel etwa 500.000 Neuronen pro Minute gebildet (Weiss & Müller 2017). In der 18. SWS beträgt das Gehirnvolumen ca. 10 Kubikzentimeter, in der 27. SWS ca. 30 und in der 39. SWS ca. 150 Kubikzentimeter (Cachia et al. 2022). Am Ende der Schwangerschaft verfügt das Neugeborenengehirn über etwa 100 Milliarden Neuronen bei einem Gehirnvolumen von nur etwa 350 cm^3, da die Nervenzellen sich noch nicht funktionell über Axone verzweigt haben und auch die Myelinisierung nur geringfügig vorhanden ist (Weiss & Müller 2017). Damit umfasst das Neugeborenengehirn zunächst mehr Neuronen als das Gehirn eines Erwachsenen mit nur etwa 86 Milliarden Neuronen. In den letzten Monaten vor der Geburt entstehen vor allem neue Neuronen (**Zellproliferation**), um zunächst diese hohe Anzahl von Nervenzellen bei möglichst geringer Volumenzunahme zu erreichen. Gleichzeitig wandern die Neuronen aufgrund von chemischen Signalen an bestimmte Orte des fötalen Gehirns (**Zellmigration**) (s. Abb. 5.2). In dieser Phase wird das sich entwickelnde Gehirn somit überwiegend durch innere chemische Signale, weniger durch äußere Einflüsse der Wahrnehmung strukturiert. Die hinsichtlich der Hirnfunktion nutzlosen Neuronen werden nach der Geburt wieder abgebaut (‚**programmierter Zelltod**').

In den drei Pränatalphasen von der Befruchtung (vgl. Abb. 5.2, roter Pfeil) bis zur Geburt (hellgrüne Linie) in der 40. Schwangerschaftswoche (SWS) erfolgt zunächst die Neurulation (roter Balken), d. h. die Bildung eines Neuralrohrs als embryonale Anlage des späteren Zentralnervensystems (ZNS). In der nachfolgenden Neurogenese (blauer Balken) werden Neuronen gebildet die unmittelbar zu ihren Zielregionen migrieren (Zellwanderung, brauner Balken). Zeitgleich beginnt bereits der Abbau von Neuronen (Apotose, orangefarbener Balken), ein Vorgang, der auch nach der Geburt bis zum 12. Lebensmonat unvermindert stark anhält. Funktionslose Neuronen werden eliminiert (programmierter Zelltod). Während Neurogenese, Migration und Apotose nach dem ersten Lebensjahr stark zurückgehen, was in Abb. 5.2 durch die Unterbrechungen der entsprechenden Balken angedeutet ist, hält die zunehmende Myelinisierung der Nervenfasern bis zum Erwachsenenalter an.

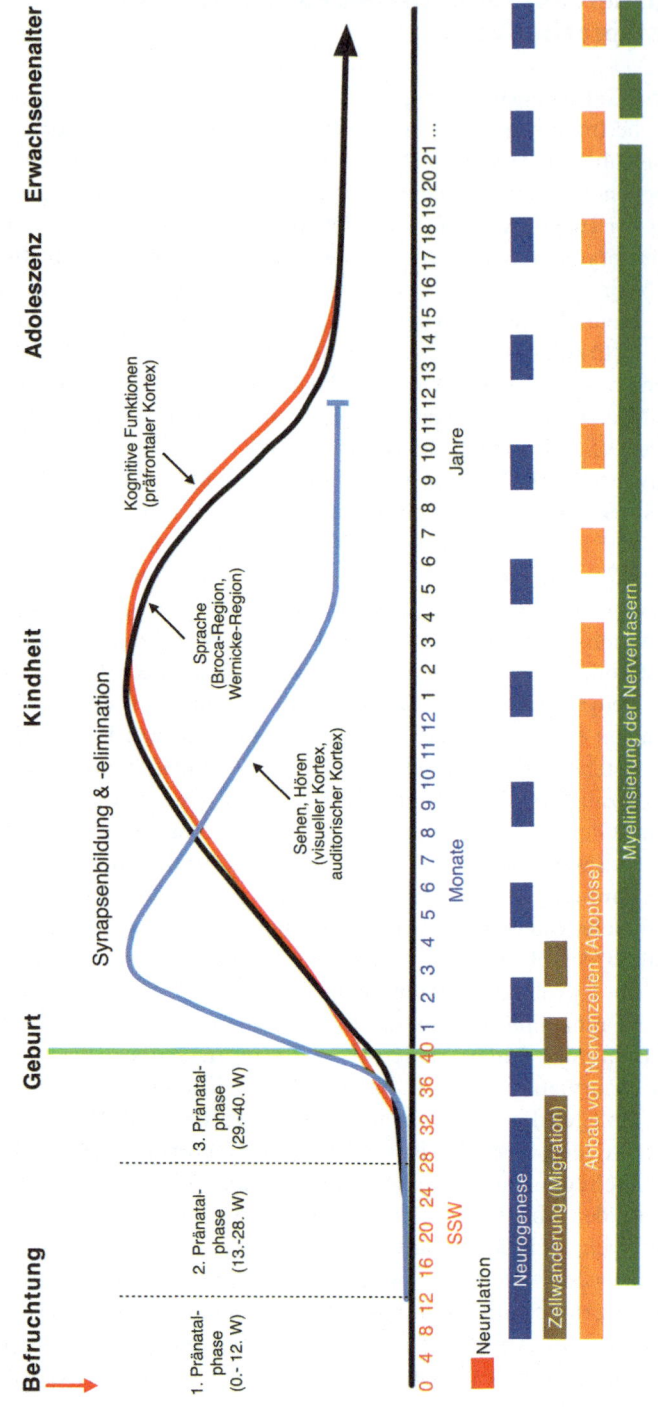

Abb. 5.2 Schematische Darstellung wesentlicher Prozesse der Hirnreifung von der Befruchtung (roter Pfeil), über die Geburt (hellgrüne Linie) bis zum Erwachsenenalter. Weitere Erläuterungen im Text. W = Woche, SWS = Schwangerschaftswoche. (Weiss & Müller 2017, 26, verändert)

5.3 Existiert ein zeitkritisches Fenster für den Erstspracherwerb?

Nach der Geburt findet die weitere funktionell-neuroanatomische **Hirnreifung** statt, die sich überwiegend aufgrund äußerer sensorischer Reize anhand von Lernvorgängen vollzieht und bis zum 20. Lebensjahr anhält. Obwohl ein Neugeborenes zunächst über mehr Neuronen (unverzweigte Nervenzellkörper) als ein Erwachsener verfügt (s. o.), vervierfacht sich das Gehirnvolumen bis zum Erwachsenenalter auf etwa 1350 cm^3, wobei ca. 90 % des Gehirnvolumens bereits bei fünfjährigen Kindern vorhanden ist. Ein Grund für diese Volumenzunahme ist die massive Ausbildung von Faserverbindungen zwischen den Neuronen sowie die Ummantelung dieser Faserverbindungen mit fetthaltigen Myelinscheiden (**Myelinisierung**). Die Myelinisierung der Nervenfasern ermöglicht die saltatorische Erregungsleitung, was zu einer Verzehnfachung der Ausbreitungsgeschwindigkeit der Aktionspotentiale führt. Die Myelinisierung beginnt bereits im fünften Schwangerschaftsmonat, die stärkste Zunahme vollzieht sich jedoch erst nach der Geburt bis über die Pubertät hinaus. Durch optimierte Verzweigungs- und Verschaltungswege der Neuronen des erwachsenen Gehirns wird die Verarbeitungsgeschwindigkeit insgesamt auf das etwa Fünfzehnfache des Neugeborenengehirns gesteigert (Baars & Gage 2010; Paus 2010; Stiles & Jernigan 2010; Lagercrantz 2016; Reissland & Kisilevsky 2016; Trepel 2021). Die nachgeburtlichen Lernvorgänge sorgen dafür, dass aus der großen Menge unverzweigter Neuronen ein enorm verzweigtes funktionelles Netzwerk von Neuronen wird. Einen Vergleich der Gehirngrößen unterschiedlicher Entwicklungsstufen bis zur Geburt zeigt Abb. 5.3.

Durch die zunehmende Faltung der Hirnrinde (Kortex) vergrößert sich die Kortexoberfläche von ca. 150 cm^2 in der 27. SWS auf 600 bis 800 cm^2 einen Monat nach der Geburt, auf 1300 cm^2 im Alter von fünf Monaten und auf ca. 2000 cm^2 im Alter von 24 Monaten (Cachia et al. 2022). In der schematischen Darstellung der Hirnreifung bis zum Erwachsenenalter zeigt Abb. 5.2, dass ein für die kindliche Sprachentwicklung bedeutsamer Höhepunkt der Synapsenbildung bzw. Synapseneliminierung in der Hörrinde (auditorischer Kortex) im 3. Lebensmonat stattfindet (vgl. Abb. 5.2, hellblaue Kurve). Zu dieser Zeit bilden sich die neurokognitiven Fundamente der nachfolgenden Entwicklung der auditorischen Bahn und der zentralnervösen Merkmalsanalyse. Hier bilden sich u. a. die Grundlagen der selektiven Analysefähigkeit von phonematischen Kontrasten der eigenen Muttersprache (vgl. Abschn. 4.3). Für das visuelle System zeigt sich der Höhepunkt der Synaptogenese erst im vierten Lebensmonat. Die für die Sprachfähigkeit wichtigen Gehirnbereiche der **Broca-Region** und der **Wernicke-Region** zeigen im ersten Lebensjahr eine stetig ansteigende Synapsenbildung/-eliminierung, die dann ein Maximum bis zur Grundschulzeit aufweist und erst nach der Pubertät abfällt (schwarze Kurve). Den etwa gleichen Verlauf zeigt die Synaptogenese des präfrontalen Kortex (rote Kurve), der wesentlich für die Ausbildung von Sozialverhalten und der Persönlichkeit ist. Der Zeitverlauf der hirnphysiologischen Entwicklung des kindlichen Gehirns zeigt, wie stark die kindliche Kognitionsentwicklung, der Erstspracherwerb und die frühkindliche Hirnreifung miteinander verwoben und wechselseitig aneinander gebunden sind.

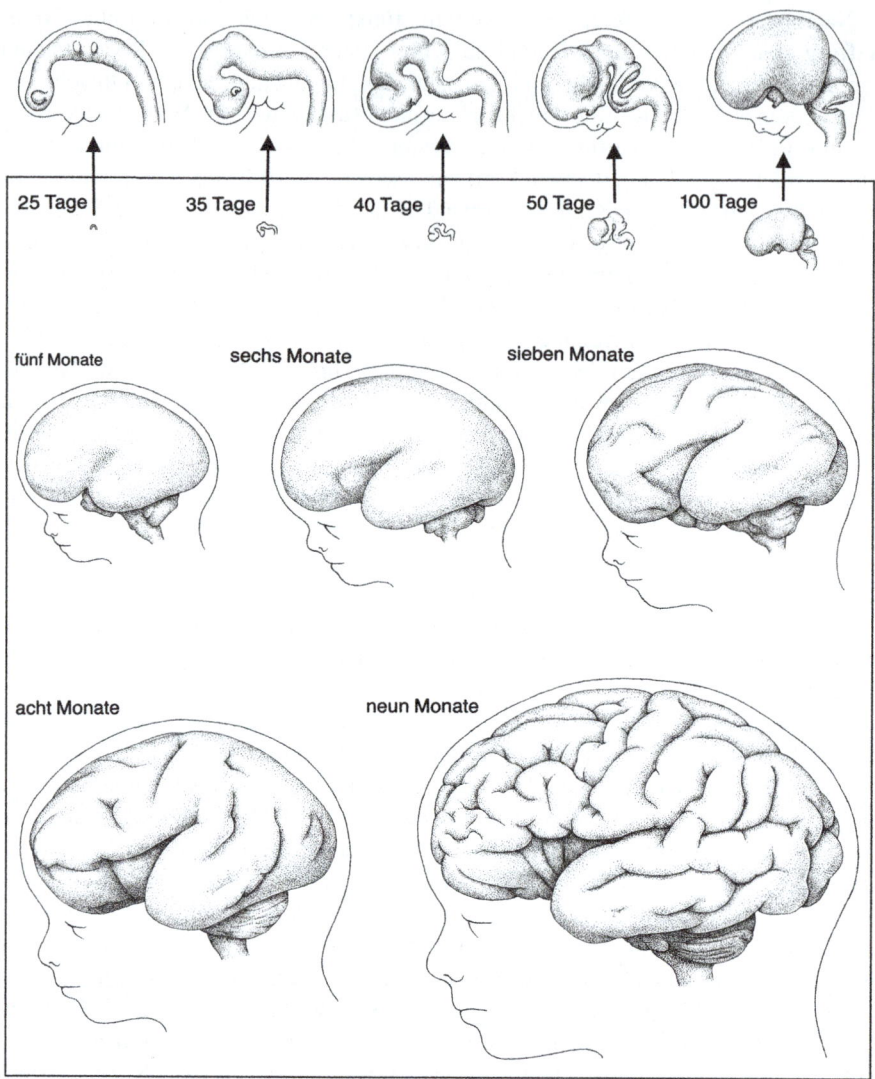

Abb. 5.3 Maßstabsgerechte Darstellung der embryonalen bzw. fötalen Gehirnentwicklung bis zur Geburt. Zur besseren Sichtbarkeit sind die frühen Stadien am oberen Bildrand zusätzlich vergrößert dargestellt (Pfeile). Die typische Faltung der Hirnrinde zeigt sich erst wenige Wochen vor der Geburt. (Cowan 1988, 103, verändert)

Kindliche Neuroplastizität und sensomotorische Erfahrung
Mit der Geburt und während der nachfolgenden Lebensjahre entwickelt sich das kindliche Gehirn aufgrund von äußeren sensorischen Reizen und der Ausbildung motorischer Programme durch Interaktion mit der Umwelt. Die Verfügbarkeit von adäquaten Umweltreizen, das Ausmaß geeigneter und entwicklungsgerechter

sensomotorischer Anforderungen sowie die ausreichende Verfügbarkeit von sozialer Interaktion und kindgerechter Ansprache entscheidet somit wesentlich über die weitere Entwicklung des reifenden Gehirns im Kleinkindalter. Körperliche Bewegung und Koordination, frühkindliches Singen und Musizieren, kognitive Herausforderungen und sozial-emotive Aspekte wirken somit unmittelbar auf die kindliche Vernetzung der Neuronen ein. Insbesondere die Art und Weise der Ausbildung funktioneller biochemischer und elektrischer Kontaktstellen zwischen den Neuronen (**Synaptogenese**) ist eine Folge von Lernvorgängen. Der größte Teil der synaptischen Verschaltungen zwischen den Neuronen entsteht während des ersten Lebensjahres. Mit etwa zwei Jahren ist die erwachsenentypische Anzahl von ca. 100 Billionen Synapsen im Gehirn entstanden; im Alter von drei Jahren hat das kindliche Gehirn etwa 200 Billionen Synapsen ausgebildet – etwa doppelt so viele wie ein Erwachsenengehirn. Ein Grund dafür ist, dass tatsächlich verwendete funktionelle Verbindungen je nach Anforderung verstärkt werden und erhalten bleiben, während neurokognitiv funktionslose Synapsen wieder abgebaut werden (Synapseneliminierung). Bis zur Pubertät wird dadurch die Hälfte der nachgeburtlich vorhandenen 200 Mio. Synapsen wieder abgebaut. Die verbleibenden 100 Billionen Synapsen nehmen dafür an Größe und Vernetzungsleistung zu, in Abhängigkeit der individuellen neurokognitiven Anforderungen.

Auch die individuell erreichbare sprachliche Leistungsfähigkeit wird in den ersten Lebensjahren angelegt. Während der ersten Lebensjahre passen sich Neurophysiologie und funktionelle Neuroanatomie des Gehirns durch einen erfahrungsbasierten Umbau an die spezifischen Erfordernisse des Individuums an. Man spricht von einer synaptischen Plastizität bzw. **Neuroplastizität**, die durch Lernvorgänge aktiv beeinflusst und geformt wird. Neben vielen anderen Reifungsfaktoren bestimmen auch individuelle Lernvorgänge (Erfahrung), welche synaptischen Verbindungen und welche Neuronen erhalten bleiben oder wieder abgebaut werden. Und es kann sich dabei um für das Individuum nützliche, indifferente oder gar kontraproduktive Strukturänderungen des Gehirns handeln. Beispielsweise können Kleinkinder durch angemessene Förderung bereits früh lernen, den Rhythmus wahrgenommener Melodien mit der eigenen körperlichen Bewegung zu koordinieren. Beispiele hierfür sind eine musikalische Früherziehung mit Orff-Instrumenten (bereits ab dem ersten Lebensjahr) oder das in Kindergärten praktizierte Spiel „Eine Reise nach Jerusalem". Gerade diese Verbindung von audio-visueller Wahrnehmung, zeitlicher Analyse und gesteuerter Umsetzung in Bewegungsmotorik ist für die weitere Sprachentwicklung von großer Bedeutung. Die multimodale Synchronisierung (Binding) von Rhythmus, Melodie, Bedeutung und Bewegung in der Zeitdomäne ist ein gutes Training für die eigene kontextuelle Sprechplanung. Im Kleinkindalter existiert kein prinzipieller Unterschied in der neurokognitiven Anlage sensomotorischer Programme wie etwa Schwimmen, Laufradfahren oder Sprachverhalten.

In der Reihenfolge der synaptischen Verschaltung stehen sensomotorische Prozesse am Anfang. Bestimmte Prozesse der Hirnreifung, die sich z. B. auf die frühkindliche Ausbildung sensorischer Fähigkeiten beziehen, können nur in bestimmten Zeitfenstern der Entwicklung ablaufen. Kann sich etwa die Fähigkeit zu Sehen oder zu Hören in den ersten zwölf Monaten nach der Geburt nicht normal entwickeln (z. B. durch Erfahrungsentzug), so werden irreparable Beeinträchtigungen der Gehirnentwicklung auftreten. Obwohl sich das Gehirn durch eine lebenslange Plastizität und Lernfähigkeit auszeichnet, die selbst die Folgen einer geringfügigen Hirnverletzung ausgleichen kann, ist es in manchen Aspekten sehr störungsanfällig. Hierzu gehören Beeinträchtigungen und Defizite während der ersten Lebensjahre, die zu Störungen der Hirnreifung und zu nichtkonstruktiven Vernetzungen im Gehirn führen (Houdé & Borst 2022). Für basale Fähigkeiten der Sinneswahrnehmung und der Bewegung ist die entwicklungsgerechte Ausbildung im Kleinkindalter notwendig, um normale sinnesphysiologische Funktionen auszubilden. Für die Sprachentwicklung und andere höhere motorische oder kognitive Fähigkeiten ist die frühkindliche Förderung sehr nützlich, jedoch nicht die unbedingte Voraussetzung. Beispielsweise kann man auch erst vor der Pubertät damit beginnen, Fahrradfahren, Schwimmen oder das Klavierspiel zu erlernen. Allerdings müssen in diesem Fall sehr viele Vorläuferfähigkeiten (z. B. Gleichgewichtssinn, Bewegungskonzepte, Musikalität) bereits vorhanden sein, auf die aufgebaut werden kann. Kritischer ist der Fall des frühkindlichen Erstspracherwerbs. Allgemein wird angenommen, dass der **Erstspracherwerb** ebenfalls stark auf die Strukturierung der frühkindlichen Gehirnentwicklung einwirkt und gleichzeitig ein Zusammenspiel von aufeinander aufbauenden Lernprozessen verlangt, die während der ersten Lebensjahre ablaufen. Wächst ein Kind über mehrere Jahre ohne jegliche sprachliche Erfahrung auf, so wird eine irreparable Beeinträchtigung der Sprachfähigkeit angenommen. Man geht von einer ‚**kritischen Phase**' der ersten Lebensjahre aus, in der der Spracherwerb beginnen muss, soll es nicht zu irreparablen Schäden kommen (Curtiss 1977; Jones 1995).

Spracherwerb jenseits der kritischen Phase?
Durch Alltagserfahrung ist seit Langem bekannt, dass der **Zweitspracherwerb** im Kindesalter sehr viel leichter vollzogen werden kann als im Erwachsenenalter. Neben der spielerischen Leichtigkeit des Zweitspracherwerbs erlangen kindliche Zweitsprachlerner z. B. sehr hohe Kompetenzen in der vollständigen Übernahme des jeweiligen Phonemsets (Aussprache) und der Satzerzeugungsregeln (Grammatik). Wird eine Zweitsprache bereits im Kleinkindalter erlernt, zeigen die Betreffenden im Erwachsenenalter häufig eine muttersprachliche Kompetenz in der L2. Mit dieser Beobachtung kompatibel ist die Vorstellung von einer sensiblen Phase des sich entwickelnden Gehirns, in der ein normaler Erstspracherwerb ablaufen muss (s. o.). Nur wenn der Erstspracherwerb in diesem Zeitfenster der kindlichen Entwicklung bzw. Hirnreifung stattfindet (kritische Phase), kann eine natürliche Ausbildung der Muttersprache bzw. eine natürliche anatomisch-funktionelle Anlage der Sprachverarbeitung im Gehirn überhaupt erreicht werden. Es ist jedoch unklar, in welchem Alter sich dieses Zeitfenster für einen normalen Erstspracherwerb schließt. Diskutiert wurde ein Zeitraum bis zum dritten/vierten Lebensjahr bis hin zur beginnenden Pubertät mit etwa

zehn (Mädchen) bis zwölf Jahren (Jungen). Nach Ablauf dieser kindlichen Entwicklungsphase wäre demnach kein Erstspracherwerb mehr möglich.

Erstmalig formuliert wurde die Existenz dieser ‚kritischen Phase' in den 1950er Jahren durch den Neurochirurgen Wilder Penfield. Einer breiteren Öffentlichkeit zugänglich wurde diese Diskussion 1967 durch Eric H. Lenneberg, der Sprache als naturwissenschaftliches Phänomen dargestellt und die biologischen Grundlagen der Sprache herausgearbeitet hat (Lenneberg 1977). Eine der wesentlichen Forschungsfragen dieser Zeit war: Muss der Spracherwerb bis zu einem Alter von drei Jahren stattfinden oder kann er auch in einem höheren Lebensalter noch erfolgreich nachgeholt werden? Dabei war diese Frage nicht neu. Es existieren Berichte, nach denen seit der Antike mehrfach Kinder bewusst ohne sprachliche Reize und zwischenmenschliche Interaktion aufgezogen wurden (eigentlich: misshandelt wurden), um z. B. die Frage zu klären, welche konkrete Sprache Kinder ohne Anleitung von sich aus benutzen würden. Auch sind einige Fälle von sogenannten **Wolfskindern** bekannt, die ab einer gewissen Entwicklungsphase als Kleinkind sich selbst überlassen bzw. in einer tierischen Gemeinschaft z. B. mit Wölfen im Wald aufgewachsen sind. Auch bei diesen extrem verwahrlosten Kindern, die nicht einmal den aufrechten Gang erlernt hatten, ist keine Sprache vorhanden gewesen. Beispiele solcher ‚Wolfskinder' sind Victor von Aveyron (1797 als etwa Neunjähriger entdeckt), der 1828 als etwa 16-jähriger in Nürnberg aufgefundene Kaspar Hauser, die 1920 in Indien entdeckten Mädchen Kamala (ca. acht Jahre) und Amala (ca. 18 Monate) die in einem Wolfsrudel lebten oder die im Jahr 2009 in Sibirien befreite und vernachlässigte Natascha Michailowa, die bis zu ihrem fünften Lebensjahr überwiegend mit Hunden aufgewachsen ist. Auf dem Höhepunkt der Diskussion um die prinzipielle Möglichkeit eines späten Spracherwerbs wurde 1970 in Los Angeles ein schwerer Fall von Kindesmisshandlung bekannt, bei dem ein damals 13-jähriges Mädchen (Pseudonym: „Genie") weitgehend isoliert und sprachlos aufgewachsen ist (Fromkin et al. 1974; Curtiss 1977; Jones 1995). Jahre nach ihrer Befreiung hat Genie über eingeschränkte Artikulationsleistungen verfügt, etwa 200 Wörter erlernt und ungrammatische Wort-Cluster benutzt. Zu einem annähernd normalen Sprachgebrauch ist es bei Genie jedoch nicht gekommen. Obwohl Genie über Jahre hinweg wissenschaftlich untersucht und begleitet worden ist, konnte letztlich weder die Frage nach der Existenz einer kritischen Phase beantwortet, noch Genie therapeutisch geholfen werden.

Gegenwärtig ist davon auszugehen, dass ein normaler Erstspracherwerb in den ersten Lebensjahren beginnen muss. Ein erstmaliger Spracherwerb nach dem sechsten bis zehnten Lebensjahr ist nur sehr eingeschränkt möglich, da zu diesem Zeitpunkt notwendige funktionell-anatomische Prozesse der Hirnreifung bereits abgeschlossen sind. Derartige Überlegungen zum Zusammenhang von Hirnreifung und Sprachfähigkeit haben in den letzten Jahrzehnten einen starken Einfluss auf die Didaktik des Fremdsprachunterrichts und die Frage nach dem idealen Alter für den Zweitspracherwerb in Kindergarten oder Schule genommen.

6 Spezialisierung der Hemisphären – Sprachlateralisierung

Die äußere Einteilung der Großhirnrinde
Individuelle Gehirne können unterschiedlich groß, schwer und hinsichtlich der Furchung der Hirnrinde unterschiedlich strukturiert sein, was eine vergleichende Lokalisierung erschwert. Anhand von zytoarchitektonischen Unterschieden im Gewebe der Großhirnrinde hat der Neuroanatom Korbinian Brodmann (1909) eine Einteilung der Hirnrinde eingeführt, die noch heute maßgeblich ist und u. a. im Bereich der kognitiven Neurowissenschaft sowie der Bildgebung definierte Bezugsrahmen der Lokalisation setzt. Die von Brodmann nummerierten Areale der Großhirnrinde werden heute als **Brodmann-Areale** (BA) bezeichnet. Die Abb. 6.1 zeigt die farblich markierten Bereiche der jeweiligen Brodmann-Areale. Beispielsweise ist BA 17 der primäre visuelle Kortex (V1). Das Brodmann-Areal 18 umfasst V2, V3 und V4, während BA 19 V5 umfasst (teilweise mit BA 20 und 21) (Schmidt & Schaible 2006). Der primäre auditorische Kortex (BA 41) ist in der Seitenansicht nicht sichtbar, da er sich in der Heschl'schen Querwindung

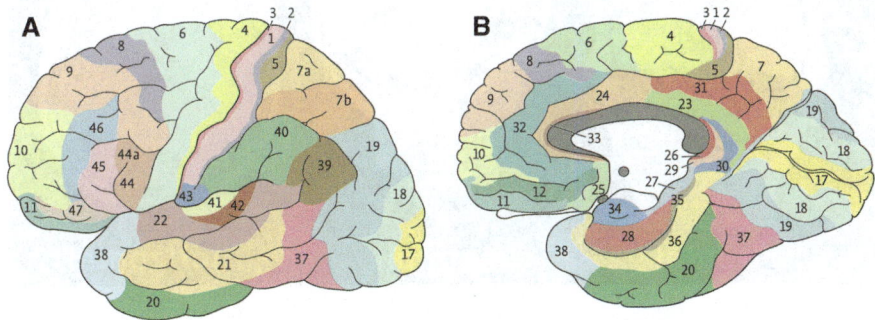

Abb. 6.1 Die Brodmann-Areale der Großhirnrinde. Seitenansicht der linken Hemisphäre (**A**) sowie eine mediale Ansicht der Hirnrinde (**B**) mit den farblich markierten Brodmann-Arealen. Weitere Erläuterungen im Text. (Anderhuber et al. 2012, 1112)

befindet. Die für die Sprachproduktion bedeutsame Broca-Region umfasst BA 44 und BA 45, die für das Sprachverstehen bedeutsame Wernicke-Region umfasst BA 22 und BA 42.

Die Seitigkeit des Gehirns und funktionelle Spezialisierung
Wie viele Lebewesen gehören Menschen systematisch gesehen zur Unterabteilung der Zweiseitentiere (Bilateria) und haben einen zweiseitigen Körper mit einer mittigen Symmetrieebene: sie sind bilateralsymmetrisch. Das ist der Grund für beispielsweise eine linke und eine rechte Gesichtshälfte, linke und rechte Gliedmaßen oder eine linke und eine rechte Niere. Auch das Gehirn zeigt eine solche Symmetrieebene und kann demnach in eine linke und rechte Gehirnhälfte unterteilt werden (s. Abb. 6.2).

Durch diese Zweiseitigkeit des Körpers und die damit einhergehende Dopplung von Organen und Körperteilen wird für viele Körperfunktionen eine größere Ausfallsicherheit durch **Redundanz** erreicht. Menschen können z. B. einen Arm oder ein Auge verlieren ohne lebensbedrohliche Funktionsbeeinträchtigungen zu erleiden. Innerhalb der Evolution sind aufgrund der paarigen Anordnung Lebewesen entstanden, die sich durch robuste und fehlertolerante Strukturen auszeichnen: eine Form physiologisch-habitueller Parallelverarbeitung. Evolutionsbiologisch ist das ein klarer Vorteil. Auch in der Hirnanatomie zeigt sich eine Erhöhung der Ausfallsicherheit durch die paarige, zweifache Ausbildung

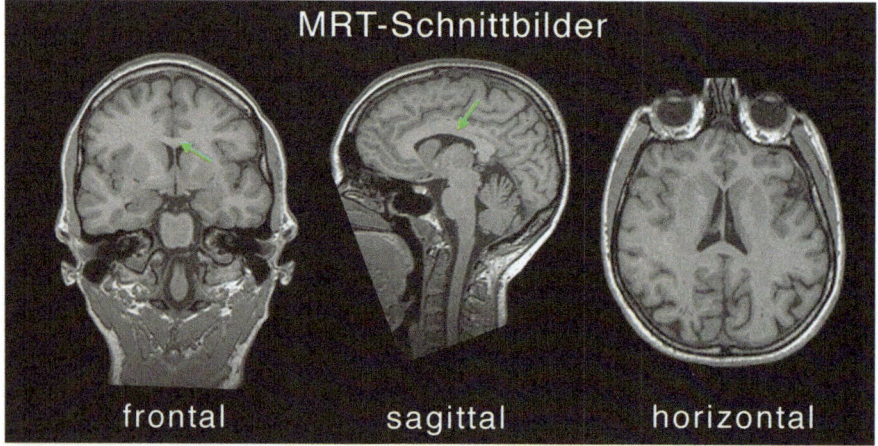

Abb. 6.2 Magnetresonanztomographische Schnittbilder des Kopfes in drei Schnittebenen. Im Frontal- und Horizontalschnitt sind die beiden symmetrischen Hälften des Großhirns gut zu erkennen, der Sagittalschnitt zeigt die innere Seite der rechten Hemisphäre. Die Pfeile markieren die Kommissurenfasern des Balkens (Corpus callosum), der beide Großhirnhälften über fast die gesamte Länge miteinander verbindet, wobei jeweils umgrenzte Bereiche des Balkens für den Informationsfluss zwischen den motorischen, sensomotorischen, auditorischen oder visuellen Gehirnbereichen beider Hemisphären zuständig sind.

der Strukturen der linken und rechten Hirnhälfte. Beispielsweise existieren zwei Mandelkerne (Amygdalae) und erst die Schädigung der linken und rechten Amygdala führt zum Verlust der Fähigkeit zu Angst und Aggression sowie zu weiteren kognitiven Beeinträchtigungen. Darüber hinaus wird eine weitere Verringerung der Störanfälligkeit (Robustheit) durch eine funktionelle ‚Verstrickung' der beiden Hirnhälften erreicht, wie sie z. B. im Verlauf der visuellen Projektion (Sehbahn) und der auditorischen Projektion (Hörbahn) zu sehen ist.

Die Sehbahn
Im visuellen System wird durch eine besondere Seitigkeits-Verschaltung der Nervenfasern eine zusätzliche Verarbeitungssicherheit erreicht. Bei der Sehbahn handelt es sich um die Verschaltung der Sehnerven in der Netzhaut (Retina) des menschlichen Auges bis zu den visuellen Verarbeitungszentren im hinteren Teil des Gehirns (Okzipitallappen, vgl. Abb. 3.2 und 6.2). Von den ca. eine Million Nervenfasern eines Auges verbleiben nur 50 % der Fasern auf der gleichen Körperseite (ipsilateral), die Fasern der beiden nasalen Retinahälften wechseln die Körperseite und ziehen kontralateral, zur jeweils gegenüberliegenden Gehirnhälfte (s. Abb. 6.3). Die Abb. 6.3 zeigt eine Schemazeichnung der Sehbahn (visuelle Projektion) von den Retinae der Augen bis zur primären Sehrinde (V1) im linken und rechten Okzipitallappen (vgl. Abb. 3.2). Die rechte Hälfte des Gesichtsfelds beider Augen ist schwarz, die linke Hälfte weiß gezeichnet (oberer Balken). Durch die Linse des Augapfels werden aufgrund des Strahlengangs (geometrische Optik) die Bildpunkte beiden Gesichtsfeldhälften (schwarz bzw. weiß markiert) auf den Retinae abgebildet und nach der Wandlung in Aktionspotentiale ziehen die Informationen über den Sehnerv (Nervus opticus) zur Sehbahnkreuzung (Chiasma opticum). Hier teilen sich die Sehnerven beider Augen so auf, dass die Informationen der schwarz gezeichneten Retinabereiche zur linken Sehrinde und die weiß gezeichneten Retinabereiche zur rechten Sehrinde weitergeleitet werden. Daher wird zunächst jede Gesichtsfeldhälfte nur in der Sehrinde einer Hemisphäre verarbeitet. Ein Teil der Sehbahn nimmt andere Wege. Über tieferliegende Verbindungsfasern (Kommissuren) gelangt die Sehinformation dann mit kurzer Verzögerung letztlich in beide Hemisphären. Zusätzlich zur Zweiäugigkeit wird durch diese Art der Verschaltung nochmals die **Verarbeitungsrobustheit** erhöht und z. B. auch die dreidimensionale Raumwahrnehmung verbessert. Durch diese Aufteilung der Verarbeitung von Sinnesinformationen ist das Sinnessystem insgesamt weniger anfällig und gleichzeitig leistungsfähiger. Kommt es beispielsweise im Verlauf der linken Sehbahn zu einer Störung, fällt das linke Auge nicht komplett aus, sondern es ergibt sich ggf. eine nur weniger dramatische Beeinträchtigung für die zentralnervöse Verarbeitung des Seheindrucks beider Augen (Schmidt & Schaible 2006; Baars & Gage 2010; Brandes et al. 2019; Trepel 2021).

Die **Buchstabenerkennung** (Graphem-Phonem-Umsetzung) beim Leseprozess ist daher zunächst bilateral angelegt, bevor die eigentliche Sprachverarbeitung in der sprachdominanten (zumeist linken) Hemisphäre stattfindet.

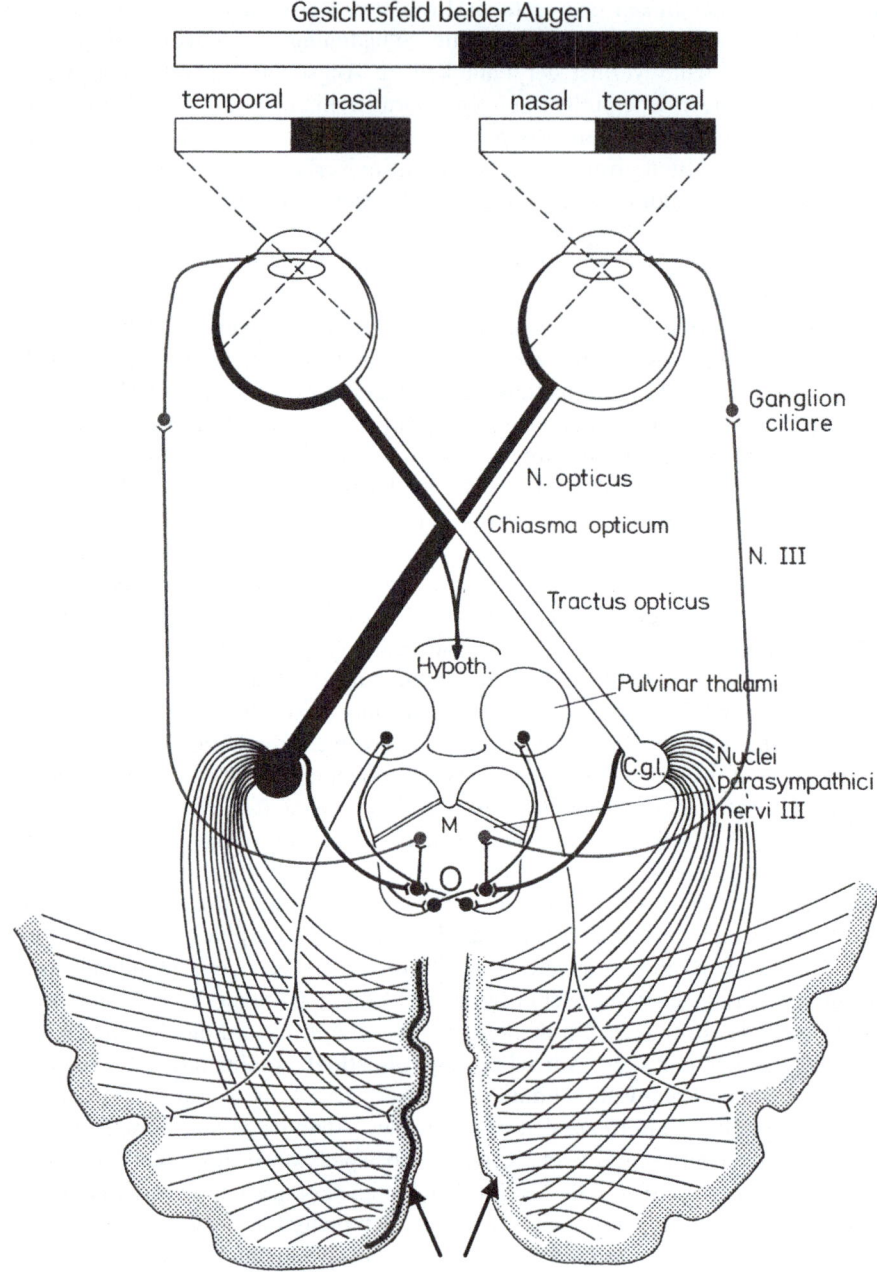

Abb. 6.3 Schematische Darstellung der Sehbahn von den Retinae der Augen bis zur linken und rechten Sehrinde im Okzipitallappen (Brodmann-Areale 17, 18, 19). Das Ganglion ciliare gehört zu den Reflexbahnen, C.g.l. steht für Corpus geniculatum laterale. (Forssmann & Heym 1985, 153, verändert)

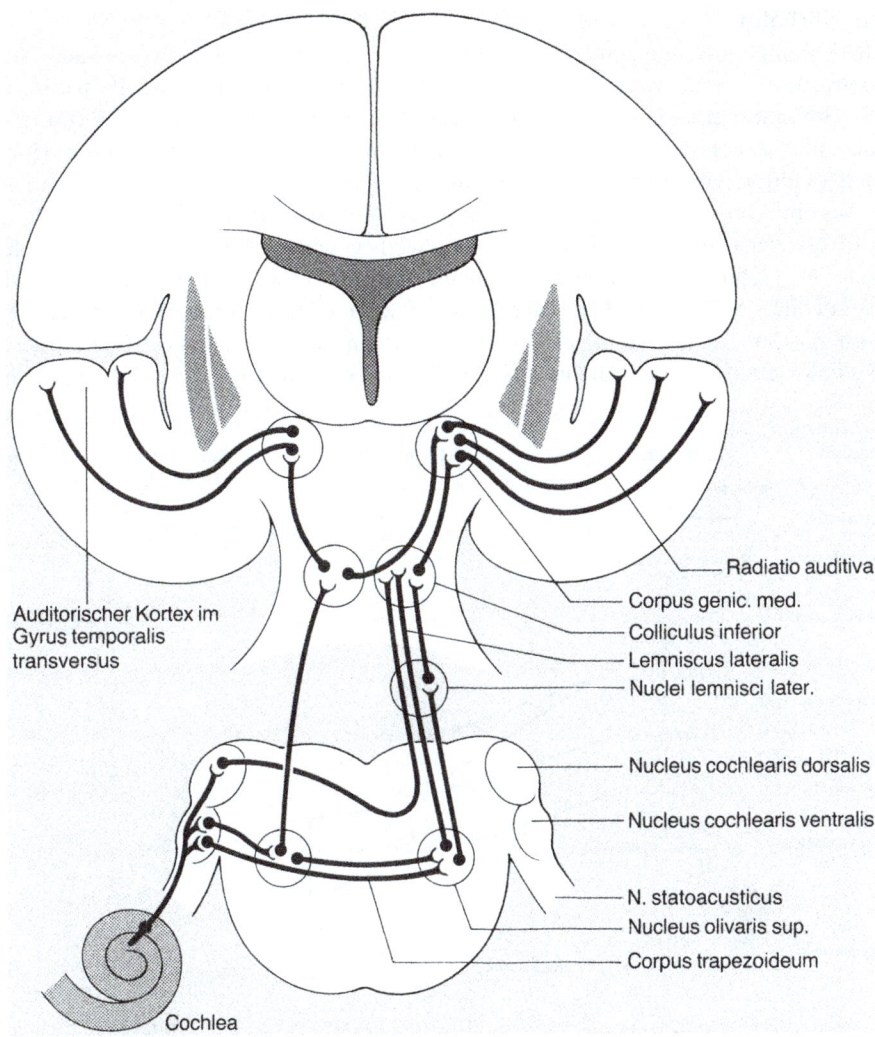

Abb. 6.4 Schematische Darstellung der Hörbahn, ausgehend von Innenohr und Hörnerv des linken Ohres über Verarbeitungsinstanzen (Kerngebiete) im Hirnstamm bis zum primären auditorischen Kortex in der Heschl'schen Querwindung. Mit Halbkreis und Kugel sind die jeweiligen synaptischen Umschaltungen eingetragen. Für das rechte Ohr ergibt sich der spiegelbildlich gleiche Verlauf, der hier nicht eingezeichnet ist. Ebenfalls nicht eingezeichnet sind die absteigenden Bahnen (Efferenzen). Abkürzungen siehe Text. (Zenner 1994, 119, verändert)

Die Hörbahn

Eine ähnliche Seitenaufteilung und partielle Kreuzung der Fasern auf die kontralaterale Seite zeigt sich auch bei der Hörbahn (auditorische Projektion). Die Hörbahn umfasst die Verschaltung der Hörnerven (Nervus acusticus) von den Haarsinneszellen der Hörschnecke (Cochlea) im Innenohr bis zur primären Hörrinde (auditorischer Kortex) beider Hemisphären (s. Abb. 6.4).

Wie in Abb. 6.4 zu sehen, zieht der größte Teil der 30.000 bis 40.000 Fasern des Nervus acusticus eines Ohres auf die jeweils gegenüberliegende, kontralaterale Seite des Gehirns. Lediglich ein kleinerer Teil der Information verbleibt auf der ipsilateralen Seite (vom Colliculus inferior zum Corpus geniculatum mediale). Vom Corpus geniculatum ziehen Fasern dann als sogenannte Hörstrahlung (Radiatio auditiva) zur primären (Heschl'sche Querwindung, BA 41) sowie zur

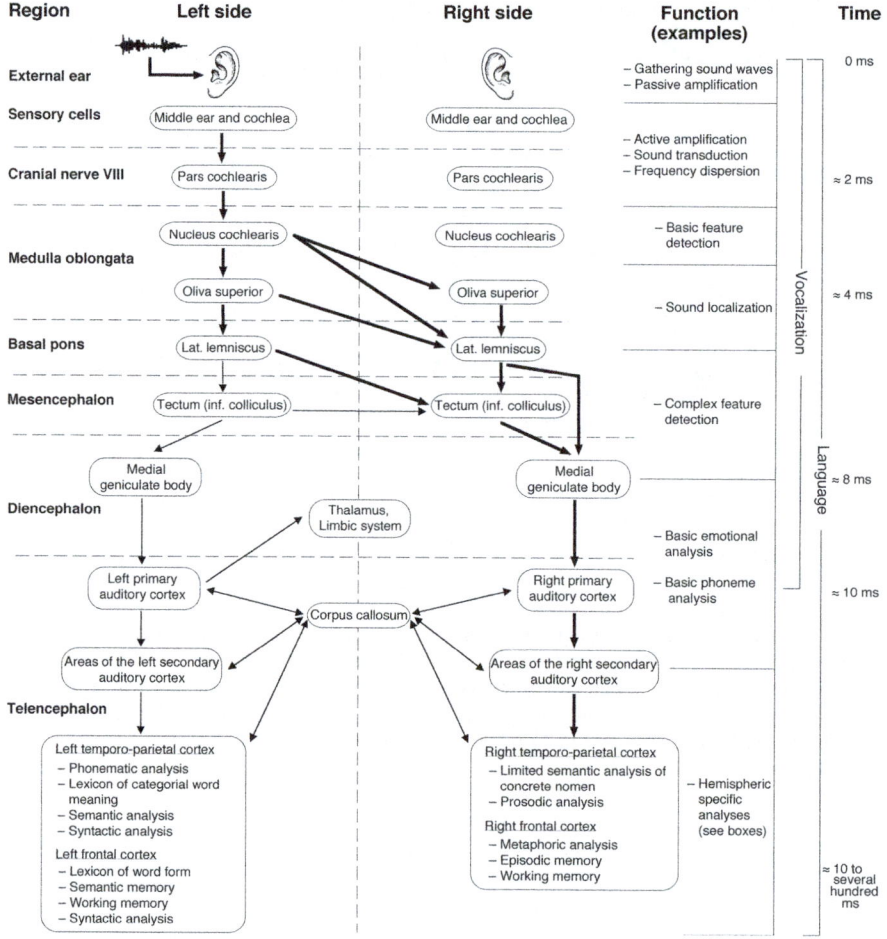

Abb. 6.5 Schematische Darstellung von Stufen der Sprachverarbeitung im Verlauf der Hörbahn ausschließlich für das linke Ohr. Die nicht eingezeichneten Bahnen und Leistungen des rechten Ohres wären spiegelbildlich darüberzulegen. Weitere Erläuterungen im Text. (Müller 2003, 73)

sekundären Hörrinde (BA 42) im Gyrus temporalis transversus (Zenner 1994; Baars & Gage 2010; Pickles 2012; Brandes et al. 2019; Huggenberger et al. 2019; Trepel 2021).

Auch für die Verarbeitung gesprochener Sprache gilt, dass die primären Prozesse der akustischen Signalverarbeitung (**Sprachschall**) in beiden auditorischen Kortizes ablaufen, inklusive der frühen Merkmalsdetektion zur Phonemanalyse (vgl. Abb. 6.5). Erst spätere sprachspezifische Verarbeitungsschritte verlaufen überwiegend in der sprachdominanten (zumeist linken) Hemisphäre, wobei z. B. prosodische Analysen oder bestimmte Prozesse bei der Verarbeitung figurativer Bedeutung überwiegend von der rechten Hemisphäre geleistet werden (Proverbio et al. 2009; De Zubicaray & Schiller 2019).

Das pyramidale System (Bewegungssteuerung)
Nicht nur sprachbegleitende Gesten und Zeigebewegungen verdeutlichen einen engeren Zusammenhang von Sprache und der Bewegungssteuerung der oberen Extremitäten. Vereinfacht dargestellt, vollzieht sich die Willkürbewegung einer Hand durch ineinandergreifende Aktivitäten in drei Regionen der Hirnrinde: Geplant und initiiert wird die Greifbewegung im supplementärmotorischen Kortex, tatsächlich ausgeführt wird sie durch den prämotorischen und motorischen Kortex – geleitet anhand räumlicher Konzepte im hinteren parietalen Kortex (Zilles & Rehkämper 1998). Etwa eine Million Fasern ziehen als Pyramidenbahn über die Medulla zu den motorischen Interneuronen im Rückenmark und versorgen letztlich Arme und Hände mit motorischen Steuersignalen. In der sogenannten **Pyramidenkreuzung**, die sich an der Grenze zwischen Medulla und Rückenmark befindet, kreuzen ca. 90 % der Fasern auf die andere Seite. Auch für die neuromuskuläre Steuerung und die Empfindungen der Hand existiert somit eine Überkreuzung: Die rechte Hand wird von der linken, die linke Hand von der rechten Hemisphäre motorisch gesteuert und sensorisch ausgewertet. Aus diesem Grund geht mit einer massiven Schädigung der linken Hemisphäre, z. B. nach einem linksseitigen Schlaganfall häufig eine rechtseitige Lähmung der Gliedmaßen einher (Hemiparese bzw. Hemiplegie).

6.1 Händigkeit und Sprache

Die Vorteile eines bilateralsymmetrischen Körpers wurden weiter oben erwähnt. Alle körperlichen Strukturen zweifach zu entwickeln, um redundante Systeme zu erreichen ist jedoch sehr ressourcenintensiv – und Ressourcen werden in natürlichen Systemen stets optimal genutzt, um die Effizienz zu erhöhen. Für die stammesgeschichtlich alten und lebenswichtigen Funktionen des Gehirns hat sich daher die ‚Sicherheit durch Redundanz' evolutionär ausgebildet und auch erhalten. Die Ansteuerung und Koordination von komplexen Bewegungen der Gliedmaßen benötigt jedoch umfangreiche und somit stark ressourcenverbrauchende neuronale Netzwerke. Beispielsweise ist die zentralnervöse Steuerung der Primatengreifhand sehr anspruchsvoll. Hinsichtlich der motorischen Leistungsfähigkeit sowie der sensorischen Wahrnehmung lassen sich daher gut ausgestattete und ausgezeichnet ausgestattete Körperregionen unterscheiden. Für die Individuum-Umwelt-Interaktion wichtige Körperregionen (z. B. Hände und Gesicht) beanspruchen mehr sensomotorische Bereiche der Hirnrinde als weniger wichtige Körperregionen (z. B. Rücken und Unterschenkel). Die stark gefaltete Großhirnrinde (Kortex) ist ausgebreitet zwar etwa 2000 cm^2 groß und umfasst etwa 16 Mrd. Neuronen, dennoch muss das nur begrenzt zur Verfügung stehende neuronale Substrat zur Sensorik und Steuerung optimal und effizient eingesetzt werden, was zu dieser **ungleichen neuronalen Versorgung** unterschiedlicher Körperregionen führt. Die hinsichtlich der zentralnervösen Versorgung sensomotorisch sehr gut ausgestatteten Hände und Finger von Mensch und Menschenaffen (Primaten) sind daher motorisch gesehen Höchstleistungswerkzeuge und verfügen gleichzeitig über ein dichtes Netz sensorischer Rezeptoren. Andere Hautoberflächen sind sensorisch sehr viel weniger gut versorgt, um neuronale Verarbeitungsressourcen im Gehirn ‚zu sparen', was für diese Regionen zu einer deutlich geringeren Wahrnehmungsschärfe führt (z. B. Tast-, Druck-, Wärme-, Schmerzrezeption).

In der Evolution der Primaten ist vor weniger als acht Millionen Jahren eine eigenständige Entwicklungslinie zum heutigen Menschen entstanden, mit einer einzigartigen Zunahme kognitiver Prozesse (Langdon 2022). Für diese stammesgeschichtlich neuen Fähigkeiten der höherentwickelten Kognition (z. B. Sprachfähigkeit) musste das Prinzip der Absicherung durch Redundanz und Dopplung aus Gründen der **Effizienz** komplett aufgegeben werden. Unter den Optimierungsbedingungen der Evolution wurden dabei nicht nur die Hände sensomotorisch gegenüber anderen Körperregionen bevorzugt, sondern auch eine Hand gegenüber der anderen, um effizient zumindest mit einer Hand Höchstleistungen erlangen zu können. Diese kognitiv gesteuerte Höchstleistung der Hände ist nur für eine Hand ausgebildet, nur eine Hand ist für die schwierigsten feinmotorischen Leistungen neuronal ausgestattet. Alle Säugetiere und auch viele Wirbellose zeigen eine **Seitigkeit** bei ihren Händen, Pfoten, Scheren usw., mit jeweils nur einem dominanten Effektor (Cashmore et al. 2008; Güntürkün et al. 2020). Bei Menschen ist die dominante Hand schneller, geschickter und zumeist auch kräftiger. Allerdings spielt auch die nicht-dominante Hand eine wichtige Rolle: Sie ist unterstützend, haltend und ergänzend. Beide Hände bilden somit die einander ergänzende Einheit ‚Greifwerkzeug'. In einer groß angelegten Testreihe mit 12.000 Personen in 17 Ländern haben I. B. Perelle und L. Erhman 1994 gezeigt, dass jeweils zwischen 77,5 und 92,6 % der Menschen rechtshändig sind (im gesamten Mittel 85,8 %) (Hatta 2007). Neben den typischen Rechtshändern und den etwa 11 % Linkshändern gibt es vergleichsweise selten auch Menschen mit annähernd gleich leistungsstarken Händen, sogenannte Ambidexter (Kraus 2019).

Mögliche Ursachen der Händigkeit

Die Bevorzugung der Greiforgane einer Körperseite für anspruchsvollere Aufgaben zeigt sich nicht nur bei Primaten, sondern schwächer ausgebildet auch bei Katzen, Hunden, Tintenfischen oder Krebsen – stets jedoch mit einer ungefähren Gleichverteilung von dominanter linker bzw. rechter Körperseite. Innerhalb der Säugetiere sind die Unterschiede in der Leistungsfähigkeit der Hände bei nichtmenschlichen Primaten am größten, allerdings ist auch bei ihnen die Aufteilung der Händigkeit zwischen linker und rechter Hand gleich verteilt. Lediglich beim Menschen ist es anders – sie sind seit mindestens 500.000 Jahren überwiegend Rechtshänder (Frayer et al. 2011). Bonobos (*Pan paniscus*), Schimpansen (*Pan troglodytes*) und Gorillas zeigen eine Tendenz zur **Rechtshändigkeit** (Hopkins et al. 2011). Warum Menschen überwiegend rechtshändig sind, dazu existiert eine ganze Reihe von mehr oder weniger plausiblen Hypothesen (Springer & Deutsch 1998; Beaton 2003), beispielsweise:

- Mütter tragen den Säugling mit dem linken Arm, um ihn mit dem eigenen Herzschlag zu beruhigen, während sie mit dem rechten Arm arbeiten;
- Krieger halten den Schild mit dem linken Arm, um das Herz zu schützen, während sie mit dem rechten Arm kämpfen;
- per Übereinkunft wurde die Afterregion nur mit der linken Hand gereinigt, um mit der rechten Hand zu essen und andere Personen begrüßen zu können;
- Spezialisierung der linken Hemisphäre für kognitive Planungsprozesse, die sowohl für den Werkzeuggebrauch als auch für die Morpho-Syntax von Sprache notwendig sind;
- als eine genetische Begleiterscheinung durch einfache Merkmalskopplung;
- hormonelle Einflüsse während der Entwicklung im Uterus;
- während der letzten Wochen vor der Geburt liegen Föten häufig bereits mit dem Kopf nach unten und haben dabei das rechte Ohr nach außen gerichtet. Die linke Hemisphäre wird so stärker mit akustischen Ereignissen versorgt als die rechte. Weiterhin ergibt sich dadurch für die rechte Hemisphäre eine relativ stärkere Bedeutung des Gleichgewichtsorgans was als Initialtendenz für die spätere Lateralität gesehen wird;
- durch die Kombination von kulturell bedingten, zufälligen sowie genetisch begünstigenden Faktoren (Right-Shift-Theorie, Annett 2002).

Eine wirkliche Erklärung für die Entstehung der überwiegenden Rechtshändigkeit des Menschen existiert bislang jedoch nicht. Weiterhin sind Kinder längst nicht so lateralisiert wie Erwachsene und aufgrund der enormen Plastizität des kindlichen Gehirns sind Umorganisationen von Funktionen bis zur Pubertät möglich. Nach Weiss-Croft und Baldeweg (2015) ist die **Sprachlateralisierung** bei Kindern ab etwa dem fünften Lebensjahr vorhanden. Andererseits können bei Kindern bis zu einem Alter von etwa zehn Jahren bei der medizinisch notwendigen Entfernung einer Hemisphäre alle Funktionen weitgehend von der verbleibenden Hemisphäre übernommen werden (Pulsifer et al. 2004).

Händigkeitstest
Fragebogen zur Ermittlung der Händigkeit (Händigkeitstest): Die Händigkeit eines Menschen lässt sich leicht bestimmen, wenn standardisierte Tests verwendet werden, wie beispielsweise das Edinburgh Inventory of Handedness (Oldfield 1971). Für zehn Alltagshandlungen wird nach der jeweils verwendeten Hand gefragt, wobei für die rechte und linke Seite jeweils ein

„++" (= ausschließlich) oder ein „+" (= überwiegend) in eine Tabelle eingetragen wird. Die Fragen lauten:

	links	rechts
– Mit welcher Hand schreiben Sie?	—	—
– Mit welcher Hand zeichnen Sie?	—	—
– Mit welcher Hand werfen Sie einen Ball?	—	—
– Mit welcher Hand benutzen Sie eine Schere?	—	—
– Mit welcher Hand benutzen Sie eine Zahnbürste?	—	—
– Mit welcher Hand benutzen Sie ein Messer (ohne Gabel)?	—	—
– Mit welcher Hand benutzen Sie einen Löffel?	—	—
– Beim Fegen mit einem Besen: Welche Hand ist oben?	—	—
– Mit welcher Hand entzünden Sie ein Streichholz?	—	—
– Mit welcher Hand öffen Sie den Deckel einer Schachtel?	—	—

Den sogenannten Lateralitätsquotienten (LQ) ermittelt man, indem zunächst die „+" für die rechte und linke Seite getrennt zusammengezählt werden. Dann subtrahiert man die Summe der linken von der Summe der rechten Hand und dividiert das Ergebnis durch die Summe der „+" beider Hände. Dieses Ergebnis wird mit 100 multipliziert und man erhält den Lateralitätsquotienten.

Äugigkeit und Kreuzdominanz

Auch bei den paarig angelegten Augen gibt es ein dominantes Auge, was zum Begriff der **Links- oder Rechtsäugigkeit** geführt hat (okulare Dominanz) (Ooi & He 2020). Beobachtet man Menschen, die traditionelle Fotoapparate mit einem Sucherfenster benutzen, zeigt sich folgendes Bild: Entweder sie sehen mit dem rechten Auge durch das Sucherfenster (für diese Situation sind traditionelle Fotoapparate entwickelt worden), oder die Benutzer sehen vorzugsweise mit dem linken Auge durch den Sucher, dann jedoch stört die eigene Nase erheblich bei der Handhabung. Ob man zu den links- oder rechtsäugigen Menschen gehört, kann man mit einem einfachen Test feststellen. Als Rechtshänder zeigt man mit dem rechten Zeigefinger auf ein entfernteres Objekt (mit gestrecktem Arm). Dann schließt man kurz das linke und dann das rechte Auge. Für nur ein Auge passt die Position des Zeigefingers exakt zur Position des Zielobjektes: dies ist dann das dominante Auge. Bei dem nicht-dominanten Auge liegt der Zeigefinger neben dem anvisierten Objekt. Etwa 65 % aller Menschen sind rechtsäugig. Bei etwa 35 % aller Menschen überkreuzen sich Händigkeit und Augendominanz, was man als **Kreuzdominanz** bezeichnet.

6.2 Komplementäre Hemisphärenspezialisierung

Wie weiter oben beschrieben, werden die zentralnervöse Steuerung und die Empfindungen einer Hand vom sensomotorischen Kortex der jeweils gegenüberliegenden Hemisphäre durchgeführt bzw. verarbeitet. In einer aktuellen und sehr umfassenden Metaanalyse von Händigkeitsstudien wird geschätzt, dass 10,6 % aller Menschen Linkshänder sind (Papadatou-Pastou 2020). Da somit etwa 85 bis 89 % aller Menschen Rechtshänder sind, ist bei den meisten Menschen für die Kontrolle der dominanten rechten Hand die Sensomotorik der linken Hemisphäre zuständig. Gleichzeitig ist die linke Hemisphäre bei 95 bis 99 % aller Rechtshänder und ca. 75 % aller Linkshänder auch für die Sprache dominant (Knecht et al. 2000). Das ist der Grund, warum die linke Hemisphäre gemeinhin als die **dominante Hemisphäre** bezeichnet wird – obwohl beide Hemisphären wichtige Funktionen haben und einander optimal ergänzen. Bei den meisten Linkshändern, die ihre dominante (linke) Hand mit der rechten Hemisphäre sensomotorisch steuern, ist die Sprache dennoch linksdominant. Lediglich bei 10 bis 12 % der Linkshänder (also etwas über ein Prozent aller Menschen) befinden sich Broca- und Wernicke-Region in der rechten Hemisphäre (Rechtsdominanz für Sprache). Bei den verbleibenden Links- und Rechtshändern findet sich eine mehr oder weniger starke beidseitige Verteilung der Sprachfunktionen.

Typischerweise steuert somit die linke Hemisphäre nicht nur die dominante (rechte) Hand, sondern ist auch an der Sprache viel stärker beteiligt als die rechte Hemisphäre (Josse & Tzourio-Mazoyer 2004). Während die stammesgeschichtlich alten Sinnesleistungen im Gehirn (z. B. Hören, Sehen, Fühlen) durch die paarige Struktur in beiden Hemisphären abgesichert und gut lokalisierbar sind (s. o.), sind die stammesgeschichtlich jüngeren Leistungen der Kognition (z. B. Musikalität, Sprache, Zahlenverständnis) sparsamer realisiert, z. B. über kurzfristig zusammenarbeitende neuronale Netze in nur einer Hemisphäre, die sich zudem nicht wirklich in der Hirnrinde verorten lassen. Die stammesgeschichtlich neuen Erweiterungen der Kognition, die zudem sehr ressourcenintensiv sind, mussten somit so effizient wie möglich in die althergebrachte funktionelle Neuroanatomie eingefügt werden. Der Preis für diesen ressourcenschonenden Leistungszuwachs und der Aufgabe der neuronalen Dopplung in den Hemisphären ist jedoch, dass sich seither Schädigungen des Hirngewebes viel drastischer auswirken. Im Gehirn von Menschenaffen sind die für die Vokalisation zuständigen Gehirnregionen paarig angelegt und eine Schädigung in nur einer Hemisphäre führt zu keiner kommunikativen Beeinträchtigung. Bei der Sprache ist es anders und bestimmte Schädigungen der linken aber auch der rechten Hemisphäre führen zu selektiven Beeinträchtigungen der Sprachfähigkeit. Kommt es beispielsweise zu einer Beeinträchtigung der **Broca-Region**, sind massive Störungen der Sprachproduktion zu erwarten. Eine Schädigung der entsprechenden (homologen) Gehirnregion in der rechten Hemisphäre hingegen führt zu keiner vergleichbaren Beeinträchtigung der Sprachfähigkeit, ist aber mit anderen kognitiven Beeinträchtigungen verbunden (Holtmann 2008). Dabei handelt es sich in der linken und rechten Hemisphäre in beiden Fällen um den Pars triangularis des Gyrus frontalis inferior (Brodmann-Areale 44 und 45) – jedoch wird nur der linke Pars triangularis aufgrund seiner Funktion für die Sprache als Broca-Region bezeichnet. Ähnliches gilt auch für die linksseitige **Wernicke-Region** (BA 42, hinterer Teil von BA 22, BA 39), die wesentlich für das Sprachverstehen ist (vgl. Abb. 6.1 und 7.4). Im Hinblick auf Sprache führen bestimmte andere Schädigungen der rechten Hemisphäre hingegen zur Beeinträchtigung von Sprachmelodie, Betonung und Rhythmik (prosodische Informationen) sowie zu Störungen in der Verarbeitung bildhafter, figurativer Sprache (Metaphorik) (De Zubicaray & Schiller 2019). Es handelt sich auf beiden Seiten des Großhirns zwar um identische, sogenannte homologe Hirnstrukturen, jedoch mit unterschiedlichen Aufgaben.

Anders als noch vor 30 Jahren, als man von einer ausschließlichen Verantwortung der linken Hemisphäre für die Sprache ausging, ist heute klar, dass beide Hemisphären in unterschiedlicher Weise für die Sprachfähigkeit verantwortlich sind und eine **komplementäre Hemisphärenspezialisierung** zeigen (Hickok & Poeppel 2007; Traxler 2012). Die sprachlichen Netzwerke sind im Gehirn weitverteilt und selbst das Kleinhirn (Cerebellum), dem man früher ausschließlich motorische Funktionen zuordnete, trägt zur Sprachfunktion wichtige Teilfunktionen bei (E et al. 2014) und beeinflusst die Wortflüssigkeit, Wortfindung, syntaktische Prozesse und ist am Lesen und Schreiben beteiligt (Ackermann & Hertrich 2000; Murdoch 2010; Keren-Happuch et al. 2014).

Die Abb. 6.5 zeigt den vereinfachten Verlauf der Hörbahn vom linken Innenohr bis zur frontalen Hirnrinde, sowie Beispiele ausgewählter Analyseschritte während der Signal- und Sprachverarbeitung.

Am linken Rand der Abb. 6.5 sind die jeweiligen Gehirnregionen, am rechten Rand die jeweiligen sprachrelevanten Funktionen sowie die frühesten Zeitpunkte für den jeweiligen Verarbeitungsschritt aufgeführt. Zusätzlich ist der Bereich der tierischen Vokalisation und der darauf aufbauende Bereich der Sprache markiert. Die Kästchen im mittleren Bereich der Abbildung bezeichnen die jeweiligen Strukturen, Kerngebiete und Gehirnbereiche. Die Pfeilstärke symbolisiert die jeweilige Informationsmenge und man erkennt, dass die Fasern und Bahnen überwiegend zur kontralateralen Seite ziehen. Mit einer Ausnahme (Thalamus) sind rückläufige Bahnen in dem Schema nicht eingezeichnet. Diese rückläufige Bahn ermöglicht eine sehr frühe emotional-affektive Beurteilung/Zuordnung des gehörten Sprachschalls. Hierunter ist die sprachunabhängige, emotionale Bewertung einer komplexen Lautäußerung (Tierlaute, menschliche Stimme o.ä.) zu verstehen, die beim Menschen typische emotionale Empfindungen auslöst. Das ist der Grund, warum wir beispielsweise die Vokalisationen balzender Katzen als ‚gequält' und die Vokalisationen einer bestimmten Eisvogelart (*Dacelo novaeguineae*) als ‚belustigt' interpretieren. Für die in Abb. 6.5 nicht eingezeichnete Projektion der Haarsinneszellen des rechten Ohres würde sich ein spiegelverkehrtes Bild ergeben. Es ist zu erkennen, dass das neuronale Substrat bis zur Stufe der Vokalisation eine überkreuzte, paarige Anordnung mit der stammesgeschichtlich alten Dopplung (Ausfallsicherheit) aufweist. Die stammesgeschichtlich jüngeren kognitiven Leistungen des eigentlichen Sprachverstehens vollziehen sich frühestens in den Verarbeitungsschritten des primären auditorischen Kortex. Diese Verarbeitungsschritte sind hochspezialisiert, nicht mehr gedoppelt und auf beide Hemisphären verteilt.

Bestimmte Schädigungen der linken Hemisphäre führen somit zu einer neurogenen Sprachstörung (**Aphasie**, vgl. Kap. 7) und einer rechtsseitigen Körperlähmung (Hemiparese), während die gleiche Beeinträchtigung der homologen Hirnregion der rechten Hemisphäre zu keiner Sprachstörung, sondern zu anderen, im Alltag nicht so hervortretenden Störungen der Kognition und einer linksseitigen Körperlähmung führt. Weitere Beispiele für kognitive Leistungen der rechten Hemisphäre finden sich im Bereich der Raum- und Zeitorientierung, der Gesichtserkennung, der Verarbeitung komplexer Melodien sowie der Verarbeitung neuartiger Eindrücke. Für die höheren kognitiven Funktionen des Gehirns ergibt sich somit eine leichte anatomische Ungleichheit sowie eine Aufgabenteilung zwischen den beiden Hemisphären: die sogenannte **Lateralisation** des Gehirns.

6.3 Erfahrungen mit Split-Brain-Patienten

Die oben erwähnten Besonderheiten im Verlauf der Sehbahn, der Hörbahn, der sensomotorischen Steuerung der Gliedmaßen sowie der allgemeinen funktionellen Neuroanatomie des bilateralsymmetrischen Organs ‚Gehirn' werfen bestimmte Fragen auf. Beispielsweise: Wie eigenständig funktionieren die beiden Hemisphären? Existieren zwei neuronale Entscheidungsträger oder nur einer? Ist die sprachdominante Hemisphäre von größerer Bedeutung? Ist das Bewusstsein eine Leistung beider oder nur einer Hemisphäre?

Wie sich das neurokognitive Zusammenspiel von zwei spezialisierten Hemisphären exakt verhält, zeigt sich in den Experimenten mit sogenannten Split-Brain-Patienten. Seit den 1950er Jahren wurde bei bestimmten Epilepsie-Patienten die wichtigste Faserverbindung zwischen den beiden Großhirnhälften durchtrennt, um den schädigenden Einfluss der erkrankten Hemisphäre auf die gesunde Hemisphäre zu unterbinden. Durchtrennt wurde der **Balken** (Corpus callosum), der beide Hemisphären über ca. 200 Millionen Fasern miteinander verbindet (vgl. Abb. 6.2). Die vollständige operative Durchtrennung des Balkens (Callosotomie oder Split-Brain-Operation) wird seit einiger Zeit so nicht mehr praktiziert, seit den 1960er Jahren sind jedoch eine Vielzahl von neuropsychologischen Versuchen mit Split-Brain-Patienten durchgeführt worden (Springer & Deutsch 1998; Gazzaniga 2005; Gazzaniga et al. 2009).

Benennexperimente mit Split-Brain-Patienten
In der typischen Versuchsanordnung (s. Abb. 6.6) sitzt ein Split-Brain-Patient an einem Tisch vor einer großen Milchglasscheibe, so dass er die auf dem Tisch liegenden Gegenstände nicht sehen kann. Durch einen Spalt unterhalb der Milchglasscheibe ist es ihm jedoch möglich, die Gegenstände mit den Händen zu ertasten. Während der Patient auf einen Fixationspunkt in der Mitte der Mattscheibe schaut, werden nun für einen kurzen Augenblick (ca. 100 Millisekunden)

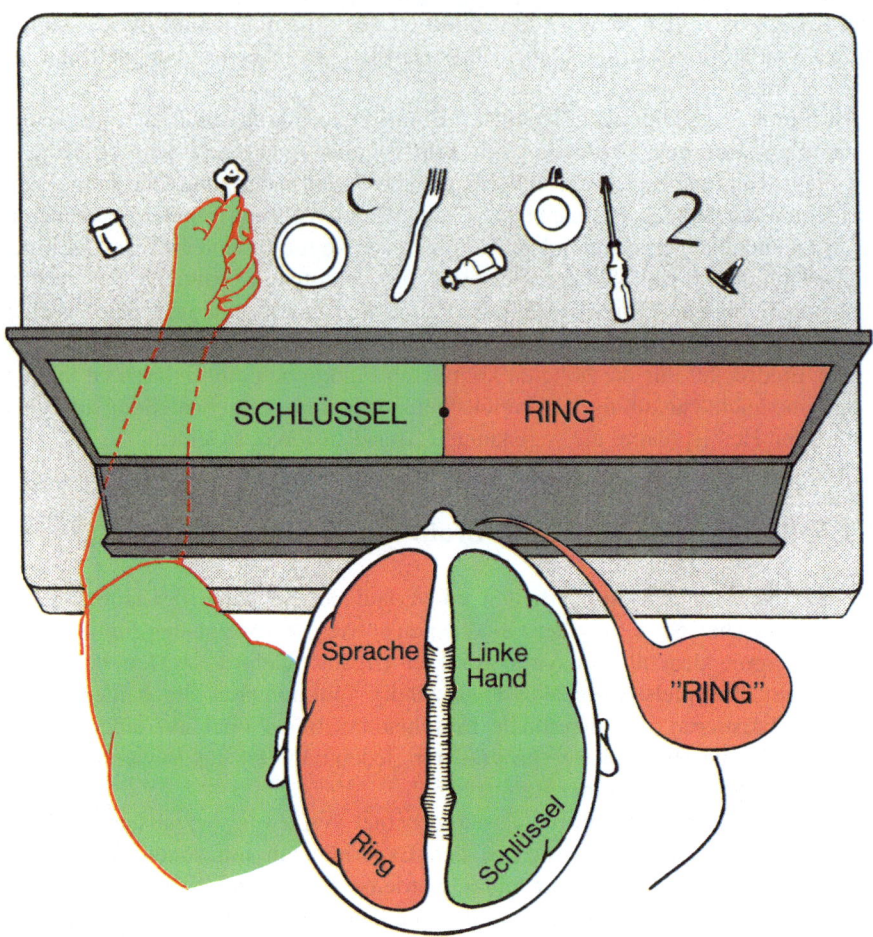

Abb. 6.6 Leseinstruktion und einhändiges Ertasten von Gegenständen bei einem Split-Brain-Patienten. Durch die spezielle Anordnung und die nur kurzzeitige Präsentation der beiden Wörter gelangt jedes Wort nur in die jeweils gegenüberliegende Hemisphäre. Der durchtrennte Balken reduziert die kortikale Kommunikation beider Hemisphären drastisch. Bewusst wahrgenommen und laut gelesen wird vom Patienten lediglich das Wort „Ring". Weitere Erläuterungen im Text. (Schmidt & Thews 1993, 158, verändert)

zeitgleich zwei Bilder von unterschiedlichen Objekten oder es werden zwei unterschiedliche Wörter auf die rechte bzw. linke Seite der Milchglasscheibe projiziert. Beispielsweise das Wort „Schlüssel" auf die linke und das Wort „Ring" auf die rechte Seite des Gesichtsfeldes.

Durch die Überkreuzung von jeweils 50 % der Fasern beider Augen in der Sehbahnkreuzung (Chiasma opticum) ergibt sich die Situation, dass die Bildinformation der linken Gesichtsfeldhälfte („Schlüssel") in der rechten Hemisphäre und die Information der rechten Gesichtsfeldhälfte („Ring") in der linken Hemisphäre verarbeitet wird (vgl. Abb. 6.3).

Dieser Informationsunterschied des Gesichtsfeldes wird beim gesunden Menschen in Sekundenbruchteilen durch Kommissurenfasern, insbesondere dem Balken ausgeglichen. Bei einem Split-Brain-Patienten ist dies jedoch nur stark eingeschränkt der Fall, da der Balken, der die Hauptverbindung zwischen beiden Gehirnhälften darstellt, durchtrennt ist: Das gelesene „Schlüssel" verbleibt in der rechten und das gelesene „Ring" verbleibt in der linken Hemisphäre. Wird der Split-Brain-Patient nun gefragt, was er gesehen hat, so wird er mit „Ring" antworten und erklären, dass er lediglich ein Wort, nämlich „Ring" gesehen hat.

Im zweiten Schritt des Versuchs soll der Split-Brain-Patient nun das entsprechende Objekt aus einer Reihe von Objekten aussuchen, die sich auf dem Tisch befinden (verdeckt durch die Milchglasscheibe). Wird der Patient aufgefordert, das entsprechende Objekt zum zuvor gelesenen Wort mit der linken Hand zu ertasten, so wählt er in diesem Fall den Schlüssel – und wundert sich darüber, da er vorgibt eigentlich den Ring gesucht zu haben. Wählt der Patient das Objekt hingegen mit der rechten Hand wird der Ring ausgesucht, was mit der Erwartung des Patienten übereinstimmt. Da die linke Hand von der rechten Hemisphäre motorisch und sensorisch versorgt wird, hat die linke, sprachdominante Hemisphäre keinen Zugriff auf die Auswahl und die rechte Hemisphäre bestimmt ‚richtigerweise' den Schlüssel als das zuvor Gelesene – zur eigenen Überraschung des Patienten.

Das in solchen Laborsituationen teilweise unabhängige Agieren der beiden Hemisphären ist für das Objektsehen, das Lesen, das Riechen und das Ertasten mit Händen und Füßen nachgewiesen. Auch wenn die in dieser Testsituation wahrgenommenen Objekte nachfolgend gezeichnet werden sollen, so zeichnet in oberem Beispiel der Patient mit der linken Hand einen Schlüssel und mit der rechten Hand einen Ring. Auch in diesem Fall wäre der Patient über den gezeichneten Schlüssel selbst verwundert. Im Alltag verhalten sich Split-Brain-Patienten jedoch unauffällig und die Durchtrennung des Balkens verursacht keine sofort wahrnehmbaren Beeinträchtigungen (Gazzaniga 2005; Birbaumer & Schmidt 2010).

Bedeutung für die Sprachverarbeitung
Für die höheren kognitiven Prozesse, zu denen auch die Sprachfähigkeit gehört, sind beide Hemisphären in unterschiedlicher Weise verantwortlich. Es existiert eine Aufgabenverteilung im Rahmen einer komplementären Spezialisierung, wobei die sogenannte dominante Hemisphäre (zumeist die linke) jedoch für Außenstehende stärker wahrnehmbar zur Versprachlichung und wahrnehmbaren sozialen Interaktion beiträgt. Die Rolle der rechten Hemisphäre an der Bewusstseins- und Persönlichkeitsbildung eines Menschen darf aber nicht unterschätzt werden, zumal sie beispielsweise nicht nur bei der räumlichen Orientierung, bestimmten Gedächtnisprozessen, der Gesichtserkennung usw., sondern auch bei der Analyse figurativer Sprache (Metaphernanalyse), dem Erkennen der

Akzentuierung oder betonungsmäßigen Bedeutungsanalyse sowie der Musikalität maßgeblich beteiligt ist. Weiterhin konnte mit bildgebenden Verfahren gezeigt werden, dass von Geburt an gehörlose Gebärdensprecher die rechte Hemisphäre bei der sprachlichen Verständigung durchaus mit einbeziehen, was u. a. an der zeitlich-räumlichen Dynamik des sogenannten Gebärdenraumes liegt. Darüber hinausgehend gibt es auch berechtigte Zweifel an der Vorstellung einer strikten Aufgabentrennung und dem zutiefst menschlichen ‚Wunsch' nach einer geordneten Lokalisierung von Funktionen in entweder der linken oder der rechten Hemisphäre.

Dabei verwundert die grundsätzliche Aufgabenverteilung, die Spezialisierung der beiden Großhirnhälften auf unterschiedliche kognitive Teilprozesse zunächst nicht. Sie ist der Preis für die enorme Leistungssteigerung, die die menschliche Großhirnrinde seit der stammesgeschichtlichen Trennung von der Linie der Menschenaffen vor etwa acht Millionen Jahren erfahren hat. In einer vergleichsweise kurzen Entwicklungszeit ist das menschliche Gehirn um viele kognitive Leistungen erweitert worden. Es fällt jedoch auf, dass die Fähigkeit zu feinmotorischen Höchstleistungen sowie die serielle Planung von aufeinanderfolgenden Bewegungsabläufen der rechten Hand sehr große Ähnlichkeiten zur seriellen Planung von morpho-syntaktischen Abläufen der Sprachfunktion haben. Die sensomotorischen Anforderungen von komplexer Handlungsplanung in der Zeit sowie von komplexer Sprachplanung sind durchaus ähnlich. Daher wird für die Evolution der Sprache davon ausgegangen, dass insbesondere der **Werkzeuggebrauch** und die mehrstufige Herstellung von komplizierten Steinwerkzeugen für eine bestimmte, in der Zukunft liegende Aufgabe, genau diejenigen Fähigkeiten erforderlich machte, die auch für den Gebrauch von Sprache notwendig sind. Ist ein Individuum beispielsweise in der Lage für eine anstehende Jagd einen geeigneten Stein zu finden, ihn in vielen aufeinander aufbauenden Teilschritten zu bearbeiten und ihn als Steinmesser mitzuführen, um bei einem Jagderfolg ein erbeutetes Tier zerlegen zu können, dann könnte es auch über die seriellen Prozesse der Sprachplanung verfügen. Die Rolle der Händigkeit und des Werkzeuggebrauchs hat daher auch für die Diskussion um die stammesgeschichtliche Entstehung der Sprache eine besondere Bedeutung (z. B. Corballis 2003; McNeill 2012; Stout & Chaminade 2012). Die prinzipiell ähnlichen Anforderungen an zeitlich und inhaltlich aufeinander aufbauende Planungsschritte lassen sich mit einem plausiblen kortikalen Netzwerk belegen (s. Abb. 6.7). Auch wenn die Ursachen für die beim Menschen vorherrschende Rechtshändigkeit nach wie vor unbekannt sind, so ist in der Evolution des Menschen das Zusammenspiel von Rechtshändigkeit, der Fähigkeit materielle Werkzeuge für die Umweltinteraktion zu planen und der Fähigkeit mentale Werkzeuge für die eigene Kognition zu entwickeln (Sprache) nicht zu übersehen. Über die Analyse der zugrunde liegenden funktionellen Neuroanatomie dieser drei miteinander korrelierenden Phänomene wird versucht, die jeweilige Ursachenfrage und das Wirkungsgefüge freizulegen. Aus diesem Grund sind diese scheinbar zunächst zusammenhanglosen Fähigkeiten so wichtig für die Frage nach dem Ursprung und der Ausbildung der menschlichen Sprachfähigkeit.

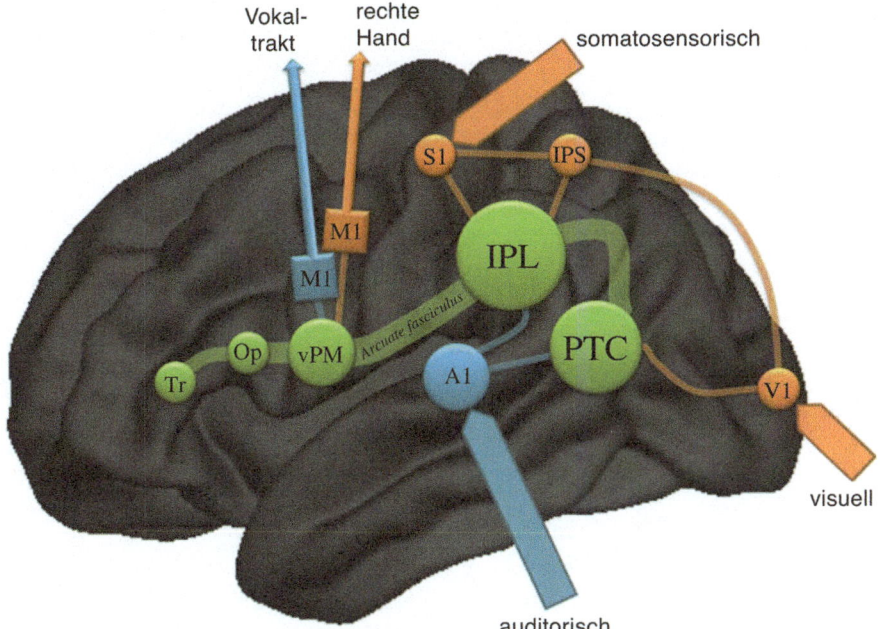

Abb. 6.7 Schematische Darstellung des kortikalen Netzwerks, das sowohl an Sprachprozessen als auch am Werkzeuggebrauch beteiligt ist. Ausschließlich sprachlich sind der primäre auditorische Kortex (A1) sowie der für den Vokaltrakt zuständige Bereich des primären Motorkortex (M1). Ausschließlich für den Werkzeuggebrauch sind die Bereiche V1 (primäre Sehrinde), IPS (Teil des dorsalen Pfades, vgl. Abb. 3.2), S. 1 (primärer somatosensorischer Kortex) und der für die rechte Hand zuständige Bereich des primären Motorkortex (M1) verantwortlich. An beiden Prozessen beteiligt ist ein Verarbeitungsstrang ausgehend vom posterioren Temporalkortex (PTC) über den Lobulus parietalis inferior (IPL), den Fasern des Fasciculus arcuatus, des ventralen prämotorischen Kortex (vPM), des Pars opercularis (Op) sowie des Pars triangularis (Tr). Das gesamte Netzwerk ermöglicht somit eine Verbindung zwischen der Sprachfähigkeit und der Fähigkeit zum Werkzeuggebrauch. (Stout & Chaminade 2012, 77, verändert)

7 Erworbene Sprachstörungen durch Hirnschädigung

Wenn Gehirngewebe beispielsweise durch einen Schlaganfall, durch eine Kopfverletzung oder eine Tumorerkrankung geschädigt wird, kommt es zu mehr oder weniger umfangreichen Störungen der normalen Hirnfunktion. Werden bestimmte Gehirnregionen der sprachdominanten Hemisphäre beeinträchtigt, kann es zu Störungen der Sprachfähigkeit kommen. Einzelne Teilleistungen – wie die Sprachproduktion, die Sprachrezeption und/oder die Fähigkeit zu Lesen und Schreiben – können dann in einem unterschiedlichen Ausmaß betroffen sein. In gleicher Weise können auch von Geburt an gehörlose Gebärdensprecher eine Aphasie erleiden und eine neurogene Beeinträchtigung der Gebärdensprache aufweisen (Goldberg & Hillis, 2022). Die Ursachen für eine solche Hirnschädigung sind vielfältig (Berlit 2014), beispielsweise kann Hirngewebe durch einen Verkehrsunfall oder eine andere massive Gewalteinwirkung auf den Kopf mechanisch zerstört werden (Schädel-Hirn-Trauma). Aber auch ein stumpfer Schlag auf den Schädel (Schädelprellung) kann zu einem Gefäßriss und zu einer Hirnblutung bzw. Subarachnoidalblutung führen, die in der Folge eine Schädigung des Hirngewebes verursacht. Ebenso ist es möglich, dass z. B. durch die Verengung (Stenose) oder Verstopfung eines Blutgefäßes ein größerer Bereich des Gehirns nicht mehr mit Blut versorgt werden kann und in der Folge abstirbt (cerebrale Ischämie, Hirninfarkt). In allen diesen Beispielen kann es durch die Schädigung von Gehirnregionen zu Störungen der Sprachfähigkeit kommen, die man als **Aphasie** bzw. neurogene Sprachstörung bezeichnet. Bei einer Aphasie ist die Fähigkeit zu sprechen nicht in der Peripherie gestört – also weder durch einen Hörverlust, noch durch eine mechanische Beeinträchtigung der Zunge oder durch den Verlust der Stimmbänder – sondern durch eine Schädigung von an der Sprachfähigkeit beteiligten Regionen im Gehirn beeinträchtigt.

7.1 Die Anfälligkeit der Sprachfähigkeit: Ursachen von Aphasie

Der Schlaganfall
Umgangssprachlich als Schlaganfall werden zwei unterschiedliche Ursachen zusammengefasst, die zu einer schlagartig oder innerhalb von wenigen Stunden auftretenden Funktionsstörung im Gehirn führen: 1.) eine plötzliche oder innerhalb kurzer Zeit auftretende Durchblutungsstörung im Gehirn (ischämischer Insult), die Nervenzellen in ihrer Funktion beeinträchtigt oder gar absterben lässt oder 2.) ein spontaner Gefäßriss im Gehirn mit einer nachfolgenden Hirnblutung (hämorrhagischer Insult), die Nervengewebe aufgrund eines raumfordernden Prozesses (Schwellung, Einblutung) und einer Gewebeschädigung stark in der Funktion beeinträchtigt. Häufig kommt es durch den Schlaganfall zu Lähmungen und/oder zur Gefühllosigkeit in Körperteilen, zu Sehstörungen oder zu Sprachstörungen. Derartige neurologische Beeinträchtigungen können unterschiedliche Ausprägungen haben und sind in ihrer Art und in ihrem Ausmaß davon abhängig, in welchem Bereich des Gehirns die Funktionsstörung auftritt. Etwa 20 % der Menschen über 65 Jahren erleiden einen Schlaganfall, was für Deutschland eine Zahl von etwa 260.000 neuen Schlaganfallerkrankten pro Jahr bedeutet. Etwa 700.000 Menschen in Deutschland leben mit den Folgen eines Schlaganfalls (Hacke 2019). Vergleichsweise selten, mit mindestens 300 bis 500 Fällen pro Jahr erleiden auch Kinder einen Schlaganfall. Da sie zu etwa 30 % vorgeburtlich bzw. bei Frühgeborenen auftreten, bleiben sie häufig unentdeckt (Reilly & Pulse 2019; Schindelmeiser 2020). Bei Kleinkindern/Schulkindern mit einer Aphasie stellt die individuelle Intervention in Abhängigkeit vom Alter (Hirnreifung und Sprachentwicklung) besondere Anforderungen an die Sprachtherapie. Auch wenn die meisten Patienten mit einer Aphasie älter als 65 Jahre sind, so können durchaus auch Menschen um die 40 Jahre betroffen sein. Sie bilden die Gruppe der sogenannten ‚jungen Aphasiker'.

Zusammenfassend lässt sich sagen, dass der Schlaganfall eine der Hauptursachen für erworbene Hirnfunktionsstörungen ist, gefolgt von weiteren Ursachen wie Kopfverletzungen (Schädel-Hirn-Trauma) oder Tumorerkrankungen des Gehirns. Von den Überlebenden eines Schlaganfalls genesen etwa 40 % vollständig, 30 % sind berufsunfähig (Aphasie, Lähmungen) und 30 % sind als Pflegefall einzustufen (Schindelmeiser 2020). Der Bedarf an sprachtherapeutischer Intervention ist dementsprechend sehr hoch.

Infarzierungsschwelle
Eine normale Versorgung des Gehirns (Cerebrum) ist gewährleistet, wenn der **cerebrale Blutfluss** (CBF) etwa 60 bis 80 Milliliter Blut pro 100 Gramm Hirngewebe und Minute beträgt. Um den notwendigen Gas- und Stoffaustausch für die Nervenzellen sicherzustellen, werden über das Gefäßsystem des Gehirns somit täglich etwa 1200 Liter Blut transportiert (Hacke 2019). Da die normale Hirnfunktion von einer ausreichenden Hirndurchblutung abhängig ist (Funktionsschwelle), kommt es je nach Ort und Umfang einer Durchblutungsstörung zu

selektiven Beeinträchtigungen oder gar zu drastischen Konsequenzen für den gesamten Organismus (Bewusstlosigkeit, Koma). Sinkt die mittlere Blutversorgung des Gehirns unter den kritischen Wert von 8 bis 20 Milliliter Blut pro 100 Gramm Hirngewebe pro Minute (**Infarzierungsschwelle**), so kommt es in den betroffenen Gehirnregionen zu funktionellen Ausfällen (Mattle 2000). Die Ausfälle können durch neuropsychologische Tests nachgewiesen werden, sie sind häufig jedoch durchaus auch im Alltagsverhalten der betroffenen Person feststellbar. Bleibt eine solche unterschwellige Blutversorgung (**Ischämie**) über mehrere Minuten oder gar Stunden erhalten, kommt es zu irreparablen Schäden des betroffenen Gehirngewebes.

Da das Hirnparenchym keine Sauerstoff- oder Glukosevorräte aufweist, führt eine Durchblutungsunterbrechung bereits nach wenigen Sekunden zu Beeinträchtigungen, die im EEG sichtbar sind. Nach 60 Sekunden befindet sich kein molekularer Sauerstoff mehr in der grauen Substanz und nach drei bis vier Minuten ist die freie Glukose aufgebraucht (Hacke 2019; Berlit 2020). Dabei werden die Nervenzellen nicht nur durch die fehlende Sauerstoffversorgung, sondern auch durch nicht abgeführte Stoffwechselprodukte (Metaboliten) geschädigt. Im Gewebe kommt es zu physiologischen Prozessen, deren Folgeprodukte wie Zellgifte wirken. Durch die Unterversorgung schwinden die energiereichen Substrate, das energieliefernde Adenosintriphosphat (ATP) wird aufgebraucht, durch die anaerobe Glykolyse entsteht Laktat und die normalen Wasser- und Ionengleichgewichte des Hirngewebes können nicht mehr aufrechterhalten werden. Kalium- und Natriumionen strömen in die Zellen ein und freigesetzte exzitatorische Transmitter (z. B. Glutamat) sowie freie Radikale, Leukotriene u. a. Stoffe zerstören die Nervenzellen (Hacke 2019; Mattle 2000; Berlit 2020). Das von der Versorgung nachhaltig abgeschnittene Hirngewebe, die sogenannte Kernzone stirbt ab (Nekrose). Weiterhin geht eine nachfolgende Heilung solcher ischämischer Nekroseherde mit einer Narben- und ggf. Zystenbildung einher, die ihrerseits für weitere Funktionsstörungen des verbleibenden Hirngewebes sorgen können.

Die Nervenzellen des lediglich unzureichend versorgten Umgebungsgewebes sind zwar in ihrer Funktion gestört, bleiben jedoch zunächst lebensfähig. Dieser unscharfe Gehirnbereich von Hirngewebe mit einer eingeschränkten Versorgung, der für einige Zeit zwischen der Funktions- und der Infarzierungsschwelle schwankt und sich in der unmittelbaren Umgebung der Kernzone befindet, heißt **Penumbra** oder ischämischer Halbschatten (s. Abb. 7.1).

Der Erhalt der Nervenzellen in der Penumbra ist das klinische Ziel in der Behandlung, der Kernbereich ist nach nur wenigen Minuten nicht mehr zu retten. Kann die Ursache für die mangelhafte Versorgung der Nervenzellen im Bereich der Penumbra innerhalb von 20 bis 30 Minuten durch medizinische Hilfe beseitigt werden, können diese Nervenzellen wieder vollständig regenerieren und in der Folge wieder ihre ursprünglichen Funktionen aufnehmen. Auch können sie u. U. zu einem späteren Zeitpunkt Funktionen von dann nicht mehr vorhandenen Nervenzellen der dauerhaft geschädigten Kernzone übernehmen. Das ist einer der Gründe, warum die aphasische Störung unmittelbar nach einem Schlag-

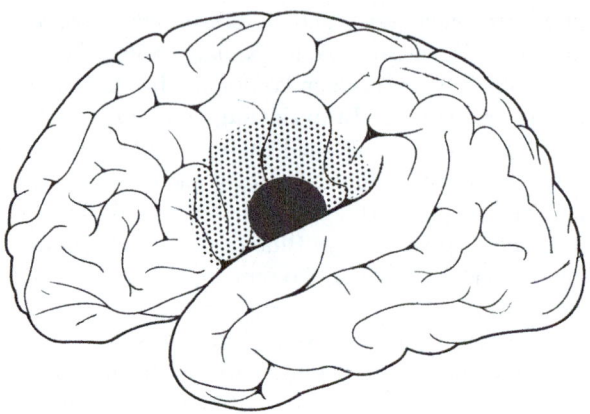

Abb. 7.1 Schematische Darstellung der Infarkt-Kernzone (zentrale Nekrosezone) einer räumlich begrenzten (fokalen) Ischämie (schwarz) mit einer komplett unterbrochenen Blutzufuhr (nach Mattle 2008). Die Neuronen in diesem Bereich sind nach fünf bis zehn Minuten irreparabel geschädigt. Der Bereich um die Kernzone (gepunktet) wird Penumbra oder ischämischer Halbschatten genannt. Die Penumbra wird unzureichend versorgt, kann jedoch bei rechtzeitiger Behandlung und Wiederherstellung der Blutversorgung die volle Funktionsfähigkeit nach einiger Zeit wieder erreichen.

anfall zunächst sehr stark (Akutphase), einige Wochen später vergleichsweise schwächer ausgeprägt sein kann (**Spontanremission**). Nach der medizinischen Beseitigung der Schlaganfallursache kann es in einem geringen Maße zu einer Wiederherstellung der Nervenzellen (**Restitution**) oder zu einer Funktionsübernahme durch andere, jedoch funktionell ähnlich agierende Nervenzellen kommen (**Substitution**). Anhand umfangreicher fMRT-Studien zur funktionellen Reorganisation zur Wiederherstellung von Sprachbeeinträchtigungen bei Aphasiepatienten wird davon ausgegangen, dass sowohl benachbarte Neuronenverbände als auch Neuronen der homologen Regionen der rechten Hemisphäre gewissermaßen als Reserve in die Sprachfunktion eingebunden (substituiert) werden (Li et al., 2022). Auch mit elektrophysiologischen Verfahren lassen sich solche Substitutionen nachweisen (Johnson & Fridriksson 2022).

Um das Absterben unterversorgter Nervenzellen nach einem Schlaganfall zu verhindern, ist es sehr wichtig, die Patienten schnellstmöglich (idealerweise innerhalb von 30 Minuten) entsprechend medizinisch zu versorgen – z. B. in einer auf Schlaganfallerkrankungen spezialisierten *Stroke Unit* eines Krankenhauses. Allgemein gilt hier der Grundsatz ‚Zeit ist Gehirn'.

Die Hirnblutung

Spontane Hirnblutungen, z. B. durch einen Riss der Gefäßwand sind für 10 bis 15 % aller Schlaganfälle verantwortlich. Überschreitet die Menge des austretenden Blutes 100 Milliliter, so sterben 90 % der Patienten (Hacke 2019). Stärkere Spontanblutungen im Hirnstamm bewirken ein sofortiges Koma, Blutungen im

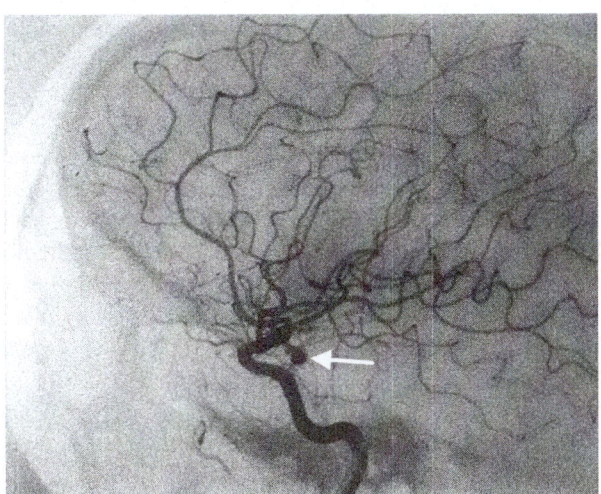

Abb. 7.2 Mit einem Kontrastmittel in der Angiographie sichtbar gemachter Teil des Gefäßsystems der linken Hemisphäre. Deutlich zu sehen ist eine Gefäßmissbildung (Pfeil) in Form einer sackförmigen Ausstülpung (Aneurysma) an der Arteria comunicans posterior. (Poeck & Hacke 2006, 272)

Kleinhirn oder in den Basalganglien verursachen Schwindel, Kopfschmerzen und Erbrechen. Häufig sind bei Blutungen auch Koordinationsstörungen der Motorik (**Ataxien**) und Halbseitenlähmungen des Körpers (**Hemiparesen**) zu beobachten.

Hauptursachen für spontane Hirnblutungen sind Bluthochdruck (Hypertonus) und Gefäßkrankheiten, bei denen es durch Ablagerung von pathologischen Eiweißen zu krankhaften Gefäßwandveränderungen kommt (**Amyloidangiopathie**). Gerade in Verbindung mit Bluthochdruck, Diabetes oder bestimmten Medikamenten bzw. Drogen können solche Gefäßwände aufreißen, die durch die Ablagerungen (Plaques) nicht mehr ausreichend flexibel sind (Arteriosklerose).

Weiterhin können auch angeborene, durch eine Entwicklungsstörung verursachte Gewebeschwächen der Hirngefäßwände zu sackartigen Ausstülpungen in den Gefäßen führen (sogenannte Aneurysmen), die vor allem jenseits des vierten Lebensjahrzehnts aufreißen und so zu Hirnblutungen führen können (s. Abb. 7.2). Man kann davon ausgehen, dass etwa fünf Prozent aller Menschen im Gefäßsystem des Körpers irgendeine Form von **Aneurysma** aufweisen. Allerdings erleben nur 10 bis 15 von 100.000 Menschen eine Hirnblutung durch die Ruptur eines Aneurysmas (Berlit 2014).

7.2 Formen der Aphasie

Kommt es zu einer umfassenden Zerstörung von Nervenzellen in bestimmten Regionen der sogenannten sprachdominanten Hemisphäre, so gehen damit Beeinträchtigungen des Sprachverstehens, der Sprachproduktion, des Lesens und

Schreibens einher. Von den etwa 260.000 Schlaganfallpatienten in Deutschland erleiden jährlich etwa 50.000 Menschen eine Aphasie. Je nach Ausmaß und Art der betroffenen Gehirnregion stellen sich die individuellen Störungsbilder unterschiedlich dar.

Das Gehirn ist ein komplexes Organ mit einem vergleichsweise hohen Stoffwechsel, das hohe Anforderungen an das Versorgungssystem stellt – und zwar unabhängig davon, ob wir schlafen oder höchstkonzentriert nachdenken. Bei körperlicher Ruhe verbraucht das Gehirn etwa 20 % des im gesamten Körper verbrauchten Sauerstoffs, obwohl das Gehirn im Durchschnitt nur etwa 1,2 kg (Frauen) bzw. 1,4 kg (Männer) wiegt (Hartmann et al. 1994) und nur etwa ein Fünfzigstel des Körpergewichts ausmacht. Die Versorgung geschieht über ein umfangreiches Gefäßsystem mit einer leistungsstarken Blutversorgung. Die für die Sprachfunktionen wichtigen Bereiche des Gehirns werden von der mittleren Gehirnarterie (Arteria cerebri media, ACM) versorgt, die einen Ast der Arteria carotis interna (ACI) darstellt. Ein linksseitiger Media-Infarkt, d. h. eine Blockade oder ein Riss der linken mittleren Gehirnarterie (Arteria cerebri media, ACM) führt daher zu einer Sprachbeeinträchtigung und zu einer rechtsseitigen Hemiparese der Gliedmaßen. Je nachdem welche Unteräste der ACM durch Verstopfung (Blutgerinsel), Verengung (Plaques) oder durch einen Gefäßriss (Aneurysma) betroffen sind, werden unterschiedliche Gehirnregionen vom Stoffwechsel ausgeschlossen, was wiederum zu unterschiedlichen Störungsbildern führt. In den ersten vier bis sechs Wochen nach einem Schlaganfall, in der sogenannten **Akutphase**, fluktuiert das Störungsbild zunächst. Erst nach der Akutphase bildet sich ein stabiles Störungsbild aus, dass dann meistens auch einer Aphasieform zugeordnet werden kann. Weiterhin sind die Beeinträchtigungen in der Akutphase zumeist viel stärker als in der nachfolgenden **Postakutphase**, da es in etwa 30 % der Fälle zu einer Spontanremission kommt. Bereits in der Akutphase muss jedoch die Sprachtherapie einsetzen, nicht nur um die verbliebene Sprachfähigkeit zu steigern, sondern auch um eine ggf. sonst eintretende Verschlechterung zu verhindern (Nobis-Bosch et al. 2012). Am Ende der Akutphase zeigen etwa 20 % der Patienten eine globale Aphasie, etwa 15 % eine Broca-Aphasie, etwa 15 % eine Wernicke-Aphasie und etwa 30 % eine amnestische Aphasie. Jedoch lassen sich die Störungsbilder von etwa 20 % der Betroffenen nicht eindeutig einem dieser nachfolgend näher erklärten vier Standardsyndrome der Aphasien zuordnen (Huber et al. 2006; Rickheit et al. 2009; Schneider et al. 2021; Blumstein 2022; Hillis & Fridriksson 2022).

Die globale Aphasie
Bei der globalen Aphasie handelt es sich um die schwerste Form der neurogenen Sprachstörungen, sie tritt z. B. nach einem kompletten Verschluss der mittleren Gehirnarterie (Arteria cerebri media) auf. Sowohl das Verstehen als auch die Äußerung von Sprache ist massiv gestört und kann bis zum völligen Verlust der Sprache reichen (**Mutismus**). Auch die Lese- und Schreibfähigkeit ist zumeist stark betroffen. Typisch für eine globale Aphasie sind Patienten, deren sprachliche Fähigkeiten sich auf immer wiederkehrende kurze Äußerungen beschränken,

die aus einzelnen Wörtern (z. B. „*ja*" oder „*nein*"), aus kurzen Phrasen (z. B. „*haben wir, haben wir...*") oder lediglich aus stereotyp wiederholten Silbenfolgen bestehen (z. B. „dilsildilsildilsi"). Da diese Äußerungen zumeist ausschließlich vorkommen und keinen Bezug zum Gespräch haben, werden sie **Sprachautomatismen** genannt. Häufig werden von den Betroffenen zur Unterstützung der beabsichtigten Mitteilung, verstärkt Gesten des linken Armes in Verbindung mit einer überdeutlichen Mimik eingesetzt. Auch die Möglichkeit über eine Modulation von Lautstärke, Sprechgeschwindigkeit und Prosodie der ständig wiederholten Sprachautomatismen zu kommunizieren, wird von den Patienten genutzt. So können selbst stets ausschließlich wiederholte Silbenfolgen kommunikativ genutzt werden, um beispielsweise auf eine sehr einfache Frage über die Intonation mit einer entschiedenen Verneinung, einem Abwägen oder einem klaren Bejahen zu antworten. Da bei einer globalen Aphasie auch das Sprachverstehen schwer gestört ist, können die Betroffenen häufig nur sehr einfachen Fragen oder Aufforderungen folgen. Der allgemeine Geisteszustand eines Patienten mit einer globalen Aphasie muss jedoch nicht beeinträchtigt sein, da es sich durchaus um eine überwiegend sprachspezifische Störung handeln kann. Andere, damit einhergehende Beeinträchtigungen sind im Alltag viel weniger auffällig oder vom Patienten besser kompensierbar. Ohne die Möglichkeit einer sprachlichen Kommunikation laufen Patienten mit einer globalen Aphasie jedoch stets Gefahr, von Mitmenschen im Alltag irrtümlich als geistesschwach eingestuft zu werden. Die meisten Patienten erleben die Unfähigkeit zur sprachlichen Kommunikation sehr bewusst und geraten dadurch zusätzlich in eine schwere Depression. Im Alltag ist das nichtsprachliche Verhalten, die Persönlichkeitsstruktur, das Problemlöseverhalten sowie die Planung und Strukturierung des Tagesablaufs zumeist unauffällig.

Die Broca-Aphasie
Eine Broca-Aphasie liegt vor, wenn Hirngewebe im seitlichen Frontallappen, genauer gesagt im Pars triangularis des Gyrus frontalis inferior (BA 45) der sprachdominanten Hemisphäre, betroffen ist. Die Bezeichnung leitet sich vom Nachnamen des französischen Neurologen Pierre Paul Broca ab, der im Jahre 1861 das Gehirnpräparat eines seiner Patienten (**Monsieur Tan**) untersuchte, der zu Lebzeiten eine schwere Beeinträchtigung der Sprachverwendung erlitten hatte eine und nur noch Aneinanderreihungen der Silbe „tan" äußerte. Paul Broca hatte eine Gewebezerstörung im Gyrus frontalis festgestellt und für den Sprachverlust verantwortlich gemacht, weshalb man diesen Hirnbereich später als Broca-Region (BA 44 und 45) bezeichnet hat.

Typisch für einen Patienten mit einer Broca-Aphasie sind unflüssige und stockende Äußerungen, die von massiven Wortfindungsstörungen begleitet sind. Aus diesem Grund müssen von den Betroffenen viele Begriffe sprachlich umschrieben, durch Mimik und Gestik unterstützt oder gar durch kurze Handlungssequenzen ersetzt werden. Die Betroffenen sprechen langsam und wirken angestrengt (s. Abb. 7.3).

T: Sie haben mir mal erzählt, dass Sie früher gerne getöpfert haben. Was hat Ihnen denn daran so gefallen?

P: Früher töpfern/
Ich hab immer den hier Küche/ Tisch hier vorbereitet/ und so weiter/
und den Ton/
und dann ... und dann muss ich erst mal ähm str-streichen alles mögliche/
in den Topf den den T-Ton ja/ und so weiter/
und äh gucken/ ob das richtig war/
vielleicht Fe-Fehler/
schwierig zu sagen/

T: Das musste ausgerollt werden, der Ton?

P: Ja. Und dann kommt/
und dann muss ich noch gucken/
ob das vielleicht noch 'n/ noch 'n hm/
Ich hab so 'n Stab hier/
und dann guck erst mal den de Fehler erst mal schnell/
und dann nochmal äh rollen/

T: Und was haben Sie damit hergestellt, aus dem Ton?

P: Oh Bilder oder oder äh Blu-Blumenstauß, also Vase/ und so weiter ne/
oder hm Haustür/
diese m ähm hab ich da gemacht äh Enten und/ und so weiter/ alles
zusammen hm/ hm/
und ähm Blumen/ Blumen nicht/
ähm Baum gearbeitet gearbeitet/ und so weiter/
oder eine Uhr/

T: Und kam da auch ein Uhrwerk rein?

P: Ja/ muss ich erst mal kaufen/

Abb. 7.3 Sprachbeispiel einer 46-jährigen Patientin (P) mit einer leichten Broca-Aphasie im Dialog mit der Therapeutin (T). Typisch ist die einfache Sprache mit einfachen Sätzen. Es kommen höchstens nebengeordnete (Konjunktion „*und*") und keine untergeordneten Sätze vor, Verben werden im Infinitiv verwendet und es kommt zum stereotypen Gebrauch von Phrasen („*und so weiter*").

Die Störungen in der Beherrschung morpho-syntaktischer Regeln können dabei so stark sein, dass es kaum zu Äußerungen kommt, die den Satzbildungsregeln gehorchen und es bei agrammatischen Wortketten bleibt (**Agrammatismus**), die im Wesentlichen aus Nomen, Verben und Adjektiven bestehen. Da zudem Zielwörter häufig lautlich verändert werden, z. B. „Mabel" statt „Gabel" (**phonematische Paraphasie**), ist eine Verständigung nur schwer möglich. Das Sprachverständnis hingegen ist bei den Betroffenen sehr viel weniger beeinträchtigt, insbesondere bei verlangsamter Redegeschwindigkeit des Sprechers. Lediglich das Verstehen von komplexen Äußerungen, Passivkonstruktionen oder verschachtelten Sätzen ist stets beeinträchtigt. Die Betroffenen nehmen die große Diskrepanz zwischen den von ihnen beabsichtigten Sprechakten, der daraus folgenden Sprechplanung und der letztlich geleisteten Sprachäußerung zumeist sehr deutlich wahr und zeigen eine dementsprechende Frustration. Auch das Lesen und Schreiben kann stark betroffen sein. Mit einer Schädigung der Broca-Region geht oft auch eine Funktionsstörung der motorischen Gehirnareale in der linken Hemisphäre einher. Dies führt zu einer starken Bewegungseinschränkung des rechten Armes und Beines (Hemiparese), da die linke Hemisphäre motorisch die rechte Körperhälfte steuert. Diese Lähmung ist bei Broca-Aphasikern häufig sehr stark. Dennoch können sie ansonsten im nichtsprachlichen Alltag normal agieren, da es sich auch hier um eine eher sprachspezifische Beeinträchtigung handelt.

Die Wernicke-Aphasie
Eine Wernicke-Aphasie liegt vor, wenn Hirngewebe im hinteren Schläfenlappen, im Gyrus temporalis superior (BA 22 und 42) der sprachdominanten Hemisphäre betroffen ist (s. Abb. 7.4). Die Bezeichnung leitet sich vom Nachnamen des deutschen Neurologen Carl Wernicke ab, der im Jahre 1874 eine Arbeit über die ‚sensorische Aphasie' veröffentlichte. Typisch für eine Wernicke-Aphasie ist, dass das Sprachverstehen massiv gestört ist, während die Sprachproduktion auf den ersten Eindruck hin flüssig und fast überschießend wirkt. Bei diesen Patienten wirkt das Gesagte häufig etwas gehetzt, unpräzise und u. U. auch verwirrt. Bei genauer Betrachtung wird deutlich, dass die Äußerungen eines Patienten mit einer Wernicke-Aphasie zumeist gar keinen Bezug zu den zuvor gestellten Fragen oder Handlungsanweisungen haben. Der überschießende, leicht verwirrte Redefluss der Betroffenen wird durch häufige Satzabbrüche und durch Wortverwechslungen (**semantische Paraphasien**) verursacht, z. B. durch „Tisch" statt „Stuhl" oder „Messer" statt „Gabel". Mit den Betroffenen ist daher eine sprachliche Kommunikation nur sehr eingeschränkt, häufig sogar gar nicht möglich – obwohl sie sehr viel reden. Die Patienten selbst merken zudem häufig nicht, dass sie in ihren sprachlichen Fähigkeiten massiv beeinträchtigt sind, was zunächst zu einer Uneinsichtigkeit in Bezug auf die Sprachbeeinträchtigung führt. Auch die Fähigkeiten zu lesen und zu schreiben ist zumeist stark eingeschränkt.

Die amnestische Aphasie
Typisch für eine amnestische Aphasie sind vor allem vermehrte **Wortfindungsstörungen** bei einer ansonsten flüssigen Redeweise, die zumeist durch eine kleinflächigere Schädigung des Gehirns verursacht werden. Die Betroffenen suchen häufiger nach Wörtern, es werden Umschreibungen verwendet oder es kommt gar zu Satzabbrüchen. Zu grammatikalischen Abweichungen im Satzbau kommt

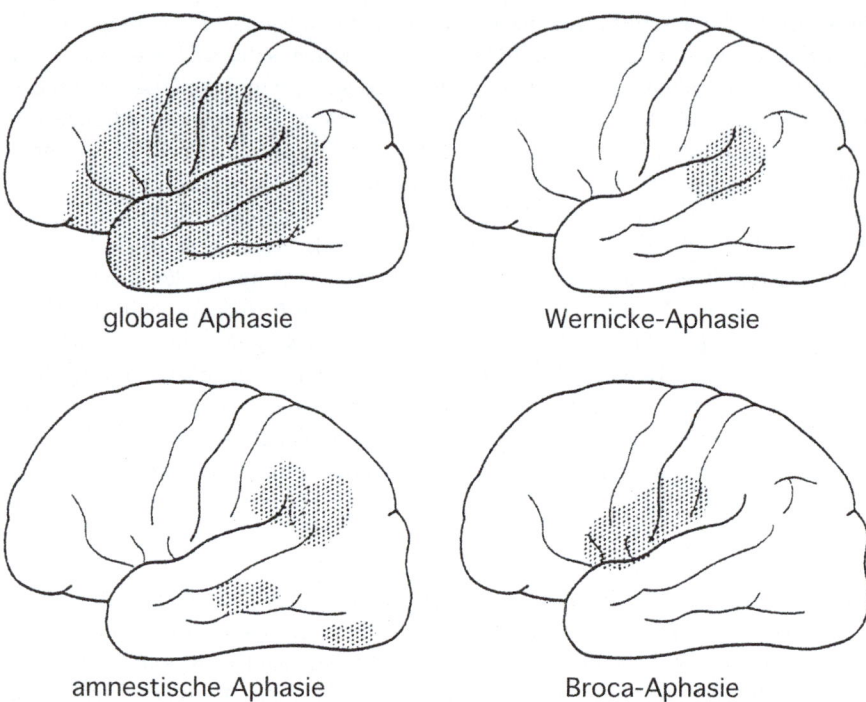

Abb. 7.4 Schematische Seitenansichten des Gehirns: Die vier Aphasie-Syndrome gehen häufig mit Beeinträchtigungen von Gewebe (schraffiert) in jeweils typischen Gehirnregionen einher. Die schraffierte Fläche bei der globalen Aphasie entspricht dem vollständigen Versorgungsgebiet der mittleren Gehirnarterie (Arteria cerebri media). (Tesak 2005, 44, verändert)

es kaum. Das Sprachverstehen ist lediglich bei komplexen Äußerungen beeinträchtigt und Defizite beim Lesen und Schreiben sind individuell unterschiedlich stark möglich. Im Vergleich der hier genannten vier Hauptsyndrome aphasischer Störungen lässt sich sagen, dass es sich bei der amnestischen Aphasie um die leichteste Störung handelt. Dennoch fällt ein unpräziser und von Umschreibungsstrategien bestimmter Sprachgebrauch auf, der einen inhaltlich tiefergehenden Dialog zumindest erschwert. Kommt es bei den zuvor genannten aphasischen Syndromen nach der Akutphase zu einer umfangreicheren Wiederherstellung der sprachlichen Leistungen, bleibt zumeist eine amnestische Aphasie nachweisbar (Restaphasie).

7.3 Diagnostik und Therapie aphasischer Störungen

Ist die Blutversorgung von Hirngewebe stark eingeschränkt (Hirninfarkt) oder ist es zu einer Hirnblutung gekommen, zählt jede Minute. Nur wenn medizinische Hilfe innerhalb der ersten 20 bis 30 Minuten nach Eintritt des Ereignisses

7.3 Diagnostik und Therapie aphasischer Störungen

erfolgt, sind die Bedingungen optimal. In der medizinischen Notfallbehandlung werden beispielsweise durch Blutgerinsel verursachte Gefäßblockaden über blutgerinnungshemmende/-lösende Medikamente oder durch mechanische Hilfsmittel beseitigt. Weiterhin werden Einblutungen und raumfordernde Prozesse im Gehirn neurochirurgisch gestoppt. In der **Akutphase** der Aphasie, die ca. vier bis sechs Wochen umfasst, werden neben den medizinischen Hilfen auch sprachtherapeutische Maßnahmen durchgeführt. Wie stark die sprachlichen Fähigkeiten in der Akutphase der Aphasie betroffen sind, kann z. B. mit dem 30 bis 40 Minuten dauernden Test BIAS A&R (Richter & Hielscher-Fastabend 2018) ermittelt werden, der u. a. das Sprachverständnis und die Spontansprache sowie das Lesesinnverständnis und das Schreiben nach Diktat testet. Von einer Aphasie betroffene Kinder können z. B. mit dem BIAS-K getestet werden (Hielscher-Fastabend & Richter 2022).

Es ist davon auszugehen, dass die zumeist starke Aphasie der Akutphase sich in den ersten Wochen verändert und abschwächt (**Spontanremission**). Die meisten Aphasiepatienten zeigen am Ende der Akutphase eine deutlich weniger eingeschränkte Sprachfähigkeit. In der Postakutphase der Aphasie, die bis etwa 12 Monate nach dem Ereignis reicht, kann das Ausmaß der aphasischen Beeinträchtigung z. B. mit dem **Aachener Aphasietest** (AAT) ermittelt werden, der aus sechs Untertests besteht und nach einer ein- bis zweistündigen Untersuchung eine Beurteilung der Sprachstörung erlaubt (Huber et al. 1983). Der AAT hat sich in Deutschland zum Standarddiagnoseverfahren etabliert und ist in mehrere andere Sprachen übersetzt worden. Bei der Testung wird zunächst die Spontansprache beurteilt, indem der Patient nach einem vorgegebenen Fragenkatalog interviewt wird. Zugrunde gelegt werden Befunde zum allgemeinen Kommunikationsverhalten, zur Artikulation und Prosodie bis zur syntaktischen Struktur der Äußerungen. Weitere Untertests widmen sich der Fähigkeit zum Nachsprechen, zum Benennen, der Aufmerksamkeitsspanne, dem Lesen und Schreiben sowie dem Sprachverständnis. Im deutschen Sprachraum ebenfalls häufig benutzt wird die **Aphasie-Check-Liste** (ACL), ein Aphasietest der in 30 bis 40 Minuten verlässliche Aussagen zur Leistung in allen sprachlichen Teilbereichen ermöglicht (Kalbe et al. 2002). Mit weiteren Testverfahren (z. B. dem ANELT) ist im Übergang von der Postakutphase zur chronischen Phase zudem die Diagnostik allgemein kommunikativer Kompetenzen möglich (Huber et al. 2006; Schneider et al. 2021; Blumstein 2022).

Bereits in der Akutphase der aphasischen Störung wird versucht über multimodale Stimulation und Deblockierung eine Wiederherstellung sprachlicher Fähigkeiten zu erreichen (Nobis-Bosch et al. 2012; Richter & Hielscher-Fastabend 2018). Der sofortige Beginn der Sprachtherapie hat einen sehr günstigen Einfluss auf das spätere, sich in der Postakutphase stabilisierende Niveau des aphasischen Störungsbildes. Selbst in der chronischen Phase der Aphasie profitieren die Patienten weiterhin von einer Sprachtherapie, insbesondere hinsichtlich des allgemeinen Kommunikationsverhaltens (Hillis & Fridriksson 2022). Logopäden, Sprachheiltherapeuten und Klinische Linguisten untersuchen zunächst das exakte Ausmaß der individuellen Sprachbeeinträchtigungen (Diagnostik) und therapieren dann gezielt die spezifischen Störungen der Patienten. Hierbei kann symptomorientiert oder modellorientiert vorgegangen werden (Rickheit et al. 2009). Insbesondere in der Klinischen Linguistik nimmt die **modellorientierte Aphasietherapie** (De Bleser et al. 2004; Lutz 2016) eine wichtige Rolle ein und schließt somit den Kreis zwischen neurowissenschaftlicher Grundlagenforschung, psycho-/neurolinguistischer Modellbildung und angewandter Linguistik (Berthier & Pulvermüller 2011; Cappa 2011). Modelle zur Sprachverarbeitung zeigen einen Weg zur Therapie von Sprachbeeinträchtigungen (vgl. Kap. 2) – und der Erfolg bzw. Misserfolg einer bestimmten modellorientierten Sprachtherapie unterstützt bzw. hinterfragt das jeweilige Modell (Tesak 2005). Klassische Beispiele für solche Modelle der Psycholinguistik sind etwa das Logogenmodell zur Wortverarbeitung (Morton 1969; Patterson 1988), das in einer erweiterten Form zur Prozessanalyse und Therapie aphasischer Störungen eingesetzt wird (De Bleser et al. 2004) sowie das Sprachproduktionsmodell von Levelt (1989) (vgl. Abb. 2.1). Abb. 7.5 veranschaulicht die nach dem **Logogenmodell** ablaufenden verschiedenen Routen der Wortverarbeitung, die das Worthören (Abb. 7.5, 1) oder das Wortlesen (Abb. 7.5, 2) betreffen. Im semantischen System (Abb. 7.5, 10) sind lediglich Wortbedeutungen und keine konkreten Wortformen gespeichert. Die Wortformen existieren schriftsprachlich anhand von Graphemen oder lautsprachlich z. B. anhand von Silben.

Trotz Spontanremission, Sprachtherapie und pharmakologischer Unterstützung kann die Wiederherstellung der sprachlichen Fähigkeiten bei vielen Aphasiepatienten nicht erreicht werden. Acht bis zwölf Monate nach dem Ereignis kommt es hinsichtlich der Sprachbeeinträchtigung zu einem chronischen Zustand. Aber auch in der **chronischen Phase** der Aphasie ist sprachtherapeutische Arbeit weiterhin sinnvoll. Einerseits müssen die wiedergewonnenen sprachlichen Restfähigkeiten aufrechterhalten und nachhaltig gefestigt werden, andererseits müssen Alltagsstrategien entwickelt werden, die einen möglichst effektiven Umgang mit den verbliebenen sprachlichen Fähigkeiten erlauben, um in konkreten Situationen die beabsichtigen Kommunikationsziele zu erreichen. Leichte aphasische Beeinträchtigungen, die sich etwa in Wortfindungsstörungen des Patienten äußern, können z. B. mit dem Bielefelder Wortfindungsscreening für leichte Aphasien (BIWOS) diagnostiziert werden (Benassi et al. 2012). Insbesondere leichte Benennstörungen, die als sogenannte Restaphasie bei einigen Patienten nach der Postakutphase auftreten (Jaecks 2014), können so eindeutig erkannt und verlässlich nachgewiesen werden.

Den konkreten Verlauf aphasischer Störungen bei insgesamt 96 Patienten über einen Zeitraum von sieben Monaten zeigt Abb. 7.6 anhand einer Studie aus den frühen 1980er Jahren: Über alle aphasischen Störungen gemittelt, zeigen 35 % der Patienten nach sieben Monaten nur noch Restsymptome oder können als wiederhergestellt gelten. Diese Zahl geht jedoch vor allem auf die 32 Patienten mit einer anfänglich amnestischen Aphasie zurück. Von den 21 Patienten mit einer anfänglich diagnostizierten globalen Aphasie ist auch nach sieben Monaten niemand ohne eine Beeinträchtigung (Hartje & Poeck 2006).

7.3 Diagnostik und Therapie aphasischer Störungen

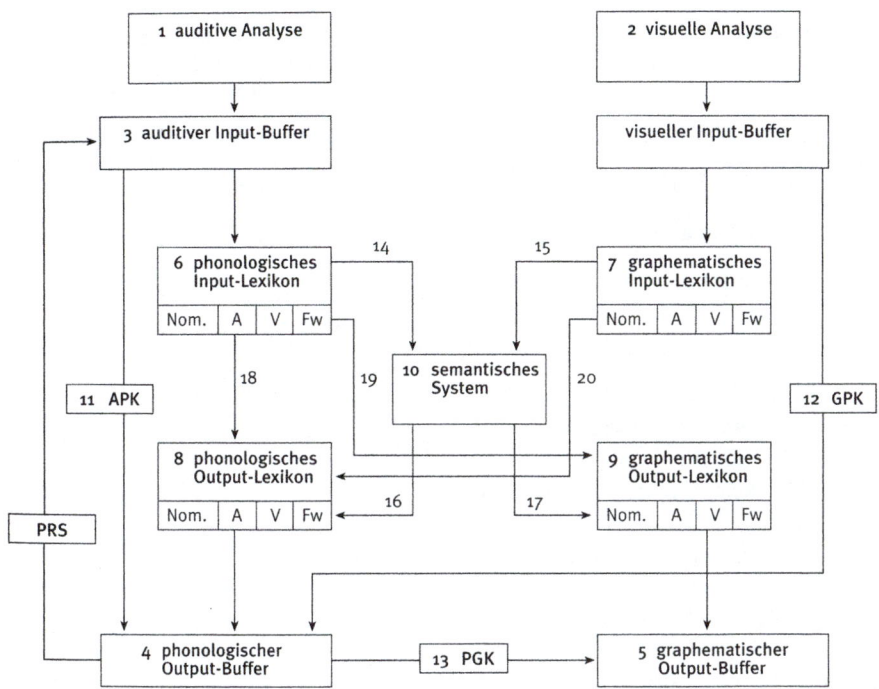

Abb. 7.5 Das von De Bleser et al. (2004) für die Prozessanalyse zugrunde gelegte Modell zur Wortverarbeitung, in Anlehnung an ein Modell von Patterson (1988). Kann z. B. ein Patient zuvor gehörte Wörter nachsprechen, so muss er sie nicht unbedingt auch verstanden haben, da die Route 11 (APK) das Nachsprechen ermöglicht. Gleiches gilt für das laute Lesen, das ebenfalls ohne Sinnverständnis möglich ist, wie Route 12 (GPK) zeigt. PRS = phonologische Rückkopplungsschleife, APK = Auditiv-phonologische-Korrespondenzroute, PGK = Phonem-Graphem-Korrespondenzroute, GPK = Graphem-Phonem-Korrespondenzroute, Nom = Nomen, A = Adjektiv, V = Verb, Fw = Funktionswort. (De Bleser et al. 2004, 7)

Wie weiter oben erwähnt, ist auch in der chronischen Phase der Aphasie eine Sprachtherapie für den Patienten weiterhin sinnvoll. Bei geeigneten Patienten sind selbst Jahre nach dem Ereignis durch individuelle Sprachtherapie noch geringe Verbesserungen zu erzielen. Weiterhin liegen Befunde vor, nach denen die Leistungen der Patienten beim Benennen, im Kommunikationsverhalten sowie im Sprachgebrauch durch Medikamente geringfügig beeinflusst werden konnten (Pulvermüller & Berthier 2008). Eine weitere zukünftige medizinische Behandlungsmöglichkeit könnte die erfolgreiche Wiederansiedlung (**Implantation**) von Nervenzellen sein, die nachfolgend durch eine vermutlich längere sprachtherapeutische Arbeit neue funktionelle Netzwerke ausbilden und sich in das verbliebende Zentralnervensystem integrieren müssten. Beispielsweise sind an der Universität Glasgow fünf Schlaganfall-Patienten (chronische Phase) Stammzellen aus einem zwölf Wochen alten Fötus ins Gehirn injiziert worden

1 Monat		4 Monate			7 Monate		
	n	GS	SW	KA	GS	SW	KA
Globale Aphasie	21	57%	43%	0%	52%	48%	0%
Wernicke-Aphasie	19	32%	58%	10%	16%	58%	26%
Broca-Aphasie	12	58%	9%	33%	42%	16%	42%
Amnestische Aphasie	32	41%	0%	59%	34%	0%	66%
Nichtklassifizierbar	12	92%		8%	75%		25%
Gesamt	96		27%			35%	

GS = gleiches Syndrom
SW = Syndromwandel
KA = keine Aphasie/Restsymptome

Abb. 7.6 Die Verlaufsentwicklung der aphasischen Störungen von 96 Patienten während der ersten sieben Monate nach dem Ereignis, sortiert nach Aphasiesyndromen. (Hartje & Poeck 2006, 99, umgezeichnet)

(Kalladka & Muir 2011), allerdings liegen bislang noch keine wissenschaftlichen Belege für den Erfolg einer solchen Behandlung vor. Insbesondere wenn Stammzellen in einer Kultur zunächst vermehrt werden, könnte eine solche Therapieform in der Zukunft Aphasiepatienten möglicherweise helfen (Fleck et al. 2022). Die Anforderungen an eine hochspezialisierte Sprachtherapie sowie der Umfang notwendiger Sprachtherapiesitzungen würde durch eine solche Behandlung noch weiter steigen, da bei den Patienten die neu entstandenen Nervenzellen durch sprachliche Lernvorgänge und Sprachtherapie aktiv in die bestehenden neuronalen Funktionskreise des Gehirns integriert werden müssen. Auch die transkranielle Elektrostimulation (tDCS, tACS) zeigt neue Möglichkeiten der Aphasietherapie, vgl. Abschn. 13.3. (z.B. Khan et al. 2022; Matar et al. 2022).

Fiberoptic endoscopic evaluation of swallowing (FEES)
Neben den sprachlichen Beeinträchtigungen, die durch eine Schädigung des Gehirns auftreten können (z. B. Aphasie, Dysarthrie), tritt häufig auch eine neurogen bedingte Störung des Schluckvorgangs auf (**Schluckstörung**, Dysphagie) (Daniels et al. 2019; Warnecke et al. 2021). Dabei können Schluck-, Atem und Sprechstörungen auch gemeinsam auftreten. Im Kontext der medizinischen Anamnese und Therapie in der Neurologie gehört die begleitende Diagnose, Behandlung und Verlaufskontrolle einer Dysphagie ebenfalls zum Tätigkeitsbereich der Klinischen Linguistik, Logopädie und Sprachheilpädagogik. Zur Feststellung einer dysphagischen Störung stehen eine ganze Reihe von apparativen (z. B. röntgenbasierte Videofluoroskopie) und behavioralen Untersuchungstechniken zur Verfügung. Hier soll eine Methode erwähnt werden, die 1988

7.3 Diagnostik und Therapie aphasischer Störungen

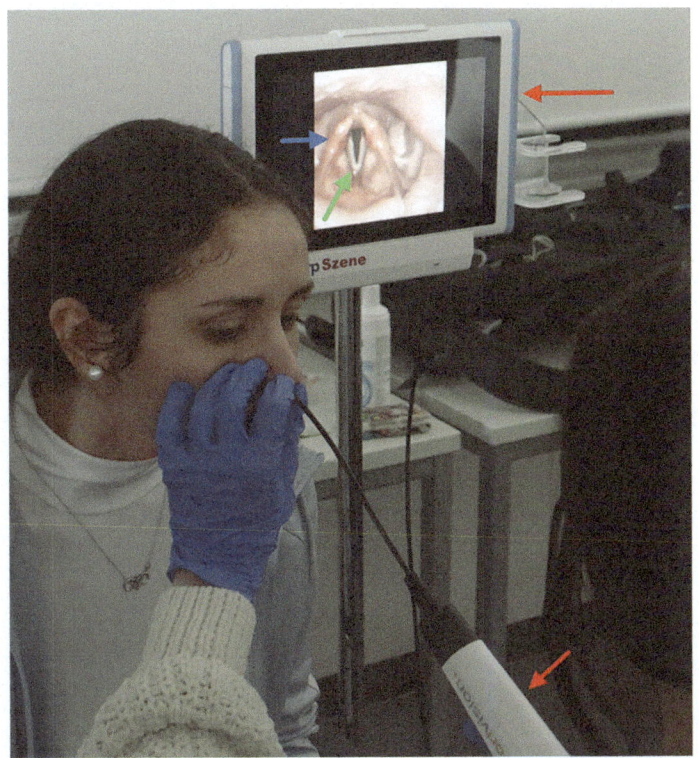

Abb. 7.7 Durchführung einer FEES-Untersuchung mit einem Video-Rhinolaryngoskop rpSzene® (rote Pfeile). Über den durch den Nasengang bis zum Larynx eingeführten Lichtleiter sind Stimmritze/Stimmbänder (grüner Pfeil) und Stellknorpel (blauer Pfeil) gut zu erkennen.

etabliert wurde und die üblicher Weise als FEES bezeichnet wird (*Fiberoptic endoscopic evaluation of swallowing*). Die FEES kann nicht nur den Schluckvorgang darstellen, sondern erlaubt auch eine in vivo Beobachtung des Zustandes der Stimmlippen (Plica vocalis), der Stimmbänder (Ligamentum vocale), der Dynamik der Stimmritze (Rima glottidis) während der Artikulation sowie der Stimmbildung (Phonation). Es handelt sich dabei um eine faseroptische Untersuchung mit einem flexiblen Lichtleiter, einem sogenannten Video-Rhinolaryngoskop, der durch die Nase bis zum Kehlkopf (Larynx), oberhalb des Kehldeckels (Epiglottis) geführt wird (Birkmann & Kley 2018; Warnecke et al. 2021) (s. Abb. 7.7).

Sprachverarbeitung: Die Messung von Verhalten und Reaktionen

Experimente mit Menschen durchzuführen ist stets eine sehr schwierige und verantwortungsvolle Aufgabe zugleich. Einerseits sind die Möglichkeiten einer Untersuchung sehr beschränkt, da die Versuchsperson selbstverständlich nicht in Mitleidenschaft gezogen werden darf. Andererseits können sich auch in einfachen, eigentlich harmlosen Untersuchungen unerwünschte Auswirkungen auf das psychische Befinden der Versuchspersonen ergeben, die möglicherweise zu ethischen Problemen führen (Döring & Bortz 2016). Besonders kritisch sind diesbezügliche Experimente mit Kindern, psychisch beeinträchtigten oder erkrankten Menschen, beispielsweise neurolinguistische Versuche mit Kleinkindern oder mit aphasischen oder dementen Patienten. Grundsätzlich gehen mit der Analyse von Verhaltensleistungen für die Versuchsperson zwar kaum körperliche Belastungen einher, aber die wiederholte Testsituation, die stetige Heranführung an die Leistungsgrenze sowie die notwendigen Begleittestungen (Tests zum Sprachstand, zur allgemeinen Kognition, Depressionsskalen usw.) bedeuten häufig Stress und Frustration für die Untersuchten. Werden sprachgesunde Erwachsene untersucht (im universitären Forschungsalltag zumeist Studierende), werden den Probanden unter den kontrollierten Bedingungen einer Laborsituation für kurze Zeit bestimmte kognitive Leistungen abverlangt. Es kann sich dabei z. B. um eine Befragung, die Bearbeitung einer kurzen Aufgabe oder einen Wahrnehmungsprozess handeln. Auf diese Aufgaben soll die Versuchsperson mit einem bestimmten Verhalten reagieren (mündliche Antwort, Knopfdruck o.ä.), weshalb diese Untersuchungstechniken als Verhaltensuntersuchungen (***behavioral studies***) oder behaviorale Untersuchungen zusammengefasst werden. Typisch für diese Vorgehensweise ist:

1. das Vorhandensein einer aktiven, bewussten Beteiligung der Versuchsperson, die willentlich am Experiment mitwirken muss,
2. die hohen Anforderungen an die Art und Weise der Experimentdurchführung (Experimentaldesign), um am Schluss der Untersuchung auch verwertbare Daten zu erhalten und

3. die hohen Anforderungen an die jeweilige Untersuchungsfrage, die idealerweise so ausgearbeitet sein muss, dass es in dem Untersuchungsdesign möglichst nur eine Antwort auf diese Frage gibt (Sternberg 1969; Welford 1980; Tate & Perdices 2019; Gillioz & Zufferey 2020; Meindl 2022; Schreier et al. 2023).

Solche Verhaltensstudien zu mentalen Prozessen sind vergleichsweise kostengünstig und apparativ einfach durchzuführen, sie liefern dennoch wichtige Ergebnisse im Rahmen neurokognitiver Untersuchungen. Sie haben daher eine hohe Bedeutung für die Hypothesengenerierung und fundierte modellbasierte Planung weiterer Forschungsfragen, die nur mit kostenintensiven Experimenten weiter verfolgt werden können. Behaviorale, elektrophysiologische und bildgebende Verfahren bilden daher eine sinnvolle und komplementäre Einheit neurokognitiver Forschung.

8.1 Beispiele behavioraler Untersuchungen der Psycholinguistik

Die Beschäftigung mit der Sprache hat ihre Wurzeln in der Philosophie, in der die Sprachfähigkeit allerdings lediglich als eine Ausdrucksform des menschlichen Denkvermögens gesehen wurde. Erst die empirische Untersuchung der Sprachfähigkeit hat die ersten experimentellen Belege für die Existenz von einzelnen Teilleistungen der Sprachfähigkeit geliefert.

Elizitation
Sollen Aspekte der Sprachproduktion untersucht werden, kann dies z. B. mit einer Aufgabenstellung für die Versuchsperson verbunden werden, in der die konkrete Äußerung vorhersagbar ist (**kontrollierte Elizitation**) (Rickheit et al. 2010; Gillioz & Zufferey 2020). Nun können beispielsweise prosodische Elemente, Artikulationsstart oder Pausenlängen unter kontrollierten Bedingungen ermittelt werden, ohne den Spontansprachcharakter der Äußerungen zu stark zu gefährden (Swerts & Collier 1992). Zur Dokumentation und nachfolgenden Auswertung kann die sprachliche Äußerung in eine definierte grafische Form gebracht bzw. verschriftlicht werden (**Transkription**). Alternativ bzw. zusätzlich kann über eine Videokamera eine audio-visuelle Aufzeichnung in der Untersuchungssituation erfolgen, die anschließend computergestützt annotiert wird (Dittmar 2009; Rues et al. 2009). Bei der **Annotation** werden sowohl die visuellen als auch die auditiven Daten ausgewertet und in der Ergebnisdatei miteinander verknüpft. Im Anschluss daran liegen die Videospur, ggf. mehrere Tonspuren sowie deren Verschriftlichung und Kommentierung in einer gemeinsamen Computerdatei vor. So ist eine systematische, computergestützte Auswertung über viele Versuchspersonen möglich (s. Abb. 8.1).

McGurk-Effekt
Sprachliche Verständigung in natürlichen Situationen ist eine Form des kommunikativen Verhaltens von Menschen, das auch non-verbale Anteile umfasst.

8.1 Beispiele behavioraler Untersuchungen der Psycholinguistik

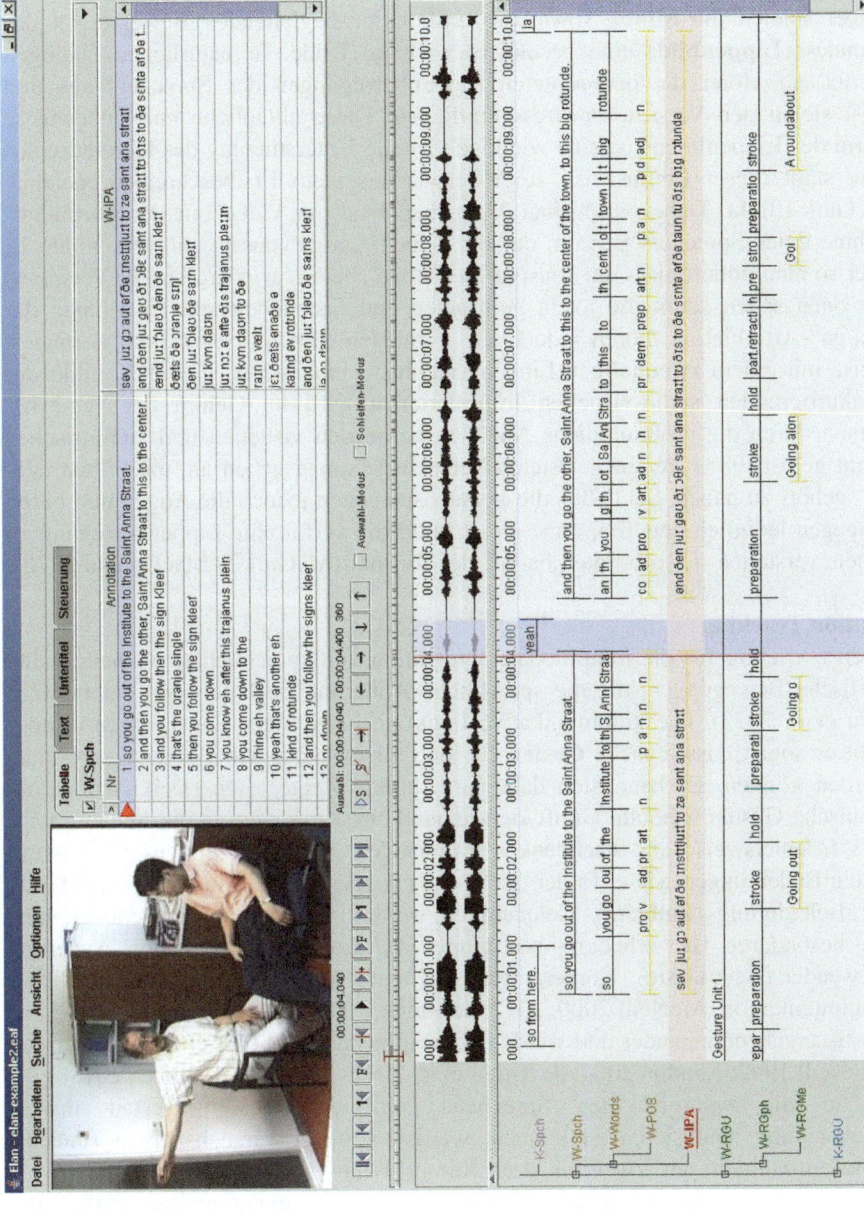

Abb. 8.1 Beispiel für die audio-visuelle Annotation mit dem Annotationsprogramm ELAN (EUDICO Linguistik Annotator) des Max-Planck-Instituts für Psycholinguistik in Nijmegen (Niederlande). https://archive.mpi.nl/tla/elan/download

Die artikulierte Sprachäußerung ist in den allgemein-emotionalen Zustand des Sprechers eingebettet und von bestimmten Körperbewegungen begleitet. Der Gesichtsausdruck (Mimik), die Körperhaltung und die Körperbewegungen (Gestus bzw. Gestik) sind somit essenzielle Bestandteile natürlicher Kommunikation. Dabei spielen die Mimik sowie die artikulationsbegleitenden Bewegungen des Mundes (**Lippenbild**) eine besonders wichtige Rolle. In natürlichen Dialogen wertet der Hörer die beobachteten Lippenbewegungen des Sprechers aus und lässt sie in den Verstehensprozess einfließen. Diese alltägliche und unbewusste Form des Lippenlesens ist eine wichtige visuelle Unterstützung des Höreindrucks. Wie stark dieser Einfluss ist, zeigt der nach seinem Erstbeschreiber benannte McGurk-Effekt. Dabei wird einer Versuchsperson ein Video mit der Porträtaufnahme eines Sprechers gezeigt, der die Silben „ga-ga" ausspricht. Das Video ist aber so manipuliert, dass die Tonspur die Silben „ba-ba" wiedergibt. Die Versuchspersonen sehen somit die leicht geöffneten und fast unbeweglichen Lippen der „ga-ga"-Artikulation, hören jedoch die bilabialen Silben „ba-ba", die normalerweise mit einem zweimaligen Lippenverschluss einhergehen. Dieser Konflikt der konkurrierenden audio-visuellen Informationen wird im Gehirn der Versuchsperson durch die größtmögliche Annäherung an den visuellen und auditorischen Input gelöst: 98 % der so getesteten Versuchspersonen geben an, die Silben „da-da" gehört zu haben. Schließen die Versuchspersonen jedoch die Augen und hören hingegen lediglich den Ton, ohne gleichzeitig die verfälschte Lippenbewegung zu sehen, verstehen sie sofort das „ba-ba" der Tonspur (McGurk & MacDonald 1976).

Motion Tracking
Ebenso wichtig für die multimodale Integration von sprachlichem Verhalten sind gestische Bewegungen, die die sprachliche Äußerung begleiten und unterstützen (Wu et al. 2022). Die kommunikative Funktion bestimmter Bewegungen ermöglicht es sogar, dass manche **Gesten** für sich allein lautsprachersetzend verwendet werden können. Es kann sich dabei um direkte Zeigegesten (Deixis) oder um ikonische Gesten handeln. Greift sich jemand ans Kinn oder an die Schläfe, wird dies beispielsweise als ‚nachdenken' verstanden. Weiterhin gibt es Gesten mit festen Bedeutungen wie etwa der ‚nach oben ausgestreckte Mittelfinger' als Geste der Beleidigung (Emblem). Gelegentlich werden Gesten auch sprachbegleitend zur besonderen Hervorhebung bestimmter Aspekte der sprachlichen Äußerung verwendet (Beat-Geste). Körpergesten sind somit fester Bestandteil sprachlicher Kommunikation (McNeill 2000, 2012; de Ruiter 2000; Kendon 2004). Sprache und Gestik ergänzen einander und werden vom Sprecher möglichst effizient eingesetzt (McNeill 1992; Kendon 2004; de Ruiter et al. 2012; Müller et al. 2013a, 2013b).

Um die während des Sprechens auftretenden Körpergesten mittels Beobachtung analysieren zu können, werden von der Versuchsperson zunächst Videoaufnahmen mit zwei bis drei Kameras aus verschiedenen Blickwinkeln gemacht. Nachfolgend können die Videoszenen dann annotiert, hinsichtlich der Bewegungsabläufe zeitlich ausgemessen und räumlich ausgewertet werden. Sollen die Gesten in ihren Bewegungsabläufen exakt hinsichtlich ihrer Ausrichtung im dreidimensionalen Raum, ihrer Bewegungsgeschwindigkeit, ihrer

Synchronizität usw. erfasst werden, ist eine computergestützte Bewegungsmessung (*motion tracking*) bzw. Bewegungserfassung (*motion capture*) möglich (Pfeiffer 2013a). Beim Motion Tracking werden der Versuchsperson zunächst passive Infrarot-Reflektorkugeln am Kopf, Rücken, den Knien, Ellenbogen usw. angelegt. Die Versuchspersonen befinden sich in einem leicht abgedunkelten Raum, der mit Infrarotlicht ausgeleuchtet ist, um die Positionen der IR-Reflektorkugeln mit zwölf Infrarotkameras aus unterschiedlichen Blickwinkeln verfolgen zu können. Für die sehr bewegungsintensiven Hände und Finger wird zusätzlich ein aktives Trackingsystem mit einer höheren Auflösung eingesetzt. Hierbei handelt es sich um handschuhähnliche Applikationen mit einer Steuerelektronik, die an Hand- und Fingergelenken über Infrarot-Leuchtdioden Infrarotsignale aktiv aussenden (Pfeiffer 2013a). Per Computer werden dann die einzelnen Infrarotsignale aufgezeichnet und auf ein sich bewegendes ‚Strichmännchen' projiziert. So liegen nicht nur die exakten Raumkoordinaten und Geschwindigkeitsdaten der Bewegungen vor, man kann in der nachfolgenden Computeranimation der aufgezeichneten Bewegung auch mit einem ‚virtuellen Auge' durch die Szene fliegen und Gesten aus jeder Blickrichtung genau betrachten (s. Abb. 8.2).

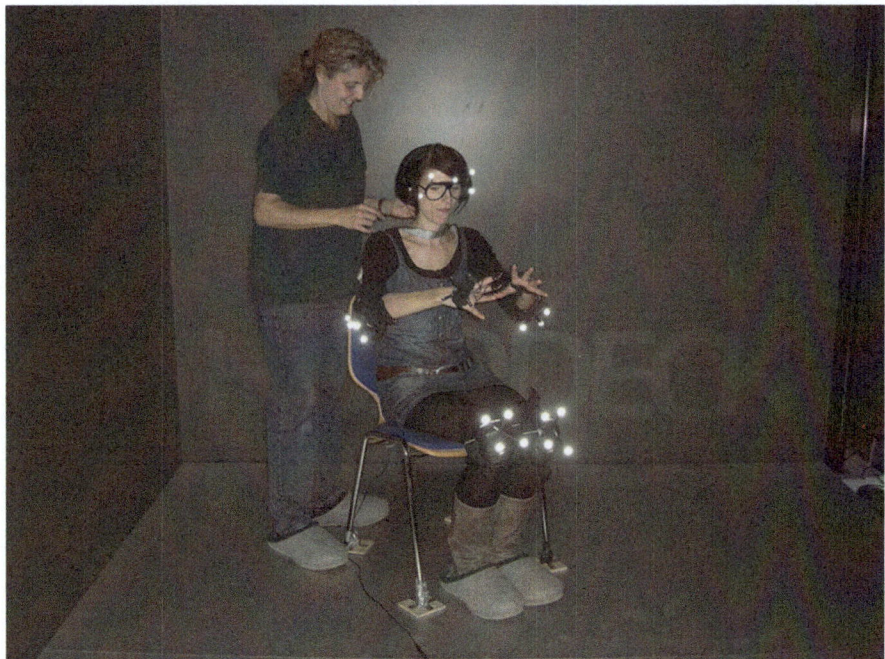

Abb. 8.2 Vorbereitung einer Untersuchung zu sprachbegleitenden Gesten mittels Motion Tracking. Einige der passiven Infrarotreflektorkugeln sind durch das reflektierte Blitzlicht der Fotoaufnahme gut zu erkennen. An den Händen befinden sich die aktiven Tracking-Handschuhe mit aktiven IR-Leuchtdioden. Für die Datenerfassung werden die Bewegungen von zwölf IR-Kameras aufgezeichnet.

Priming

Unter dem Begriff *Priming* versteht man die Vorbereitung eines Sinneseindrucks oder Voraktivierung eines mentalen Konzepts durch eine visuell oder akustisch ähnliche bzw. durch eine kontext- oder bedeutungsähnliche Vorgabe (Bahnung). Beispielsweise kann in einem Priming-Experiment versucht werden, das Zielwort ‚Hund' durch akustisch ähnliche Wörter (z. B. Mund) oder durch kontextuelle Einflüsse (z. B. Schafehüten) zu primen. Priming kann somit auf der Wahrnehmungsebene (*bottom up*) oder der kognitiven Ebene erfolgen (*top down*) (Eysenck & Keane 2020).

Im Experiment zeigt sich, dass auf Begriffe, die durch Priming voraktiviert sind schneller zugegriffen werden kann. Insbesondere das **semantische Priming** durch bedeutungsähnliche oder kontextuelle Wörter vollzieht sich dabei in Anlehnung an semantische Wortfelder. Kann ein Zielwort durch ein anderes Wort (= Prime) erfolgreich geprimt werden, so müssen beide Wörter in einem lautlichen oder bedeutungsmäßigen Zusammenhang stehen, um diesen Effekt bewirken zu können. Das Ausmaß der Beziehung kann durch die Stärke des Priming-Effekts bestimmt werden (McNamara 2005; De Groot & Hagoort 2018). Auf diese Weise lassen sich Assoziationsketten und semantische Felder zu einzelnen Wörtern ermitteln (s. Abb. 8.3).

In einem Leseexperiment zur Worterkennung haben Meyer und Schvaneveldt (1971) Versuchspersonen gleichzeitig zwei Buchstabenfolgen (Wörter und Pseudowörter) gezeigt. In einem **Wortentscheidungsexperiment** (*lexical decision*) sollten die Teilnehmer per Knopfdruck entscheiden, ob beide Buchstabenfolgen des Paares englische Wörter darstellen oder nicht. Bei den echten Wortpaaren war wiederum die Hälfte semantisch assoziiert (z. B. ‚nurse – doctor' oder ‚bread – butter'), die andere Hälfte nicht (z. B. ‚bread – doctor' oder ‚nurse – butter'). Für diese lexikalische Entscheidungsaufgabe benötigten die Versuchspersonen bei den semantisch nicht-assoziierten Wortpaaren im Mittel 940 Millisekunden, bei den semantisch assoziierten Wortpaaren lediglich 855 Millisekunden, um ihre Entscheidung zu treffen. Durch das Priming konnte die Entscheidungsaufgabe im Mittel um 85 Millisekunden schneller ausgeführt werden. Die semantische Ähnlichkeit kann also anhand des Geschwindigkeitsvorteils in einem Wortentscheidungsexperiments ermittelt werden.

Wie durch Priming der Zugriff auf Wissen beeinflusst werden kann, zeigt das Beispiel der sogenannten **Moses-Illusion**. In diesem Szenario lautet die Frage an die Versuchsperson: „*Wie viele Tiere von jeder Art nahm Moses mit auf die Arche?*". Hier geht der Effekt sowohl auf Priming (im weitesten Sinne), als auch auf situative Aspekte und Wissensschemata zurück (Rickheit et al. 2007). Nach kurzer Zeit geben die Versuchspersonen die Antwort: „*Jeweils zwei*". Aber wirklich Moses?

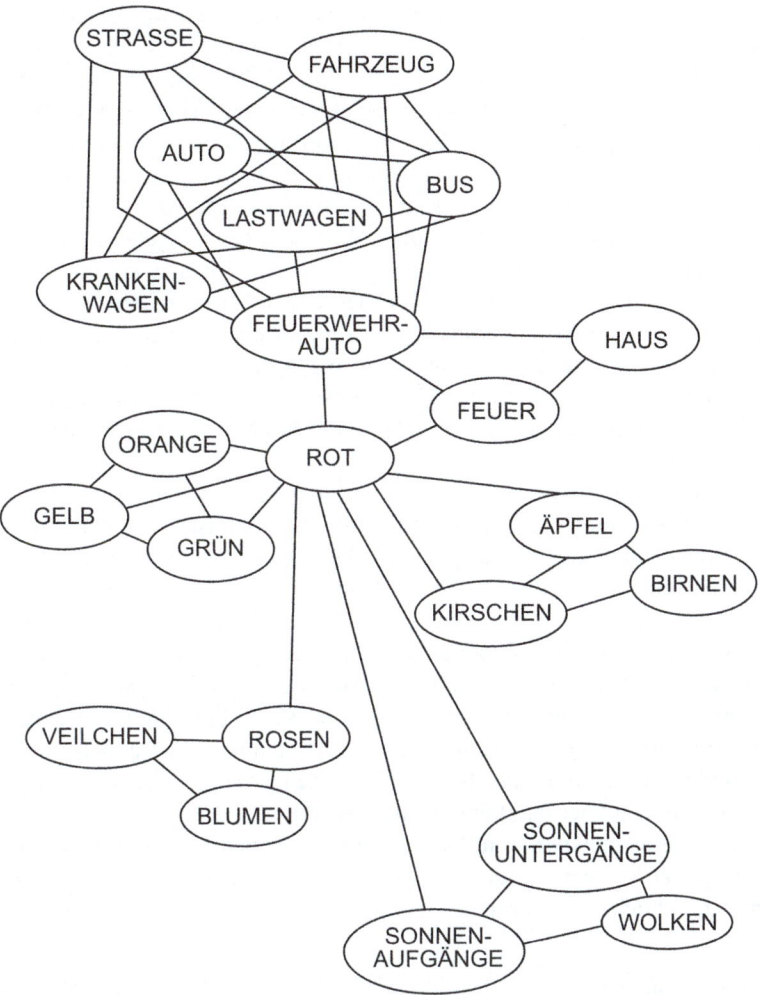

Abb. 8.3 Schematische Darstellung der semantischen Relationen zwischen Wörtern im mentalen Lexikon. Die Länge der Verbindungsstriche symbolisiert die jeweilige assoziative Entfernung. Beispielsweise kann das Wort ‚rot' die Konzepte FEUER, FEUERWEHRAUTO oder ÄPFEL primen, nicht jedoch LASTWAGEN oder STRASSE. (Collins & Loftus 1975, 412, umgezeichnet)

8.2 Die Messung von Reaktionszeiten

Als Reaktionszeit in einem Verhaltensversuch wird die Zeitspanne verstanden, die zwischen einer Anforderung/Aufforderung und deren Ausführung liegt, wobei die Versuchsperson so schnell wie möglich reagieren soll. Bei der Anforderung kann es sich beispielsweise um das Benennen eines präsentierten Objekts, um die

Beantwortung einer Frage, um die Lösung einer kognitiven Aufgabe oder um das Treffen einer Entscheidung handeln (z. B. Belke 2008). Typische Ausführungshandlungen/Reaktionen der Versuchsperson sind ein Tastendruck, die Artikulation einer Äußerung oder eine willentliche Blickbewegung. Bei einer **lexikalischen Entscheidungsaufgabe** (*lexical decision*) hört die Versuchsperson eine Lautkette und muss entscheiden, ob es sich dabei z. B. um ein tatsächliches Wort des Deutschen (z. B. ‚Garten') oder aber um ein Pseudowort handelt (z. B. ‚Gromeis'). Ein Pseudowort entspricht zwar den Worterzeugungsregeln der jeweiligen Sprache, kommt aber nicht in deren Lexikon vor. Ebenso können Wörter in Abhängigkeit ihrer jeweiligen Wortklasse beurteilt werden, in dem Wörter in einer semantischen Entscheidungsaufgabe durch Tastendruck z. B. als Name (Proprium, z. B. ‚Tom') oder Gattungsbezeichnung (Appellativum, z. B. ‚Tisch') klassifiziert werden sollen (*semantic decision*) (Donkin & Brown 2018; Wichmann & Jäkel 2018). Die Reaktionszeiten der Versuchsperson können per Tastendruck ermittelt werden (s. Abb. 8.4).

Der Steuercomputer präsentiert die Stimuli der Versuchsperson und gibt gleichzeitig ein Triggersignal an die **Button-Box**. Hierbei ist es wichtig über eine Eichung Sound- und/oder Videosignal mit dem Triggerimpuls zu synchronisieren. Auch der Zeitpunkt und die Dauer der Bildschirmdarstellung muss über Photodioden kontrolliert werden, da ansonsten Abweichungen von etwa 50 Millisekunden auftreten können (trotz Echtzeit-Kernel). Die eigentliche Zeitmessung wird mit eigener Hardware-Clock in der Box durchgeführt, danach werden die Daten an den Steuercomputer übergeben. In Verbindung mit einer geeichten Präsentationshardware lassen sich so Messgenauigkeiten im Bereich von 2 bis 3 Millisekunden realisieren, unabhängig von Einflüssen des Betriebssystems des Steuercomputers und der inakkuraten Abfragetaktung der PC-Tastatur.

Bei einem Benennexperiment kann auch ein sogenannter **Voice Key** verwendet werden. Bei der Voice Key-Technik reagiert die Versuchsperson auf die Aufgabe mit einer sprachlichen Äußerung (z. B. Objektbenennung), die über ein Mikrofon

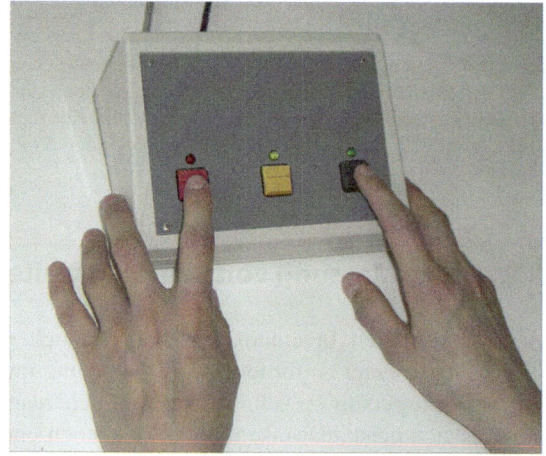

Abb. 8.4 Eine Button-Box zur Reaktionszeitmessung mit prellfreien Kurzhubtastern und einer eigenen Elektronik zur zeitgenauen Erfassung des Tastendrucks

8.2 Die Messung von Reaktionszeiten

aufgenommen und nachfolgend digitalisiert wird. Die Amplitudenveränderungen des aufgezeichneten Signals markieren dann den Reaktionsbeginn der Versuchsperson – allerdings nur dann, wenn keine Schmatzgeräusche durch das Öffnen der Lippen oder Ausdruckspartikeln (z. B. „ah") die automatisierte Wortanfangserkennung des Voice Key Systems täuschen. Die Auswertung sollte daher nicht automatisiert erfolgen, sondern manuell durchgeführt und kontrolliert werden. Die Zeitdauer zwischen der Stimuluspräsentation, die über ein Triggersignal ebenfalls auf der Mikrofonspur erscheint, und der Versuchspersonenantwort kann so exakt ermittelt werden.

Muss die Versuchsperson in einem Reaktionszeitexperiment eine einzelne Taste drücken, wird dafür der Indexfinger der dominanten Hand verwendet. Sind zwei Tasten zu drücken (z. B. ja/nein) und werden beide Hände eingesetzt, so muss der Geschwindigkeitsvorteil der dominanten Hand herausgemittelt werden. Daher wird in diesem Fall bei der Hälfte der Versuchspersonen die Tastenbelegung getauscht.

Die gemessenen Zeiten in einem psycholinguistischen Reaktions- oder Entscheidungszeitexperiment liegen typischerweise zwischen 300 bis 1.200 Millisekunden, können aufgabenabhängig aber auch bis zu mehrere Sekunden umfassen. Für die Durchführung eines Tastendrucks auf einen einfachen Lichtreiz sind für eine Durchschnittsperson etwa 250 Millisekunden zu veranschlagen, wobei die Reaktionszeit mit zunehmendem Alter ansteigt. Zum Vergleich: Die schnellsten 100-Meter-Sprinter reagieren auf den Startschuss mit einer Verzögerung von etwa 160 ms. Im Verhaltensversuch korreliert die über den motorischen Anteil hinausgehende Zeit mit der aufgabenspezifischen kognitiven Belastung (s. Abb. 8.5).

Nach der 1868 von F. C. Donders entwickelten **Subtraktionsmethode** wird der motorische Anteil für den reinen Tastendruck von der insgesamt gemessenen Reaktionszeit abgezogen und die verbleibende Zeit der kognitiven Aufgabe zugeordnet (Welford 1980; Scharlau et al. 2003). Das tatsächliche Zusammenspiel der motorischen und kognitiven Prozesse ist jedoch weitaus komplizierter. So hat Sternberg (1969) vorgeschlagen nur noch die Unabhängigkeit der einzelnen kognitiven Komponenten zu prüfen (**Additive-Faktoren-Methode**) und Wechselwirkungen von Modulen auszuschließen. Da zudem viele kognitive Teilleistungen parallel ablaufen können, ist die Annahme von einfachen seriellen Verarbeitungsschritten sicher unzureichend. Auch die psychometrischen Verfahren zur Messung von Reaktions- und Entscheidungszeiten während der Sprachverarbeitung werden daher stets weiterentwickelt und verbessert (Jensen 2006). In einem sprachwissenschaftlichen Experiment wirken sehr viele Einflussfaktoren auf die konkret gemessene Entscheidungszeit ein, die im Experimentaldesign berücksichtigt werden müssen. Die verwendeten Stimuli müssen hinsichtlich dieser psycholinguistischen Parameter kontrolliert und ausbalanciert sein (ge*matcht*), die Anzahl der Items sowie die Anzahl der Versuchspersonen müssen so hoch sein, damit eine hinreichende Randomisierung möglich ist, um eine Verzerrung (**Bias**) zu verhindern und Unterschiede herausmitteln zu können. Neben der Worthäufigkeit sind

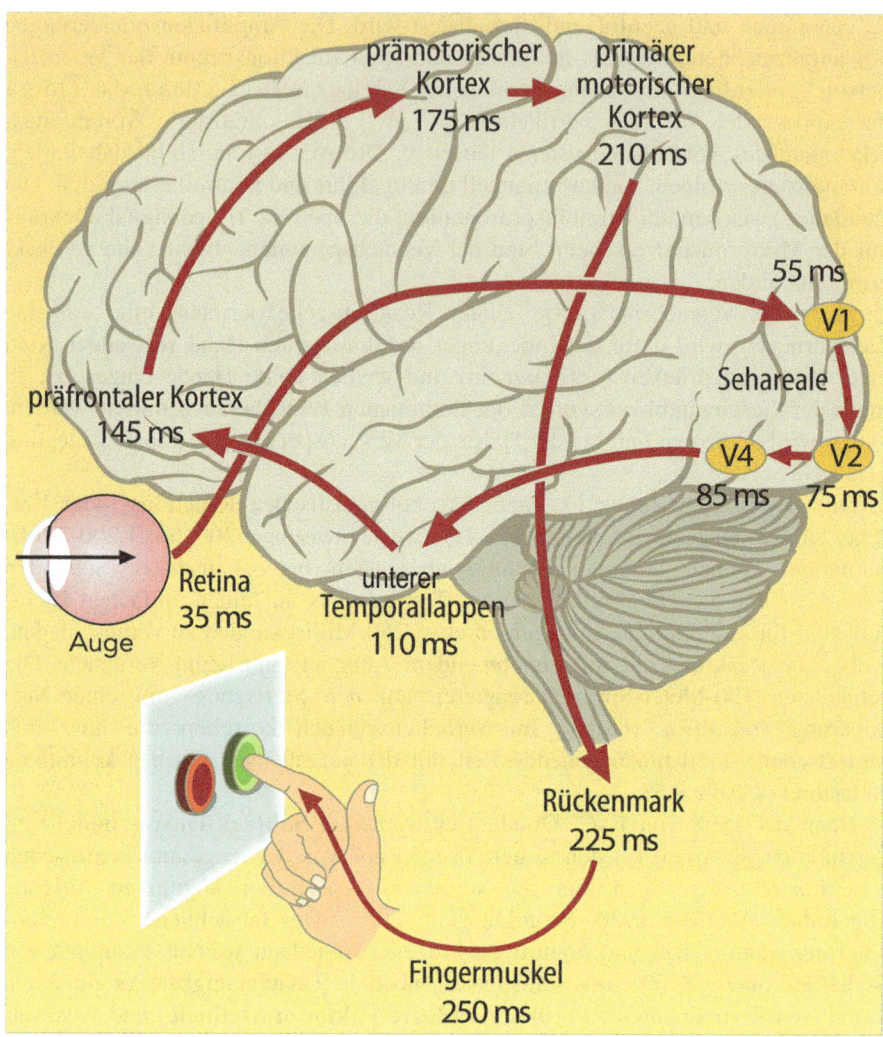

Abb. 8.5 Die zeitlichen Abläufe in einem Reaktionszeitexperiment von der Wahrnehmung eines einfachen Lichtreizes bis zum Tastendruck. Der Lichtreiz wird vom Auge wahrgenommen und 35 Millisekunden nach Reizbeginn wird die Information zum primären visuellen Kortex (V1) geleitet. Über weitere Sehareale (V2, V4) wird nach ca. 110 Millisekunden der untere (inferiore) Temporallappen und nach ca. 145 Millisekunden der präfrontale Kortex erreicht. Über den prämotorischen Kortex und den primären motorischen Kortex erreicht die Information nach etwa 225 Millisekunden das Rückenmark. Der Fingermuskel wird dann nach ca. 250 Millisekunden angesteuert und die Taste gedrückt. (Birbaumer & Schmidt 2010, 91, verändert)

wichtige Merkmale der Stimuli das jeweilige Erwerbsalter, die Anzahl der phonologischen bzw. orthographischen Nachbarn, die Wort- oder Artikulationslänge oder die Konkretheit (Konkretheitseffekt). Die Versuchsperson wird beispielsweise

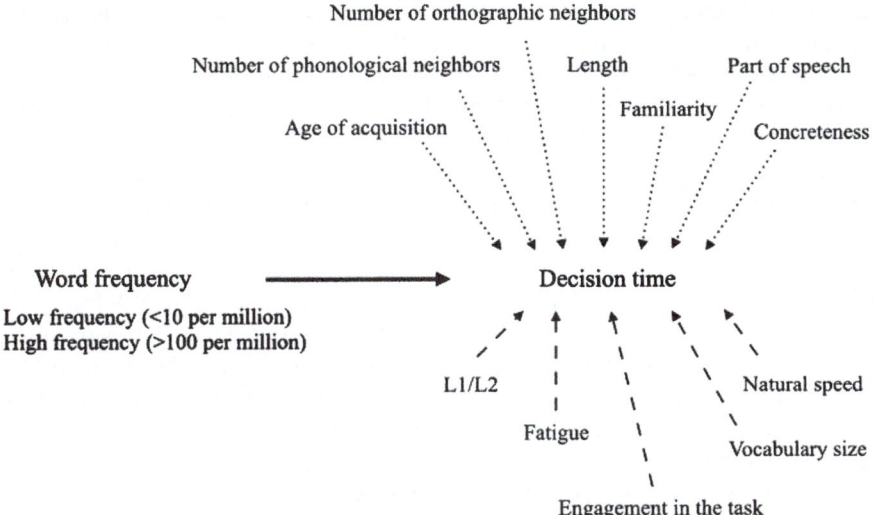

Abb. 8.6 Faktoren die in einer Wortentscheidungsaufgabe (*lexical decision task*) die Verarbeitungszeit beeinflussen. Neben Worthäufigkeit (Wortfrequenz) spielen linguistische (obere Reihe) und neurokognitiv physiologische Faktoren (untere Reihe) eine Rolle. (Gillioz & Zufferey 2020, 149)

durch die Tageszeit (Müdigkeit), ggf. durch die Jahreszeit der Experimentdurchführung (Umgebungstemperatur) beeinflusst. Weiterhin bewirken individuelle (z. B. Bedächtigkeit, Bildungsniveau) sowie motivationale Faktoren Unterschiede zwischen den Versuchspersonen (s. Abb. 8.6).

8.3 Die Registrierung von Blickbewegungen (*eye tracking*)

Wenn man seine Umwelt aktiv visuell erkundet, sich also bewusst visuell orientiert, so streift der Blick umher und verweilt dabei kurzzeitig an bestimmten Stellen. Insbesondere interessante, informative oder bewegte Punkte scheinen dabei den Blick ‚anzuziehen'. Da die Retinae der Augen nicht überall gleich viele Sinneszellen aufweisen, werden dabei die Augäpfel über die Augenmuskeln stets so ausgerichtet (**Okulomotorik**), dass der interessanteste Teil des Seheindrucks etwa mittig auf die jeweilige Retina fällt. Hier befindet sich die Stelle des schärfsten Sehens (Fovea centralis), die über die höchste Sinneszelldichte verfügt. In gewisser Weise kann davon ausgegangen werden, dass z. B. bei einer Objekterkundung die für den Erkennungsprozess wichtigen Bereiche des Objekts zumindest so lange mit beiden Foveae betrachtet werden, wie es die kognitiven Prozesse erfordern (**Eye-Mind-Hypothese**). Auch für den Lesevorgang ist festzustellen, dass exakt nur diejenigen Bereiche des Textes foveal fixiert werden, die für den hochautomatisierten Leseprozess minimal notwendig sind. Die genaue zeitliche und räumliche Vermessung dieser Fixationspunkte liefert somit wichtige Informationen über den Ablauf visueller Erkundungsprozesse – und auch des Lesens (Radach & Kennedy 2013; Duchowski 2017; Conklin et al. 2018; De Groot & Hagoort 2018; Stuart 2022).

Um die Positionen der Augäpfel mit Augenkameras detektieren und die Augenbewegungen nachverfolgen zu können, werden zumeist zwei Bezugspunkte auf jedem Auge erfasst: 1.) die schwarze Pupillenscheibe (Mustererkennung) und 2.) eine spezielle Lichtreflexion auf jedem Augapfel. Da es durch das Umgebungslicht häufig zu mehreren Lichtreflexionen auf dem Auge kommt, wird Infrarotlicht für die Messung eingesetzt (s. Abb. 8.7). Der dadurch erzeugte Reflexionspunkt (*glint*) wird gemeinsam mit der Pupillenerkennung zur Positionsbestimmung und Blickbewegungsregistrierung genutzt (Holmqvist et al. 2011; Duchowski 2017; Stuart 2022). Bei dem Lichtreflex handelt es sich um die von der äußeren Corneaoberfläche kommende Reflektion (Purkinje Reflektion P1).

Um eine hinreichende zeitliche Auflösung der gemessenen Augenbewegung zu erreichen, ist die Zahl der Messpunkte pro Sekunde, die sogenannte Abtastrate (*sampling rate*) von Bedeutung. Die für unterschiedliche Zwecke konzipierten Eyetracker messen die Augenbewegung mit Abtastraten zwischen 25 und 2000 mal pro Sekunde (25 bis 2000 Hz). Um Leseforschung oder sprachrelevante Versuche durchführen zu können, ist zumindest eine Abtastrate von 250 Hz notwendig, die eine zeitliche Auflösung von vier Millisekunden ermöglicht. Ebenso wichtig wie die zeitliche ist die räumliche Auflösung der Bewegungsmessung. Die Genauigkeit der räumlichen Auflösung hängt vor allem von der Messgenauigkeit

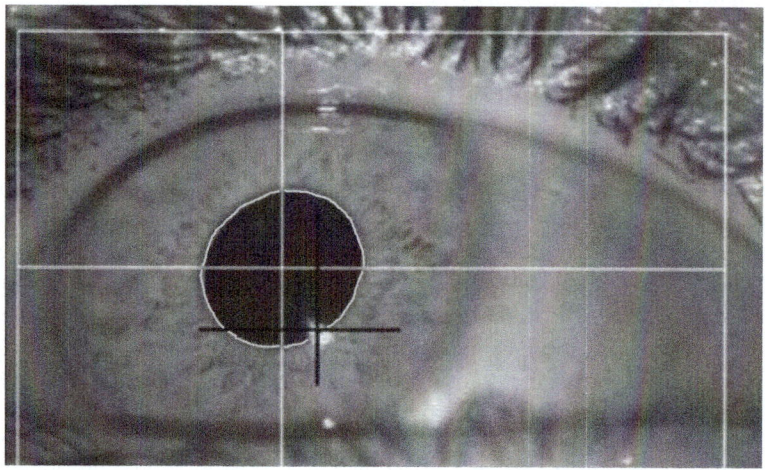

Abb. 8.7 Das von der Augenkamera gelieferte Bild wird computergestützt ausgewertet. Dazu wird die Pupille detektiert (weißer Kreis) und deren Position (weißes Fadenkreuz) sowie der IR-Reflexionspunkt (*glint*) ermittelt (schwarzes Fadenkreuz). Die Veränderungen beider Messpunkte zueinander ermöglicht die exakte Vermessung der Blickbewegungen. (Holmqvist 2011, 25)

8.3 Die Registrierung von Blickbewegungen (*eye tracking*)

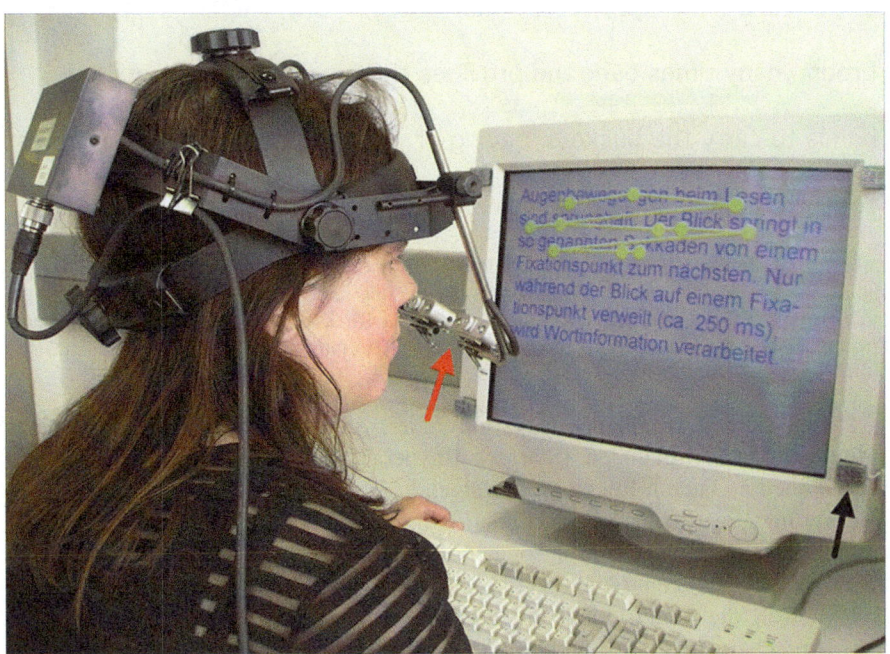

Abb. 8.8 Die Registrierung der Blickbewegungen mit dem am Kopf fixierten (*head mounted*) Eyetracker SMI Eyelink bei einer Leseaufgabe. Bei diesem älteren Modell kann man sehr gut die beiden Augenkameras erkennen, der rote Pfeil weist auf die Kamera für das rechte Auge. Die Kopfposition wird über die vier LED-Marker (schwarzer Pfeil) an den Monitorecken bestimmt. Zur Veranschaulichung sind die ermittelten Fixationspunkte (gelbe Punkte) und Blickbewegungen (gelbe Linien) dem Text auf dem Monitor *online* überlagert

der Pupillen- und der Lichtreflexmessung ab. Je mehr optische Bildpunkte (Pixel) zur Bestimmung der Positionen genutzt werden können, desto genauer ist die Messung (s. Abb. 8.8).

Die Stellung der Fixationspunkte im Text und die jeweiligen Fixationsdauern sind somit wichtige Kriterien zur Analyse des kognitiven Lesevorgangs. Geübte Leser zeigen längere Sprünge (**Sakkaden**) zwischen den einzelnen Fixationspunkten, und nicht jedes Wort wird bei der Fixation berücksichtigt. Schwierige und eher seltene Wörter bewirken beim Lesen eine längere Verweildauer am Fixationspunkt (Müsseler 2003). Die Gesamtdauer der auf einen Reiz gerichteten Fixationspunkte wird *gaze duration* oder *dwell time* genannt und gilt als Maß für die Verarbeitungsanforderung. Geübte Leser lesen mit einer mittleren Sakkadenlänge von sieben bis neun Buchstaben, d. h. sie springen mit den Fixationspunkten im Mittel jeweils um sieben bis neun Buchstaben weiter (s. Abb. 8.9).

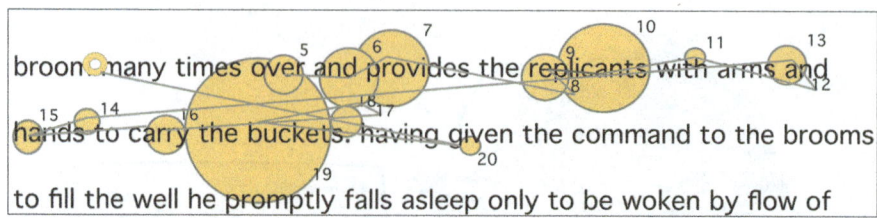

Abb. 8.9 Typischer Verlauf der Blicksakkaden beim Lesen eines Textes (Kreise 5 bis 20). Die Kreismittelpunkte zeigen die Fixationspunkte, der jeweilige Kreisdurchmesser gibt die individuelle Fixationsdauer an. Die Linien zeigen die Blicksakkaden. Bei Punkt 20 („given") findet eine lange Rücksakkade zu „broom many" statt. (Holmqvist 2011, 264, umgezeichnet)

Die mittlere Verweildauer (Fixationsdauer) an den Fixationspunkten beträgt 200 bis 250 Millisekunden (Starr & Rayner 2001), wobei es an schwierigen Stellen auch zu kurzen Rückwärtssprüngen kommen kann (**Rücksakkade**). Rückwärtssprünge zur Re-Inspektion finden bei geübten Lesern in etwa zehn Prozent der Lesezeit statt. Die Anzahl solcher Regressionen ist bei schwierigen Texten höher als bei leichteren (Conklin et al. 2018).

Inwieweit die Unterschiede in der Lesefähigkeit von Kindern während des Schriftspracherwerbs die Blickbewegungen während des Lesens beeinflusst, zeigt Abb. 8.10. Während Leseanfänger noch eine mittlere Fixationsdauer von 355 Millisekunden aufweisen, sinkt die notwendige Verweildauer mit jedem Schuljahr, bei gleichzeitigem Ausbau der Lesefähigkeiten und erreicht nach vier bis fünf Jahren etwa die mittlere Fixationsdauer von Erwachsenen. Ähnliches gilt für die zum Lesen notwendigen Fixationen pro Wort. Die Anzahl der notwendigen Re-Inspektionen verringert sich während der ersten sechs Schuljahre allerdings nur langsam von 28 auf 22 %. Erst mit der Leseerfahrung eines Erwachsenen sinken die Regressionen auf 14 % (Starr & Rayner 2001).

Es gibt aber auch berechtigte **Kritik** an der Methode der Blickbewegungsmessung, da vor allem drei Punkte umstritten sind. Erstens ist noch unklar, inwieweit basale Steuermechanismen der Augenmuskulatur (Okulomotorik) die kognitive top-down-Steuerung der Augen verändern kann. Zweitens konnte noch nicht ermittelt werden, wie viel Textinformation bereits rechts vom aktuellen

	Grade level[a]						
	1	2	3	4	5	6	Adult
Fixation duration (ms)	355	306	286	266	255	240	233
Fixations per 100 words	191	151	131	121	117	106	94
Frequency of regressions (%)	28	26	25	26	26	22	14

[a] Grade 1 children in the US are typically 6 years old, when reading instruction begins.

Abb. 8.10 Die Ausbildung der Lesefähigkeit während der ersten sechs Schuljahre und dem Erwachsenenalter anhand der Fixationsdauer, der Anzahl der Fixationspunkte pro 100 Wörter und anhand der Häufigkeit von Regressionen. (Starr & Rayner 2001, 158)

8.3 Die Registrierung von Blickbewegungen (*eye tracking*)

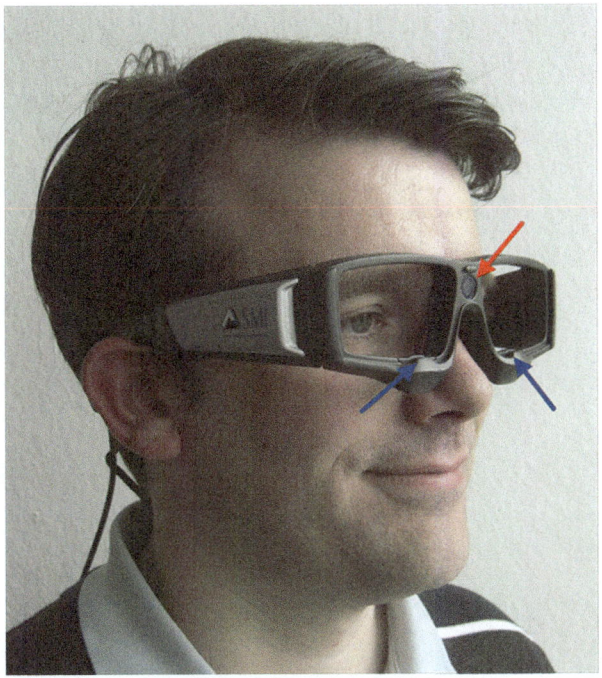

Abb. 8.11 Ein für den mobilen Einsatz geeigneter Eyetracker in einem Brillengestell. Die beiden Augenkameras (blaue Pfeile) bestimmen die Pupillenposition, die Kopfkamera (roter Pfeil) dient zur Aufnahme des Sichtfelds des Trägers. Im Vergleich zu Überkopfsystemen (vgl. Abb. 8.8) ist sowohl die Messtechnik (keine zusätzliche Infrarotmessung des Reflexionspunkts) als auch die räumliche und zeitliche Auflösung noch nicht vergleichbar gut. Dennoch ermöglichen solche mobilen Eyetracker völlig neue Untersuchungsszenarien in Alltagsumgebungen.

Fixationspunkt wahrgenommen und verarbeitet wird, bevor der nächste Fixationspunkt dorthin verlagert wird. Drittens ist es möglich, dass Leser gleichzeitig mehr als nur ein Wort verarbeiten (Starr & Rayner 2001). Insbesondere das Ausmaß der parallelen Verarbeitung und der Umfang der rechts vom aktuellen Fixationspunkt wahrgenommenen Informationsmenge darf nicht unterschätzt werden. Die sogenannte parafoveale Verarbeitung von Textinformation spielt für den Leseprozess geübter Leser eine wichtige Rolle (Schotter et al. 2012).

Blickbewegungsuntersuchungen spielen in der **Cognitive Science** eine große Rolle und werden beispielsweise für empirische Studien zur visuellen Wahrnehmung komplexer Echtzeitinformationen (z. B. Anzeigeinstrumente im Auto) oder zur Beeinflussung von Käuferverhalten im Supermarkt genutzt. Anders als beim Leseexperiment sind hier die Anforderungen an die räumliche und zeitliche Auflösung nicht so hoch, daher können mobile, unauffällige und wenig störende Geräte zum Einsatz kommen (s. Abb. 8.11).

Klinische Untersuchungen zur funktionellen Neuroanatomie der Sprache

In diesem Kapitel werden Erkenntnisse zur funktionellen Neuroanatomie und zur Physiologie von Sprachfunktionen vorgestellt, die mit invasiven Verfahren im Zuge eines notwendigen neurochirurgischen Eingriffs bei wachen Patienten gewonnen wurden. Es handelt sich somit um Einsichten in die Funktionsweise des Gehirns, die entweder als Nebenprodukt eines neurochirurgischen Eingriffs oder im Rahmen der Vorbereitung auf einen solchen Eingriff ermöglicht werden (präoperative Diagnostik). Darüber hinaus können, in vorheriger Absprache mit den Patienten auch kognitive Tests während kurzer Pausen der Gehirnoperation durchgeführt werden. Derartige hirnchirurgische Eingriffe werden häufig am wachen Patienten durchgeführt, um die zu operierende Gehirnregion z. B. auf eine mögliche Beteiligung an der Sprachfunktion unmittelbar testen zu können (Brain Mapping) (Duffau 2011). In allen Fällen handelt es sich um massiv invasive Untersuchungen im klinisch-neurochirurgischen Alltag, die nur bei Patienten mit entsprechender Indikation durchgeführt werden, beispielsweise Patienten mit Hirntumoren oder nur neurochirurgisch zu behandelnden Epilepsien.

9.1 Eingriffe ins Gehirn: Intrakraniale Ableitungen und Stimulationsexperimente

Bereits die Gladiatorenärzte der Antike, vor allem aber die Militärärzte des 20. Jahrhunderts haben durch die Behandlung offener Kopfverletzungen umfangreiches Wissen zur funktionellen Neuroanatomie des Gehirns zusammengestellt (Heilig 1916). Gerade in den Feldlazaretten des Ersten Weltkriegs hat ironischerweise die Behandlung der vielen, durch einen Kopfschuss verletzten Infanteristen der Schützengräben einen großen Teil dazu beigetragen. Beispielsweise basieren die lokalistischen Hirnkartierungen von Kleist (1934) auf seinen Erfahrungen mit mehreren hundert kopfverletzten Soldaten, die er seit 1914 als Militärarzt behandelt hat. In einer ethisch problematischen Situation ermöglicht die neurochirurgische Versorgung von Patienten somit Grundlagenforschung. Auch heute werden Erkenntnisse zu kognitiven Prozessen bei notwendigen Operationen am offenen Gehirn gewonnen. Diese Operationen werden durchgeführt, wenn z. B. Tumoren entfernt werden müssen oder eine massive Schädelverletzung vorliegt (Schädel-Hirn-Trauma). Eine weitere Gruppe von neurochirurgischen Patienten bilden Epilepsiepatienten, deren epileptische Anfälle nicht medikamentös reduziert werden können. Bei ihnen wird der die Anfälle auslösende Epilepsieherd operativ entfernt, um eine Anfallsfreiheit zu erreichen. Für die erfolgreiche Behandlung der Epilepsiepatienten ist die präoperative Diagnostik von großer Bedeutung. Vor der eigentlichen Operation muss zunächst derjenige Bereich des Gehirns ermittelt werden, der für die epileptische Störung verantwortlich ist. Danach müssen die benachbarten Gehirnregionen ggf. auf eine Sprachbeteiligung hin überprüft werden. Soll etwa eine linksseitige Temporallappenepilepsie operativ behandelt werden, kann durch diese Funktionskartierung (**Brain Mapping**) eine mögliche operationsbedingte Sprachbeeinträchtigung vermieden werden. Um das zu erreichen, wird dem Patienten vor der eigentlichen Epilepsie-Operation der Schädel geöffnet, um in der betreffenden Region eine Folie mit mehreren Elektroden großflächig direkt auf die Oberfläche der Hirnrinde (Kortex) zu platzieren. Im Rahmen der **präoperativen Diagnostik** erlauben diese Elektroden vor der späteren Entfernung des Epilepsieherdes eine millimetergenaue Beurteilung der funktionellen und pathologischen Areale der betroffenen Gehirnregion. Bei den benutzten Elektroden-Folien (Elektroden-Grids) handelt es sich um Metallscheiben aus Platin-Iridium oder rostfreiem Stahl mit etwa drei bis fünf Millimetern Durchmesser, die in definierten Abständen auf einer Folie angeordnet sind, so dass sie mehrere Tage im Schädel auf der Kortexoberfläche des Patienten verbleiben können, ohne zu viel Raum einzunehmen und dadurch Schäden zu verursachen. Der Abstand zwischen den einzelnen Elektroden beträgt maximal zehn Millimeter und es sind Grids mit vier, acht, 64 oder noch mehr Elektroden gebräuchlich (s. Abb. 9.1, A).

Nach der Applikation des Elektroden-Grids wird der Schädel wieder verschlossen und lediglich die Elektrodenkabel führen aus dem Schädel heraus, um an den Verstärker für die Ableitung des Elektrokortikogramms (Epilepsieherd-Identifizierung) bzw. an das Stimulationsgerät für die nachfolgende Funktionsdiagnostik (Brain Mapping) angeschlossen werden zu können (s. Abb. 9.1 C). Nach der Analyse beider Befunde wird dann das individuelle ‚Schnittmuster' der Gewebeentfernung bestimmt.

Nach dieser ersten Operation zur Platzierung der Elektroden-Grids bleiben die Patienten für etwa fünf bis zehn Tage in speziellen Beobachtungszimmern, während über die intrakranialen Elektroden rund um die Uhr das **Elektrokortikogramm** (ECoG) der Kortexoberfläche abgeleitet wird. Dabei werden alle in dieser Zeit auftretenden epileptischen Aktivitäten der Hirnrinde werden lediglich von den exakt über dem Epilepsieherd liegenden Elektroden des Grids erfasst. Der Epilepsieherd kann so millimetergenau auf der Kortexoberfläche lokalisiert werden.

9.1 Eingriffe ins Gehirn: Intrakraniale Stimulationsexperimente

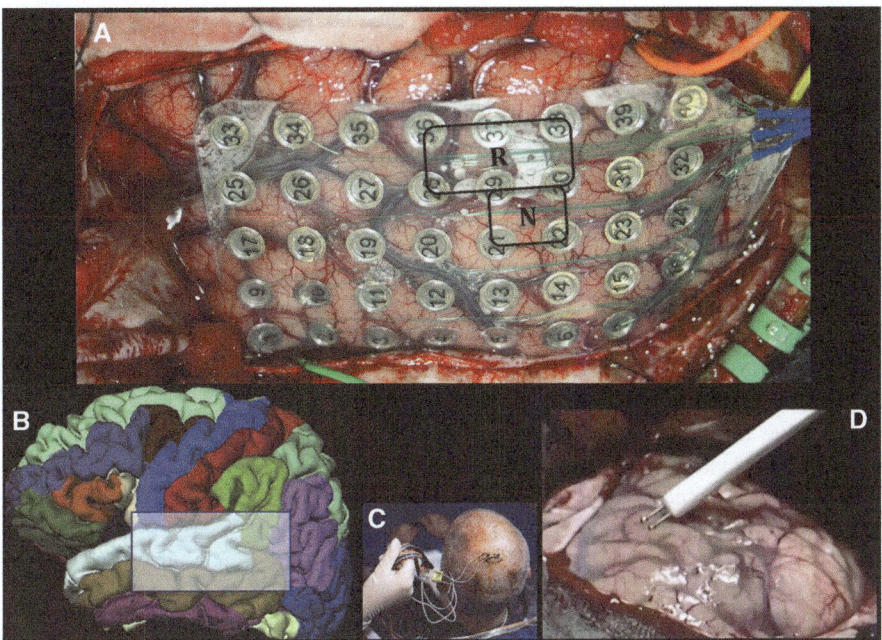

Abb. 9.1 **A**: Elektroden-Grid mit 40 Elektroden auf der Oberfläche der linken temporoparietal-Region bei einem wachen Epilepsie-Patienten. Bei einer jeweils paarweisen elektrischen Stimulation der vier Elektroden im Kasten N hat der Patient eine Benennstörung. Die paarweise Stimulation der Elektroden im Kasten R bewirkt, das der Patient gehörte Sätze nicht angemessen nachsprechen kann (Papanicolaou et al. 2019, 469). Die genaue Platzierung des Elektroden-Grids zeigt das graue Rechteck auf der Übersichtsabbildung (**B**). **C**: Für die mehrtägige präoperative Diagnostik wird der Schädel wieder verschlossen, so dass nur die Kabel zu den einzelnen Elektroden herausschauen (Shirasawa et al. 2011). **D**: Bei einer Tumorentfernung kann das Mapping mittels elektrischer Stimulation auch während der OP mit einer handgeführten Paar-Elektrode durchgeführt werden (P. Hugues Duffau).

Die vorübergehende elektrische Läsionierung von Gehirnbereichen

Neben der Eingrenzung und Identifizierung des Epilepsieherdes durch das Elektrokortikogramm (ECoG) in der oben beschriebenen Untersuchung von Epilepsiepatienten, kommt dem Brain Mapping auch eine neurolinguistische Bedeutung zu. Beim Brain Mapping werden die implantierten Elektroden-Grids nicht für die Messung der elektrischen Neuronenaktivität eines epileptischen Herdes, sondern für die **elektrische Stimulation** der unter den Elektroden liegenden Nervenzellverbänden genutzt, um ihre Funktion zu erfassen. Bei dieser Untersuchung werden nacheinander alle benachbarten Elektrodenpositionen kurz elektrisch überaktiviert, um über den Reizstrom eine kurzfristige Funktionsstörung des darunterliegenden Nervengewebes zu erreichen. Diese vorübergehende Funktionsstörung (temporäre Läsion), die einen Bereich von etwa drei Millimetern um die Elektrode herum betrifft, gibt Aufschluss darüber, was passieren würde, stünde nach erfolgter Operation dieses Gehirnareal nicht mehr zur Verfügung. Gleichzeitig wird aber auch erkannt, welche

Gehirnregionen im Rahmen der getesteten Sprachfunktionen für welche sprachliche Teilleistung verantwortlich ist. Aufgrund der Daten vieler Patienten könnten sich so sprachliche Teilleistungen kartografieren lassen – falls sprachliche Teilleistungen überhaupt eine Topographie aufweisen. Die elektrische Stimulation geschieht typischerweise über drei bis fünf Milliampere starke und 0,5 Millisekunden lange Strompulse. Sie werden 50 mal pro Sekunde (50 Hz) über einen Zeitraum von etwa ein bis fünf Sekunden verabreicht (*Pulse-train*) (Lesser et al. 1994).

Bei dem Stimulationstest müssen die Patienten zunächst bestimmte kognitive Aufgaben durchführen. Dazu gehören beispielsweise lautes Wortlesen, lautes Satzlesen, Objektbenennen und Nachsprechen. Eine detaillierte Auflistung der beim Brain Mapping verwendeten verschiedenen Protokolle und Sprachtestungen zeigen Martín-Monzón et al. (2022). Während dieser Aufgaben werden dann die Elektroden des Grids nacheinander an den elektrischen Reizgeber angeschlossen und so eine mögliche Veränderung oder gar der Ausfall einer kognitiven Einzelleistung festgestellt. Führt die Stimulation einer bestimmten Gehirnregion während des Sprechens z. B. zu einem vollständigen Ausfall der Artikulation (Sprechhemmung, *speech arrest*), so wird dieser Kortexbereich als sprachrelevante Region eingestuft. Über die elektrische Stimulation können elektrische Läsionen bei den Patienten gesetzt werden, die sehr gut positionierbar und vor allem wieder umkehrbar (reversibel) sind – d. h., die kurzfristige elektrische Ausschaltung des jeweiligen Gehirngebietes bleibt für die Patienten folgenlos. Es ist jedoch deutlich geworden, dass höhere kognitive Funktionen und insbesondere Sprache keine immer gleiche Topographie zeigen und daher nicht dauerhaft bestimmten Regionen im Gehirn zugeordnet werden können (Lokalisation). Vielmehr sind sie eine Leistung wechselnder neuronaler Netzwerke (*neuronal assemblies*, vgl. Abschn. 13.1). Solche kurzzeitig existierenden Neuronenverbände oder Neuronal Assemblies bestehen aus einigen Millionen Nervenzellen in einem Gewebebereich von ein bis zwei Millimetern. Die Dauer ihrer Zusammenarbeit kann bis zu mehreren hundert Millisekunden umfassen (Badin et al. 2017). So entstehen im Gehirn je nach Anforderung für sehr kurze Zeit wechselnde Neuronenverbände, die aufgabenspezifisch kooperieren. Man spricht daher von transienten Netzwerken, die gewissermaßen wie ein ‚virtuelles Organ‘ agieren. Die Kommunikation zwischen den beteiligten Neuronen solcher Verbände basiert dabei nur unwesentlich auf synaptischen Verbindungen. Vielmehr wird vermutet, dass diese Netzwerke über oszillatorische Prozesse, die parallel in verschiedenen Frequenzbändern hirnelektrischer Aktivität ablaufen, zusammengehalten werden (Singer et al. 1997; Singer 2009; Eggermond 2021). Dieses Phänomen wird ‚Neuronal Binding by Synchrony‘ oder **Bindungsproblem** genannt und steht nach wie vor im Mittelpunkt neurokognitiver Forschung zur Sprachfähigkeit (z. B. Weiss & Müller 2012; Pulvermüller et al. 2014; Meyer 2018; Armeni et al. 2019; Meyer et al. 2020; Piai et al. 2020).

Insbesondere die Leistung sogenannter höherer kognitiver Funktionen im Gehirn basiert wesentlich auf solchen, jeweils nur kurzfristig zusammenarbeitenden Neuronenverbänden. Im Unterschied dazu sind die stammesgeschichtlich älteren sensorischen und motorischen Leistungen eng umschriebenen Gehirnregionen fest zugeordnet, und zeigen daher eine eindeutige Topographie, beispielsweise die primären Hör- und Sehrinden oder die sensomotorischen Kortizes beider Hemisphären. Hier zeigt jeder Mensch eine individuelle, millimetergenaue und dauerhaft topische Repräsentation in der Hirnrinde (z. B. Somatotopie, Tonotopie). Diese Fähigkeiten sind streng lokalisiert (Penfield & Rasmussen 1950; Huggenberger et al. 2019). Diese strenge Lokalisierbarkeit gilt jedoch nicht für höhere kognitive Funktionen und insbesondere nicht für sprachliche Teilprozesse. Daher lässt sich beim Brain Mapping über einen längeren Zeitraum beobachten, dass die zunächst festgestellten Beeinträchtigungen der Sprache plötzlich nicht mehr ausgelöst werden und sie offensichtlich durch neuronale Umschaltungen des Gehirns kompensiert wurden. Ojemann und Whitaker (1978) konnten zeigen, dass es bei einer Versuchsperson während einer Benennungsaufgabe an einem bestimmten Ort nur bei drei von fünf Stimulationen zu einer Sprechhemmung gekommen ist. Es liegt also eine gewisse **intraindividuelle Variabilität** vor, die die Möglichkeiten einer Lokalisation von kognitiven Fähigkeiten einschränkt (Collée et al. 2023).

Brain Mapping und Sprache
Für die Lokalisation sprachrelevanter Gehirnregionen werden in der Neurochirurgie handgeführte Stimulationselektroden verwendet, bei denen die Kortexoberfläche mit zwei stumpfen Kugelelektroden elektrisch überaktiviert wird, die sich in einem Abstand von etwa fünf Millimetern voneinander befinden (vgl. Abb. 9.1 D). Die Technik der elektrischen Stimulation wird seit über 80 Jahren genutzt (Penfield & Rasmussen 1950; Duffau 2011). Bereits 1938 konnte Wilder Penfield während der Operation von Patienten mit einem großflächig freigelegten Gehirn beispielsweise die Artikulation von Vokalen hervorrufen, indem er verschiedene Orte des motorischen Kortex (Gesichtsbereich) mit Metallelektroden elektrisch stimulierte (ähnlich der Elektroden in Abb. 9.1, D). Dabei artikulierten die Patienten z. B. ein langanhaltendes „A" – und zwar exakt so lang, wie auch elektrisch gereizt wurde. Bei sehr langer Reizung mit einer Spannung von zwei bis drei Volt (wenige Milliampere) wurde die Artikulation (**Vokalisation**) von den Patienten nur kurz unterbrochen, um einen notwendigen Atemzug durchzuführen (Atemreflex). Die spätere Befragung der Patienten ergab, dass sie die eigene Lautäußerung zwar bemerkten, sie jedoch nicht unterdrücken konnten. Andere Patienten wiederholten während der Elektrostimulation bestimmter Kortexbereiche ständig Laute oder Silben, was jedoch in beiden Hemisphären ausgelöst werden konnte (s. Abb. 9.2).

Das Brain Mapping bei Patient C. H. ergab, dass an einigen Gehirnregionen die **elektrische Stimulation** für die damalige Zeit bemerkenswerte Reaktionen bewirkt hat (Penfield & Roberts 1959). Sie sind in Abb. 9.2 mit Nummern markiert. Der Patient sollte während der Stimulation Bilder benennen und reagierte beispielsweise auf die jeweilige Stimulation im Bereich des motorischen Kortex (Gyrus praecentralis) mit:

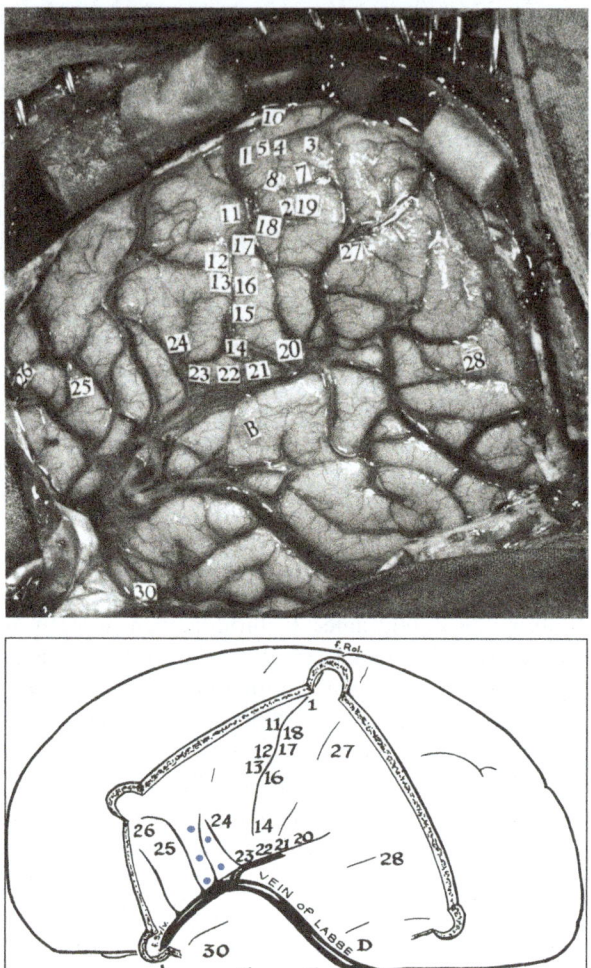

Abb. 9.2 Der freiliegende linke Temporallappen während einer von Wilder Penfield durchgeführten Hirnoperation am wachen Patienten (Patient C. H.). Die auf der Kortexoberfläche abgelegten Nummerntafeln markieren die Orte, bei denen die elektrische Stimulation zu einer vom Patienten oder Untersucher wahrnehmbaren sensorischen, motorischen oder kognitiven Veränderung geführt hat. Weitere Erläuterungen im Text. Die Übersichtszeichnung (unten) zeigt Ausmaß und Position der Schädelöffnung. Zur Orientierung beschriftet ist die Vena anastomotica inferior (Labbé-Vene) sowie der Sulcus centralis (*fissura Rolandi*). (Penfield & Roberts 1959, 114)

11	=	„*Eine Empfindung in meiner Kehle, die meine Stimme stoppte*"
12	=	horizontale Bewegungen des Unterkiefers
13	=	Bewegung des Unterkiefers nach rechts
21	=	Bewegung des Unterkiefers nach unten

9.1 Eingriffe ins Gehirn: Intrakraniale Stimulationsexperimente

Stimulation im Bereich des sensorischen Kortex (Gyrus postcentralis):

1 = leichte Bewegungen im rechten Daumen
19 = Empfindung an der Außenseite der Unterlippe
17 = Empfindung an der Innenseite der rechten Unterlippe
16 = rechtsseitiges Zucken der Zungenspitze
14 = Empfindung am Kiefergelenk und der Unterlippe

Bei Stimulation folgender Gehirnregionen wurden Beeinträchtigungen des Sprechens festgestellt:

23 = Wurde dieser Ort während des Sprechens stimuliert, konnte nicht mehr gesprochen, sondern nur noch schwach vokalisiert werden. Der Patient sagte, er wäre dann unfähig zu sprechen. Wurde dieser Ort gereizt, während der Patient ruhig war, kam es zu keiner Vokalisation und der Patient bemerkte gar nichts.

24 = Der Patient versucht zu sprechen, bewegt den Mund, es kommt aber zu keiner Artikulation von Lauten.

25 = Der Patient zögert bei der Benennung des Bildes, benennt dann aber korrekt. An den Orten zwischen 24 und 25 (blaue Punkte in Abb. 9.2 unten) konnte keine Sprachbeeinträchtigung ausgelöst werden.

26 = Der Patient sagte: *„Oh, ich weiß was es ist. Das ist, was man in den Schuh steckt."* Nach dem Anheben der Elektrode fügte er hinzu: *„Fuß."*.

27 = Der Patient sagte: *„Ich weiß was es ist."* Nach Beendigung der Stimulation sagte er korrekt: *„Baum."*

28 = Während der Reizung konnte nicht benannt werden. Nach Beendigung der Reizung kam es in der Region für kurze Zeit zu unkontrollierter Neuronenaktivität (Nachentladungen), die ein Benennen ebenfalls unmöglich machten. Auf Nachfrage sagte der Patient: *„Ich hatte das Wort ‚Schmetterling' nicht – ich suchte weiter und dann kam ‚Motte'."* (Penfield & Roberts 1959).

Auch bei weiteren Patienten führten elektrische Stimulationen in anderen Gehirnregionen in manchen Fällen zu einer Unfähigkeit zu sprechen (Sprechhemmung, *speech arrest*). Die Patienten haben vorgelesen oder spontan gesprochen während die Stimulation durchgeführt wurde. Für die Dauer der Stimulation ist es zu einer Unterbrechung des Sprechens gekommen. Für diese Gehirnregionen wird dann von einer Beteiligung am Sprachprozess bei diesem Patienten ausgegangen. Es ist allerdings auch möglich, dass, selbst wenn die Elektrostimulation im motorischen Kortex (Mundbereich) eine Sprechhemmung auslöst, die spätere operative Entfernung dieses Areals nicht zu einer großen Beeinträchtigung der Sprachproduktion führt. Penfield und Roberts (1959) berichten von 15 Patienten, die nach Stimulation in einem umschriebenen Kortexgebiet zwar zunächst eine Sprechhemmung zeigten, nach der Entfernung dieser Gehirnregion aber keine Aphasie erlitten. Diese individuelle Variabilität der am Sprachprozess beteiligten Gehirnregionen konnte auch Ojemann (1994; 2011) in einer Studie mit 117 Patienten zeigen (s. Abb. 9.3).

Wie in Abb. 9.3 zu sehen, ist die **individuelle Variabilität** derjenigen Kortexbereiche sehr hoch, deren elektrische Stimulation zu einer Sprechhemmung führt. Weiterhin ist festzustellen, dass es bei Patienten im Verlauf der Operation auch dazu kommen kann, dass ein Kortexareal eine Sprechhemmung nur unregelmäßig auslöst. Neuere Untersuchungen zeigen, dass diese Methode (Brain Mapping) kein allgemeines und auf Menschen per se übertragbares Bild der am Sprachprozess beteiligten Gehirnregionen ergibt. Darüber hinaus haben Sanai et al. (2008) in einer Studie mit 250 Patienten, denen ein Hirntumor in einer Wach-Operation entfernt wurde, Kortexareale in der Größe von einem Quadratzentimeter elektrisch stimuliert und dabei ebenfalls eine enorme Variabilität zwischen den einzelnen Patienten festgestellt.

Zusammenfassend lässt sich feststellen, dass sich die klinischen Befunde der Neurochirurgie nicht mit den Befunden mit bildgebenden Verfahren zu einem einheitlichen Bild zusammenführen lassen. Einerseits zeigt sich in PET- und fMRT-Untersuchungen, dass die am Sprachprozess beteiligten Gehirnregionen viel umfangreicher sind als bislang angenommen. Andererseits zeigt das Brain

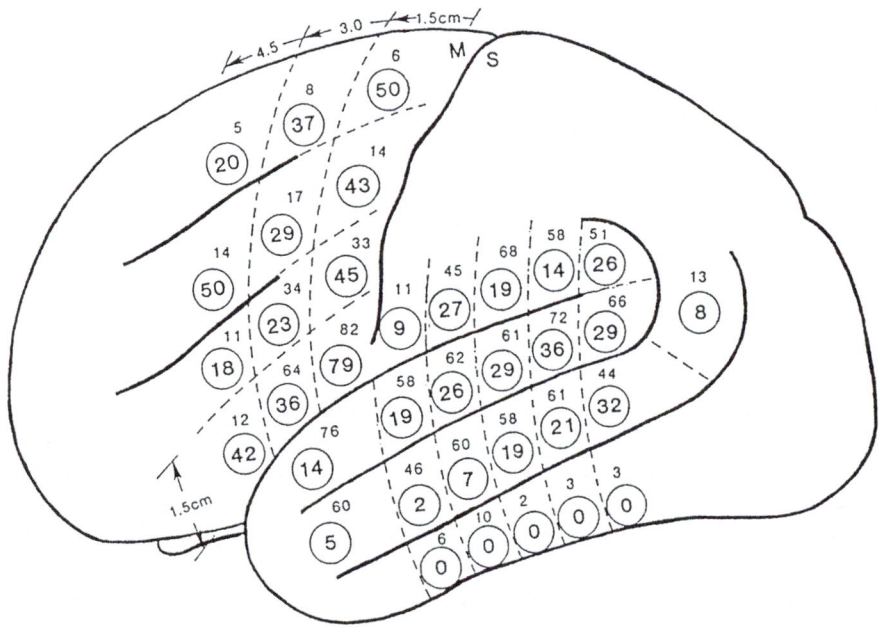

Abb. 9.3 Schematische Darstellung der linken Hemisphäre mit den eingezeichneten Kortexbereichen, an denen bei insgesamt 117 Patienten elektrisch stimuliert wurde. Alle Patienten waren hinsichtlich der Sprache linksdominant. Die kleineren Ziffern oberhalb der Kreise geben die jeweilige Anzahl der an dieser Region stimulierten Patienten an. Die Zahlen in den Kreisen geben an, bei wie viel Prozent dieser Patienten es durch die Stimulation zu einer Beeinträchtigung beim Benennen kam. Es lässt sich kein einheitliches Bild der am Benennprozess beteiligten Kortexbereiche feststellen. M = motorischer Kortex, S = sensorischer Kortex. (Ojeman 1994, 41)

Mapping, dass die durch eine elektrische Stimulation ausgelösten temporären Läsionen nur an vergleichsweise wenigen Kortexregionen verlässliche Störungen der Sprachproduktion hervorrufen. In den Untersuchungen von Sanai et al. (2008) führten selbst elektrische Stimulationen in der Broca-Region nur in etwa 30 % der Fälle zu einer wahrnehmbaren Sprachbeeinträchtigung des Patienten.

Subkortikale Stimulation mit Tiefenelektroden
Auch subkortikale Bereiche des Gehirns können über dünne Drahtelektroden, die unter Röntgenkontrolle tief in das Gehirn eingeführt werden (DBS, *deep brain stimulation*) elektrisch stimuliert werden (Anderson & SIN 2019; Temel et al. 2020). Wird beispielsweise der Thalamus mit vergleichsweise starken Strömen gereizt, so äußern Patienten plötzlich Phrasen wie „*Thank you*" oder „*Now one goes home*", oft begleitet von Augen- und Extremitätenbewegungen (Lebrun & Leleux 1993). Bei wiederholter Stimulation zeigten manche Patienten auch eine Wiederholung der gleichen Phrase, andere wiederum artikulierten stets neue Phrasen. Nach der Tiefenstimulation konnten sich die Patienten in der Regel nicht an die zuvor getätigten Äußerungen erinnern. Weiterhin werden im Thalamus durch solche Stimulationen auch nichtsprachliche Vokalisationen oder Verhaltensreaktionen wie Lippenlecken, Schlucken oder Husten ausgelöst.

Die kortikale oder subkortikale Stimulation von Hirngewebe durch elektrische Ströme hat das Verständnis der funktionellen Neuroanatomie des Gehirns durchaus erweitert (Lucas et al. 2008; Sanai et al. 2008; Duffau 2011; Ojemann 2011). Andererseits zeigt sich jedoch auch, dass eine streng lokalistische Sicht auf Sprache nicht zutreffen kann, bei der eine engumgrenzte Gehirnregion mit einer bestimmten kognitiven Funktion in Verbindung gebracht wird. Beispielsweise können durch elektrische Stimulation Neuronengruppen aktiviert werden, die ggf. den Prozess der Objektbenennung stören, an der Benennung selbst jedoch nicht unbedingt beteiligt sein müssen. Für diese Ansicht spricht, dass im Verlauf eines Experiments die Stimulation bestimmter Kortexbereiche zu uneinheitlichen Ergebnissen führen und es bei wiederholter Stimulation nur unregelmäßig zu einer Beeinträchtigung kommen kann.

9.2 Die kurzzeitige Betäubung einer Gehirnhälfte: Der Wada-Test

Der Wada-Test wird ebenfalls im Zuge der präoperativen Diagnostik durchgeführt, um z. B. die Sprachlateralisierung der Patienten vor einem neurochirurgischen Eingriff in Erfahrung zu bringen. Erstmalig durchgeführt wurde er 1949 durch Juhn A. Wada, der ihn als **intrakarotidalen Amobarbital-Test** (IAT) bezeichnete. Bei der Prozedur wird in der Leistengegend ein Katheter in das Gefäßsystem eingeführt (transfemoral) und bis zur Halsschlagader und der Artera carotis interna der linken oder rechten Körperseite vorgeschoben. So kann ein Betäubungsmittel (z. B. das Barbiturat Amobarbital) erst in die eine und nachfolgend in die andere Hemisphäre eingebracht werden. Bereits nach drei bis vier Sekunden ist die so betäubte Hemisphäre für drei bis sechs Minuten massiv in ihrer Funktion beeinträchtigt (Kurthen 1992; 1993). Allerdings wird nicht die gesamte Hemisphäre betäubt, da das Versorgungsgebiet der Arteria cerebri posterior nicht vom Barbiturat erreicht wird (Kurthen 1993). Für mehrere Jahrzehnte war der Wada-Test die Methode der Wahl, um bei neurochirurgischen Patienten denen eine entsprechende Operation bevorstand, Sicherheit über mögliche postoperative Beeinträchtigungen der Sprachfähigkeit oder des Erinnerns zu erlangen (Baxendale 2009). Die Methode ist nicht ungefährlich und wird nur bei entsprechender Indikation durchgeführt. Nach Loddenkemper et al. (2008) kam es bei elf Prozent der untersuchten 677 Patienten zu Komplikationen bei der Durchführung des Wada-Tests. Bei 0,6 % der Patienten traten neurologische Störungen auf, die auch drei Monate nach dem Wada-Test noch vorhanden waren (Loddenkemper et al. 2008).

Üblicherweise wird zunächst die sprachdominante (meist linke) Hemisphäre betäubt. Als Folge verhält sich der Patient völlig aphasisch. Die Fragen des Untersuchers führen zwar zu kommunikativen Reaktionen des Patienten, es werden jedoch nur gestische Bewegungen mit dem linken Arm sowie leichte Vokalisationen vollzogen. Der Patient verhält sich wie bei einer globalen Aphasie. Wird nach Abklingen der ersten Betäubung und kurzer Pause nach etwa 30 Minuten hingegen die rechte Hemisphäre betäubt, so bleibt die Sprachfähigkeit des Patienten erhalten. In beiden Phasen der Untersuchung werden zunächst Fragen nach dem eigenen Namen, nach der Reihenfolge der Wochentage usw. gestellt. Dann werden dem Patienten mehrere Alltagsobjekte gezeigt und in die ipsilaterale Hand gegeben, damit er sie benennen kann. Ist dies nicht möglich, benennt es der Untersucher und fordert den Patienten auf, sich das Objekt zu merken. Am Ende der links- oder rechtsseitigen Betäubung wird der Patient dann zu seinen Erinnerungen an die Prozedur befragt. Anschließend soll er aus einer Reihe von Objekten diejenigen bestimmen, die ihm während der Betäubung gezeigt wurden. So können Vorgänge des Benennens, des Einspeicherns und des Erinnerns auf ihre Seitigkeit hin getestet werden. Weitere Fragen betreffen z. B. semantische Zuordnungen. So sollen die Patienten während der jeweiligen Betäubung einfache Begriffe, wie beispielsweise ‚Motor' mit einem Satz erklären. Auch werden Nachsprechen, Zählen, Lesen oder das Erinnern von abstrakten Mustern geprüft. Es existiert allerdings keine standardisierte Durchführung des Wada-Tests.

Die Betäubung der rechten Hemisphäre bewirkt, dass die Sprache der Patienten affektiv abgeflacht klingt und hinsichtlich der Intonation und prosodischer Merkmale verarmt wirkt. Einen weiteren Hinweis auf den Beitrag der rechten Hemisphäre zu Intonation und **Prosodie** der Sprache gaben Versuche, bei denen die Patienten bekannte Melodien mit ständig wiederkehrenden Silben produzieren sollten („la, la, la"). Bei der Betäubung der rechten Hemisphäre ist nur der Rhythmus, nicht jedoch die Melodie erhalten. Bei der Betäubung der linken Hemisphäre konnte die Melodie hingegen fast unbeeinträchtigt gelallt werden (Kurthen 1993). Gemeinsam mit entsprechenden Befunden von rechtshemisphärisch geschädigten neurologischen Patienten zeigen diese Ergebnisse deutlich, dass die Modulation affektiver Intonation und andere prosodische Leistungen überwiegend eine Funktion der rechten Hemisphäre darstellen.

Eine einheitliche Regelung für die Durchführung des Wada-Tests hat es nicht gegeben und so hat jede ausführende Klinik eigene Vorgaben. In den letzten zehn Jahren ist die **Kritik an der klinischen Relevanz** sowie an der Methodik generell immer stärker geworden (Simkins-Bullock 2000; Schmid et al. 2018). Fehlinterpretationen, Befundunsicherheiten und die Gefährdung des Patienten haben dazu geführt, dass die Sprachlateralisierung gegenwärtig immer häufiger über einen Wortflüssigkeitstest mittels fMRT getestet wird (Woermann et al. 2003). Auch mittels spektralanalytischer EEG-Untersuchung ist eine Aussage zur Lateralisierung möglich (Herfurth et al. 2022). Das gilt auch für Untersuchungen des Gedächtnisses (Massot-Tarrús et al. 2020).

Auch um die Frage nach der Konstitution von **Bewusstsein** und der Persönlichkeit zu klären, ist der Wada-Test eine geeignete Methode. Er problematisiert die Frage, wie viele und welche Regionen des Gehirns zumindest notwendig sind, um die individuelle Persönlichkeit eines Menschen hervorzubringen. Insbesondere ist hier von Interesse, wie das Bewusstsein eines Menschen durch das neuronale Substrat erzeugt wird. Welche Bereiche des Gehirns sind notwendig, um die Integrität der Person herzustellen? Im oberflächlichen Gespräch der Testsituation mit Patienten, deren rechte Hemisphäre betäubt ist, scheint das Bewusstsein oder die Persönlichkeit nicht wesentlich verändert zu sein. Vermutlich verhält es sich genau so, wenn die linke Hemisphäre betäubt ist – allerdings kann man es mangels Sprache in dieser Situation von den Patienten nicht erfahren.

9.3 Die selektive Störung von Gehirnfunktionen mittels TMS

In Abschnitt 9.1 wurde gezeigt, wie kleine Gehirnbereiche durch direkt auf die Kortexoberfläche aufgebrachte Elektroden elektrisch überaktiviert und damit kurzfristig funktionslos gemacht werden können (temporäre Läsion). Solche kurzzeitigen Läsionen von Gehirnregionen können auch über lokale, jedoch sehr starke Magnetfelder ausgelöst werden. Dabei spielt es für den betroffenen Gehirnbereich keine Rolle, ob die elektrischen Vorgänge der Neuronen durch ein appliziertes elektrisches oder ein magnetisches Feld gestört werden. Die Auswirkungen sind ähnlich und es kommt in dem betroffenen Nervengewebe zu massenhaften und völlig unkontrollierten Entladungen (**Überaktivierung**), die eine normale Funktion unmöglich machen. Während des Auf- und Abbaus des angelegten Magnetfelds werden im Hirngewebe Spannungen induziert (Induktion), die die Neuronen in gleicher Weise elektrisch beeinflussen wie eine direkte elektrische Stimulation über Elektroden-Grids. Der Vorteil der magnetischen Stimulation ist, dass das Gehirn nicht freigelegt werden muss und man die Magnetfeldänderungen ohne operativen Eingriff (nicht-invasiv) durch den Schädelknochen hindurch (transkraniell) applizieren kann. Dennoch handelt es sich nicht um ein völlig

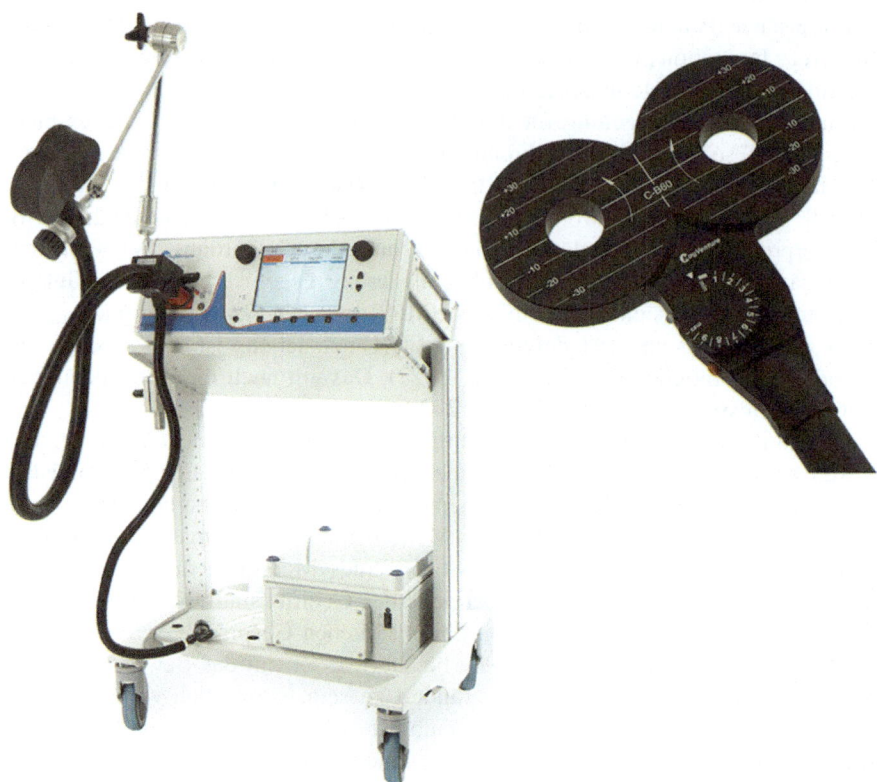

Abb. 9.4 Ein leistungsstarkes Gerät zur transkraniellen Magnetstimulation (TMS) mit einer gekühlten Schmetterlingsspule (links) (MagPro R30 der Firma MagVenture), das auch in der klinischen Behandlung eingesetzt wird. Auf der rechten Seite vergrößert dargestellt ist eine ungekühlte Kopfspule. Über einen beweglichen Haltearm werden die Spulen am Kopf des Patienten positioniert. (Firma MagVenture)

ungefährliches Verfahren, auch wenn es häufig in psychologischen Experimenten zur Grundlagenforschung bei gesunden Probanden eingesetzt wird (s. Abb. 9.4) (Paulus & Siebner 207; Rossi et al. 2021).

Bei der heutigen, seit 1985 eingesetzten **transkraniellen Magnetstimulation** oder TMS (*transcranial magnetic stimulation*, TMS) werden ein bis vier etwa handtellergroße Ringspulen zunächst über der Hirnregion mit einem Stativ fixiert, die blockiert oder aktiviert werden soll. Danach fließt für ca. 250 Mikrosekunden ein sehr starker Entladungsstrom eines Kondensators mit bis zu 2500 Kilowatt Leistung durch die Spulen, was mit einer gewissen Erwärmung der Spulen und Klopfgeräuschen der Entladung verbunden ist. Durch diesen Stromfluss wird ein zwei bis drei Tesla starkes Magnetfeld erzeugt, das sich zwar mit zunehmender Entfernung stark abschwächt, das Hirngewebe jedoch auch in einigen Zentimetern Tiefe erreicht (Eschweiler 2003; Siebner & Ziemann 2007; Lefaucheur 2019; Chen 2022). Im Kortex, der sich etwa zwei Zentimeter unterhalb der Kopf-

9.3 Die selektive Störung von Gehirnfunktionen mittels TMS

haut befindet, ist das Magnetfeld noch etwa 0,5 Tesla stark und induziert im Nervengewebe elektrische Potentiale mit Strömen von ein bis 20 Milliampere pro Quadratzentimeter. Diese Ströme wirken sich auf die Membranprozesse der Nervenzellen aus und führen zu unkontrollierten Entladungen. Das Magnetfeld wirkt sehr lokal und insbesondere durch die Verwendung von zwei nebeneinanderliegenden Ringspulen (Schmetterlingsspule, s. Abb. 9.4) wird eine starke Fokussierung des erzeugten Magnetfelds erreicht (Liepert 2007). In diesen engumgrenzten Gehirnbereichen tritt eine zeitweilige Funktionsstörung (temporäre Läsion) der Nervenzellen auf. Stärkere Effekte lassen sich mit wiederholter Magnetstimulation erzielen.

Bei der sogenannten **repetitiven TMS** (rTMS) werden ein bis fünf TMS-Pulse pro Sekunde (ein bis fünf Hertz) über einige Sekunden verabreicht, was mit der Zeit zu einer starken Erwärmung der Spulen führt und eine Kühlung notwendig macht. Auch die Wirkungen im Gehirn sind stärker, was z. B. bei der Behandlung von bestimmten Patienten mit sehr starken Depressionen genutzt wird. Die durch das Magnetfeld ausgelösten Aktionspotentiale der stimulierten Nervenzellen halten auch nach dem Magnetpuls noch bis zu einige Sekunden an (Nachentladung). Insbesondere bei der rTMS entstehen durch die Magnetstimulation auch weit über die eigentliche Stimulationsdauer hinausreichende Veränderungen: beispielsweise im Neurotransmittersystem, der Genexpression oder der synaptischen Transmission. Die durch die TMS ausgelöste temporäre Läsion kann eine Dauer von etwa 50 Millisekunden bis zu einer Stunde umfassen (Pascual-Leone et al. 2000). Die dadurch verursachten physiologischen Abläufe und neuronalen Vorgänge sind bislang nicht vollständig verstanden (Devlin & Watkins 2007; Wassermann et al. 2008; Miniussi et al. 2010). Hinweise zum Einsatz und zu möglichen Risiken der Methode finden sich z. B. in Eschweiler et al. (2003), in Paulus und Siebner (2007) und insbesondere in Rossi et al. (2021). Die TMS ist ohne Vorbereitung durchzuführen und fast schmerzfrei. Allerdings ist eine Anwendung mit längerer Dauer nicht frei von unerwünschten Nebenwirkungen, beispielsweise können Empfindungen und Muskelzuckungen im Gesicht auftreten. Weiterhin wird Spannungskopfschmerz häufiger verursacht und sehr selten werden auch epileptische Anfälle ausgelöst (Liepert 2007).

Bislang wird die TMS als eine nicht-invasive Methode eingestuft und findet als vergleichsweise unkompliziertes und kostengünstiges Verfahren auch in Experimenten zur Sprachverarbeitung zunehmend Verwendung (Devlin & Watkins 2007, 2008). Beispielsweise kann durch solche temporären Läsionen der sprachdominanten inferior-temporalen Region für die Dauer der Magnetstimulation die Sprache blockiert werden (Epstein et al. 1999). Letztlich wirkt das lokale Magnetfeld der TMS im Vergleich zur elektrischen Stimulation am freiliegenden Gehirn viel weniger spezifisch (s. Abschn. 9.1). Insofern sind auch die Erkenntnisse zum Sprachprozess, die durch die kurzzeitige TMS-Läsionierung erreicht werden können, nicht umfangreicher. Vermutlich kann die TMS in unterschiedlicher Weise die Sprachproduktion stören. Beispielsweise konnten Stewart et al. (2001) zeigen, dass bei fünf getesteten Versuchspersonen zwar die Sprachproduktion, nicht jedoch das Singen bekannter Lieder durch die TMS gestört werden konnte

(Plewnia 2003). Über die Technik der zeitweiligen Läsionierung kann ein hypothetisches Modellsystem kognitiver Prozesse auf konstituierende Komponenten hin untersucht werden. Weiterhin können bekannte Teilkomponenten auf die unversehrte Aktivität bestimmter Gehirnbereiche zurückgeführt werden. Für die Untersuchung sprachlicher Äußerungen bedeutet das, dass Orte beteiligter Gehirnregionen angegeben oder Zeitfenster der notwendigen Intaktheit dieser Gehirnregionen für bestimmte sprachliche Prozesse bestimmt werden können. Die für das Satzverstehen notwendige Abfolge der Kooperation von Gehirnbereichen kann z. B. durch unterschiedliche Störsequenzen ermittelt werden. Durch kurzzeitige Läsionen können Teilleistungen der Sprachfähigkeit selektiv beeinträchtigt werden (Devlin & Watkins 2008). Da die Wirkungen des TMS noch nicht verstanden sind, ist aber selbst die Annahme einer TMS-verursachten kurzfristigen Läsion nicht unumstritten (Miniussi et al. 2010). Auch zur Anregung und Bahnung neuronaler Aktivität kann TMS eingesetzt werden.

Nicht-invasive elektrophysiologische Methoden

10

Das folgende Kapitel gibt einen kurzen Überblick über elektrophysiologische Methoden der Neurolinguistik, die ohne eine besondere Beeinträchtigung oder Belastung für die Versuchsperson durchgeführt werden können. Es handelt sich somit um ungefährliche, nicht-invasive Verfahren, die sehr häufig im Experiment zur Untersuchung von Sprachverarbeitungsprozessen eingesetzt werden. Da diese Verfahren die elektrische Kommunikation zwischen großen Neuronenverbänden messen, können sie, aufgrund einer sehr guten zeitlichen Auflösung von etwa einer Millisekunde, die unmittelbar im Gehirn ablaufenden Prozese in ihrem Verlauf darstellen. Im Vergleich zu Verhaltensversuchen (z. B. Reaktionszeitmessung), die eine willentliche Reaktion der Versuchsperson erforderlich machen, unterscheiden sich elektrophysiologische Methoden durch die weitgehende Unabhängigkeit vom bewussten Verhalten der Versuchsperson. Dies ist ein Vorteil, wenn kognitive Prozesse untersucht werden sollen, die auch unbewusst ablaufende Anteile haben.

Eine Sonderstellung nimmt die Hautleitfähigkeitsmessung ein, die nur sehr indirekt auf bestimmte kognitive Veränderungen schließen lässt, die aber wegen ihrer Bedeutung für neurolinguistische Fragestellungen dennoch einen Platz in diesem Kapitel finden soll.

10.1 Die Haut als Fenster zur Kognition: Messung der elektrodermalen Aktivität (EDA)

Bei der Registrierung der elektrodermalen Aktivität (EDA) handelt es sich um die Messung von Änderungen des **elektrischen Hautwiderstandes** bzw. der elektrischen Hautleitfähigkeit. Diese auch als ‚Lügendetektortest' (Polygraphie) allgemein bekannt gewordene Methode wurde früher auch als Messung der hautgalvanischen Reaktion (*galvanic skin reaction*, GSR) bezeichnet. Das Phänomen ist seit über 100 Jahren bekannt und wurde in vielen experimentellen Studien erfolgreich eingesetzt. Dennoch sind die Zusammenhänge der Entstehung dieser elektrodermalen Veränderungen der Haut und auch deren Abhängigkeit von kognitiven Prozessen nicht vollständig verstanden (Boucsein 2012).

Der elektrische Hautwiderstand ist kontinuierlich gewissen Schwankungen unterworfen, zeigt aber über das autonome und zentrale Nervensystem auch starke Abhängigkeiten von inneren Zuständen der Versuchsperson sowie von äußeren Einflüssen (z. B. Angst, Stress, emotionale Erinnerungen, willentliche Veränderung der Atemfrequenz sowie Geräusche, Ansprache, emotionale Provokation u. a.). Es ist nicht der abgesonderte Schweiß allein, der in den spiraligen Ausführgängen der Schweißdrüsen und auf der Hautoberfläche eine Veränderung der elektrischen Eigenschaften der Haut verursacht. Auch durch periphere Nerven bedingte Veränderungen der elektrischen Eigenschaften der Schweißdrüsen selbst (Membranprozesse) sind an der EDA beteiligt. Weiterhin kann die Ausschüttung bestimmter Gewebehormone, die eine veränderte Hautdurchblutung bewirken Auswirkungen auf die EDA haben. Durch kontraktile Elemente der Haut bedingte Zustandsveränderungen der Haut (z. B. Haarbalgmuskel = ‚Gänsehaut') rufen ebenfalls Polarisationsänderungen des Hautgewebes hervor. Es wirken somit unterschiedliche Prozesse auf die Hautleitfähigkeit ein und einige davon stehen in direktem Zusammenhang zu emotional-affektiven Zuständen.

Die Messung
Legt man von außen über zwei Hautelektroden eine elektrische Spannung an, so verhält sich die Haut elektrisch gesehen wie eine komplexe Anordnung von variablen Widerständen und Kondensatoren. Mit einer speziellen Messtechnik können nun die Veränderungen der EDA über die Zeit sichtbar gemacht und in Bezug auf äußere Reize beurteilt werden. Bei der sogenannten **exosomatischen Messung** der EDA wird von außen über zwei Hautelektroden ein schwaches elektrisches Signal angelegt, wobei entweder der Strom oder die Spannung des Signals konstant gehalten wird (s. Abb. 10.1). Anhand des Zusammenhangs von Stromstärke, Spannung und (Haut-)Widerstand, der durch das Ohmsche Gesetz beschrieben ist, lässt sich mit Hilfe eines Messsystems der Hautwiderstand in seiner zeitlichen Veränderung erfassen. Die Höhe des Hautwiderstandes liegt normalerweise zwischen 10 und 500 Kiloohm. Wird nun die EDA gemessen und die Versuchsperson einem Testreiz ausgesetzt, kann sie daraufhin eine **elektrodermale Reaktion** (EDR) zeigen, bei der sich der Hautwiderstand vorübergehend stark ändert. Die EDR tritt typischerweise mit einer Latenz von etwa zwei Sekunden auf (s. Abb. 10.1, inset). Der Hautwiderstand ist ständigen Schwankungen unterworfen und ist von vielen Faktoren abhängig (z. B. Schwitzen, Atmung, Bewegungen, Durchblutungsänderungen, Gefühlssituation). Während einer spontanen und minimalen Schreckreaktion der Versuchsperson, die innere Ursachen hat und sich für Außenstehende unbemerkt vollzieht, verändert sich beispielsweise nicht nur die Herzschlagrate und es richten sich Körperhaare auf, sondern es verändert sich für einige Sekunden auch der elektrische Hautwiderstand stark.

10.1 Die Haut als Fenster zur Kognition: Messung der EDA

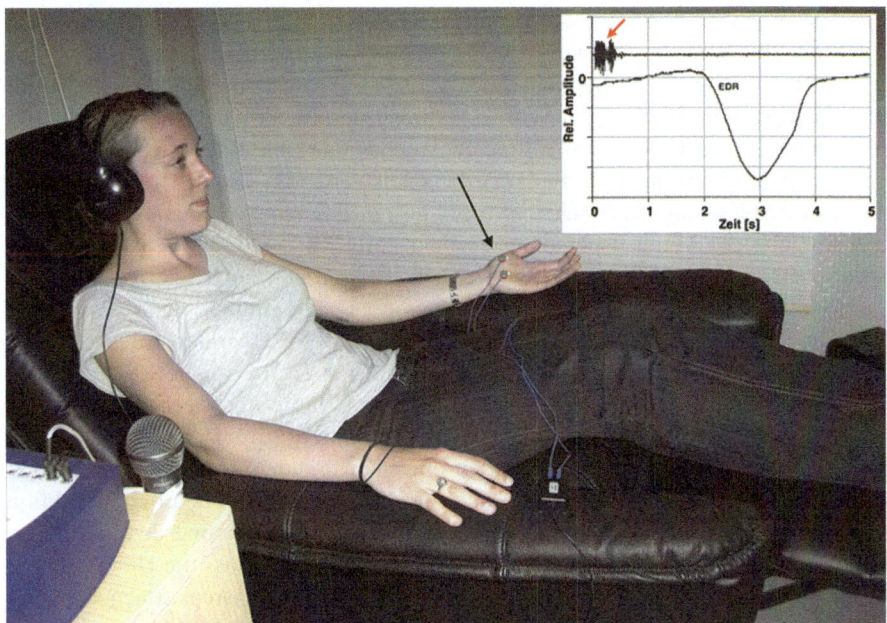

Abb. 10.1 Durchführung eines EDA-Experiments zur Sprachverarbeitung. Nach einer Entspannungsphase von etwa zehn Minuten hört die Versuchsperson sprachliche Stimuli über einen Kopfhörer, während der Hautwiderstand kontinuierlich gemessen wird. Dazu befinden sich zwei EDA-Elektroden am Handballen der nicht-dominanten Hand (schwarzer Pfeil). Das Inset zeigt die Mikrofonspur eines für die Versuchsperson affektiv geladenen Zielwortes (roter Pfeil) und etwa zwei Sekunden später die dadurch ausgelöste elektrodermale Reaktion (EDR, untere Spur) und deren Amplitudenverlauf über ca. zwei Sekunden.

Bei dem in Abb. 10.1 gezeigten Beispiel handelt es sich bei dem unerwartet präsentierten Stimulus um den Vornamen einer guten Freundin der Versuchsperson, das Item hat daher eine hohe emotional-affektive Ladung für diese Versuchsperson. Aber auch vergleichsweise schwache kognitive Reize können zu einer nachweisbaren Veränderung der EDA führen, wie folgendes Beispiel eines Experiments zur Sprachverarbeitung zeigt (Dawson & Schell 1982). In diesem Experiment wurden per Kopfhörer vergleichsweise leise jeweils unterschiedliche Wörter gleichzeitig in das das linke und rechte Ohr gespielt (**Dichotisches Hören**). Die Frage war, welches dieser miteinander konkurrierenden Wörter bewusst wahrgenommen und wiedergegeben werden kann. Eine zusätzliche Frage war, ob es bei dieser dichotischen Präsentation bewusste und unbewusste Wahrnehmungsanteile gibt und ob man sie nachweisen kann. Das Experiment umfasste zwei Stufen: Um sicherzustellen, dass die kritischen Wörter (Tiernamen) für die Versuchspersonen des EDA-Experimentes eine affektive Ladung besitzen, wurden die Versuchspersonen im ersten Schritt in einer Konditionierungssituation mit einem Strafreiz (schwacher Elektroschock) generell auf Tiernamen konditioniert. Nach kurzer Konditionierung führte nun bei den Versuchspersonen jeder gesprochene Tiername sofort zu einer starken EDR. Hierdurch ergab sich die Möglichkeit auch unbewusst wahrgenommene Zielwörter anhand der EDA als ‚wahrgenommen' zu erkennen, auch wenn die Versuchspersonen es (bewusst) verneinen würden. Im zweiten Schritt, während des eigentlichen EDA-Versuches, wurden den Versuchspersonen zeitgleich in jedes Ohr unterschiedliche Wortlisten präsentiert (dichotische Präsentation): beispielsweise das Zielwort „dog" in das linke, das Ablenkungswort (**Distraktor**) „go" in das rechte Ohr und umgekehrt. Die Aufgabe der Versuchspersonen bestand darin, in einem Wortentscheidungsexperiment auf jeden Tiernamen mit einem Tastendruck zu reagieren (*semantic decision task*). Eine elektrodermale Reaktion erfolgte immer dann, wenn das kritische Wort (Tiername) mit dem dominanten und der Distraktor mit dem subdominanten Ohr wahrgenommen wurde, da die Versuchspersonen die Tiernamen in diesen Fällen bewusst wahrgenommen haben. Wurde ein Tiername hingegen auf der Seite des subdominanten Ohres präsentiert, drückten die Versuchspersonen keine Taste, da es lediglich zu einer bewussten Wahrnehmung des Distraktors kam. Allerdings zeigte sich auch in diesem Fall eine deutliche Reaktion in der EDA, was als Nachweis einer vorbewussten Wahrnehmung des Zielwortes gelten kann (Dawson & Schell 1982). Dieser Befund zeigt, dass die Untersuchung kognitiver Prozesse sich nicht ausschließlich auf Verhaltensreaktionen der Versuchsperson stützen sollte, da Wahrnehmungsprozesse auch unbewusst ablaufen können (Kiefer 2012).

EDA-Messungen sind sehr gut geeignet, um z. B. sprachliche Wahrnehmungsprozesse nachzuweisen oder das semantische Feld eines Wortes zu bestimmen.

10.2 EEG und MEG zur Messung der elektrischen Hirnaktivität

Mithilfe von Nervenzellen (Neuronen) ist es dem Organismus möglich, Informationen über weite Strecken im Körper fortzuleiten, z. B. von Tastrezeptoren der Hand bis zum Gehirn. Außerdem bilden Nervenzellen informationsverarbeitende Strukturen, wie z. B. ein Zentralnervensystem (ZNS) oder Gehirn, um solche Informationen auch verrechnen und speichern zu können. Die in der Natur erreichten Dimensionen sind gewaltig: Ein menschliches Gehirn besteht aus etwa 86 Milliarden Nervenzellen, die über etwa zehn Billionen Synapsen miteinander verbunden sind. Weiterhin verlaufen im Großhirn etwa 500.000 Kilometer Faserverbindungen, was zu einer unvorstellbaren Komplexität der Vorgänge im Gehirn führt, die auf elektrischen und chemischen Kommunikationssignalen basieren. Möchte man nun die Vorgänge im Gehirn unmittelbar untersuchen, kann dies z. B. anhand der elektrischen Vorgänge zwischen den Nervenzellen passieren. Hierbei muss die Versuchsperson, im Gegensatz z. B. zu PET-Scans (vgl. Abschn. 12.2),

10.2 EEG und MEG zur Messung der elektrischen Hirnaktivität

keiner schädlichen Strahlung ausgesetzt werden. Es reicht völlig, wenn sehr empfindliche passive Sensoren auf die Kopfoberfläche aufgebracht werden, welche die Nervenzellaktivität detektieren. Dabei gibt es grundsätzlich zwei Möglichkeiten die elektrischen Vorgänge zwischen den Nervenzellen zu messen. Wie auch bei jedem technischen Stromfluss kann entweder das von einem Leiter ausgehende elektrische Feld oder das magnetische Feld gemessen werden, um Aussagen über die Ladungsbewegungen zu treffen. Dementsprechend können auch bei der Nervenzellaktivität Veränderungen des elektrischen Felds mittels der sogenannten **Elektroenzephalographie** (EEG) (z. B. Schomer & da Silva 2018) oder Veränderungen des magnetischen Felds mittels der **Magnetenzephalographie** (MEG) (z. B. Perry 2023) gemessen werden. Die Sensoren und die Gerätetechnik von EEG und MEG sind verschieden, daher werden im Folgenden auch beide Verfahren getrennt beschrieben. Als Ergebnis der Untersuchungen erhält man jedoch in beiden Fällen ähnliche Informationen über elektrische Vorgänge im Gehirn, so dass sich die Auswertungsprozeduren für beide Methoden wiederum sehr ähneln.

Das Elektroenzephalogramm (EEG)
Die Elektroenzephalographie oder das EEG (*electroencephalography*, EEG) erlaubt die nicht-invasive Ableitung elektrischer Aktivität von Neuronen der Hirnrinde. Die im Gehirn ablaufenden elektrischen Vorgänge sind nicht nur auf die Membran- und Aktionspotentiale einzelner Nervenzellen, sondern insbesondere auf elektrische Modulationen größerer, miteinander kooperierender Neuronenverbände zurückzuführen. Überlagerte Vektorsummen elektrischer Aktivität von einigen Millionen Neuronen können mit außen am Kopf angebrachten EEG-Elektroden als Potentialschwankungen abgeleitet werden (Breznitz 2008; Schomer & da Silva 2018). Die etwa Centstück-großen EEG-Elektroden werden mit einer leitfähigen Paste auf die Kopfoberfläche aufgebracht und die abgehenden Kabel mit einem EEG-Verstärker verbunden. Der Abstand von der Elektrode zur Hirnoberfläche beträgt etwa zwei Zentimeter und es wird mit jeder Elektrode die summierte elektrische Aktivität von mehreren Quadratzentimetern Kortexoberfläche aufgefangen. Nach der elektrischen Verstärkung können die Signale als summierte Hirnrindenaktivität auf einem Monitor dargestellt werden (s. Abb. 10.2).

Es handelt sich bei der EEG-Ableitung um ein Verfahren, das zunächst sehr unspezifische Prozesse der elektrischen Hirnaktivität feststellt (**Spontan-EEG**). Dennoch lassen sich bereits mit bloßem Auge unterschiedliche Frequenzanteile im EEG erkennen, abhängig von der Elektrodenposition und dem Zustand der Versuchsperson. Beispielsweise können über dem hinteren Bereich des Kopfes (okzipital) bei geschlossenen Augen der Versuchsperson sogenannte Alpha-Wellen gemessen werden (s. Abb. 10.3).

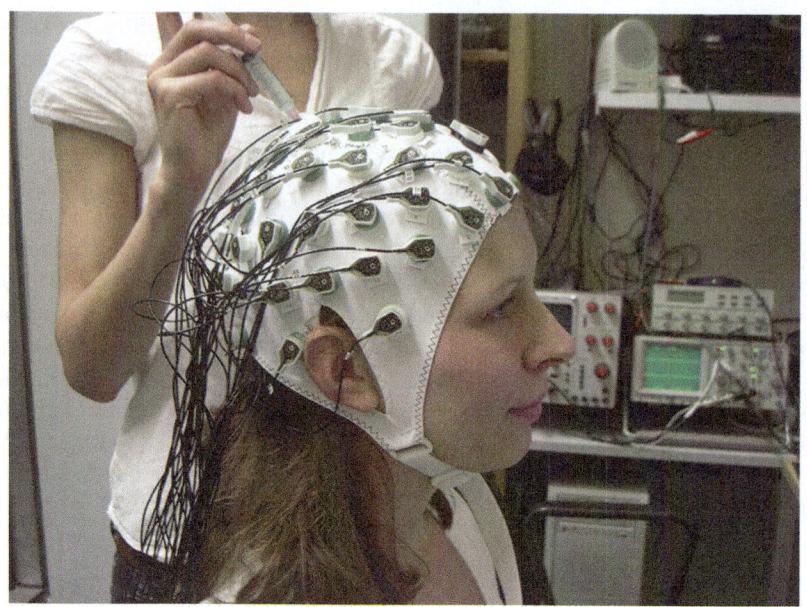

Abb. 10.2 Vorbereitung eines EEG-Experiments. Die Versuchsperson trägt eine Elektrodenhaube, an der die EEG-Elektroden befestigt sind. In diesem Beispiel handelt es sich um sogenannte aktive Elektroden, da die Vorverstärker bereits in die Elektrodenhalter integriert sind. Für eine leitende Verbindung zwischen Elektrode und Kopfoberfläche sorgt ein Gel, das über eine Spritze mit stumpfer Kanüle eingebracht wird (Bild). Über die Kabel werden die Signale zum Hauptverstärker geleitet. Der eigentliche Versuch und die EEG-Ableitung findet in einer trittschallisolierten, schallreduzierten und elektrisch abgeschirmten Versuchskammer statt.

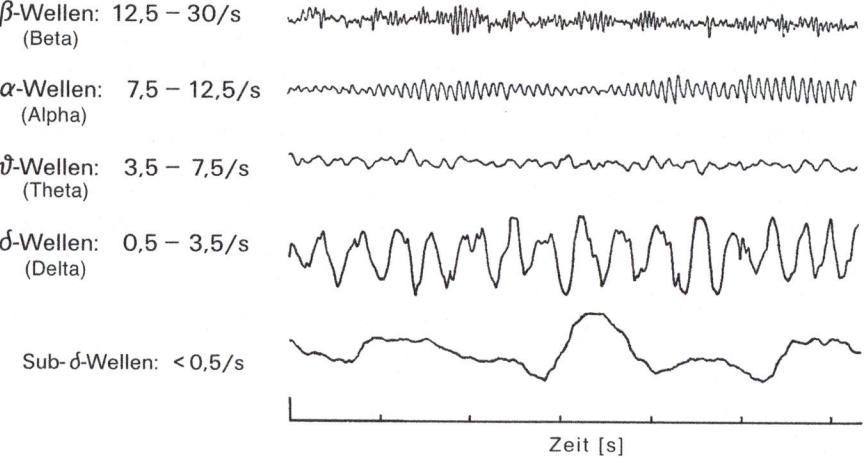

Abb. 10.3 Die Einteilung in die unterschiedlichen Frequenzbereiche und ihre Bezeichnungen. Die Alpha-Wellen, die im Bereich von 7,5 bis 12,5 Hertz liegen, treten häufig nicht kontinuierlich, sondern in Form sogenannter Spindeln auf. Die exakte Einteilung der Frequenzbänder ist nicht standardisiert, daher weichen die Grenzwerte in verschiedenen Studien ggf. geringfügig voneinander ab (vgl. Kap. 13.2). (Zschocke & Hansen 2012, 71, verändert)

Nach Beendigung des Experiments werden die EEG-Daten computergestützt bearbeitetet (Artefaktbeseitigung u.ä.) und die jeweiligen EEG-Abschnitte den dazugehörigen Sprachstimuli zugeordnet. So kann über eine Mittelungstechnik das sogenannte ereigniskorrelierte Potential (EKP; *event-related potential*, ERP) dargestellt werden (Luck 2014; De Groot & Hagoort 2018), mit dem auch Aktivitäten ermittelt werden können, die auf lediglich einige zehntausend Nervenzellen zurückgehen und bestimmten sprachlichen Leistungen unmittelbar zugeordnet werden können.

Das Magnetenzephalogramm (MEG)
Im Unterschied zum EEG wird bei der Magnetenzephalographie oder dem MEG (*magnetoencephalography*, MEG) nicht das elektrische, sondern das magnetische Feld der summierten Neuronenaktivität erfasst, was mit sehr hohen Anforderungen an die Registriertechnik einhergeht. Bei den Sensoren handelt es sich um hochempfindliche Spulen, die in Verbindung mit den nachfolgenden SQUIDs (*superconducting quantum interference device*) die extrem geringen Magnetfeldänderungen von Neuronenverbänden erfassen können. Bei einem Ganzkopf-MEG werden etwa 100 bis 300 Sensorspulen in einer Art Haube berührungsfrei um den Kopf herum positioniert. Die Messtechnik muss mit flüssigem Helium soweit abgekühlt werden, dass sie supraleitend wird, um eine hinreichende Empfindlichkeit zu erreichen (Papanicolaou 2009; Baillet 2011; Supek & Aine 2019). Die MEG-Untersuchung findet in speziell abgeschirmten Untersuchungskammern statt und selbst die Bewegung einer metallenen Haarklammer in der Nähe der Sensoren würde bereits zu großen Ausschlägen im Registriersystem führen. Eine ähnliche Störung würde z. B. auch das Starten eines Autos (elektrischer Anlasser) in 20 oder 30 Meter Entfernung des Gebäudes bewirken. An die Räumlichkeiten und die unmittelbare Umgebung eines MEG-Labors sind daher hohe Anforderungen an die elektromagnetische Abschirmung gestellt.

Wie bei der EEG-Ableitung ist auch die MEG-Ableitung für die Versuchsperson völlig ungefährlich, da keinerlei Strahlung in den Körper gelangt, sondern über die Spulen lediglich Veränderungen von natürlichen Magnetfeldern des Gehirns registriert werden (s. Abb. 10.4). Die MEG-Ableitung kann daher selbst zur Untersuchung von ungeborenen Kindern ohne Risiko eingesetzt werden, um z. B. die Hörfähigkeit anhand von frühen akustisch evozierten Potentialen zu bestimmen (Hirnstammaudiometrie).

10.3 Das ereigniskorrelierte Potential (ERP)

Wie oben beschrieben, werden mit dem EEG oder MEG elektrische Vorgänge von Nervenzellen gemessen, die unmittelbar mit kognitiven Prozessen zusammenhängen. Da sich die Auswertverfahren für EEG und MEG sehr ähneln, soll im weiteren Verlauf die EEG-Analyse exemplarisch vorgestellt werden.

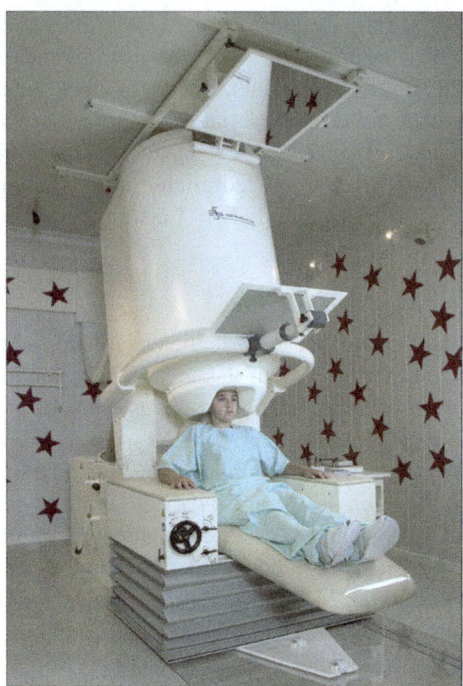

Abb. 10.4 Ein Ganzkopf-MEG mit 275 Kanälen. Die Versuchsperson kann entspannt sitzen und muss sich lediglich mit dem Kopf in die Öffnung begeben. Die Messung ist geräuschlos und quasi berührungsfrei; es gibt kein Kontaktgel o.ä. Die äußerst schwachen Magnetfeldänderungen der Nervenzellen im Gehirn werden mit Sensorspulen erfasst und in den nachfolgenden supraleitenden Quanteninterferenzeinheiten (SQUIDs) gemessen. Die Supraleitung wird durch flüssiges Helium erreicht, das sich im Inneren des Dewars befindet und die Sensorik auf minus 269 Grad Celsius abkühlt. Die Versuchsperson bemerkt davon jedoch nichts. (MEG International Services Ltd., Canada)

Beim EEG wird die Summe der Potentialunterschiede der hirnelektrischen Aktivität im Gehirn gemessen, die sich im Umkreis von wenigen Quadratzentimetern unterhalb der Elektrode befinden (Summenpotential) – unabhängig davon, um welche inneren kognitiven Vorgänge es sich handelt (Spontan-EEG) (s. Abb. 10.5).

Das gilt in gewisser Weise auch für ein neurolinguistisches EEG-Experiment, bei dem die Versuchsperson entspannt in einer ruhigen Versuchskammer sitzt und zusätzlich die sprachlichen Stimuli hört. In dieser Versuchssituation kommt zusätzlich zum **Spontan-EEG** noch die durch die sprachlichen Stimuli ausgelöste Hirnaktivität dazu, sie ist aber aufgrund ihrer sehr kleinen Amplituden und des schlechten Signal-Rausch-Verhältnisses zumeist nicht sofort erkennbar. Weiterhin werden nicht alle Nervenzellen der Hirnrinde von den Elektroden erreicht. Aufgrund der Faltung der Hirnrinde kann mit EEG-Elektroden nur etwa ein Drittel der kortikalen Nervenzellen erfasst werden.

10.3 Das ereigniskorrelierte Potential (ERP)

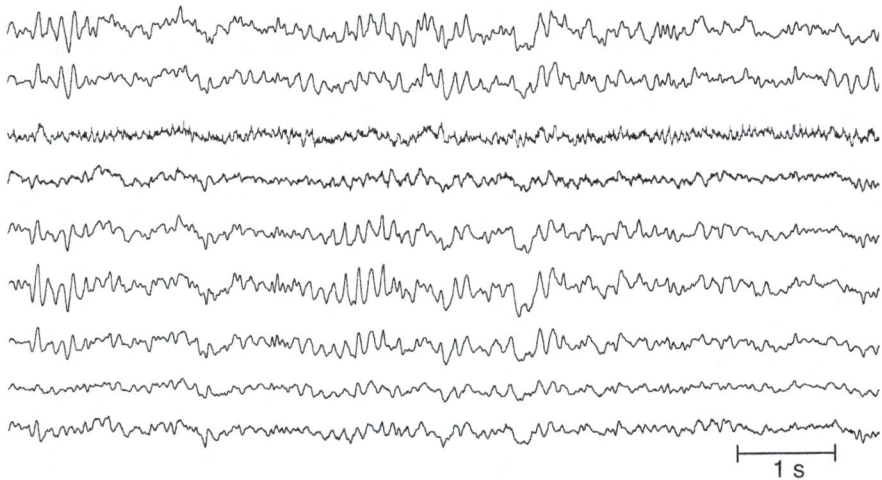

Abb. 10.5 Beispiel für eine EEG-Ableitung mit neun Elektroden über mehrere Sekunden in einem Experiment zur Sprachverarbeitung. Im ‚Grundrauschen' der spontanen Hirnaktivität der Versuchsperson sind die durch sprachliche Stimuli ausgelösten EEG-Veränderungen noch nicht sichtbar, da sie sehr kleine Amplitudenverläufe haben und im EEG untergehen.

Möchte man nun ausschließlich diejenigen EEG-Signale darstellen, die durch einen bestimmten äußeren Stimulus, z. B. das Hören und Verarbeiten sprachlicher Items ausgelöst worden sind, so muss man die EEG-Daten einer nachfolgenden **ERP-Analyse** unterziehen. Durch diese Analysetechnik werden die spontanen hirnelektrischen Potentiale herausgemittelt und lediglich die mit dem Ereignis (hier: sprachliche Stimuli) zeitlich korrelierten Potentiale bleiben übrig. Man spricht daher vom ereigniskorrelierten Potential (EKP) oder *event-related potential* (ERP). Da sich ERP auch im Deutschen durchgesetzt hat, wird das Akronym ERP im weiteren Verlauf verwendet. Für die ERP-Analyse werden zunächst die mit der Sprachpräsentation zusammenhängenden EEG-Abschnitte ausgeschnitten und aufsummiert. Danach werden die Amplitudenwerte durch die Anzahl der Aufsummierungen geteilt (gemittelt). Durch dieses Verfahren mitteln sich all die zufälligen, nicht auf die sprachlichen Stimuli zurückgehenden EEG-Aktivitäten heraus, die während der wachen Hirntätigkeit und absichtlicher oder unabsichtlicher Gedanken der Versuchsperson entstanden sind. Ist die Anzahl der einzelnen EEG-Abschnitte groß genug (etwa 10 bis 30 Abschnitte) wird auch die nicht willentlich von der Versuchsperson beeinflussbare Grundaktivität des Gehirns (‚Rauschen') herausgemittelt. Natürlich handelt es sich physiologisch nicht wirklich um ein Hintergrundrauschen, sondern um normale Hirnaktivität einer wachen Person. Lediglich im Hinblick auf die durch das sprachliche Ziel-Item (= Signal) verursachte Hirnaktivität wird vom Signal-Rausch-Verhältnis gesprochen. Werden in dieser Weise beispielsweise etwa 20 EEG-Abschnitte von den dazugehörigen Sprachstimuli (*event-related*) gemittelt, lassen sich im EEG jedoch deutliche Potentialveränderungen feststellen, die zeitlich mit den Sprachstimuli korrelieren (*event-related potentials*). Im nächsten Schritt wird nun über mehrere individuelle ERP-Abschnitte über mehrere Versuchspersonen gemittelt (***grand average***), um zu einer allgemeinen Aussage zu kommen. Üblicherweise wird so über die ERP-Daten von mindestens 12 bis 18 Versuchspersonen gemittelt. Jetzt zeigen sich im ERP-Verlauf nur noch diejenigen Amplitudenverläufe (ERP-Komponenten), die eine zeitliche Korrelation zu den Sprachstimuli (Ereignissen) aufweisen. Alle anderen ehemals vorhandenen Amplitudenausschläge, die auf zufällige Ablenkungen/Störungen der Versuchsperson sowie auf Spontan-EEG zurückgehen, haben sich gegenseitig ausgelöscht. Abb. 10.6 zeigt anhand der ERPs von 32 Versuchsperson, die jeweils 178 gesprochene Sätze gehört haben, wie die ERP-Verläufe durch die Mittelungstechnik aus dem Spontan-EEG herausgearbeitet werden.

Die linke Spalte (N = 1, n = 1) zeigt für zwei Versuchspersonen (VP 1 und VP 32) jeweils drei einzelne EEG-Ableitungen (Single-Trials a, b und c) während des Hörens von jeweils einem gesprochenen Satz. Dargestellt sind jeweils die ersten 900 Millisekunden der insgesamt etwa zwei bis sechs Sekunden langen

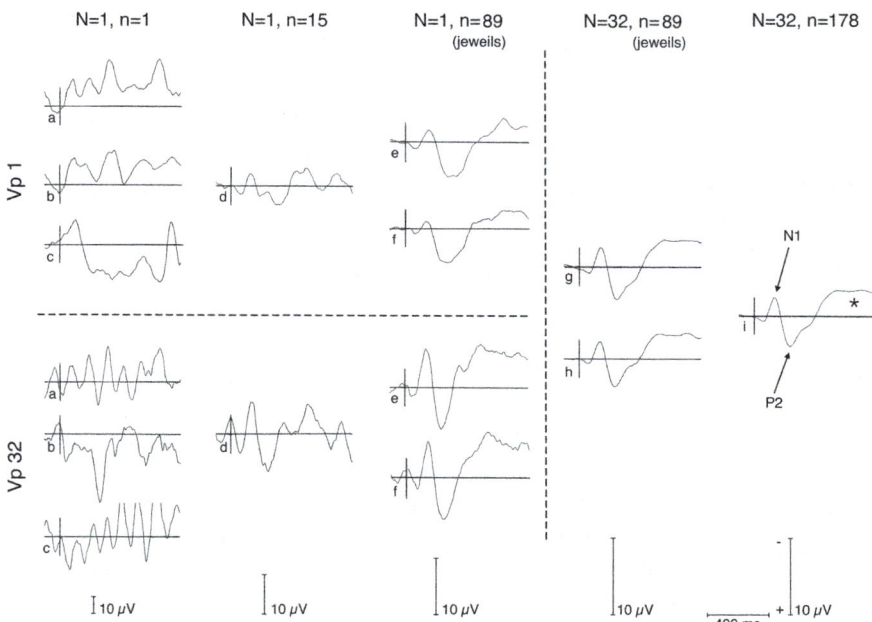

Abb. 10.6 Darstellung der Mittelungstechnik beim ereigniskorrelierten Potential (ERP). Gezeigt werden jeweils 900 Millisekunden lange EEG-Abschnitte, die während des Hörens von Sätzen abgeleitet wurden, wobei die y-Achsen den Satzbeginn darstellen. Die Spalten zeigen unterschiedliche Phasen der Mittelung: Während die linke Spalte (a, b, c) Single-Trials für zwei exemplarische Versuchspersonen darstellt (Vp 1 und Vp 32), zeigt das ganz rechte Signal (i) das über alle 178 Sätze und über alle 32 Versuchspersonen gemittelte ERP (Grand Average). Deutlich sichtbar ist die Änderung im Signal Rausch-Verhältnis anhand der jeweils unterschiedlichen Kalibrierung (unten). Weitere Erläuterungen im Text.

Äußerungen, wobei die y-Achse den jeweiligen Artikulationsbeginn (Satzbeginn) darstellt. Wie anhand der 10 Mikrovolt-Kalibrierung (unten) zu sehen ist, können spontane Amplitudenschwankungen im EEG durchaus Werte um 50 oder 100 Mikrovolt betragen (s. Abb. 10.6 a, b und c). Die ereigniskorrelierten Potentiale auf die gehörten Sätze sind in einem solchen Single-Trial nicht zu erkennen. In der zweiten Spalte (s. Abb. 10.6 d) sind für jede der beiden Versuchspersonen nun ERPs über jeweils 15 gemittelte Sätze dargestellt (n = 15). Wie anhand der zehn Mikrovolt-Kalibrierung (unten) zu erkennen, ist durch diese n = 15-Mittelung zwar bereits eine Glättung des ERP-Verlaufs eingetreten, die spontane Variabilität des Signals ist jedoch nach wie vor zu groß. Die dritte Spalte (s. Abb. 10.6 e und f) zeigt für jede der beiden Versuchspersonen die gemittelten ERPs über jeweils 89 gehörte Sätze (Split, gerade *vs.* ungerade Satznummern). Nun zeigt sich bereits deutlich ein für jede Versuchsperson typischer Verlauf der ERPs und quasi kein Unterschied der Antworten auf die jeweils 89 unterschiedlichen Sätze (e *vs.* f). Der individuelle ERP-Verlauf für gehörte Äußerungen (Sätze) ist somit verlässlich dargestellt. Durch eine noch höhere Anzahl von Stimuli pro Versuchsperson ist keine Steigerung der ERP-Güte mehr zu erreichen. Im Vergleich zwischen den beiden Versuchspersonen VP 1 und VP 32 ist jedoch ein deutlicher individueller Unterschied im ERP-Verlauf feststellbar (e *vs.* e, f *vs.* f). Die Amplitudenhöhen und Zeitverläufe der ERP-Komponenten kann nun bereits für jede Versuchsperson individuell ermittelt werden, sie liegen in der Größenordnung von einigen Mikrovolt. Zuvor hatte das Spontan-EEG noch zufällige Amplituden von 50 oder gar 100 Mikrovolt. Dieses schlechte Signal-Rausch-Verhältnis ist der Grund, warum kognitive ERP-Komponenten im Single-Trial nicht gesehen werden können. Die vierte Spalte von Abb. 10.6 (g und h) zeigt nun bereits das Ergebnis der Mittelung über alle 32 Versuchspersonen (*grand average*) auf zweimal jeweils 89 Sätze (Split, gerade *vs.* ungerade Satznummern). Es zeigt sich nun eine deutliche N1/P2-Komponente (Pfeile in i), gefolgt von einer langanhaltenden Negativierung (Stern), bedingt durch die Sprachverarbeitung. Die geringen Unterschiede zwischen den ERP-Verläufen in Abb. 10.6 g *vs.* h sind ein Maß für die Verlässlichkeit der EEG-Antwort aufgrund der hohen Anzahl von Stimuli und Versuchspersonen (N = 32, n = 89). Die letzte Spalte (i) zeigt den gemittelten ERP-Verlauf auf gehörte 178 Sätze bei 32 Versuchspersonen. Im Vergleich der beiden ERPs auf jeweils 89 Sätze (g und h) zeigt sich in (i) keine wesentliche Veränderung mehr.

Ein Nachteil der ERP-Analyse ist, dass die gezeigten individuellen Unterschiede der Versuchspersonen sowie EEG-Antworten, die nicht als starr zeit- oder phasengekoppelte Summenpotentialverläufe auftreten, durch die ERP-Mittelungstechnik verwischt werden. Die Darstellung auch nicht phasengekoppelter Amplitudenverläufe ist jedoch mit spektralanalytischen Techniken möglich.

10.4 Spektrale Kohärenz und Phasensynchronisation

Bei der ERP-Analyse des EEG- oder MEG-Signals wird die Neuronenaktivität ausschließlich anhand von zeitlichen Verläufen summierter Amplituden betrachtet, die in einem festen zeitlichen Abstand zum Stimulus erfolgen. Aus Tierexperimenten ist jedoch bekannt, dass gerade kognitive Prozesse nicht darauf beruhen, dass einige zehntausend benachbarte Neuronen eine summierte Aktivität an einem festen Ort der Hirnrinde zeigen. Kognitive Prozesse basieren häufig auf kurzfristigem Zusammenwirken von vielen tausend weit auseinander liegenden Neuronen, die ein vorübergehendes funktionelles Netzwerk bilden (v. d. Malsburg 1981; Singer 2009; Eggermond 2021). Weiterhin sind solche weit vernetzten Aktivitäten häufig in verschiedenen Frequenzbereichen synchronisiert und treten somit als sogenannte **oszillatorische Aktivitäten** von Neuronen auf (Singer et al. 1997). Aus diesem Grund erlangen spektralanalytische Verfahren in der EEG-/MEG-Forschung zu kognitiven Prozessen seit einigen Jahren eine immer stärker werdende Bedeutung, da sie neuronale Oszillationsprozesse in den Mittelpunkt der Analyse stellen, die mit der ERP-Analyse nicht erfasst werden können (Petsche & Ettlinger 1998; Weiss 2009).

Bei der Spektralanalyse wird das EEG- oder MEG-Signal in einzelne Frequenz- oder Schwingungskomponenten aufgespalten, so dass eine Transformation der EEG-Signale von der Zeitdomäne in die Frequenzdomäne erfolgt. Als Ergebnis der Spektralberechnung erhält man Leistungs- oder Amplitudenspektren, wobei unter Leistung die quadrierte Amplitude verstanden wird. Die Kohärenzfunktion erhält man durch die Kreuzspektralanalyse, die einen wichtigen Teil der Spektralanalyse darstellt, da sie die Beziehungen zwischen zwei unterschiedlichen EEG-Signalen quantifizieren kann. So kann für bestimmte Sprachverarbeitungsprozesse zwischen zwei weit voneinander entfernten EEG-Ableitpositionen eine frequenzspezifische **Synchronisation** festgestellt werden (Weiss & Müller 2003; Bastiansen et al. 2012). Eine Berechnung der Spektralparameter Amplitude, Kohärenz und Phase kann sowohl basierend auf der klassischen Fourier-Transformation (FT) als auch beispielsweise auf Wavelet-Analysen oder parametrischen ARMA-Modellen erfolgen. Unabhängig von den vergleichsweise robusten Amplitudenänderungen der ERP-Analyse, bei der alle neuronalen Aktivitäten an einem Ort stets ‚in einen Topf' geworfen werden, erlauben spektralanalytische Verfahren eine frequenzspezifische Trennung von gleichzeitig, also parallel ablaufenden Prozessen. Insbesondere für die getrennte Registrierung gleichzeitig ablaufender Verarbeitungsprozesse (Parallelverarbeitung), wie sie bei den kognitiven Prozessen der Sprachverarbeitung und -produktion massiv auftreten, sind spektrale Analyseerfahren sehr gut geeignet.

Sprachverarbeitung: Einblicke in das arbeitende Gehirn

Die verschiedenen Methoden der kognitiven Neurowissenschaft haben die empirische Sprachwissenschaft enorm bereichert. Die bisherige Datenbasis zur Frage nach der Repräsentation von Sprache im Gehirn ist sehr umfangreich. Allein im Bereich der kognitiven EEG-Forschung existierten nach Luck und Kappenmann (2011) um das Jahr 2010 mehr als 100.000 wissenschaftliche Veröffentlichungen. Dieser enorme Aufwand an empirisch-apparativen Studien verdeutlicht, welche Aufgabe es zu bewältigen gilt, wenn das menschliche Gehirn die physiologischen Grundlagen der eigenen Denk-, Erkenntnis- und Sprachfähigkeit ergründen möchte. Nachfolgend werden einige Beispiele für konkrete Untersuchungsverfahren vorgestellt, die einen kurzen Einblick in die Vielfalt der Möglichkeiten neurolinguistischer Forschung geben sollen (Hickok & Small 2016; De Zubicaray & Schiller 2019; Hagoort 2019).

11.1 Funktionelle Bildgebung

Mit den Verfahren der funktionellen Bildgebung werden seit über 40 Jahren (Positronenemissionstomographie, PET) bzw. seit 30 Jahren (funktionelle Magnetresonanztomographie, fMRT) im Gehirn ablaufende Sprachverarbeitungsprozesse untersucht. Ein Beispiel für eine auf einer frühen PET-Untersuchung basierenden Darstellung zeigt Abb. 12.5. Beispiele für unterschiedliche, auf fMRT-Untersuchungen basierende Darstellungen zeigen die Abbildungen 3.5, 4.2 und 12.13. Bereits 1996 konnten Just et al. anhand einer mittels fMRT durchgeführten Lesestudie nachweisen, dass auch die rechte Hemisphäre am Sprachprozess beteiligt ist. In der Studie wurden den Versuchspersonen Sätze visuell präsentiert, die einer von drei Schwierigkeitsklassen angehörten. Es handelte sich

1. um einfache Satzgefüge mit Konjunktion (*actives*, s. Abb. 11.1), wie z. B. „The reporter attacked the senator and admitted the error",
2. um schwierigere Subjekt-Subjekt-Relativsätze (*subject relatives*), wie z. B. „The reporter that attacked the senator admitted the error", sowie
3. um sehr schwierige Subjekt-Objekt-Relativsätze (*object relatives*), wie z. B. „The reporter that the senator attacked admitted the error".

Während des Lesens solcher Sätze wurden die jeweiligen Aktivierungsstärken der Wernicke- und Broca-Region der linken sowie der homologen Gehirnbereiche der rechten Hemisphäre gemessen.

Wie Abb. 11.1 zeigt, steigt die Aktivierungsstärke der Wernicke- und Broca-Region mit zunehmendem Schwierigkeitsgrad der präsentierten Sätze kontinuierlich an. Doch auch die entsprechenden Gehirnregionen der rechten Hemisphäre zeigen bei den anspruchsvollen Sätzen des Typs Subjekt-Objekt-Relativsatz einen Aktivierungsanstieg. Just et al. (1996) begründen diesen Befund damit, dass die **homologen Regionen** der rechten, nicht-sprachdominanten Hemisphäre bei der Analyse solch komplizierter Sätze die Leistungen der Wernicke- und Broca-Region unterstützen müssen. Diese Befunde haben gezeigt, dass die rechte Hemisphäre nicht nur beim einfachen Wortverstehen, sondern selbst bei der morpho-syntaktischen Analyse komplexer Sätzen beteiligt sein kann (De Zubicaray & Schiller 2019).

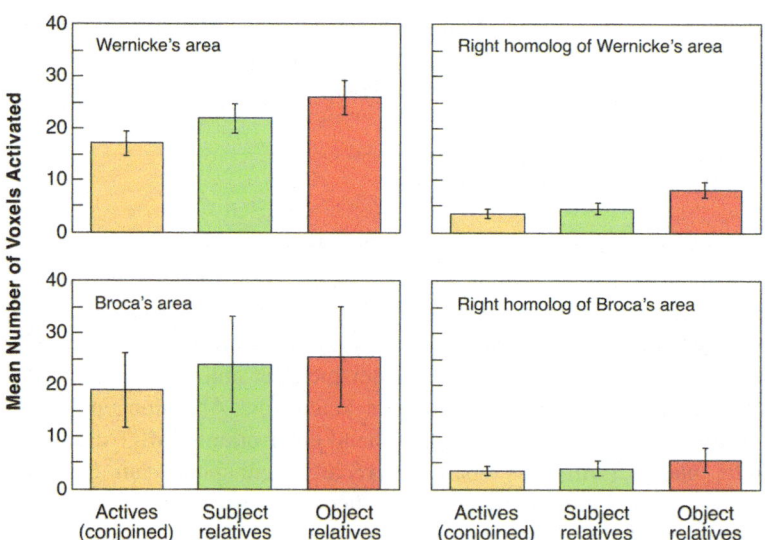

Abb. 11.1 Die Beteiligung von linker und rechter Hemisphäre bei der Verarbeitung von drei unterschiedlich schwierigen Satztypen anhand einer fMRT-Untersuchung (Leseexperiment). Gezeigt wird jeweils die mittlere Anzahl der aktivierten Voxel der Wernicke-Region von 15 Versuchspersonen (oben) bzw. der Broca-Region von fünf Versuchspersonen (unten) sowie der jeweils homologen Kortexbereiche der rechten Hemisphäre. (Just et al. 1996, 115, umgezeichnet)

11.1 Funktionelle Bildgebung

Um detailliertere Fragen zu Teilprozessen der Sprachverarbeitung im Experiment beantworten zu können, muss für die jeweils verwendete Methode ein adäquates Versuchsdesign erstellt werden. Gerade die Bereitstellung einer genügend großen Anzahl ähnlicher, nach psycholinguistischen Kriterien angepasster sprachlicher Stimuli ist häufig schwierig. Untersuchungen mit funktioneller Bildgebung verlangen den Vergleich einer Test- und einer Kontrollbedingung, wodurch häufig unvorhersehbare Probleme bei der Experimentplanung auftreten und die erzielten Ergebnisse manchmal keine der Ausgangshypothesen unterstützt. Weiterhin bewirken die vielfach variierten Aufgabenstellungen in den verschiedenen Studien z. T. sehr spezifische Ergebnisse, die mitunter nur schwer miteinander vergleichbar sind und sich nicht zu allgemeingültigen Aussagen zusammenfassen lassen. Beispielsweise macht es hinsichtlich der im Gehirn ablaufenden Aktivität einen Unterschied, ob die Versuchspersonen den Stimuli zuhören, sie sich einprägen, sie innerlich nachsprechen oder sie sich vorstellen soll. In sogenannten **Metaanalysen**, in denen die jeweiligen Einzelergebnisse mehrerer thematisch ähnlicher Studien analysiert und vergleichend beurteilt werden, lassen sich in Bildgebungsstudien häufig nur wenige Gemeinsamkeiten finden. Beispielsweise haben Binder et al. (2009) von insgesamt 120 PET- und fMRT-Studien zu Fragen der semantischen Verarbeitung sprachlicher Stimuli die Befunde zur funktionellen Neuroanatomie auf Gemeinsamkeiten hin untersucht. Ein wichtiges Ergebnis dieser Metaanalyse ist, dass selbst bei einer Beschränkung auf nur semantische Merkmale eine Vielzahl von Gehirnregionen an der Sprachverarbeitung beteiligt sind (s. Abb. 11.2). Davon ausgeschlossen sind z. B. lediglich Teile der Sehrinde sowie Teile des motorischen und somatosensorischen Kortex. Ein Grund für die Vielzahl der hier dargestellten Aktivierungsfoki ist, dass mit der Bedeutungskonstitution beim Sprachverstehen vielfältige Konzepte, Erinnerungen, Erfahrungen, sensorische Eindrücke (Bilder, Gerüche) und auch assoziative Vorstellungen einhergehen (vgl. auch Abb. 3.4).

In Bezug auf die Produktion von Sprache haben Indefrey und Levelt (2004) eine Metaanalyse durchgeführt und insgesamt 82 Studien zur Wortproduktion

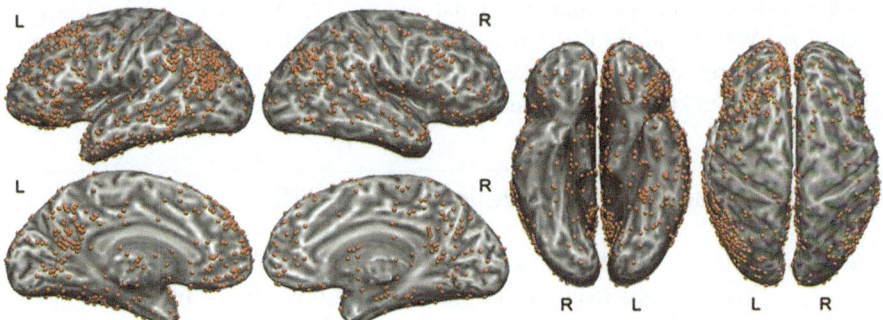

Abb. 11.2 Ergebnis einer Metaanalyse zur semantischen Verarbeitung. Zusammenfassende Darstellung aller 1.135 Aktivierungsfoki (orange Punkte), die in insgesamt 120 PET- und fMRT-Studien zur semantischen Verarbeitung von Sprache gefunden wurden. (Binder et al. 2009, 2771)

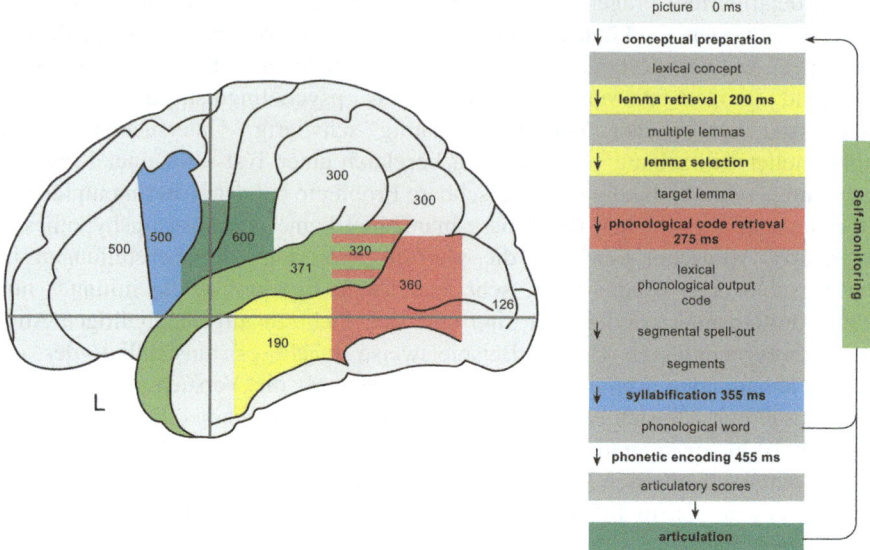

Abb. 11.3 Eine auf der Basis von Metaanalysen erstellte Aktivierungskarte zur Wortproduktion. In der Seitenansicht der linken Hemisphäre sind miteinander in Beziehung stehende Regionen jeweils gleichfarbig markiert. Die Zeiten in Millisekunden zeigen den jeweiligen Aktivierungspeak. In Anlehnung an das Sprachproduktionsmodell von Levelt (1989) zeigt die rechte Liste die wesentlichen Teilprozesse sowie die farbliche Entsprechung und den Zeitverlauf bis zur Artikulation. (Indefrey 2011, 10)

ausgewertet. Bei den 82 Studien handelte es sich überwiegend um PET- und fMRT-Studien, zu einem kleinen Teil auch um TMS- oder MEG-Studien bzw. um neurochirurgische Stimulationsexperimente. Es wurden diejenigen Gehirnregionen ermittelt, die verlässlich und wiederkehrend an der Sprachproduktion (Benennen) beteiligt sind. Die jeweiligen Teilleistungen orientieren sich an Levelts Sprachproduktionsmodell (1989) in Abb. 2.1. Auf den Ergebnissen dieser ersten Metaanalyse aufbauend hat Indefrey (2011) elektrophysiologische Studien zur Wortproduktion (Bildbenennung) berücksichtigt und eine aktualisierte Aktivierungskarte erstellt, die die Aktivierungsverteilung im Kortex und die jeweiligen Zeitpunkte nach der Stimuluspräsentation zeigt (s. Abb. 11.3).

11.2 Exogene ereigniskorrelierte Potentiale

Wie in Abschn. 10.3 erwähnt, kann bei einer Versuchsperson das spontane EEG- bzw. MEG-Signal (Ruhe-EEG bz. Ruhe-MEG) z. B. durch äußere audio-visuelle Stimuli oder durch willentliche innere Vorgänge im Gehirn beeinflusst werden, wobei die zeitliche Verzögerung (Latenz) zwischen einem sprachlichen Stimulus und einer Antwort im EEG wenige Zehntelsekunden bis hin zu ein bis

11.2 Exogene ereigniskorrelierte Potentiale

drei Sekunden betragen kann. Letzteres wäre der Fall, wenn in einem Dialog die Bedeutungskonstitution bzw. die Erfassung des Sinnzusammenhangs überdurchschnittlich lang dauert. Ist eine quantifizierbare Zuordnung von einem äußeren Ereignis (Stimulus) und einer gemessenen Potentialänderung im EEG/MEG möglich, so spricht man von einem ereigniskorrelierten Potential (EKP bzw. ERP) oder evoziertem Potential (EP) (vgl. Abschn. 10.3). Alle weiteren Aussagen zur ERP-Analyse in diesem Kapitel beziehen sich sowohl auf das EEG als auch auf das MEG.

Während der letzten 40 Jahre ist die ERP-Analyse hinsichtlich der Auswertungstechnik soweit verbessert worden (Handy 2005; Luck & Kappenman 2011; Luck 2014; Cong et al. 2015), dass sie, trotz der gleichzeitigen Entwicklung bildgebender Verfahren wie PET und fMRT, eine der leistungsfähigsten Untersuchungsmethoden kognitiver Verarbeitungsprozesse darstellt. Vor allem die hohe zeitliche Auflösung im Millisekundenbereich erlaubt mittels ERP-Analyse die exakte Verlaufsuntersuchung von Sprachverarbeitungsprozessen innerhalb einer Äußerung.

Frühe akustisch evozierte Potentiale (FAEP)
Innerhalb der ereigniskorrelierten Potentiale können **exogene und endogene ERPs** unterschieden werden. Exogene ERPs stellen die unvermeidlichen Reaktionen der Hirnaktivität auf äußere Stimuli dar, die nicht auf mögliche Bedeutungsaspekte, sondern im Wesentlichen auf die physikalischen Parameter des Stimulus zurückgehen. Beispielsweise erzeugt ein akustischer Stimulus (z. B. ein Ton) ereigniskorrelierte Potentiale im Stammhirn, die in jedem Fall auftreten und die von der Versuchsperson willentlich nicht beeinflussbar sind (Maurer et al. 2005; Markand 2020; Krishnan 2023). Solche sehr früh auftretenden exogenen ERPs, mit einer Latenz von **weniger als 10 Millisekunden** nach Beginn des akustischen Reizes, werden als frühe akustisch evozierte Potentiale (FAEP) bezeichnet. Diese FAEP treten auch im Schlaf oder unter Narkose auf und können daher für eine Hörschwellenbestimmung oder Funktionsüberprüfung auch bei unkooperativen Personen eingesetzt werden. Mit speziellen MEG-Geräten kann so auch das Gehör von ungeborenen Kindern auf seine Funktion hin geprüft werden, wenn der Kindskopf durch die mütterliche Bauchdecke mit den MEG-Sensoren erreicht werden kann (z. B. vordere Hinterhauptslage). Jedem der auftretenden sieben Peaks der FAEP kann eine Umschaltstation der Hörbahn zugeordnet und der exakte Zeitpunkt der jeweiligen synaptischen Umschaltung ermittelt werden. So kann auch gemessen werden, dass der über das Trommelfell aufgenommene Sprachschall von der Schallwandlung vom Innenohr bis zum primären auditorischen Kortex eine Verarbeitungszeit von etwa 10 Millisekunden benötigt. Zum Zeitpunkt Null in Abb. 11.4 wurden der Versuchsperson sehr viele akustische Klicks in kurzem zeitlichen Abstand (etwa 10 pro Sekunde) präsentiert, während das EEG über eine Elektrode am Scheitelpunkt des Kopfes (Vertex, Position Cz) abgeleitet wurde. Wegen der sehr kleinen Amplitudenwerte der FAEP und des daraus resultierenden schlechten Signal-Rausch-Verhältnisses sind diese ERPs nur exakt darstellbar, wenn über mehrere tausend Stimuli gemittelt wird.

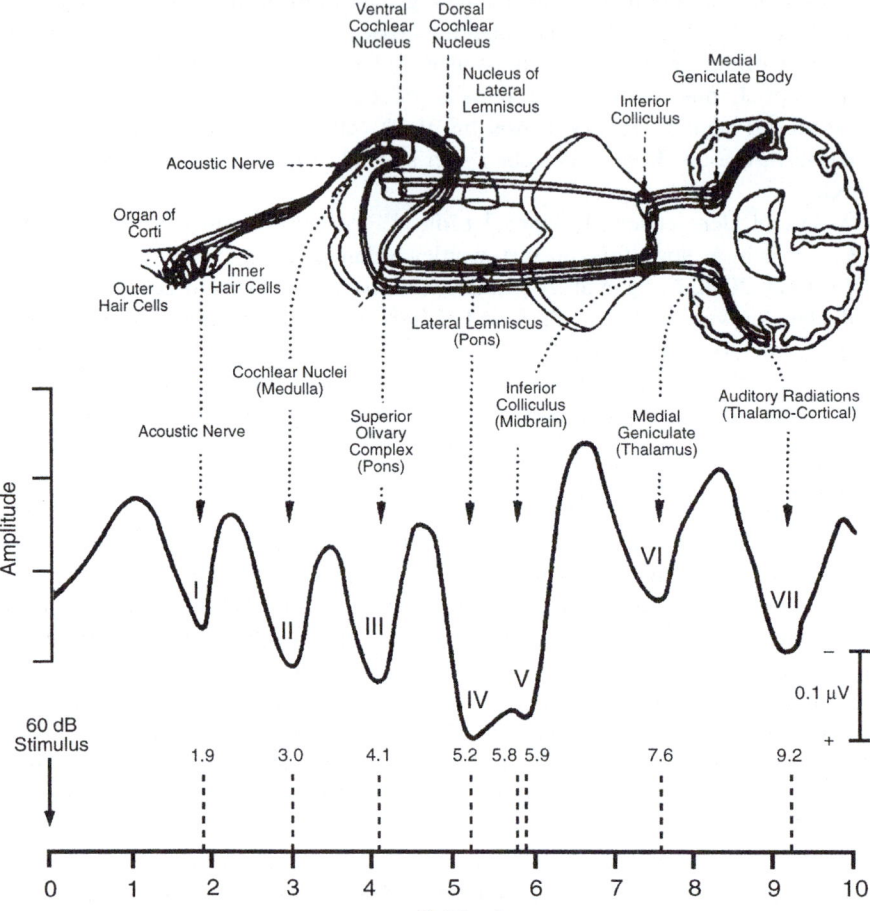

Abb. 11.4 Darstellung der frühen akustisch evozierten Potentiale (FAEP) im EEG (untere Abbildung). Nach 1,9, 3,0, 4,1, 5,2, 5,8, 5,9, 7,6 und 9,2 Millisekunden zeigten sich positive Ausschläge im ERP (I bis VII). Der obere Teil der Abbildung zeigt den Verlauf der Hörbahn (gekippt) von den Haarsinneszellen des Innenohrs bis zur primären Hörrinde (negativ ist oben). Die Ausschläge im ERP gehen vermutlich auf die jeweiligen synaptischen Umschaltungen zurück (Pfeile). (Nach Unterlagen von Grass Corp., verändert)

Mittlere akustisch evozierte Potentiale (MAEP)
Die zweite Gruppe exogener ERPs wird als mittlere akustisch evozierte Potentiale (MAEP) bezeichnet, da sie in einem Zeitbereich zwischen **10 und 70 bis 80 Millisekunden** nach Stimulusbeginn auftreten. Sie zeigen ebenfalls eine gewisse Unbeeinflussbarkeit durch die Versuchsperson und sind eher gleichförmig, auch im Vergleich zwischen verschiedenen Versuchspersonen. Weiterhin sind auch diese

11.2 Exogene ereigniskorrelierte Potentiale

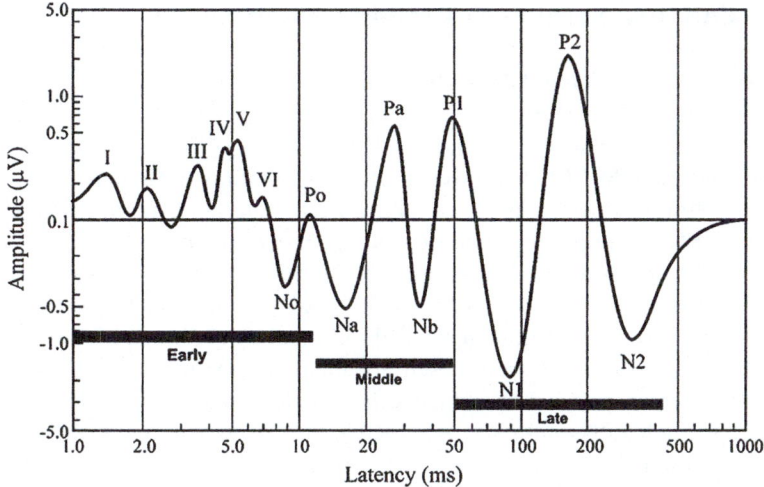

Abb. 11.5 Logarithmische Darstellung der durch einen akustischen Klick ausgelösten akustisch evozierte Potentiale (AEP) über einen Zeitraum von einer Sekunde (positiv ist oben). Die römischen Ziffern bezeichnen die frühen Hirnstammpotentiale (FAEP). Die mittleren AEP (MAEP) spielen in der neurolinguistischen keine große Rolle. Die späten AEP werden nach ihrer Polarität durchnummeriert. Sprachliche ERP-Komponenten sind nicht zu sehen, da hier ein akustischer Klick als Stimulus verwendet wurde. (Krishnan 2023, 27)

mittleren ERPs nicht an bestimmte Bewusstseinszustände gekoppelt. Beispielsweise werden MAEP sowohl im Schlaf als auch im Wachzustand durch akustische Stimuli ausgelöst. Diese beiden exogenen ERPs, die frühen und die mittleren akustisch evozierten Potentiale FAEP und MAEP, werden in der medizinischen Diagnostik eingesetzt, z. B. in der Audiometrie (Pratt 2012; Markand 2020; Krishnan 2023).

Neben der Unterteilung in exogene (nicht willentlich beeinflussbar) und endogene ERPs werden die evozierten Potentiale auch nach ihrer jeweiligen Latenzzeit eingeteilt, in frühe, mittlere und späte akustisch evozierte Potentiale (**AEP**). Die frühen AEP entstehen automatisch, sind auch in sehr kurzer Folge (z. B. 10 mal pro Sekunde) auszulösen und können willentlich nicht unterbunden werden. Bei den sehr späten ERPs, die zwischen 300 und 600 Millisekunden nach dem Stimulus auftreten können, handelt es sich um kognitive (endogene) AEP, die auftreten können, aber nicht zwangsläufig müssen. Sie können von der Versuchsperson willentlich beeinflusst werden und sie können nur in größeren Zeitabständen wiederholt ausgelöst werden. Die Entstehungszeiten der jeweiligen AEP korrelieren somit mit der Höhe der kognitiven Prozesse und reichen von der akustischen Wahrnehmung des Sprachschalls (FAEP) bis zur kognitiven Verarbeitung und Bedeutungskonstitution der Sprachverarbeitung. Abb. 11.5 zeigt die Abfolge der unterschiedlichen AEP auf einen Klick-Stimulus und die Einteilung in frühe, mittlere und späte AEP.

11.3 Endogene ereigniskorrelierte Potentiale

Späte akustisch evozierte Potentiale (SAEP)
In die Gruppe der endogenen ereigniskorrelierten Potentiale gehören die sogenannten späten akustisch evozierten Potentiale (SAEP), da sie erst zwischen etwa **80 und ca. 600 Millisekunden** nach dem Stimulus auftreten. Als Antwort auf einen Stimulus wird dabei im einfachsten Fall ein Amplitudenausschlag (*peak*) im EEG gewertet, der seinen Ursprung in der kognitiven Verarbeitung des Stimulus oder der Stimulusinformation hat. Wenn es sich bei dem verwendeten Stimulus nicht um einen einfachen Klick, sondern um Sprache handelt, dann sind zusätzlich kognitive Antworten im EEG-Signal zu erwarten, die als ereigniskorrelierte Potentiale (ERPs) auf diesen Sprachreiz erfasst werden können. Solche ERP-Komponenten sind echte endogene Potentiale und somit von der Versuchsperson willentlich zu beeinflussen. Als ERP-Komponente wird ein sichtbarer Peak im Kurvenverlauf des EEG gewertet und anhand seiner Polarität und seines Entstehungszeitpunkts benannt. So erhalten negative Komponenten die Bezeichnung N und positive Komponenten die Bezeichnung P. Für die weitere Kennzeichnung werden die jeweiligen Komponenten grob nach ihrer Latenz in Millisekunden benannt (z. B. P300, N400, P600), wobei die tatsächlichen Latenzen um diese Werte schwanken und auch individuell verschieden sein können. Im weiteren Verlauf der Datenauswertung und der damit verbundenen Mittelung wird auf die ermittelten Komponenten dann nicht mehr nach ihrem exakten Auftrittszeitpunkt, sondern ihrer Klassifizierung entsprechend referiert.

Diese späten kognitiven Komponenten des EEG zeichnen sich durch eine große **individuelle Variabilität** aus, hängen von der Aufmerksamkeit der Versuchsperson ab und sind durch andere psychische Faktoren beeinflussbar. Im Rahmen neurolinguistischer EEG-Experimente haben diese kognitiven EP eine hohe Bedeutung und die jeweiligen Kurvenverläufe werden hinsichtlich ihrer Latenz, ihrer Amplitude, ihrer Steigung und ihrer Dauer ausgewertet.

ERP-Analysen werden z. B. in der Medizin/Audiologie, der Wahrnehmungsforschung und in der Kognitionsforschung eingesetzt. Diese drei Bereiche arbeiten überwiegend entweder mit den FAEP, den MAEP oder den SAEP. Da es in der jeweiligen experimentellen Arbeit innerhalb dieser drei Gruppen bei der ERP-Analyse kaum zu Überschneidungen hinsichtlich der frühen, mittleren und späten Potentiale im EEG kommt, verursacht die unterschiedliche Komponentenbezeichnung in der Laborpraxis wenig Unklarheiten. So werden in neurolinguistischen Untersuchungen zur Sprachverarbeitung die frühen und mittleren ERP-Komponenten einfach nicht weiter beachtet und es wird lediglich auf die SAEP fokussiert.

Anders als bei den frühen, exogenen Antworten des Hirnstamms, bei denen sowohl die Stimulusmodalität als auch die physikalischen Stimulusparameter eine große Rolle spielen, handelt es sich bei den späten, endogenen Antworten um **kognitive ERPs**, die nicht auf die physikalischen Eigenschaften des Stimulus zurückgehen. Die endogenen Komponenten gehen vielmehr auf die elektrische

11.3 Endogene ereigniskorrelierte Potentiale

Aktivität von kortikalen Neuronenverbänden zurück, die größtenteils modalitätsunabhängige Prozesse auf einer höheren Ebene der kognitiven Verarbeitungshierarchie widerspiegeln. Beispielsweise werden späte ERP-Komponenten beim Lesen oder Hören von Sprache in ähnlicher Weise ausgelöst, sind also modalitätsunabhängig. Andererseits können sie von der Versuchsperson willentlich beeinflusst werden, müssen nicht in jedem Fall auftreten und werden bei einer erwartbaren Stimuluswiederholung schwächer oder können ganz ausfallen.

Die N100-Komponente
Als N100 oder N1 wird im Allgemeinen eine **späte ERP-Komponente** bezeichnet, die als erster negativer Peak zwischen 80 und 150 Millisekunden, typischerweise jedoch um 100 Millisekunden nach Beginn eines Reizes auftritt (unter der erwähnten Ausblendung der FAEP und MAEP, siehe oben). Detailliertere Untersuchungen zeigten, dass es sich auch bei der N100 nicht um eine einzelne Komponente handelt, sondern mehrere Subkomponenten die N100 formen (Pratt 2012). Weiterhin ist sie modalitätsunabhängig und kann durch akustische und visuelle Reize ausgelöst werden. Die N100 wird im Wesentlichen durch Aufmerksamkeits- und Erwartungsvorgänge beeinflusst und kann sich durch den Neuigkeitswert eines Reizes verändern (Näätänen & Picton 1987). Sie ist nicht sprachspezifisch, wird jedoch durch artikulatorische Aspekte des Sprachsignals beeinflusst (Müller & Kutas 1996). Unklar ist, ob sich die N100 für die Detektion von Hörervorhersagen bzw. Prognosen über das vom Hörer jeweils erwartete Wortende bzw. Turn-Ende eignet (Nieuwland 2019).

Die P300-Komponente
Die für kognitive Prozesse bedeutendste positive Komponente ist die P300, die als positive Halbwelle ihre maximale Amplitude zwischen 250 und etwa 500 Millisekunden, typischerweise zwischen 280 und 350 Millisekunden aufweist. Ganz allgemein lässt sich sagen, dass die P300 auftritt, wenn eine bestehende Erwartungshaltung der Versuchsperson gestört wird. Dies ist beispielsweise der Fall, wenn in einer schnellen Folge gleichförmiger Töne plötzlich ein Ton ausfällt (,**Oddball**', z. B. García-Larrea 1992) oder ein unerwarteter Ton auftritt. Eine P300-Komponente lässt sich z. B. durch Vigilanzaufgaben, Signaldetektionsaufgaben, Suchoperationen im Gedächtnis, Diskriminationslernen, Ähnlichkeitsbeurteilungen und arithmetische Operationen auslösen. Die typische Situation, die zu einer P300 führt, ist jedoch die Orientierungs- oder Überraschungsreaktion (Polich 2012). Damit ist sie gut geeignet, um z. B. eine Überraschungsreaktion von einer Bedeutungsvariation zu unterscheiden.

Die N400-Komponente
Eine Möglichkeit, Verstöße gegen semantische Restriktionsbestimmungen zu erfassen, bietet die Messung der N400-Komponente, die erstmals von Kutas und Hillyard (1980) beschrieben wurde. Es handelt sich dabei um eine sprachspezifische, parieto-temporale ERP-Komponente, die z. B. durch semantische

Restriktionsverletzungen während sprachlicher Analyseprozesse ausgelöst wird und mit einer Latenz von etwa 250 bis 600 Millisekunden auftreten kann. Der typische Amplitudenpeak liegt jedoch um 400 Millisekunden (Kutas & Van Petten 1994; Kutas et al. 2012).

Für das klassische N400-Paradigma werden zunächst Sätze konstruiert, deren letztes Wort vorhersagbar ist, wie z. B. in den Sätzen „*Jeden Abend erzählte ihr die Großmutter eine ....*" oder „*Jeden Morgen zum Frühstück las er die ....*". Werden solche Sätze etwa 50 Personen mit vergleichbarem Alter, Bildungsstand usw. vorgelegt, so würden sie diese beiden Beispielsätze zu 100 % mit „*Geschichte*" bzw. „*Zeitung*" fortführen/beenden. In diesen beiden Fällen handelt es sich somit um Satzkonstruktionen, die hinsichtlich des letzten Wortes eine **cloze probability** von 100 % aufweisen, um sogenannte High-Cloze-Sätze. Ganz anders verhält es sich mit Sätzen wie „*Sie ging in den Supermarkt, denn sie benötigte eine .....*". Hier geht die *cloze probability* gegen Null, es handelt sich um einen Low-Cloze-Satz, da fast jeder Befragte ein anderes Wort ergänzen würde. Für das N400-Experiment wird nun bei jedem High-Cloze-Satz das letzte Wort gegen ein semantisch unpassendes, allerdings morpho-syntaktisch mögliches Wort ausgetauscht. Eine solche Konstruktion entspricht zwar den Satzbauregeln des Deutschen und ist grammatisch, jedoch hinsichtlich der Bedeutung sehr ungewöhnlich, wie z. B. der Satz „*Nach dem Regen scheint wieder die Suppe*". Solche Konstruktionen werden auch als semantisch defekt bezeichnet. Werden einige solcher Sätze in vielen anderen Sätzen eingebettet, die als ‚Ablenker' (Distraktoren) fungieren den Versuchspersonen präsentiert und ein EEG aufgezeichnet, so kann eine N400-Antwort im ERP gemessen werden. Etwa 400 Millisekunden nachdem das kritische Wort, im letzten Beispiel das Wort ‚Suppe', von der Versuchsperson wahrgenommen wurde ist im gemittelten ERP ein starker negativer Peak zu erkennen: die N400-Komponente (s. Abb. 11.6).

Die N400-Komponente des ERP wird durch mehrere Faktoren beeinflusst, z. B. durch die Auftrittswahrscheinlichkeit von Wörtern (Wortfrequenz) (Kutas & Federmeier 2011). Auch bei der N400-Komponente handelt es sich um eine sehr komplexe Aktivität des Gehirns, die als Summenpotential einer Vielzahl kognitiver Prozesse angesehen werden muss. Andererseits ist die N400 modalitätsunabhängig und tritt sowohl bei visueller als auch auditorischer Präsentation auf (McCallum et al. 1984; Luck & Kappenman 2011), wenn die methodischen Voraussetzungen stimmen (Šoškić et al. 2022). Das Ausmaß der semantischen Anomalie ist proportional zur Amplitude der gemessenen N400-Komponente und erlaubt somit Vergleiche zwischen semantischen Abweichungen (s. Abb. 11.7).

Auch bei Untersuchungen zur individuell erreichten Sprachkompetenz von L2-Lernern kann die N400 erfolgreich eingesetzt werden (Schwieter 2019), ebenso wie zur Untersuchung einer beeinträchtigten Sprachverarbeitung bei Alzheimerpatienten (Faust 2012; Kutas et al. 2012).

Neben der N400 sind noch zwei weitere sprachrelevante ERP-Komponenten beschrieben worden: Bei der **ELAN** (*very early left-anterior negativity*) handelt es sich um eine ab etwa 100 Millisekunden einsetzende negative Komponente, die durch einfache Wortkategoriefehler ausgelöst wird. Die P600-Komponente oder

11.3 Endogene ereigniskorrelierte Potentiale

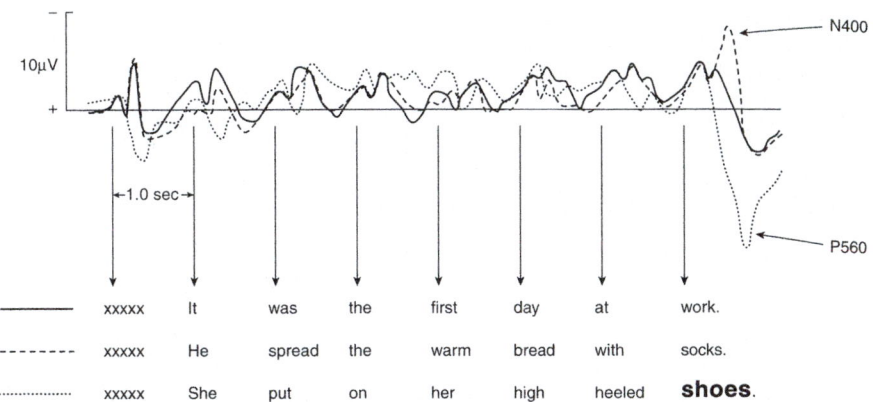

Abb. 11.6 Dargestellt sind die gemittelten ERP-Verläufe während des Lesevorgangs von drei wortweise präsentierten Sätzen, die nach einem Hinweisreiz („XXXXX") auf einem Computermonitor im Abstand von einer Sekunde erschienen sind (Pfeile). Der erste Satz ist ein High-Cloze-Satz und das dazugehörige ERP ist in der durchgezogenen Linie dargestellt. Bei dem zweiten High-Cloze-Satz ist das terminale Wort „butter" durch „socks" ersetzt worden, was zu einer N400 führt. Im dritten Satz wurde das terminale Wort „shoes" in einer überraschend viel größeren Schriftgröße präsentiert, um in nicht-sprachlicher Weise gegen Erwartungshaltungen zu verstoßen („physikalischer" Verstoß), was zu einer positiven Komponente führt (P560). (Nach Kutas & Hillyard aus Swaab et al. 2012, 400, verändert)

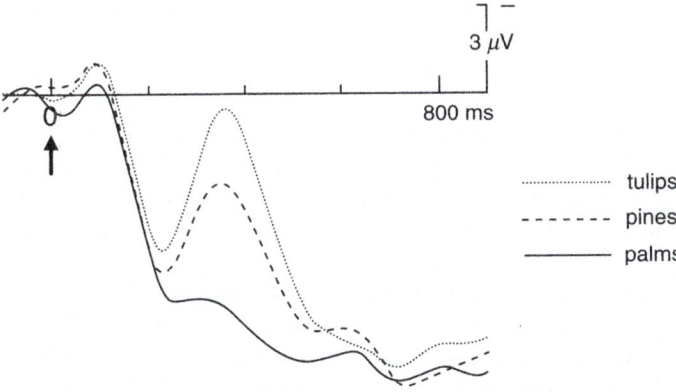

Abb. 11.7 Im Kontext eines Hotels, das sich noch stärker als tropisches Resort darstellen soll, führt das terminale Wort *palms* im kritischen Satz zu einem üblichen ERP-Verlauf am Satzende, während *pines* und *tulips* eine jeweils stärker werdende N400-Komponente auslösen. Der Pfeil markiert den jeweiligen Präsentationsbeginn der drei satzfinalen Wörter. (Kutas & Federmeier 2007, 390, verändert)

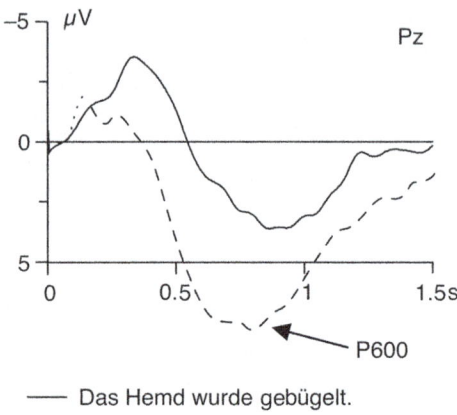

Abb. 11.8 Die sprachspezifische, durch stärkere Syntaxfehler ausgelöste P600-Komponente im ERP, abgeleitet an der Elektrodenposition Pz. (Friederici 2002, 81, verändert)

SPS (*syntactic positive shift*) ist eine positive Halbwelle, die zwischen 600 und 1000 Millisekunden auftritt (Hagoort et al. 1993). Die P600 wird durch stärkere Syntax-Fehler ausgelöst, kann aber auch bei schwierigen syntaktischen Strukturen auftreten (s. Abb. 11.8).

Aus neurobiologischer Sicht sind die N400 und erst recht die P600 vermutlich Komponenten, die nicht am primären Verstehen von Äußerungen (Satzverstehen) beteiligt sein können, da sie dafür zu spät erscheinen. Die einfache kognitive Analyse unverzweigter Sätze muss sich in einem kürzeren Zeitrahmen vollziehen. Seit den Versuchen zum schnellstmöglichen Nachsprechen von gehörten Wörtern oder Sätzen (*shadowing*) in den 1950er Jahren durch Ludmilla A. Chistovich ist bekannt, dass Personen gehörte Wörter und Sätze mit einer Verzögerung von 250 bis 500 Millisekunden parallel zum auditiven Input nachsprechen können – und dabei sogar vorhandene Fehler korrigieren. Typische Äußerungen in Satzlänge benötigen eine Artikulationszeit von ein bis vier Sekunden. Die Sprachverarbeitung ist um ein Vielfaches schneller als die physikalische Schallerzeugung der Artikulation benötigt. Hinsichtlich der Sprachverarbeitungsgeschwindigkeit stellt die natürlicherweise sequentielle Artikulation von Sprache in zeitlicher Hinsicht den ‚Flaschenhals' dar, der die Geschwindigkeit der Abläufe in einem Dialog bestimmt.

Ganz anders ist es beim Lesen eines Textes (Snowling et al. 2022), wie z. B. sogenannte Schnellleser belegen. Ein normaler Erwachsener kann etwa 250 Wörter pro Minute lesen, mit einem Satzverständnis zwischen 70 und 80 %. Im Vergleich: Trainierte Leser schaffen etwa 500 Wörter pro Minute, die sechsfache Weltmeisterin im **Schnelllesen** bei der *World Speed Reading Championship* liest 4.251 Wörter pro Minute bei einem Verständnis von 67 %. Im sprachlichen Dialog gibt es aber auch beschleunigende Faktoren. Beispielsweise kann in einem Alltagsdialog der Rezipient üblicherweise das letzte Wort einer Äußerung erschließen, sobald dies vom Sprecher etwa zur Hälfte artikuliert wurde. Das bedeutet, dass der Hörer bei Artikulationsende seit 100 bis 200 Millisekunden

11.3 Endogene ereigniskorrelierte Potentiale

bereits über alle Informationen der Äußerung verfügt und ggf. schon seinen Turn vorbereitet. Weiterhin hat sich durch die situativ bedingte Erwartungshaltung, den Kontext usw. während der etwa ein bis vier Sekunden Artikulationszeit bereits ein Sinnverstehen für den restlichen Teil der Äußerung beim Hörer aufgebaut (Bedeutungskonstitution).

Die ERP-Komponenten dürfen daher nicht so verstanden werden, dass die semantischen Analyseprozesse 400 Millisekunden nach Beginn des letzten Wortes (N400) erst einsetzen, dass die morpho-syntaktische Primäranalyse erst nach 600 bis 1000 Millisekunden (P600) stattfindet. Dies entspräche auch nicht der Reihenfolge der **Bedeutungskonstitution**. Das erste Verstehen eines Satzes, das auf einer Reihe parallel ablaufender Prozesse der phonetischen, prosodischen, morpho-syntaktischen und semantischen Analyse beruht, ist vermutlich etwa 200 Millisekunden nach Artikulationsende bereits abgeschlossen (vgl. Abb. 6.5). Komplexere pragmatische Analysen wie das Erkennen der Sprecherintention oder psychosozialer Implikationen einer Äußerung schließen sich daran an und können durchaus bis zu einige Sekunden beanspruchen. Dennoch handelt es sich sowohl bei der N400 als auch bei der P600 um durch semantische bzw. syntaktische Verstöße ausgelöste, sprachrelevante ERP-Komponenten. Beide Paradigmen werden in vielen EEG- und MEG-Experimenten zur Untersuchung der Sprachverarbeitung erfolgreich eingesetzt. Neben den hier erwähnten ERP-Komponenten kann auch das motorische Bereitschaftspotential im EEG z. B. für die Untersuchung der Sprachverarbeitung (Wesselmeier et al. 2014) oder des sprachlichen Turn-Taking eingesetzt werden (Wesselmeier & Müller 2015).

12
Gehirnstoffwechsel und Kognition: Cerebrale Blutflussmessung und metabolische Methoden

Der Energie- und Sauerstoffverbrauch des Gehirns ist vergleichsweise hoch und zeigt insgesamt keine großen Schwankungen, weder bei einer konzentrierten Tätigkeit noch während des Schlafs. Allerdings können sich aufgabenabhängig regionale Energieverbräuche verschieben. Während der Sprachrezeption oder der Sprachproduktion zeigen sich im Gehirn lokal erhöhte Durchblutungs- bzw. lokal erhöhte Energieverbrauchswerte, die für neurokognitive Untersuchungen genutzt werden können. Wenn kognitive Prozesse über mehrere Minuten durchgeführt werden, wie beispielsweise die Bearbeitung von Rechenaufgaben, die Generierung von Wörtern oder das Einprägen von Bildern, lassen sich im konkreten Fall durchaus messbare Veränderungen im lokalen Energieverbrauch jeweils beteiligter Gehirnregionen feststellen – ähnlich wie bei Muskeln die an bestimmten Körperbewegungen beteiligt sind. Im direkten Vergleich einer Testaufgabe mit einer geeigneten Kontrollbedingung kann dann für die jeweilige kognitive Aufgabe eine Aktivitätslokalisierung im Gehirn festgestellt werden. Allerdings nur dann, wenn es sich um eine im Gehirn zumindest vorrübergehend lokalisierbare Funktion handelt. Neben den herausragenden Leistungen der bildgebenden Verfahren in der neuroanatomischen Darstellung des lebenden Gehirns, ermöglichen PET und fMRT darüber hinaus Einblicke in das arbeitende Gehirn (funktionelle Neuroanatomie), die den Erkenntnisfortschritt der kognitiven Neurowissenschaft während der letzten 30 Jahre entscheidend mitgeprägt haben.

12.1 Die Messung des cerebralen Blutflusses (CBF)

Das im Durchschnitt 1200 Gramm (Frauen) bzw. 1400 Gramm (Männer) schwere Gehirn des Menschen (Hartmann et al. 1994), dass nur etwa zwei Prozent der Körpermasse ausmacht, benötigt 20 % des Gesamtverbrauchs an Sauerstoff eines ruhenden Menschen. Das sind 15 bis 20 Watt elektrochemischer Energie, was für einen Organismus ein vergleichsweise hoher Wert ist, der über einen entsprechenden Nahrungsbedarf gedeckt werden muss. Aus computertechnischer Sicht ist der Energieverbrauch angesichts der sehr hohen Leistungsfähigkeit des Gehirns jedoch vergleichsweise gering. Im Vergleich zu einem Schimpansengehirn, das etwa 400 Gramm wiegt, verfügen Menschen aus evolutionärer Sicht somit über ein sehr ‚luxuriöses' und ressourcenintensives Gehirn, was die relative Größe und den Energieverbrauch betrifft. Bei starker Beanspruchung nimmt der Gesamtenergieverbrauch des Gehirns kaum zu, es kommt lediglich zu den erwähnten lokalen Verschiebungen. Infolge der hohen Stoffwechselaktivität benötigt das Gehirn etwa 50 Milliliter Sauerstoff (O_2) pro Minute, was über eine Versorgung von 60 bis 80 Milliliter Blut pro 100 Gramm Gehirn erreicht wird. Der Sauerstoffverbrauch des Gehirns ist so groß, dass unterschiedliche kognitive Prozesse lokale Unterschiede im cerebralen Blutfluss (*regional cerebral blood flow*, **rCBF**) verursachen. Andererseits ist die Durchblutung des Gehirns aber bereits in Ruhe uneinheitlich. Die 1,3 bis 4,5 Millimeter dicke Hirnrinde ist z. B. sehr viel stärker durchblutet als das Hirnmark, die aus Nervenfasern bestehende sogenannte weiße Substanz. Aber auch die aufgefaltet etwa 2000 Quadratzentimeter große Hirnrinde zeigt deutliche Durchblutungsunterschiede. So sind in Ruhe die frontalen Bereiche der Hirnrinde stärker durchblutet als temporale oder okzipitale Bereiche.

Der cerebrale Blutfluss kann z. B. anhand von in den Blutkreislauf eingebrachten Markern (***Tracer***) im SPECT bzw. PET oder aber mittels Ultraschallsonographie gemessen werden (s. u.). Die zweidimensionale Ultraschallmessung ist vergleichsweise einfach durchzuführen, hat jedoch nur eine sehr begrenzte räumliche Auflösung: es können im Wesentlichen nur Unterschiede zwischen den beiden Hemisphären festgestellt werden. Die Methode ist aber gut geeignet, um Geschwindigkeitsunterschiede im Blutfluss einer Gehirnarterie der linken und rechten Hemisphäre zu ermitteln, was in funktioneller Hinsicht von Bedeutung ist. Beispielsweise können die Unterschiede der Strömungsgeschwindigkeiten per Dopplereffekt gemessen werden, während die Versuchspersonen z. B. Wörter generieren (*word fluency task*) (Deppe et al. 2004; Badcock et al. 2012; Heimann et al. 2022). Bei einer Wortflüssigkeitsaufgabe wird die Versuchsperson aufgefordert, zu einem beliebigen Anfangsbuchstaben so viele Wörter wie möglich auszudenken – ohne sie laut auszusprechen. Wird eine solche Aufgabe (mit wechselnden Vorgabe-Buchstaben) über ein bis zwei Minuten durchgeführt, lässt sich anhand des Energieverbrauchs und der damit einhergehenden regionalen Blutflusserhöhung die sprachdominante Hemisphäre erkennen. Diese Bestimmung der Sprachlateralisierung kann sowohl mit der funktionellen Magnetresonanztomographie (fMRT) (Woermann et al. 2003) oder der funktionellen transkraniellen Dopplersonographie (**fTCD**) (Knecht et al. 2000) durchgeführt werden. Technisch weniger aufwändig ist die Verwendung der fTCD zur Bestimmung der Lateralität (s. Abb. 12.1). Dabei werden mit je einem Ultraschallkopf auf der linken und rechten Schläfenseite anhand des Dopplereffekts Unterschiede im Blutfluss der Gehirngefäße beider Hemisphären gemessen (z. B. Arteria cerebri media), während der Proband Wörter generiert. Durch die Aktivität der sprachdominanten

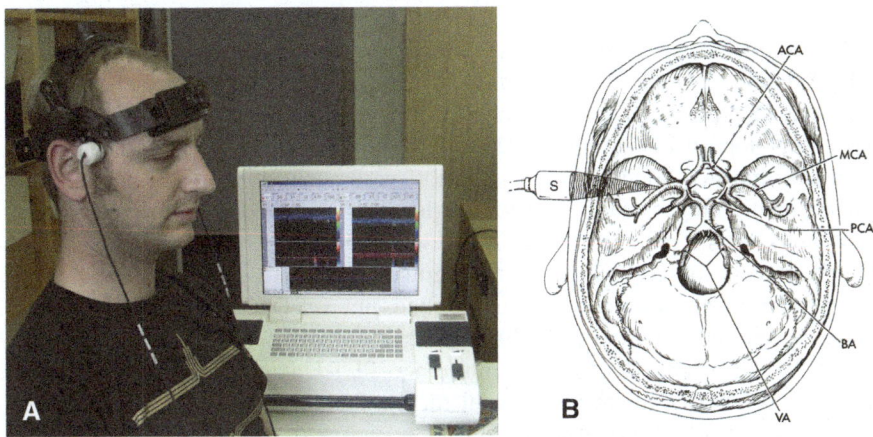

Abb. 12.1 Durchführung der funktionellen transkraniellen Dopplersonographie (fTCD) zur Bestimmung der Sprachlateralisierung. **A:** Der Proband trägt eine Kopfhalterung mit je einer seitlichen Ultraschallsonde (weiss), die exakt so ausgerichtet sind, dass sich der Blutfluss der linken sowie der rechten Arteria cerebri media im Messfokus der jeweiligen Sonde befindet. Nach kurzer Bearbeitung einer einfachen Wortgenerierungsaufgabe der Versuchsperson können die Unterschiede der Blutversorgung zwischen linker und rechter Hemisphäre ermittelt werden, die auf die sprachliche Aufgabe zurückgehen. **B:** Die Schemazeichnung verdeutlicht, wie über die linke Sonde (S) durch das knöcherne ‚Fenster' die mittlere Hirnschlagader (MCA) in ca. fünf Zentimeter Tiefe erreicht werden kann. (B aus Babikian & Wechsler 1999, 22)

Hemisphäre zeigt sich auf dieser Seite eine Zunahme der Blutflussgeschwindigkeit (Lohman et al. 2005; Heimann & Müller 2021).

12.2 Die Positronenemissionstomographie (PET)

Mit der Positronenemissionstomographie oder PET (*positron emission tomography*, PET) können regionale Blutflussänderungen, Änderungen im Stoffwechsel (Metabolismus) oder strukturelle Daten (Bildgebung) des Gehirns erfasst werden (Phelps 2006; Price 2012; Agrawal et al. 2022; Franceschi & Franceschi 2022). Sollen kognitive Prozesse dargestellt werden, so werden beim PET kleinste Änderungen im Energieverbrauch des Gehirns anhand von radioaktiven Substanzen (**Radioisotope**) gemessen, die den natürlich im Organismus vorkommenden Substanzen (z. B. Glucose oder Sauerstoff) ähnlich sind und die über ihren radioaktiven Zerfall lokale Unterschiede in der Stoffwechselintensität des Gehirns anzeigen. Wenn ein Patient beispielsweise einige Minuten rechnet, musiziert oder einer Erzählung zuhört, so kommt es in den jeweils beteiligten Gehirnregionen zu typischen Veränderungen im Energieverbrauch der Neuronen. In der Folge wird dort die Blutversorgung erhöht und der Umsatz an Stoffwechselenergie, beispielsweise der Verbrauch von Zucker (Glucose) und Sauerstoff erhöht. Da man diesen lokalen Mehrverbrauch nicht direkt im Gehirn messen kann, bedient man sich gewissermaßen eines Tricks, indem radioaktive Nuklide von Glucose oder Sauerstoff in den Blutkreislauf eingebracht werden, die durch ihren radioaktiven Zerfall und die damit verbundene Strahlung Informationen über ihren jeweiligen Aufenthaltsort im Körper nach außen senden. Etwa eine Minute nach der Injektion hat sich das Isotop an denjenigen Stellen im Gehirn stärker angereichert, an denen gerade am meisten Glucose bzw. Sauerstoff verbraucht wird. Nach Injektion der klinisch häufig eingesetzten Fluordesoxyglucose (^{18}F-FDG), ein mit radioaktivem Fluor markiertes Traubenzuckermolekül, kann die PET-Untersuchung erst nach einer Wartezeit von etwa 45 Minuten beginnen. Während dieser Zeit müssen die Patienten in einem besonderen Raum bleiben, um auf Dauer nicht eine Strahlenbelastung für die Mitarbeiter herbeizuführen. Eine Dosis ^{18}F-FDG kostet etwa 400 US-Dollar (Saha 2005). Die mit einer PET-Untersuchung einhergehende Strahlenbelastung ist allerdings sowohl für die Patienten als auch für die Labormitarbeiter zu bedenken (s. Abb. 12.2).

Mit medizinischer Indikation ist die PET-Untersuchung nicht nur in der Onkologie ein äußerst leistungsfähiges Instrument. Zur Untersuchung von Sprachverarbeitungsprozessen bei gesunden Versuchspersonen ohne medizinische Indikation ist wegen der damit verbundenen Strahlungsbelastung eher abzuraten. Mittels PET-Scan können im Gehirn jedoch nicht nur Aktivitätsmuster kognitiver Aufgaben, sondern auch metabolische Abweichungen bei Patienten mit neurodegenerativen Erkrankungen festgestellt werden, die Auswirkungen auf die Sprache haben (Cummings 2020) (s. Abb. 12.3).

Um bestimmte Sprachverarbeitungsprozesse mittels PET untersuchen zu können, werden Messungen mit jeweils mindestens einer Test- und einer Kontrollbedingung durchgeführt, um dann durch die Subtraktion der Kontroll- von der Testbedingung (**Subtraktionstechnik**) die für die Testbedingung typische Aktivitätsverteilung erkennen zu können. Dazu müssen die Bedingungen möglichst zeitnah gewechselt werden können, was wiederum nur möglich ist, wenn das ein-

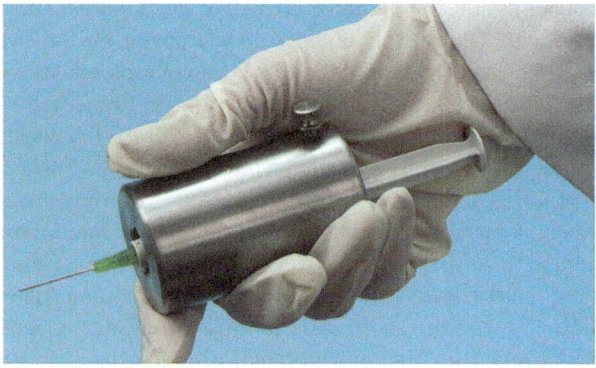

Abb. 12.2 Zum Schutz der Untersucher hat die Spritze zur Injektion des Radionuklids eine Bleiglas- und/oder Wolframabschirmung unterschiedlicher Stärke. Die hier gezeigte extra starke Abschirmung wird durch 14 mm Wolfram bei einem Gewicht von 1,7 kg erreicht. Bei der Injektion von ^{18}F-FDG (18 F-Fluordesoxyglucose) verringert sie die Strahlenbelastung der Hand um 97 %. (Firma Biodex Medical Systems, New York)

12.2 Die Positronenemissionstomographie (PET)

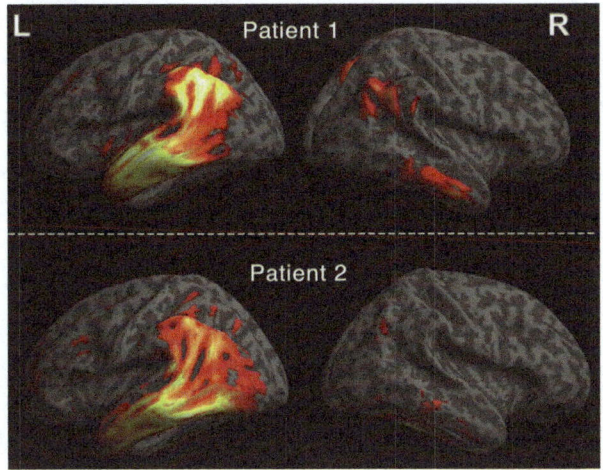

Abb. 12.3 PET-Scan (^{18}F-FDG) von zwei Patienten mit der semantischen Variante der primär progredienten Aphasie (svPPA), die eine zunehmende Beeinträchtigung der sprachlichen Bedeutungskonstitution zeigen. Durch die 18 F-Fluordesoxyglukose wird die starke Verringerung des Stoffwechsels (Hypometabolismus) des linken Temporallappens bis zum temporookzipitalen Kortex, der Insel sowie Regionen des anterioren cingulären Kortex deutlich. (Perani & Cappa 2022, 156)

gesetzte Radioisotop schnell zerfällt und kurzlebig ist. Es muss eine sehr kurze Halbwertszeit besitzen. Sehr gut geeignet ist z. B. ^{15}O, das eine Halbwertszeit von 122 Sekunden hat. Das instabile Isotop verfügt über acht Protonen und sieben Neutronen, während die stabile Form (^{16}O) acht Protonen und acht Neutronen besitzt. Während des radioaktiven Zerfalls von ^{15}O verlässt ein Positron den Atomkern. Nach einer Strecke von wenigen Millimetern im Gehirngewebe kollidieren die so freigewordenen Positronen mit jeweils einem Elektron. Da sich Positronen und Elektronen gegenseitig auslöschen (**Annihilation**), wird Energie als sogenannte Vernichtungsstrahlung frei: zwei hochenergetische Photonen, die sich in einem 180 Grad Winkel voneinander fortbewegen und mit Lichtgeschwindigkeit aus dem Kopf strahlen (Posner & Raichle 1994; Phelps 2006; Agrawal et al. 2022; Franceschi & Franceschi 2022). Während dieser Zeit bearbeitet die Versuchsperson die kognitive Testbedingung. Diejenigen Gehirnregionen, die während der kognitiven Aufgaben eine erhöhte Aktivität zeigen, sollten in der Folge einen erhöhten Stoffwechsel und somit auch eine stärkere Anreicherung des Sauerstoffisotops zeigen. Mit den ringförmig um den Kopf der Versuchsperson angeordneten Szintillationszählern des PET-Scanners (s. Abb. 12.4) werden die Daten für die nachfolgende computergestützte Verortung der Radioisotope gemessen. Sie liefern so indirekte Evidenz für die an der kognitiven Aufgabe beteiligten Gehirnregionen.

Mit dem PET-Scan können zunächst Schnittbilder z. B. des Gehirns erzeugt werden, es handelt sich somit um ein bildgebendes Verfahren. Allerdings ist die

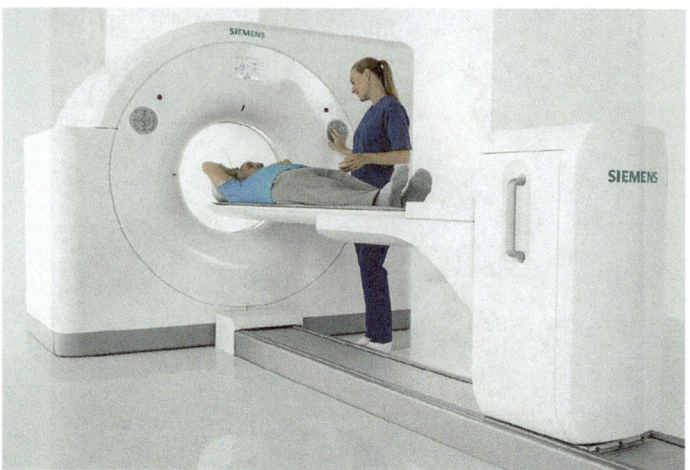

Abb. 12.4 Vorbereitung einer PET-Untersuchung am Beispiel des Biograph Molecular CT von Siemens, einem kombinierten PET- und CT-Scanner (CT = Computertomograph zur 3D-Röntgenuntersuchung). Die Gammadetektoren (Szintillationszähler) sind in dem kreisrunden Scannergehäuse angeordnet und umgeben den Patienten. (Siemens-Pressebild)

Bildqualität im Vergleich zu einer magnetresonanztomographischen (MRT) Abbildung etwas geringer. Die Stärke der Positronenemissionstomographie ist somit nicht der strukturelle Hirnscan zur Aufklärung neuroanatomischer Daten, sondern die selektive Herausarbeitung von funktionellen Detailinformationen, z. B. von bestimmten Stoffwechselvorgängen, spezifischen Organfunktionen oder Gewebetypen (z. B. Tumorzellen). Sollen aufgabenspezifische Aktivitätsmessungen des Gehirns durchgeführt werden, müssen Bilder der Testbedingung und einer Kontrollbedingung erzeugt werden. Es werden zwei Messungen miteinander verglichen (**Subtraktionsverfahren**): zum einen eine Zeitspanne mit der kognitiven Aufgabe und zum anderen eine Zeitspanne mit einer geeigneten Kontrollbedingung ohne die kognitive Aufgabe. Anhand der sich aus diesem Vergleich ergebenden Aktivitätsdifferenz kann nun auf die an der kognitiven Aufgabe beteiligten Gehirnregionen geschlossen werden. Die räumliche Auflösung liegt dabei im Millimeterbereich. Da bei solchen Untersuchungen zumeist über mehrere Patienten gemittelt wird, die naturgemäß Unterschiede in der Gehirngröße und Makrostruktur (z. B. Furchungsmuster) aufweisen, werden im letzten Analyseschritt die gemittelten Daten aller Versuchspersonen auf ein standardisiertes Normgehirn übertragen. Am Ende einer PET-Untersuchung kognitiver Prozesse steht somit eine zwei- oder dreidimensionale Gehirndarstellung mit den ermittelten Aktivitätsdifferenzen der getesteten Versuchspersonen. Sie erlauben eine visuelle Lokalisierung und Beurteilung der Aktivierungsstärke anhand von Abstufungen von Farb- oder Graustufenwerten (s. Abb. 12.5).

Gegenwärtig ist die PET-Untersuchung insbesondere in der Onkologie zur Darstellung von Tumorgewebe sowie zur Messung von spezifischen Organleistungen

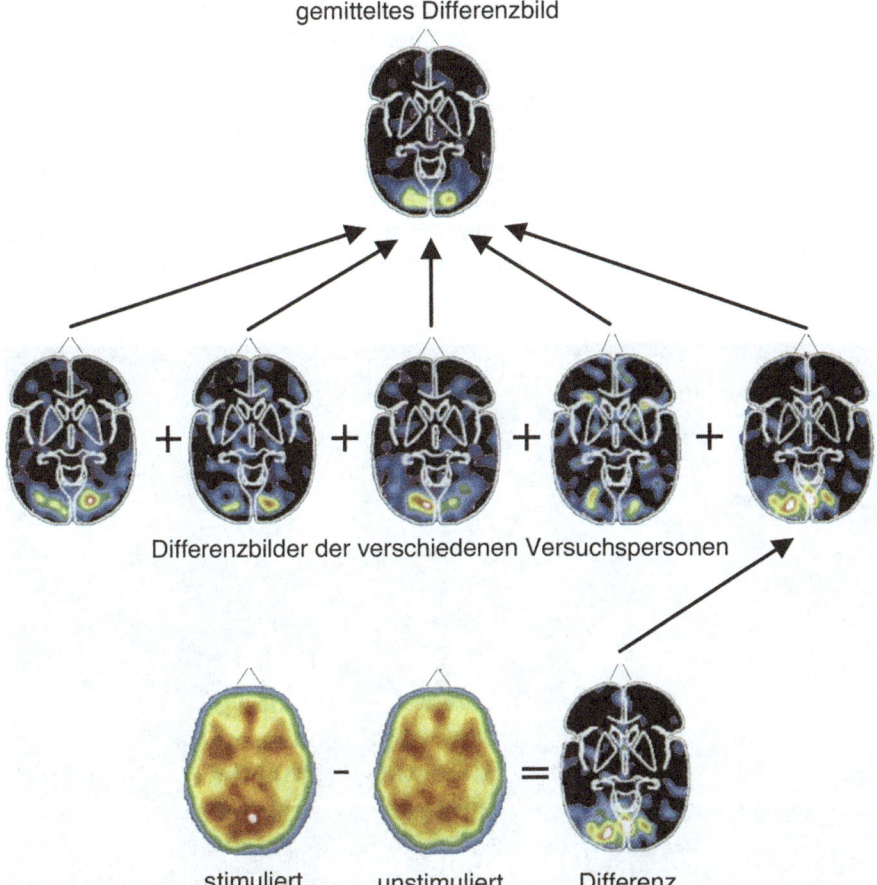

Abb. 12.5 Darstellung der Subtraktionstechnik am Beispiel der Positronenemissionstomographie aus den 1990er Jahren. Die untere Reihe zeigt links den PET-Scan einer Versuchsperson während der visuellen Stimulation mit einem flackernden Schachbrettmuste (unten links). Danach findet als Kontrollbedingung ein Scan ohne Stimulation statt (unten Mitte). Nach der Subtraktion der unstimulierten von der stimulierten Bedingung bleiben nur die Unterschiede erhalten (Differenzbild), da sich die in beiden Bedingungen auftauchenden Aktivitäten gegenseitig auslöschen. Man erkennt auf dem Differenzbild (unten rechts) eine überwiegende Aktivität in den visuellen Regionen des Okzipitallappens. Im nächsten Schritt wiederholt sich diese Prozedur für weitere vier Versuchspersonen (mittlere Reihe). Nach einer Angleichung aller Differenzbilder hinsichtlich ihrer Größe wird zuletzt über alle fünf Versuchspersonen gemittelt, um zu einer allgemeingültigen Aussage zu kommen (gemitteltes Differenzbild, oben). Die auf die Betrachtung des flackernden Schachbrettmusters zurückgehende Aktivität der Sehrinde ist nun deutlich zu erkennen (oben). In gleicher Weise lassen sich auch spezifische Prozesse der Sprachverarbeitung in den entsprechenden Gehirnregionen ermitteln. (Posner & Raichle 1994, 65, verändert)

unübertroffen. Nachteilig sind die vergleichsweise hohen Kosten dieser Technik. So müssen viele Radionuklide aufgrund ihrer kurzen Lebensdauer in einem sich möglichst in der Nähe befindlichen Teilchenbeschleuniger (Zyklotron) jeweils für die Untersuchung hergestellt werden. Insbesondere für die neurokognitive Forschung werden Isotope mit Halbwertszeiten von ca. zwei Minuten eingesetzt, die nur vor Ort und unmittelbar vor dem Versuch hergestellt werden können. In der Grundlagenforschung der kognitiven Neurowissenschaft haben PET-Untersuchungen an freiwilligen Versuchspersonen aufgrund der **Strahlenbelastung** in den letzten Jahren ihre Bedeutung zunehmend verloren, vor allem zugunsten

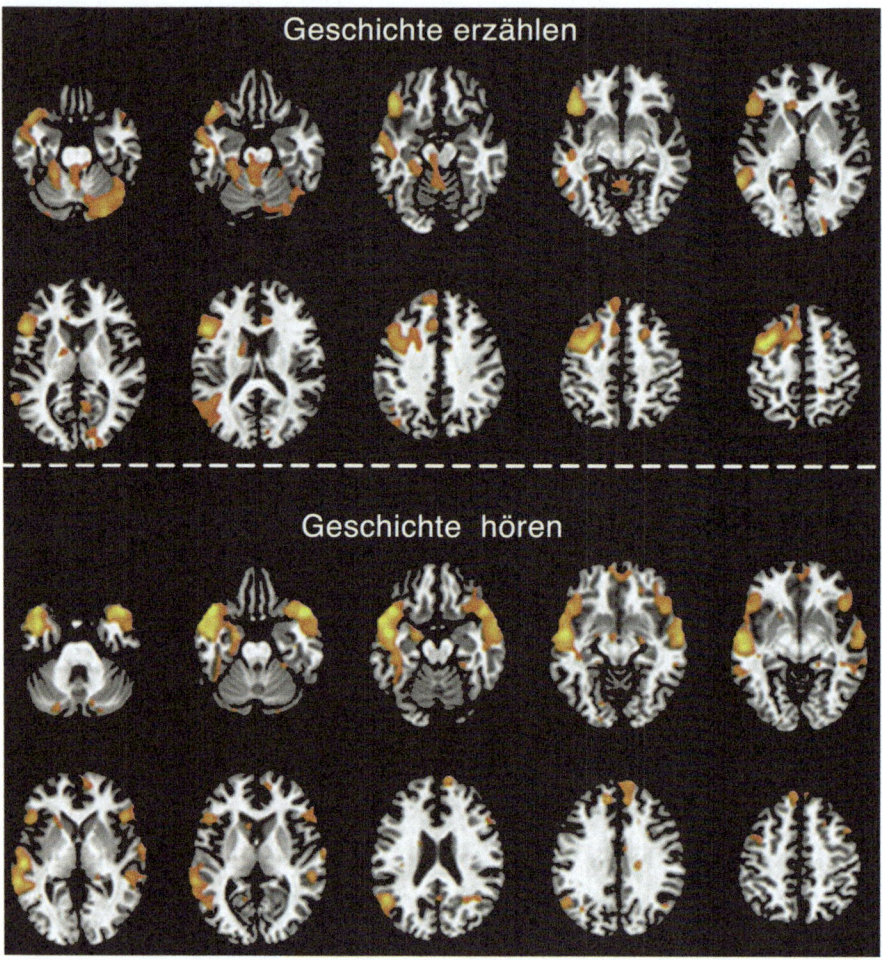

Abb. 12.6 Die 10 Horizontalschnitte (Aufsichten) eines PET-Scans zeigen die gemittelten Aktivierungsmuster von 17 Versuchspersonen, die eine kurze Geschichte erzählen (oben) bzw. einer kurzen Geschichte zuhören (unten). Dargestellt sind jeweils die Differenzbilder (Kontraste) von Geschichte minus bekannter Kinderreim. (AbdulSabur et al. 2014, 113, verändert)

der funktionellen Magnetresonanztomographie. Hinsichtlich neurolinguistischer Fragestellungen zeigen beide Verfahren vergleichbare Ergebnisse (AbdulSabur et al. 2014).

Die Abb. 12.6 zeigt die gemittelten PET-Scans von 17 Versuchspersonen nach intravenöser Applikation von 10 Millicurie Sauerstoffisotop in Wasser ($H_2^{15}O$). Die Scans zeigen die zwei unterschiedlichen Aktivierungsmuster während des Erzählens sowie während des Zuhörens einer kurzen Geschichte.

12.3 Die Nahinfrarotspektroskopie (NIRS)

Die Nahinfrarotspektroskopie (*near-infrared spectroscopy*, NIRS) ist ein nichtinvasives optisches Verfahren zur Ermittlung von Gehirnaktivitäten während kognitiver Aufgaben (Lange & Tachtsidis 2019). Mit Hilfe von nahinfrarotem Licht, das durch die Schädeldecke hindurch dringt und sich auch in der Hirnrinde diffus verteilt, können dynamische Veränderungen des Sauerstoffgehaltes im Blut bestimmt werden. Auch bei dieser Methode wird die Neuronenaktivität anhand der Menge des regional verbrauchten Sauerstoffs erschlossen, es ist somit ein **metabolisches Verfahren**. Für die Untersuchung werden typischerweise zwischen 4 und 64 Lichtsender/-empfänger (Infrarot-Emitter und Photodetektor) auf dem Kopf der Versuchsperson angeordnet und nahinfrarotes Licht mit einer Wellenlänge von beispielsweise 690 oder 830 Nanometer ausgesendet (s. Abb. 12.7).

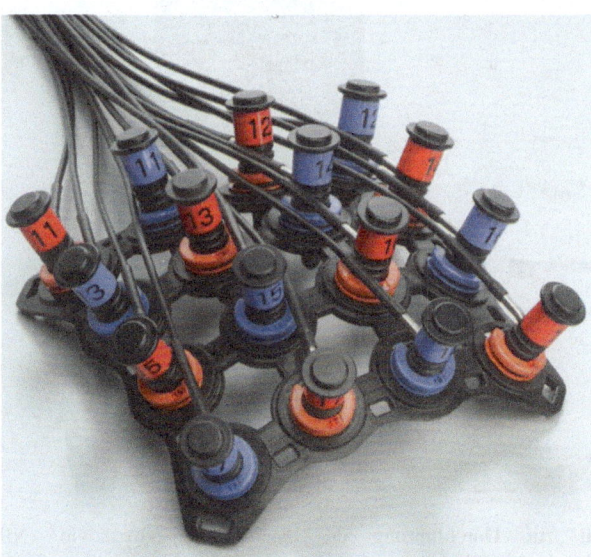

Abb. 12.7 Eine vier mal vier Anordnung von Infrarot-Emittern und Photodetektoren zur Durchführung der Nahinfrarotspektroskopie am Kopf. (Hitachi Medical Systems GmbH)

Wegen der hohen Eindringtiefe dieser Wellenlängen reichen Intensitäten von unter zehn Milliwatt aus, um etwa ein Zentimeter tief in das Hirngewebe hinein zu ‚leuchten'. Das sich nun diffus im Hirngewebe ausbreitende Infrarotlicht wird vom sauerstoffarmen bzw. sauerstoffreichen Hämoglobin jeweils unterschiedlich stark absorbiert. Das verbleibende, in der Hirnrinde gestreute Infrarotlicht wird dann von den **Photodetektoren** in den Kopfsensoren aufgefangen und nachfolgend computergestützt ausgewertet. Je nach der Menge des sauerstoffarmen und sauerstoffreichen Blutes im Lichtweg, hat sich die spektrale Zusammensetzung des Nahinfrarotlichts verändert. Nach der Analyse können anhand dieser hämodynamischen Daten Aussagen über die Veränderungen des Sauerstoffverbrauchs und somit über die kortikale Hirnaktivität während der kognitiven Aufgabe gemacht werden (Gratton et al. 2005). Sowohl die zeitliche als auch die räumliche Auflösung dieses Verfahrens ist noch nicht sehr groß, allerdings ist eine ereigniskorrelierte Aktivitätsbestimmung möglich (z. B. Nishimura et al. 2010; Lange & Tachtsidis 2019). Zur Visualisierung müssen die über mehrere Versuchspersonen gemittelten Aktivierungsdaten auf ein schematisches Gehirn übertragen werden, da es sich bei der Nahinfrarotspektroskopie nicht

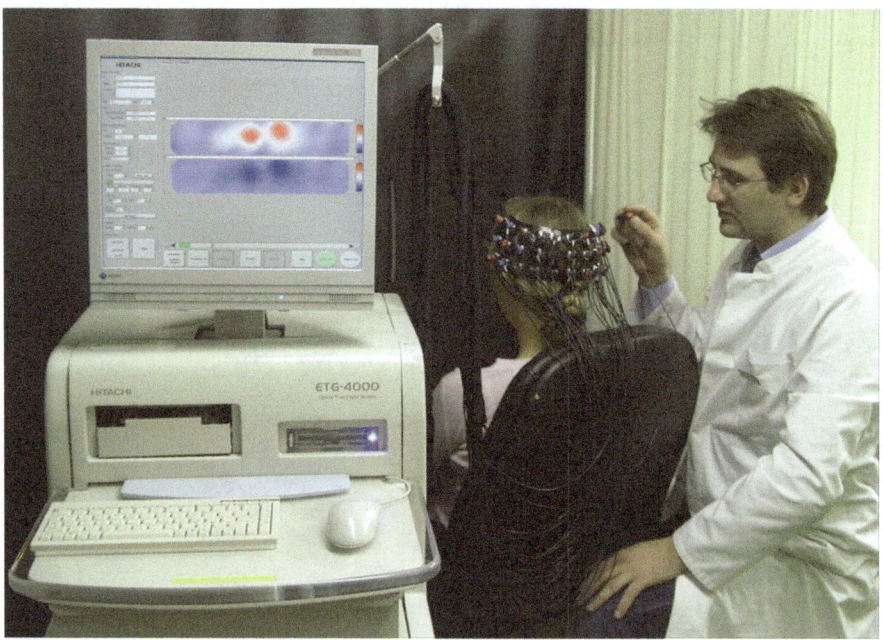

Abb. 12.8 Gerät zur Durchführung der Nahinfrarotspektroskopie (NIRS) und die Positionierung der Lichtsender/-empfänger am Kopf der Versuchsperson. (Hitachi Medical Systems GmbH)

um ein bildgebendes Verfahren handelt. Zu den Stärken dieser Methode gehört, dass es sich um eine vergleichsweise unkomplizierte Messung handelt und sie unempfindlich gegenüber Bewegungen der Versuchspersonen ist. Da die Reichweite der Nahinfrarotstrahlung im kindlichen Schädel deutlich höher ist als beim Erwachsenenschädel, wird diese Methode auch bei der Untersuchung von Frühgeborenen (Brain Monitoring), Säuglingen und Kleinkindern eingesetzt. Beispielsweise konnte so nachgewiesen werden, dass bereits Neugeborene über Wissen zur Sprachstruktur verfügen (Gervain et al. 2008; Minagawa-Kawai et al. 2011). Auch zur Untersuchung der Sprachproduktion ist NIRS gut geeignet, da die mit dem Sprechen einhergehenden Muskelaktivitäten und Bewegungen des Artikulationsapparates die Messung nicht stören (Hull et al. 2009) (s. Abb. 12.8).

12.4 Die funktionelle Magnetresonanztomographie (fMRT)

Bei der Magnetresonanztomographie oder MRT (*magnetic resonance imaging*, MRI) handelt es sich um ein bildgebendes Verfahren, bei dem die Versuchsperson zunächst einem starken **Magnetfeld** ausgesetzt wird, um dann körpereigene Atome gezielt mit schwachen Radioimpulsen anzuregen. Es handelt sich um ein nicht-invasives Verfahren, bei dem zur ‚Durchleuchtung' des Körpers – abgesehen von dem Magnetfeld und den sehr schwachen Radiowellen – keine schädigende ionisierende Strahlung (z. B. Röntgenstrahlung) eingesetzt wird. Die klinische Bedeutung des MRT liegt vor allem in der Darstellung struktureller Daten zur Neuroanatomie und Pathologie des Gehirns, bzw. des Körpers (Weishaupt et al. 2014). In der kognitiven Neurowissenschaft hat sich, nicht nur wegen der geringen Belastung der Versuchsperson, die funktionelle Magnetresonanztomographie (fMRT) zur Standardmethode der Gehirnbildgebung (*brain imaging, brain scan*) entwickelt, um Einblicke in das arbeitende Gehirn zu erlangen (Price 2012; Schneider & Fink 2013; Bandettini 2020; Ulmer & Jansen 2020; Stippich 2022) (s. Abb. 12.9).

Im Folgenden werden der technische Ablauf und die physikalischen Grundlagen der MRT stark vereinfacht beschrieben. Bei der funktionellen Magnetresonanztomographie (fMRT) handelt es sich um ein zweischrittiges Verfahren, bei dem zunächst mittels MRT ein dreidimensionaler Scan des gesamten Kopfes erstellt wird (**Bildgebung;** vgl. Abb. 6.2), um zunächst die anatomischen Daten in sehr hoher Auflösung zu erfassen. Es handelt sich dabei um einen Datenwürfel, aus dem in beliebigen Achsen Schnittbilder des Kopfes gezogen und visualisiert werden können. Die räumliche Auflösung liegt im Millimeterbereich und mittels geeigneter Software können auch dreidimensionale Aufsichten, z. B. ausschließlich des Knochengewebes oder des Hirngewebes erzeugt werden. Mittels nachfolgender Computerauswertung sind dann selektive dreidimensionale Darstellungen des ganzen Gehirns oder in jeder Schnittebene möglich (**3D-Rendering**) (s. Abb. 12.10).

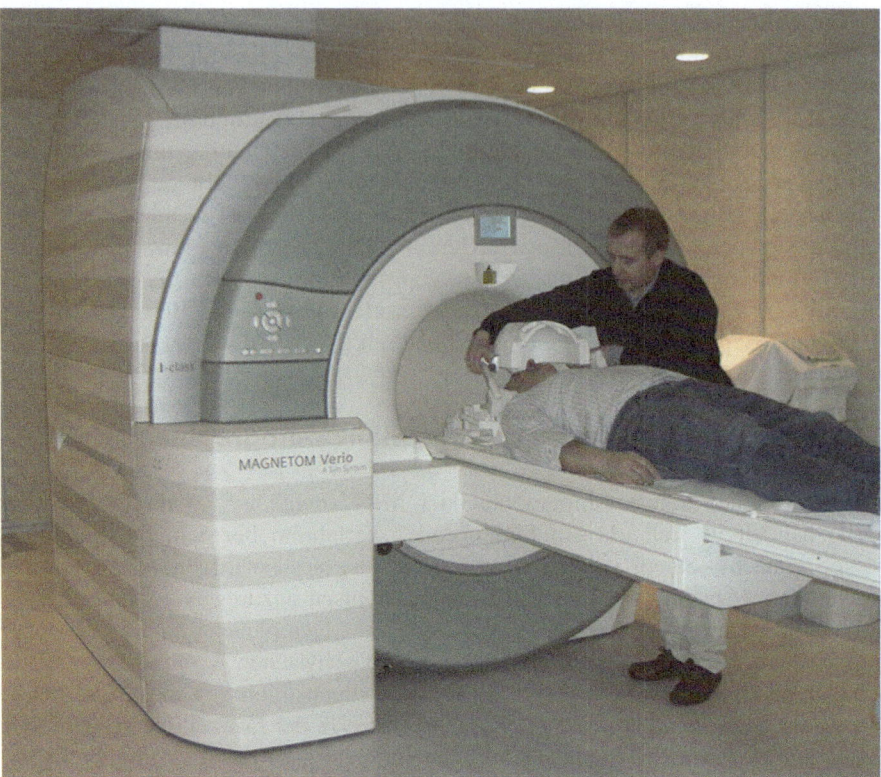

Abb. 12.9 Vorbereitung einer MRT-Untersuchung mit einem drei Tesla-Scanner. Nach dem sich die Versuchsperson auf den Untersuchungstisch gelegt hat, wird die Kopfspule aufgesetzt und der Liegeschlitten wird in den Scanner gefahren. Um mit dem ringförmigen Elektromagneten ein dauerhaft hinreichend starkes Magnetfeld erzeugen zu können, wird er kontinuierlich mit flüssigem Helium auf minus 269 Grad Celsius gekühlt und somit supraleitend gemacht. Um das Magnetfeld zu beenden, z. B. bei einem Notfall, muss das Helium abgelassen und die Supraleitung aufgehoben werden. (Epilepsiezentrum Bethel, Bielefeld)

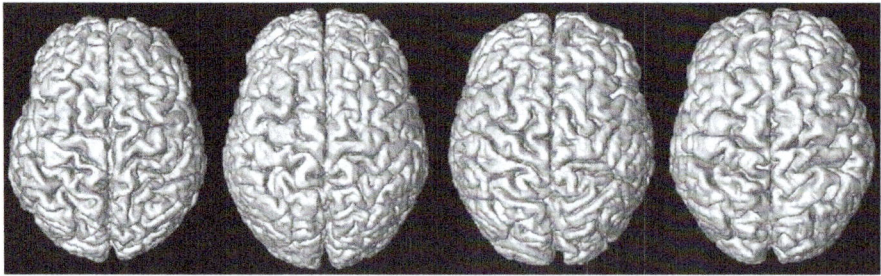

Abb. 12.10 Dreidimensionale Rekonstruktion der Gehirnoberfläche (Aufsicht) von vier männlichen Patienten (Rechtshänder, 30–40 Jahre) nach einer MRT-Untersuchung. Deutlich zu erkennen sind die individuellen Unterschiede der Furchungsmuster. (Schneider & Fink 2013, 89)

12.4 Die funktionelle Magnetresonanztomographie (fMRT)

Diese MRT-Bildgebung (strukturelles MRT) basiert im Wesentlichen auf Messungen der natürlich im Körper vorkommenden Wasserstoffatome. Die Protonen der Wasserstoffatomkerne haben einen **Drehimpuls** (Spin) und rotieren um ihre Achse. Durch diese Drehung des Kerns, der im Falle des Wasserstoffatoms ja nur aus einem einzigen positiv geladenen Proton besteht, wird ein Magnetfeld erzeugt, dessen beide Pole auf der Drehachse liegen. Normalerweise sind diese Drehachsen der Atome nicht geordnet, sondern alle Ausrichtungen sind zufällig verteilt. Weiterhin sind die Drehachsen der Wasserstoffatomkerne nicht völlig starr, sondern vollziehen eine kleine Kreiselbewegung (**Präzession**), deren Frequenz von der Magnetfeldstärke abhängt. Durch das im MRT-Scanner künstlich erzeugte und sehr starke Magnetfeld können bei der Versuchsperson die zufallsverteilten Raumrichtungen der Wasserstoffatom-Drehachsen für eine gewisse Zeit parallel und antiparallel zu den Magnetfeldlinien ausgerichtet und in eine Position gezwungen werden (Längs- oder Longitudinalmagnetisierung). In der Klinik ist die für diese Ausrichtung notwendige Magnetfeldstärke zur Untersuchung von Menschen auf maximal drei Tesla beschränkt, was etwa dem 60.000-fachen Erdmagnetfeld entspricht. In Forschungsinstituten werden aber auch MRT-Scanner mit Feldstärken von sieben Tesla und mehr als neun Tesla eingesetzt. Im weiteren Verlauf kann nun die Präzession der Wasserstoffatome über einen Hochfrequenzimpuls (HF-Impuls) synchronisiert und die Protonen der Wasserstoffatomkerne auf ein höheres Energieniveau gezwungen werden (**Larmorfrequenz**). Die Larmorfrequenz ist von der eingesetzten Magnetfeldstärke des Scanners abhängig und beträgt für die Wasserstoffatomkerne bei 1,5 Tesla 63,9 Megaherz – liegt also im Radiowellenbereich eines UKW-Senders. Ist die Anregung durch den HF-Impuls beendet, lässt diese sogenannte Quermagnetisierung nach und die ursprüngliche Längsmagnetisierung nimmt wieder zu (Longitudinal-Relaxation), was letztlich zum sogenannten T1-Signal führt. Gleichzeitig findet auch eine transversale Relaxation statt, die zum T2-Signal führt (Schneider & Fink 2013; Weishaupt et al. 2014). Die vom homogenen Magnetfeld des Scanners ausgerichteten Atome werden über den kurzfristigen Radiowellenimpuls gewissermaßen kurzzeitig ‚angetippt' und kippen danach wieder in die ursprüngliche, durch das homogene Magnetfeld aufgezwungene Ausrichtung zurück. Dabei senden die Wasserstoffatome ihrerseits eine Radiowelle (elektromagnetischer Impuls) aus, die von der Empfangsantenne aufgefangen wird (MR-Signal). Durch eine technische Besonderheit kann nun in dem eigentlich homogenen Magnetfeld des Scanners die Rauminformation ermittelt werden, um die gemessene Magnetresonanz eines dreidimensionalen Körpers (z. B. des Kopfes) räumlich zuordnen zu können. Über Gradientenspulen wird das Magnetfeld so verändert, dass es sich in horizontaler Richtung kontinuierlich leicht abschwächt, es also einen leichten graduellen Abfall gibt. Da die Larmorfrequenz von der Stärke des Magnetfelds abhängt (s. o.), kommt es somit zu einem Frequenzgradienten und letztlich können so hintereinanderliegende Schichtaufnahmen z. B. des Kopfes durchgeführt werden. Das Schalten dieser Gradientenspulen, bei denen Ströme von über 400 Ampere sehr kurzzeitig geschaltet werden müssen, verursacht auch die lauten Klopfgeräusche während des Scanvorgangs, da durch die Lastwechsel die Spulen im Gerät starken elektromechanischen Kräften ausgesetzt sind und im Gerät ‚schlagen'. Um die Darstellung von Gewebeeigenschaften jeweils zu optimieren, werden unterschiedliche elektromagnetische Impulsfrequenzen für die Scans benutzt (z. B. EPI, FLASH oder DWI), die mit einer jeweils typischen und unterschiedlich lauten Lärmentwicklung einhergehen. Die Patienten müssen daher während des Scans einen Gehörschutz tragen. Soll die Verarbeitung gesprochener Sprache untersucht werden, sind daher besondere Vorkehrungen zur Präsentation natürlichsprachlicher Stimuli notwendig. Einerseits muss der sehr laute Lärm des Scanvorgangs von den Versuchspersonen ferngehalten werden, andererseits sollen sprachliche Stimuli oder audio-visuelle Stimuli möglichst natürlich wahrnehmbar sein. Diese Aufgabe wird umso schwieriger, da keine herkömmlichen (magnetisierbaren) Lautsprecher, Kopfhörer oder dergleichen für die Präsentation im Scannerraum verwendet werden können.

Da das Körpergewebe zu etwa 70 % aus Wasser besteht und auch Fette, Eiweiße und andere Biomoleküle zumeist viele Wasserstoffatome aufweisen, kann ein genügend großer Anteil der Atome im Gehirn eines Menschen in Resonanz versetzt und zur Aussendung eines elektromagnetischen Impulses angeregt werden. Diese Resonanzstrahlung wird dann über sehr aufwändige Auswertungsverfahren in Raumkoordinaten und Dichteverteilungen umgerechnet, die letztlich zu einer computergestützten bildlichen Darstellung des untersuchten Gewebes führen (vgl. Abb. 6.2). Abb. 12.11 zeigt einen MRT-Horizontalschnitt eines Patienten nach einem rechtsseitigen Schlaganfall.

Für neurolinguistische Fragestellungen zu einzelnen Prozessen der Sprachverarbeitung viel bedeutender sind jedoch Befunde zur funktionellen Neuroanatomie im arbeitenden Gehirn. Hierzu werden regionale Unterschiede der Neuronenaktivität während der Produktion oder Rezeption von Sprache gemessen. Nach

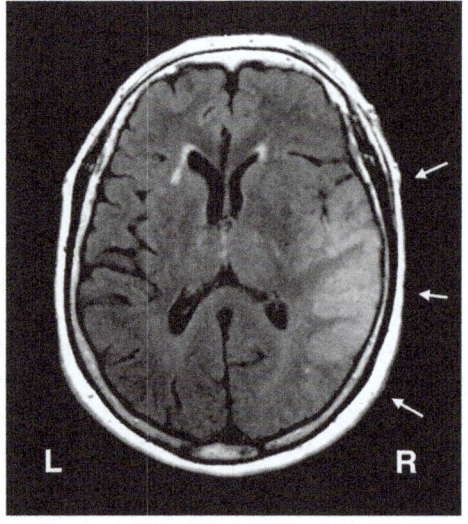

Abb. 12.11 MRT-Aufnahme eines Schlaganfallpatienten mit einem Teilterritorialinfarkt der rechten Arteria cerebri media. Die Pfeile zeigen das Ausmaß der Hirnschädigung.

dem strukturellen MRT wird dazu in einem zweiten Schritt ein funktionelles MRT durchgeführt. Beim fMRT wird – ähnlich wie beim PET – die lokale Neuronenaktivität aus dem Sauerstoffverbrauch der unmittelbaren Umgebung der Neuronen erschlossen. Transportiert wird der Sauerstoff über das Blut, und zwar mit dem Hämoglobin der roten Blutkörperchen, das zu diesem Zweck über ein zentrales Eisenatom verfügt. Dieses Eisenatom verändert seine magnetischen Eigenschaften in Abhängigkeit davon, ob es eine Sauerstoffladung trägt oder nicht. Desoxygenisiertes Hämoglobin (ohne Sauerstoff) ist paramagnetisch, während oxygenisiertes Hämoglobin (mit Sauerstoffladung) diamagnetisch ist. Für die fMRT-Darstellung wird in der Messung nun der sogenannte **BOLD-Kontrast** genutzt (BOLD = *Blood Oxygen Level Dependency*). Die in dem funktionellen Teil der Untersuchung ermittelten Aktivitätsmuster des Gehirns werden dann auf das zuvor erstellte hochauflösende Bild des Gehirns (strukturelles MRT) der Versuchsperson übertragen. Jetzt kann jede von der Versuchsperson durchgeführte kognitive Aufgabe mit der jeweiligen Hirnaktivität korreliert und als intensitäts-

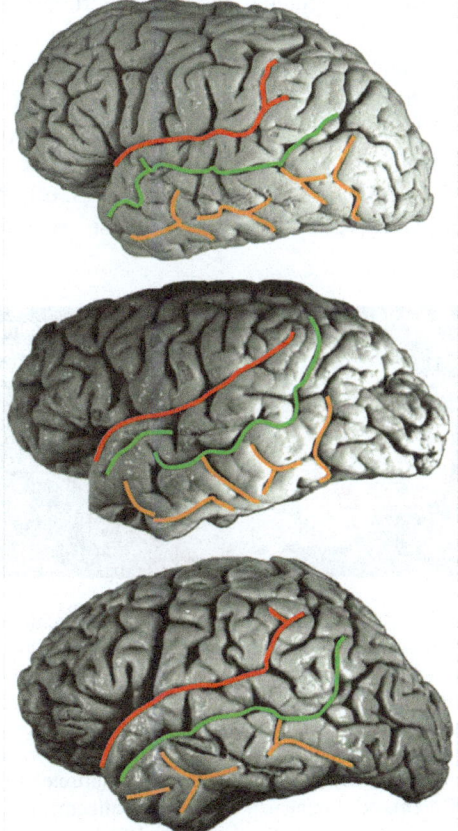

Abb. 12.12 Die individuelle Variabilität der Kortexfaltung am Beispiel des Temporallappens dreier postmortem Gehirne (rot = Sulcus lateralis (Sylvische Fissur), grün = Sulcus temporalis superior, orange = Sulcus temporalis inferior). (Zachlod et al. 2022, 23)

kodierter Farbbereich auf das anatomische Bild des individuellen Gehirns dargestellt werden (Huettel et al. 2008; Weishaupt et al. 2014; Bandettini 2020; Ulmer & Jansen 2020; Stippich 2022). Um konkrete fMRT-Ergebnisse zur Sprachverarbeitung verallgemeinern zu können, müssen natürlich auch hier mehrere Versuchspersonen untersucht werden (typischerweise 12 bis 18). Die individuellen Ergebnisse einer MRT sind sehr exakt und räumlich hochauflösend. Auch die individuellen fMRT-Befunde sind sehr verlässlich. Wie bei den anderen Verfahren auch, wird am Ende der Untersuchung über alle Versuchspersonen gemittelt und die Aktivitätsmuster werden auf ein standardisiertes Normgehirn übertragen. Angesichts der Größenunterschiede (Gehirngewichte etwa zwischen 1000 und 1900 Gramm) und Unterschiede z. B. im kortikalen Furchungsmuster gehen individuelle Besonderheiten oder ein Clustering von Befunden u. U. verloren. Abb. 12.12 zeigt an drei Gehirnpräparaten die strukturelle Variabilität am Beispiel des Temporallappens.

Die individuellen Unterschiede in der Faltung der Hirnrinde erschweren das mittelnde Morphen von fMRT-Aktivierungsmustern mehrerer Personen auf ein Normgehirn und kann die Ergebnisse verwaschen. Weiterhin sind höhere kognitive Funktionen nicht unbedingt festen Gehirnregionen zugeordnet und daher für eine lokalistische Suche nach Aktivierungsorten ungeeignet (vgl. Abschn. 9.1 und 13.1).

Während des MRT-Scans müssen die Versuchspersonen einen Hörschutz tragen, da der Scannerlärm während der Messung zwischen 60 und 100 Dezibel beträgt. Die Untersuchung natürlichsprachlicher Äußerungen mit der fMRT-Technik ist durch die vergleichsweise starke Geräuschkulisse während der Messsequenzen etwas erschwert (s. o.). Auch wenn fMRT als ein klar nicht-invasives Verfahren einzustufen ist, so sind gewisse Risiken nicht auszuschließen.

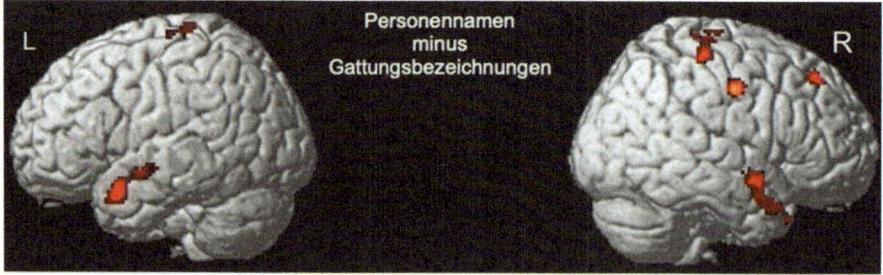

Abb. 12.13 Ergebnis einer fMRT-Untersuchung der für die Verarbeitung von Personenvornamen (Nomina propria) typischen Hirnaktivität der linken und rechten Hemisphäre (Seitenansichten). Die beim Hören von Gattungsbezeichnungen (Nomina appellativa, z. B. „Anker", „Erbse") gemessene Hirnaktivität ist von der Hirnaktivität, die beim Hören von Personenvornamen (z. B. „Anna", „Erich") auftritt, abgezogen worden (Subtraktionsmethode), um lediglich die ausschließlich auf die Verarbeitung von Vornamen zurückführbaren Aktivierungen darstellen zu können. Die bei beiden Wortarten auftretenden Aktivierungsmuster der Schallwahrnehmung (Hören), der Phonemerkennung, der allgemeinen Sprachverarbeitung usw. sind durch die Subtraktion ausgelöscht worden. (nach Yen et al., aus Müller 2010, 355)

12.4 Die funktionelle Magnetresonanztomographie (fMRT)

Bei einem sieben Tesla-Scanner wird ein Magnetfeld über eine Spule aus 400 Kilometer Niob-Titandraht erzeugt, das 140.000-fach stärker als das Erdmagnetfeld ist. Der ganze Scanner wiegt 32 Tonnen. Selbst bei einer Feldstärke von nur drei Tesla kommt es bei den Versuchspersonen zu messbaren Veränderungen des Körpers, z. B. auf den Blutfluss (**Magnetohydrodynamischer Effekt**) und es kann z. B. zu Geschmacksempfindungen kommen. Relativ häufig werden von Personen Lichtblitze wahrgenommen, die als **Magnetophosphene** bezeichnet werden. Insbesondere durch die Radiowellenimpulse ausgelöste lokale Erwärmungen von Gewebe können bei Untersuchungen mit sehr hoher Feldstärke ggf. Probleme bereiten. Aber auch bei einem 1,5 Tesla-Scanner können z. B. Tätowierungen mit ferromagnetischen Partikeln durchaus zu leichten Verbrennungen der Haut führen. Schwangere sollten bis zum dritten Schwangerschaftsmonat keine MRT durchführen lassen. Diese Einschränkungen machen deutlich, dass beim MRT die mögliche Gefährdung stark von der eingesetzten Magnetfeldstärke abhängt. Ganzkörpergeräte mit elf Tesla sind bereits entwickelt, Geräte zwischen 17 und 20 Tesla werden in der tierexperimentellen Forschung eingesetzt. Die Abb. 12.13 zeigt das Ergebnis einer typischen fMRT-Untersuchung, bei dem die korrigierten Aktivierungsmuster aller Versuchspersonen auf ein Normgehirn (Talairach Atlas) übertragen wurden. Die Verarbeitung von Personennamen korreliert mit einer rechtstemporalen Aktivität in der Nachbarschaft von Regionen, die für die Gesichtserkennung zuständig sind (Semenza 2022).

Trotz der herausragenden Leistungen in der strukturellen Bildgebung hatte die MRT-Technik bislang zwei Nachteile:

1. Die schlechte zeitliche Auflösung im Bereich von Sekunden, die z. B. eine Erfassung der Aktivierungsunterschiede im Verlauf der Verarbeitung einer Äußerung unmöglich machte.
2. Die ausschließlich lokalistische Sichtweise auf die Hirnfunktion, da mit dem fMRT lediglich Orte im Gehirn bestimmt werden konnten, die während einer kognitiven Aufgabe eine erhöhte Aktivierung zeigen.

Mit aktuellen Untersuchungsmethoden und Analysetechniken können beide Nachteile jedoch überwunden werden. Zum einen liefert die Möglichkeit des ereigniskorrelierten fMRT eine zeitliche Auflösung von einer halben Sekunde. Zum anderen wurden z. B. Verfahren zur Analyse der fMRT-Daten entwickelt, die Aufschluss über die funktionelle Verkopplung von Gehirnregionen geben. Dabei können Aussagen über die wechselseitige Beeinflussung zweier voneinander entfernt liegender Gehirnregionen getroffen werden, die z. B. während der Sprachverarbeitung auftreten (Heim et al. 2009).

Die erstmalige fMRT-Untersuchung ist im Jahr 1991 durchgeführt worden und der nicht-invasive Blick in das arbeitende Gehirn bereichert die kognitive Neurowissenschaft seit über 30 Jahren. Gleichzeitig hat die Verfügbarkeit dieser Methode für eine starke lokalistische Einschränkung in der Modellentwicklung und Hypothesengenerierung gesorgt. Für die nächsten Jahre ist zu erwarten, dass die bislang simple Suche nach *blobs*, nach ‚aufleuchtenden' Gehirnregionen während bestimmter kognitiver Aufgaben im traditionellen fMRT („*blobology*") abgelöst wird durch Analysetechniken, die die funktionelle, kurzzeitige Verkopplung von Gehirnregionen stärker in den Mittelpunkt stellen (z. B. Poldrack 2012; Smith 2012). Die fMRT-Technik hat somit noch ein großes Entwicklungspotential, insbesondere auch durch die Kombination mit anderen Methoden, z. B. die Kombination oder die gleichzeitige Durchführung von EEG und fMRT (z. B. Dubois et al. 2012; Warbrick 2022).

Einen besonderen Stellenwert nimmt die **diffusionsgewichtete Magnetresonanztomographie** (DW-MRT) ein, bei der die Diffusionsbewegung von Wassermolekülen im Gehirn gemessen wird (Stieltjes et al. 2013; Van Hecke 2016; Moritani & Capizzano 2022). Dieses Verfahren eignet sich besonders zur frühen Erfassung von Hirninfarkten und Gewebeschädigungen durch einen Schlaganfall (Leite & Castillo 2016). In der DW-MRT-Variante der Diffusions-Tensor-Bildgebung oder DT-MRT (*diffusion tensor imaging*, DTI) ergeben sich neuartige Möglichkeiten der Diagnose und der Verlaufsbeurteilung von neurodegenerativen Erkrankungen, wie z. B. der Alzheimer-Krankheit und weiterer Formen dementieller Erkrankungen, die die Sprachfähigkeit wesentlich beeinflussen (Leite & Castillo 2016; Moritani & Capizzano 2022). Diffusionsgewichtete MRT-Sequenzen (DTI) erlauben weiterhin die anatomische Darstellung von Nervenfaserverläufen, da sich die Wassermoleküle entlang der Axone sehr viel dichter und schneller bewegen können. Gerade für die neurokognitive Forschung ist die Beurteilung von Nervenfaserverläufen sowie die grundsätzliche Ausrichtung von Nervenfaserbündeln (**Traktographie**) eine wichtige Grundlage für Aussagen zur funktionellen Neuroanatomie der Sprachfähigkeit sowie für die neurolinguistische Modellentwicklung von Sprachverarbeitungsprozessen. Abb. 12.14 zeigt einige der Nervenfaserbahnen des Temporallappens, die mit traktographischen Verfahren dargestellt wurden.

Zur zentralnervösen Verarbeitung von akustischen Stimuli und innerartlichen Kommunikationssignalen (Vokalisation) bei Primaten liegen umfangreiche Ergebnisse vor. Sie basieren z. B. auf Erkenntnissen neuroanatomischer und histologischer Befunde zur auditorischen Bahn bei Makaken, die anhand von histologischen Tracer-Studien zum Faserverlauf erreicht wurden. Weiterhin liegen umfangreiche elektrophysiologische Daten zur Hörbahn und zur funktionellen Neuroanatomie der auditorischen Verarbeitung vor. Gemeinsam mit den nichtinvasiven Befunden zur Neuroanatomie des Menschen (z. B. fMRT, PET) sowie zu den Fasersystemen (DT-MRT) des menschlichen Gehirns, lassen sich die Verarbeitungswege sprachlicher Stimuli ansatzweise nachverfolgen. In Verbindung mit den klinischen Befunden, die von Patienten mit bestimmten Beeinträchtigungen des Gehirns stammen, liegen genug Daten vor, um ein einfaches Modell zur funktionellen Neuroanatomie der Sprachverarbeitung zu erstellen. Abb. 12.15 zeigt das von Hickok und Poeppel (2007) vorgestellte **Dual-Stream-Modell** der Sprachwahrnehmung.

12.4 Die funktionelle Magnetresonanztomographie (fMRT)

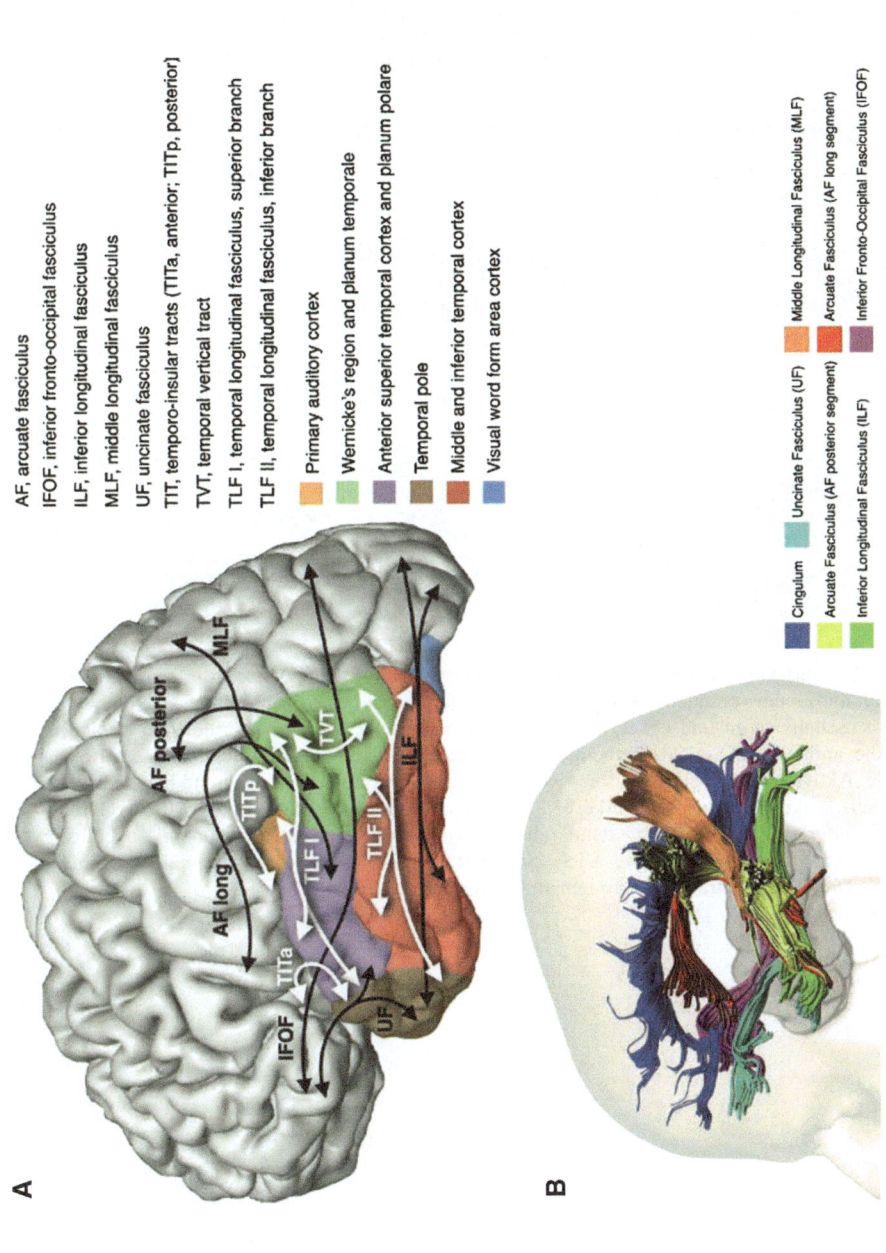

Abb. 12.14 A: Einige der Hauptfaserbahnen des Temporallappens. Lange, zwischen den Gehirnlappen verlaufende Bahnen sind schwarz, die innerhalb des Temporallappens verlaufenden Bahnen sind weiss eingezeichnet. **B:** Die traktographische Rekonstruktion der Assoziationsfasern des Temporallappens. (Catani 2022, 9, verändert)

AF, arcuate fasciculus
IFOF, inferior fronto-occipital fasciculus
ILF, inferior longitudinal fasciculus
MLF, middle longitudinal fasciculus
UF, uncinate fasciculus
TIT, temporo-insular tracts (TITa, anterior; TITp, posterior)
TVT, temporal vertical tract
TLF I, temporal longitudinal fasciculus, superior branch
TLF II, temporal longitudinal fasciculus, inferior branch

- Primary auditory cortex
- Wernicke's region and planum temporale
- Anterior superior temporal cortex and planum polare
- Temporal pole
- Middle and inferior temporal cortex
- Visual word form area cortex

- Cingulum
- Uncinate Fasciculus (UF)
- Middle Longitudinal Fasciculus (MLF)
- Arcuate Fasciculus (AF posterior segment)
- Arcuate Fasciculus (AF long segment)
- Inferior Longitudinal Fasciculus (ILF)
- Inferior Fronto-Occipital Fasciculus (IFOF)

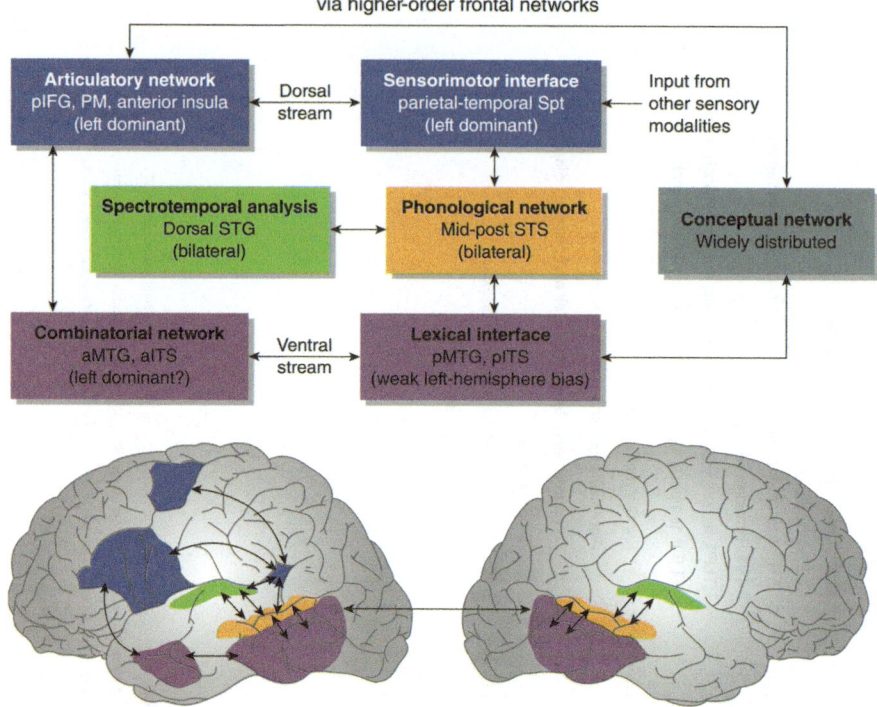

Abb. 12.15 Das von Hickok und Poeppel vorgestellte Dual-Stream-Modell der Sprachwahrnehmung, mit einem ventralen und einem dorsalen Pfad. Nach den frühen, bilateralen Analysen des Sprachschalls (grün und ocker) teilt sich die Verarbeitung und der ventrale Pfad (violett) leistet die anfängliche Sprachverarbeitung (Lexikonzugriff, kombinatorische Prozesse). Konzeptuelle Aktivierungen (grau) leisten weit verteilte Gehirnregionen, während der dorsale Pfad (blau) artikulatorische Netzwerke bedient und zur Sensomotorik vermittelt (IFG = Gyrus frontalis inferior; ITS = Sulcus temporalis inferior; MTG = Gyrus temporalis medius; STG = Gyrus temporalis superior; STS = Sulcus temporalis superior; PM = prämotorischer Kortex; Spt = Sulcus centralis, parieto-temporal. (Kemmerer 2015, 114)

Sprache als Leistung interagierender Neuronennetzwerke

13

In diesem Kapitel soll eine Modellvorstellung zur Hirnfunktion angesprochen werden, die sich in der Neurowissenschaft zur Erklärung höherer kognitiver Leistungen und insbesondere für die Erklärung der Sprachfähigkeit durchgesetzt hat: Die funktionelle Kooperation von Gehirnregionen aufgrund von synchronen Oszillationen, auch zwischen weit voneinander entfernten Nervenzellgruppen, die dadurch wechselnde und nur kurzfristig existierende, größere Funktionseinheiten bilden können. Durch diese transienten neuronalen Netzwerke könnten, je nach konkreter Anforderung der jeweiligen kognitiven Aufgabe, wie aus einem universellen Teilprozess-Baukasten ‚virtuelle Organe' in Form von kooperierenden Neuronengruppen (*neuronal assemblies*) bereitgestellt werden, die auch völlig neuartige Aufgaben quasi aus dem Stand heraus erstmalig bearbeiten. Beispielsweise die erstmalige Verknüpfung von mentalen Konzepten mit visuell wahrgenommenen Handgesten, wenn eine normalsprechende Person in einem Gebärdensprachkurs die erste Gebärde lernt. Ein weiteres Beispiel für die neuronale Plastizität bzw. Lernfähigkeit von Primatengehirnen ist die Fähigkeit zur kommunikativen Imitation, bei der visuelle Informationen aus einer Beobachtung sofort in eigene Handlung (Motorik) oder eine andere Sinnesmodalität umgesetzt (quasi transponiert) werden kann – auch wenn die Beobachtung erstmalig auftritt, es keine stammesgeschichtliche Prädisposition gibt und sie keine Alltagsrelevanz besitzt. Diese modalitätsübergreifende kommunikative Imitation (Lernen) konnten Ferrari et al. (2006) bereits für neugeborene Rhesusaffen zeigen. Unter anderem haben die neugeborenen Rhesusaffen das Herausstrecken der Zunge imitiert, obwohl es ein für Affen sinnfreies und ungewöhnliches Verhalten ist. Die Abb. 13.1 zeigt das gleiche Imitationsverhalten bei einem Säugling. Diese Fähigkeit zur unmittelbaren Imitation – ich sehe oder höre etwas im Gesicht meines Gegenübers und kopiere es – ist eine wichtige Grundlage vieler Lernvorgänge. Es handelt sich dabei um komplexe Verhaltensleistungen, die auf der Plastizität

© Der/die Autor(en), exklusiv lizenziert an Springer-Verlag GmbH, DE, ein Teil von Springer Nature 2024
H. M. Müller, *Einführung in die Neurolinguistik*,
https://doi.org/10.1007/978-3-662-67485-7_13

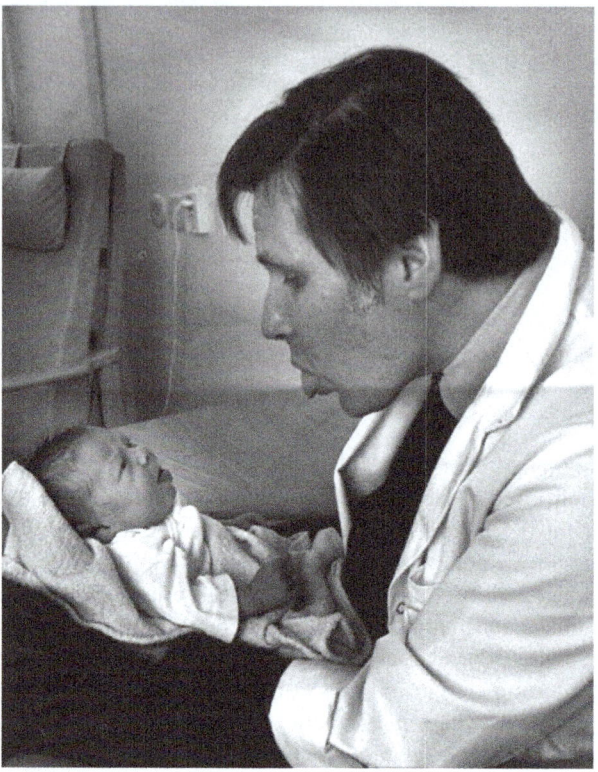

Abb. 13.1 Kommunikative Imitation bei einem Neugeborenen. Nach kurzer Beobachtung des mehrmaligen Herausstreckens der Zunge kann das Neugeborene die visuellen Signale in entsprechende Motorprogramme umsetzen und über die neuro-muskuläre Ansteuerung der Zunge das beobachtete Bewegungsmuster imitieren. (Lagercrantz 2016, 89)

des Gehirns basieren und eine fundamentale Voraussetzung für die non-verbale Kommunikation und den kindlichen Spracherwerb darstellen.

13.1 Sprache: Leistung persistenter Gehirnregionen oder transienter Netzwerke?

Zwei unterschiedliche Sichtweisen auf die Hirnfunktion zur Erklärung kognitiver Leistungen sind anhand holistischer und lokalistischer Modelle bereits in Kap. 3 erwähnt worden. Seit etwa 300 Jahren ist die lokalistische Sichtweise, mit der Vorstellung von definierten Arealen im Gehirn für die Verarbeitung von spezifischen Prozessen, das dominante Erklärungsmodell zur Hirnfunktion. Seit dem ausgehenden 17. Jahrhundert – beeinflusst von der Entwicklung der erkenntnistheoretischen Logik, der induktiven Methode und der Empirie – orientieren sich Erklärungsansätze zum Wirken der Natur an nachvollziehbaren Kausalzusammen-

13.1 Sprache: Persistente Gehirnregionen oder transiente Netzwerke?

hängen (**Kausalität**). Es wird für jede Wirkung (auch für jede geistige Wirkung) eine direkte Ursache angenommen, wobei sich Ursache und Wirkung in einer zeitlich linearen Abfolge bedingen müssen: zuerst die definierte Ursache, dann die unmittelbare Wirkung. Natürlich war auch damals bekannt, dass es multikausale Wirkungen gibt und dass solche Prozesse sequentiell verkettet auftreten können. Beispielsweise kann die Wirkung der ersten Ursache zur Ursache einer nachfolgenden Wirkung werden usw. Ein solcher Zusammenhang führt jedoch wieder nur zu linear in der Zeit ablaufenden Kausalketten. Komplizierte Vernetzungen oder Veränderungen in komplexen Systemen, wie sie im Gehirn zweifelsfrei auftreten, sind mit einer einfachen Kausalitätskette jedoch nicht hinreichend zu beschreiben. Weiterhin wurde in der Wissenschaft seit dem 17. Jahrhundert stets nach ‚realen' Ursachen für geistige Leistungen gesucht, die exakt beschreibbar, definierbar und im neuronalen Substrat auch auffindbar sind. Eine systemische Leistung eines komplizierten Netzwerks ohne eine feste Verortung (Lokalisation) im Gehirn hätte als Ursache nicht einmal erkannt werden können. Die von den meisten Neurologen im 19. Jahrhundert akzeptierten physiologischen Ursachen mussten somit über einen definierten Zeitpunkt, einen definierten Ort des Auftretens und einen linearen Ablauf verfügen (Mechanistisches Weltbild). In Bezug auf die Untersuchung der Hirnfunktionen bedeutet dies, dass jeder kognitive Prozess eine feste Zuordnung zu einem umgrenzten Gehirnbereich besitzen muss (z. B. Franz Joseph Gall, 1758–1828). Komplexe Bedingungsgefüge in systemischen, kurzfristig zur Verfügung stehenden (transienten) Netzwerken, wie sie gegenwärtig vor allem für komplexe kognitive Leistungen angenommen werden, waren damals nicht vorstellbar.

Es ist jedoch zu erwähnen, dass die vor allem durch F. J. Gall propagierte Verortung kognitiver Prozesse in der Hirnrinde ein großer und wichtiger Schritt war, das endgültige Ende der antiken Ventrikellehre bedeutete und die Grundlagen der modernen Gehirnforschung erst ermöglichte. In der Folge haben Galls Schüler diese Extrem-Lokalisation von geistigen Leistungen im Kortex völlig überzogen (Phrenologie). Ihr damaliger Erfolg mit populistischen Darstellungen zur Schädelkunde bei öffentlichen Auftritten knüpfte an Alltagserfahrungen des Menschen an. Auch für Gehirnprozesse wurde damals von folgenden drei, aus heutiger Sicht falschen Grundannahmen ausgegangen:

1. **Der Ort:** Eigenschaften und Leistungen von Gehirnregionen könnten nicht willkürlich wechseln; ein umgrenztes Gehirnareal könnte daher nur bestimmte Prozesse durchführen.
2. **Die Zeit:** Hirnvorgänge würden Schritt für Schritt passieren und linear in der Zeit ablaufen.
3. **Die Aktivität:** „Viel Ursache" würde „viel Wirkung" bedeuten – in dem Sinne, dass ein größeres Gehirn bzw. ein umfangreicheres Gehirnareal zu mehr Leistung befähigen würde.

Für die Bewegungssteuerung im motorischen Kortex ist eine solche Sichtweise durchaus akzeptabel. Beispielsweise ist die motorische Steuerung der Finger der linken Hand eindeutig den entsprechenden Regionen des rechten Motorkortex zuzuordnen. Von Mensch zu Mensch variiert diese engumschriebene Hirnregion zwar etwas in der Lage, dennoch ist der entsprechende Kortexbereich bei jedem Menschen exakt bestimmbar und hat eine eindeutige Funktion. Diese Eindeutigkeit gilt nicht nur für die motorische Steuerung im Motorkortex, sondern auch für die sensorische Verarbeitung der Empfindungen der jeweiligen Bereiche des Körpers im somatosensorischen Kortex (Somatotopie). Für die höheren kognitiven Leistungen treffen diese festen Eins-zu-Eins-Zuordnungen (Topien) von Gehirnareal und Funktion jedoch nicht zu. Solche Annahmen gelten in der kognitiven Neurowissenschaft seit mindestens 40 Jahren als überholt. Es existieren keine quantifizierbaren Gehirnregionen für bestimmte Fähigkeiten (z. B. soziale Intelligenz oder die Fähigkeit sich Zahlenkolonnen einzuprägen), deren Ausmaß Rückschlüsse auf die jeweilige Leistungsfähigkeit erlauben. Nicht einmal die absolute Gehirngröße, die von etwa 1000 bis 1900 Gramm reichen kann, ist als Kriterium für kognitive Leistungsfähigkeit geeignet. Daher ist auch der w.o. erwähnte geschlechtsspezifische Unterschied der Gehirngewichte von Männern und Frauen, der etwa 100 Gramm ausmacht, nicht von Bedeutung. Von Bedeutung für die kognitive Gehirntätigkeit ist vielmehr die individuelle funktionelle Vernetzung – die über Lernvorgänge etablierte spezifische Art und Weise der neuronalen Kooperation.

Gegenwärtig wird davon ausgegangen, dass kognitive Funktionen von großen Neuronengruppen (*neuronal assemblies*) geleistet werden, die nicht unbedingt aus eng benachbarten Neuronen bestehen müssen, sondern in verteilten Netzwerken agieren. Weiterhin können einzelne Neuronen zu unterschiedlichen Zeitpunkten in verschiedenen Netzwerken wirken, so dass kognitive Leistungen zu unterschiedlichen Zeitpunkten durchaus auf unterschiedlich zusammengesetzten neuronalen Netzwerken basieren können. Diese Funktionsweise kann mit einer großen Fabrik verglichen werden, in der einzelne Bestandteile des Endprodukts durchaus an unterschiedlichen Montagestätten der Fabrik bearbeitet werden können. Weiterhin sind in diesem Beispiel ‚Fabrik' unterschiedliche Personen im Schichtbetrieb an der Produktion beteiligt. Darüber hinaus sind einige dieser Monteure in gewissem Umfang als ‚Springer' universell einsetzbar und können bei Bedarf kurzfristig Aufgaben in unterschiedlichen Fertigungsbereichen übernehmen. In einer solchen Fabrik sind bestimmte Fertigungsschritte somit nicht ausschließlich bestimmten Monteuren individuell zuzuordnen. Würde man die Fertigungsabläufe und Vorgänge einer solchen Fabrik organisatorisch-logistisch untersuchen, so würden sich ebenfalls personenunabhängige virtuelle Produktionseinheiten mit jeweils kurzfristig zusammenarbeitenden Personen zeigen. Es würde keinen Sinn machen, bestimmte Personen ausschließlich mit bestimmten Fertigungsschritten verbinden zu wollen, um das System ‚Fabrik' zu verstehen. So ähnlich verhalten sich auch diejenigen Prozesse im Gehirn, die zu den sogenannten höheren kognitiven Teilleistungen beitragen und z. B. auf oszillatorischer Aktivität beruhen. Hier sind ebenfalls virtuelle ‚Einheiten' am Werk, während einzelne Nervenzellen zu unterschiedlichen Zeiten in voneinander getrennten und andersartigen Funktionszusammenhängen agieren.

13.2 Oszillatorische Aktivität und Synchronisation von Nervenzellverbänden

Bei der Untersuchung sprachlicher oder anderer kognitiver Prozesse mit der Elektroenzephalographie (EEG) oder der Magnetenzephalographie (MEG) werden die gemittelten Aktivitäten (Summenpotentiale) von vielen zehntausend oder gar Millionen benachbarter Neuronen der Hirnrinde gemessen und mit einer besonderen Analysetechnik, der Analyse des ereigniskorrelierten Potentials (ERP-Analyse), ausgewertet (s. Abschn. 10.3). Man kann die EEG- oder MEG-Signale allerdings auch mit anderen Verfahren auswerten und so zu andersartigen Analysen gelangen, die andere Aspekte der Hirnfunktion in den Mittelpunkt stellen (Beppi et al. 2021). In den letzten 40 Jahren ist ein Phänomen der elektrischen Nervenzelltätigkeit des Gehirns in besonderer Weise in den Mittelpunkt getreten: die Korrelation bestimmter höherer kognitiver Funktionen mit der Zunahme oder der Abnahme synchroner Neuronenaktivität in jeweils bestimmten Frequenzbereichen (**frequenzabhängige Oszillationen**) (Eggermond 2021; Pavlov & Kotchoubey 2022; Kazanina & Tavano 2023; Pavlova et al. 2023). Mit dieser Analysetechnik werden nicht mehr nur benachbarte Neuronen in ihrer Gesamtaktivität beobachtet, sondern größere und durchaus weitverteilte Neuronennetzwerke in jeweils engen Frequenzfenstern analysiert (Weiss & Müller 2013). Die sich dadurch ergebenden Möglichkeiten (Freiheitsgrade) sind hierbei viel größer, da die an diesen Neuronennetzwerken beteiligten Neuronen wechseln können und somit die frequenzspezifischen Aktivitäten auf unterschiedliche Netzwerke zurückgehen. Ursache einer solchen Aktivität ist somit nicht ein bestimmtes Gehirnareal, sondern vielmehr ein sich vorübergehend konstituierendes Netz von Neuronen. Es handelt sich also jeweils um sogenannte transiente Netzwerke von Neuronen unterschiedlicher Modalitäten, die sich nur für bestimmte audio-visuelle Teilleistungen der Sprache kurzfristig zusammenschließen und kooperieren. Hinsichtlich der Sprachfähigkeit können beispielsweise anhand von Eigenschaften der EEG-Kohärenz bereits bei Frühgeborenen Aussagen über die im Alter von 18 Monaten zu erwartenden Sprachleistungen gemacht werden (Shellhaas et al. 2022). Bei Erwachsenen lässt sich z. B. eine Korrelation zwischen EEG-Daten und der individuellen Kenntnis einer Fremdsprache feststellen (Reiterer et al. 2005).

Bei der klassischen ERP-Analyse gehen nicht-phasensynchrone oszillatorische Aktivitäten im EEG/MEG verloren, da sie herausgemittelt werden. Sie sind nur in der Zeit-Frequenzdarstellung sichtbar (s. Abb. 13.2).

Im Rahmen spektralanalytischer Untersuchungen konnten in den letzten Jahrzehnten im EEG/MEG-Signal unterschiedliche Frequenzbereiche (Frequenzbänder) unterschiedlichen kognitiven Funktionsgruppen zugeordnet werden.

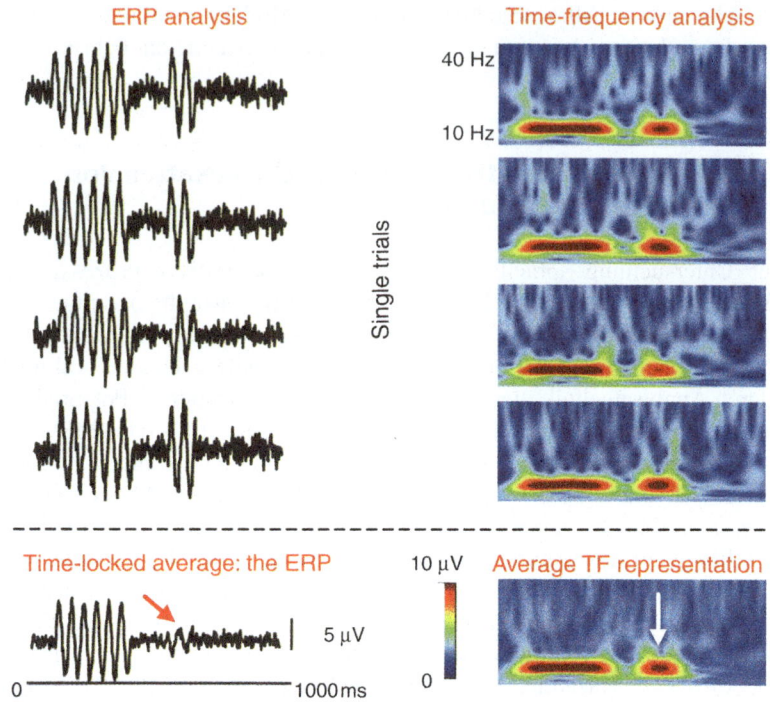

Abb. 13.2 Simulation von vier EEG-Einzelableitungen (*single trials*) in einer zeitkonstanten Darstellung (links) und einer Zeit-Frequenz-Darstellung (rechts). Zu sehen sind jeweils zwei Antworten von 10 Hz, eine längere und eine etwas kürzere. Während die längeren Antworten in Bezug auf den Zeitpunkt 0 phasengekoppelt ausgelöst werden, wird die zweite Antwort zwar verlässlich aber eben nicht phasengekoppelt ausgelöst. Im unteren Teil (gestrichelte Linie) sind die jeweiligen Mittelungen der *single trials* zu sehen. Da nicht phasensynchron, verschwinden die zweiten Antworten nach der ERP-Analyse (*time-locked*) fast komplett, da sie sich herausmitteln (roter Pfeil). In der spektralanalytischen Auswertung hingegen bleiben nach der Mittelung auch die nicht-phasengekoppelte Antworten erhalten (weißer Pfeil). (Bastiaansen et al. 2012, 33, verändert)

Beispielsweise gehen auch altersbedingte bzw. auf neurogene Abbauprozesse (MCI) zurückgehende Sprachbeeinträchtigungen mit spezifischen Veränderungen im Beta-Band einher (Chiang et al. 2023). Aufbauend auf theoretischen Arbeiten zur sogenannten Bindungsproblematik (v. d. Malsburg 1981) und der daraus resultierenden Zeitkodierungshypothese (***binding by synchrony***, BBS) ist in der Neurowissenschaft anhand von tierexperimentellen Befunden eine wichtige Theorie zur neurophysiologischen Fundierung kognitiver Prozesse entstanden (Singer 2009, 2021). Insbesondere kurzzeitige neuronale Synchronisationen zwischen weitverteilten Gehirnregionen (***large-scale*-Synchronisation**) spielen hierbei eine wichtige Rolle (Singer 1999; Beppi et al. 2021), die sich mit spektralanalytischen Verfahren im EEG/MEG nachweisen lassen. Auch mit der EEG-Kohärenzanalyse konnte für allgemein kognitive (Petsche & Etlinger 1998) sowie für sprachspezifische Prozesse (Weiss & Rappelsberger 1996; Schack et al. 2003; Weiss & Müller 2003) die Bedeutung solcher large-scale-Synchronisationen gezeigt werden. Als biologisch relevant sind dabei Frequenzbereiche in der elektrischen Hirnaktivität bis zu 200 oder gar 600 Hertz einzustufen (Buzsák & Draguhn 2004).

Aktivitäten im Theta-Band (4–8 Hz)
Für die Sprachverarbeitung konnten frequenzabhängige Synchronisationsnetzwerke beschrieben werden, die typisch für die jeweils zu analysierende Sprachleistung sind (z. B. Petsche & Etlinger 1998; Weiss & Müller 2003). Beispielsweise korrelieren neuronale Aktivitäten im Theta-Frequenzbereich (4 bis 8 Hertz) mit sprachlichen Gedächtnisprozessen (Klimesch 1999). So können erfolgreich durchgeführte Gedächtnisprozesse während der Wort- und Satzverarbeitung mit einer zunehmenden Kohärenz von Oszillationen im Theta-Frequenzband zwischen weit entfernten anterioren und posterioren EEG-Ableitorten erfasst werden (Weiss & Rappelsberger 2000; Colgin 2013). Auch bei Prozessen des lexikalisch-semantischen Abrufs (Bastiaansen et al. 2008) und bei einer Verletzung der semantischen Kongruenz während der Sprachverarbeitung ist im EEG-Versuch eine Zunahme der Leistung im Theta-Band nachgewiesen (Hagoort et al. 2004). Dabei korrelierte die Höhe der Theta-Leistungszunahme im EEG mit der Schwierigkeit der semantischen Integrationsleistung (Davidson & Indefrey 2007). Ebenfalls scheinen Theta-Aktivitäten mit allgemeiner kognitiver Kreativität einherzugehen (Stevens & Zabelina 2019).

Aktivitäten im Alpha-Band (8–13 Hz)
Aktivitäten im Alpha-Band korrelieren mit selektiven Aufmerksamkeitsprozessen, Aspekten sensorischer Verarbeitung und Gedächtnisprozessen, wobei es sich um visuelle, auditorische oder auch im engeren Sinne sprachliche Arbeitsgedächtnisbelastungen handelt kann (Klimesch 1999; Sauseng et al. 2005; Wianda & Ross 2019; Pavlov & Kotchoubey 2021). Auch die allgemeine Aufmerksamkeit lässt sich anhand von Alpha-Aktivität beurteilen. Beispielsweise kann sie die allgemeine Wachheit bzw. Orientierung anzeigen. Bei geschlossenen Augen und einem Zustand leichter Entspannung nehmen Alphawellen im okzipitalen Kortex zu. Werden dann die Augen geöffnet oder werden bei geschlossenen Augen kognitiv anspruchsvolle Aufgaben bearbeitet (z. B. Kopfrechnen oder Sprache wahrnehmen), verschwinden die Alpha-Wellen im EEG (Alpha-Blockade). Aber auch neurodegenerative Beeinträchtigungen der kognitiven Leistungen gehen mit Veränderungen im Alpha-Band einher (Lejko et al. 2020). Aktivitäten im Alpha-Band sind somit vergleichsweise indirekt mit Sprachverarbeitungsprozessen verbunden (Schomer & da Silva 2018).

Aktivitäten im Beta-Band (13–30 Hz)
Während Aufmerksamkeits- und Gedächtnisprozesse mit Aktivitäten im Theta- und im Alpha-Band einhergehen (Arnal & Giraud 2012), zeigen höhere kognitive Funktionen häufig Aktivitäten in Frequenzbereichen oberhalb von 13 Herz. Ins-

besondere mit komplexeren sprachlichen Teilleistungen korrelieren Aktivitäten in höheren Frequenzbereichen des EEG (Engel & Fries 2010; Weiss & Müller 2012; Spitzer & Haegens 2017; Gastaldon et al. 2020; Chiang et al. 2023). So zeigt die Verarbeitung von Wörtern unterschiedlicher lexikalischer Kategorien Effekte in der neuronalen Synchronisation im Beta-Frequenzbereich (13 bis 30 Hertz) des EEG. Beispielsweise überwiegen die Kohärenzen im Beta-1-Band (13 bis 18 Hertz) während der Verarbeitung von konkreten Nomen (z. B. *„Anker"*) und zeigen eine Verkopplung einer Vielzahl von unterschiedlichen, weit verteilten Neuronensystemen an (Klepp et al. 2015). Während der Verarbeitung von abstrakten Nomen hingegen (z. B. *„Anmut"*), waren wenige und eher sprachspezifische Gehirnregionen beteiligt (Weiss & Rappelsberger 1996; Schaller et al. 2017b). Solche Befunde unterstützen sprachwissenschaftliche Modelle zur Binnenstruktur des mentalen Lexikons, die von einer Unterteilung in konkrete und abstrakte Nomen ausgehen. Sie belegen, dass die bis in die Antike zurückführbare sprachphilosophische Unterteilung in eher konkrete und in eher abstrakte Wörter durchaus eine neurokognitive Realität hat.

Auf der Satzebene wurde in einer Studie mit idiomatischen Äußerungen gezeigt, dass die Unterscheidung zwischen der figurativen und der wörtlichen Bedeutung einer Äußerung mit einer erhöhten Kooperation der linken und rechten Hemisphäre speziell im Beta-Band des EEG einhergeht (Berghoff et al. 2005). Beispielsweise wird seit langem diskutiert, ob die **figurative Bedeutung** von Sätzen wie *„Sie hat den Vater auf den Arm genommen"* durch eine Beteiligung der rechten Hemisphäre erfasst wird. Dieses Satzbeispiel wird gewöhnlich nicht wörtlich, sondern im übertragenen Sinn verstanden. Im Gegensatz dazu würde *„Sie hat das Baby auf den Arm genommen"* stets wörtlich und nicht figurativ verstanden werden. Nun gibt es neurologische Patienten mit einer rechtshemisphärischen Schädigung, die solche figurativen Äußerungen stets wörtlich nehmen und eine figurative Bedeutung nicht erschließen können. Das Störungsbild dieser Patienten führte zu der Hypothese, dass die Bedeutungskonstitution figurativer Aussagen eine Leistung der rechten Hemisphäre sein könnte. Vermutlich ist es aber nicht zielführend, für den Verstehensprozess figurativer Sprache nach einer Teilleistung der linken oder aber der rechten Hemisphäre zu fragen, da es sich auch um eine gemeinsame, synergetische Leistung beider Hemisphären handeln könnte, wie Abb. 13.3 zeigt.

In diesem Experiment zum Verstehen der figurativen Bedeutung einer Äußerung wurde die EEG-Kohärenz im Beta-Band und die sich daraus ergebende Kooperation zwischen den beiden Hemisphären gemessen (Berghoff et al. 2005). Die den Versuchspersonen präsentierten Satztypen unterschieden sich nur im jeweils letzten Wort (s. Abb. 13.3, Phase 2), zum Zeitpunkt der figurativen Bedeutungskonstitution. Während des Verstehensprozesses bis zum kritischen Wort (Phase 1) sowie in der Zeit nach dem Verstehen der Äußerung (Phase 3) zeigt sich kein wesentlicher Unterschied. In ähnlicher Weise haben Proverbio et al. (2009) in einer EEG-Studie die Zusammenarbeit beider Hemisphären bei der Analyse figurativer Sprache zeigen können. Spezifische EEG-Kohärenzmuster beim Verstehen von Metaphern zeigt Lachaud (2013). Auch während der Integration

13.2 Oszillatorische Aktivität und Synchronisation

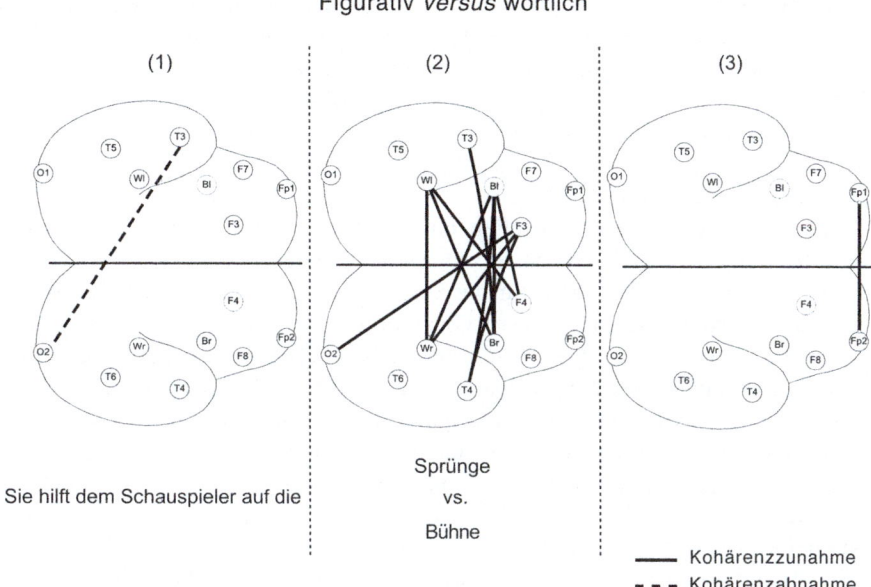

Abb. 13.3 Schematische Darstellung von EEG-Kohärenzzunahmen (durchgezogene Linie) und EEG-Kohärenzabnahmen (gestrichelte Linie) in den drei Phasen der Verarbeitung von figurativ *vs.* wörtlich zu verstehenden Sätzen (Aufsichten, „geplättetes" Gehirn). Exemplarisch sind die beiden Sätze *„Sie hilft dem Schauspieler auf die Sprünge"* vs. *„Sie hilft dem Schauspieler auf die Bühne"* eingetragen. (nach Daten aus Berghoff et al. (2005) aus Weiss & Müller 2012, 9, verändert)

komplexer sprachlicher Äußerungen lassen sich Aktivitäten im Beta-Band feststellen (Terporten et al. 2019).

Aktivitäten im Gamma-Band (über 30 Hz)
Für komplexe Kognitionsprozesse wird angenommen, dass sie mit oszillatorischen, neuronalen Synchronisationen in einem Frequenzbereich bis über 200, evtl. sogar 600 Hertz einhergehen (Buzsák & Draguhn 2004). Es sieht so aus, als ob sich in der Evolution der Hirnfunktion die stammesgeschichtlich jeweils neuentstandenen kognitiven Prozesse stets in zunehmend höheren Frequenzbereichen neuronaler Aktivität angesiedelt haben. Für die stammesgeschichtlich junge Errungenschaft der Sprache spielt daher der Gamma-Bereich (oberhalb von 30 Hertz) eine besondere Rolle, der u. a. vermutlich Top-down-Prozesse während der **Bedeutungskonstitution** von Äußerungen anzeigt (Buzsáki & Wang 2012; Wang et al. 2021). Beispielsweise zeigen sich Aktivitäten im Gamma-Band bei Abweichungen von Lexikoneinträgen (Hanneman et al. 2007) oder bei semantischen Abweichungen (Braeutigam et al. 2001; Weiss & Müller 2003; Bastiaansen & Hagoort 2006). Auch parallel zu kognitiven Prozessen der Kreativität lassen sich Aktivitäten im Gamma-Band feststellen (Stevens & Zabelina 2019). Weiterhin konnte gezeigt werden, dass Gamma-Band-Modulationen im auditorischen Kortex mit den sprachlichen Fähig-

keiten in einer Fremdsprache (L2) korrelieren (Lizarazu et al. 2023). Insbesondere die nur kurzzeitig zwischen wechselnden Gehirnregionen auftretenden hochfrequenten neuronalen Oszillationen scheinen somit typisch für die Ausführung komplexer kognitiver Prozesse zu sein. Die Diskussion zu hochfrequenten Gehirnoszillationen ist noch in vollem Gange.

Neuronale Oszillation und Sprache
Zusammenfassend lässt sich feststellen, dass die Frequenzkodierung den schnellen und effizienten Informationstransfer über lange Strecken im Gehirn ermöglicht, der aus theoretischer Sicht für die Sprachverarbeitung zu fordern ist (Weiss 2009). Insbesondere die Möglichkeit über virtuelle Neuronennetze auch parallel ablaufende Verarbeitungsschritte zu ermöglichen, lässt solche kurzfristig auftretenden, oszillatorischen Neuronenaktivitäten sehr plausibel erscheinen (Bressler & Richter 2015). Auch die Geschwindigkeit des Informationstransfers zwischen unterschiedlichen Neuronennetzen im Gehirn ist für die jeweilige Funktion von Bedeutung. Beispielsweise konnten Schack et al. (2003) zeigen, dass sich die Ausbreitungsgeschwindigkeit oszillatorischer Prozesse im Gehirn für die Verarbeitung von konkreten und abstrakten Nomen unterscheidet. Konkrete Nomen (z. B. „Anker") zeigten vor allem zwischen rechtshemisphärischen Messpunkten (Elektroden) eine langsamere Ausbreitungsgeschwindigkeit im Gehirn von etwa zehn Meter pro Sekunde. Abstrakte Wörter (z. B. „Freiheit") hingegen zeigten eine Ausbreitungsgeschwindigkeit von etwa 14 Meter pro Sekunde. Weiss (2009) begründet diesen Befund mit der höheren Anzahl an mentalen motorischen und sensorischen Simulationen, die mit der Verarbeitung von konkreten Nomen einhergehen. Obwohl in psycholinguistischen Experimenten (z. B. lexikalische Entscheidung) die Reaktionszeiten bei konkreten Nomen im Vergleich zu abstrakten Nomen im Allgemeinen niedriger sind, führt die langsamere Ausbreitungsgeschwindigkeit im Gehirn nicht zu einem Widerspruch. Aufgrund der vielen multimodalen Simulationen bei konkreten Nomen benötigt die Aktivierung zunächst mehr Zeit, führt aber letztlich zu einem robusteren, effizienteren und schnelleren Zugang zum jeweiligen Lexikoneintrag (Rickheit et al. 2010). Anhand von Netzwerkstrukturen, die den 1949 von Donald Olding Hebb aufgestellten **Hebbschen Lernregeln** folgen, hat Pulvermüller (1999) ein Modell entwickelt, bei dem zunächst unterschiedlich agierende Neuronen durch stete Koaktivierung (z. B. bei der Verarbeitung eines Wortes) zunehmend stärkere Verbindungen aufbauen. Auch hier werden mentale Konzepte mit motorischen und sensorischen Prozessen verknüpft, um die Bedeutung von Wörtern zu konstituieren (Pulvermüller 2005; Pulvermüller & Fadiga 2010).

13.3 Die oszillatorische Stimulation von Neuronen

Die fortschreitenden Kenntnisse über oszillatorische Prozesse im Gehirn während der Sprachverarbeitung erlauben mittlerweile sogar kontrollierte Eingriffe in diese Prozesse der Hirnfunktion. So können kognitive Teilprozesse durch

13.3 Die oszillatorische Stimulation von Neuronen

externe Maßnahmen in ihrem Ablauf unterstützt oder aber behindert werden. Im einfachsten Fall werden die neuronalen Synchronisationsprozesse im Gehirn durch rhythmische Reizung des visuellen (z. B. Lichtblitze) oder akustischen Systems (z. B. Tonfolgen) angeregt, um bestimmte positive Effekte zu erzielen (z. B. Beruhigung, Aufmerksamkeit o.ä.). Eine einfache Stimulationsmöglichkeit besteht darin, über die Sinnesorgane in die Funktion des neuronalen Netzwerks einzugreifen. Hierzu werden getaktete visuelle oder akustische Stimuli präsentiert, deren Frequenz der neuronalen Frequenz der beteiligten Gehirnareale entspricht. Solche Effekte konnten im Tierexperiment beispielsweise mit Ratten nachgewiesen werden (Ozen et al. 2010). Dabei wird die externe rhythmische Aktivierung direkt über die sensorischen Eingänge, z. B. über ein Flickermuster oder Tonfolgen präsentiert, die dann die nachgeschalteten Verarbeitungszentren im Gehirn oszillatorisch stimulieren. Neben dieser „natürlichen" Stimulation des Gehirns können Gehirnregionen aber auch von außen, in einem elektrophysiologischen Experiment stimuliert werden. Beispielsweise können bestimmte Gehirnregionen mittels repetitiver transkranieller Magnetstimulation (rTMS) (vgl. Abschn. 9.3) stimuliert werden (Thut et al. 2011; Lefaucheur 2019; Chen et al. 2022). Auch für die Wiederherstellung von Sprache im Rahmen der Therapie neurogener Sprachstörungen wird der Einsatz von Stimulationen mittels TMS diskutiert (Flöel & Knecht 2002; Wittler & Ptok 2007).

Durch die repetitive Stimulation, bei der gepulste Magnetstimulationen zwischen 5 und 25 Hertz appliziert werden, können exzitatorische Effekte bei Nervenzellgruppen erreicht werden, die eine Voraktivierung der entsprechenden Verarbeitungsregionen im Gehirn erzwingen. Ähnlich wie beim verhaltensbasierten, psycholinguistischen **Priming**, bei dem ein bestimmtes Wort (Prime) den Zielvorgang (z. B. ein semantisches Feld) anbahnt und voraktiviert, soll auch bei der apparativen Magnetstimulation der kognitive Zielvorgang durch neuronale Stimulation angebahnt werden (Gagnon et al. 2011; McKinley et al. 2012). Beispielsweise können durch exzitatorische Magnetstimulation mit TMS, Bildbenennungen schneller durchgeführt (Mottaghy et al. 2006) oder lautliche Gedächtnisprozesse (Kirschen et al. 2006) unterstützt werden. Bei einer linksseitigen Stimulation durch TMS-Einzelimpulse in den Bereichen des motorischen Kortex, die für Arm und Bein zuständig sind, konnten Pulvermüller et al. (2005) schnellere Reaktionszeiten in einer lexikalischen Entscheidungsaufgabe mit arm- bzw. beinbezogenen Handlungsverben nachweisen. Es bleibt allerdings zu bedenken, dass die ‚natürliche' Bahnung durch psycholinguistisches Priming mit Sicherheit gefahrlos für die Hirnfunktion ist, während die unphysiologische Unterstützung von Lern- oder Entscheidungsvorgängen durch TMS nach wie vor ein unklares Gefährdungspotential hat (Miniussi et al. 2010).

Entrainment
Die Beeinflussung von kognitiven Leistungen durch äußere rhythmische Wahrnehmungen (Entrainment, *brain synchronization*) ist allerdings keine Erfindung des 21. Jahrhunderts, da bereits in der Antike z. B. Lichtblitze in Form gepulster Sonnenstrahlen (erzeugt durch ein sich drehendes Speichenrad) zur Beeinflussung

von Wahrnehmungsprozessen eingesetzt wurden (Weiss 2021). Auch monotone Trommelrhythmen und Tanzbewegungen wurden in ursprünglichen Kulturen zur Erlangung bewusstseinserweiternder Zustände genutzt. Gegenwärtig werden bestimmte Hoffnungen in die Stimulation oszillatorischer Prozesse des Gehirns gesetzt. Dabei sollen positive Effekte nicht nur durch eine sensorische Reizung (Lichtblitze, rhythmische Klänge), sondern auch pharmakologisch oder elektrophysiologisch erreicht werden. Wichtig ist die Feststellung, dass im Bereich der kognitiven Funktionen bestimmte hirnphysiologische Prozesse mit rhythmischen, neuronalen Oszillationen einhergehen, die von außen über eine Stimulation mit entsprechenden Frequenzen beeinflusst werden können (Entrainment). Dabei spielt es zunächst keine Rolle, ob diese externe Beeinflussung der rhythmischen Gehirnaktivität mittels Stimulation über die Sinneswahrnehmung (Sehen, Hören), eine externe elektrophysiologische Stimulation (TMS oder tDCS/tACS) oder durch eine invasive elektrophysiologische Stimulation mit subkortikal implantierten Tiefelektroden (DBS) erreicht wird (Tiefe Hirnstimulation, ‚Hirnschrittmacher'). Auch pharmakologisch können bestimmte oszillatorische Prozesse beeinflusst werden. Die Unterschiede zwischen den Methoden bestehen im Wesentlichen in der zielgerichteten Wirksamkeit sowie im Ausmaß der Nebenwirkungen. Es ist aber festzuhalten, dass die Wirksamkeit von rein visuellem und akustischen Entrainment umstritten ist und es durchaus Studien gibt, die z. B. für visuelles Entrainment keine Belege finden (Duecker et al. 2021).

Die transkranielle Elektrostimulation (tDCS und tACS)
Eine gefahrlose und sehr nebenwirkungsarme Möglichkeit der Elektrostimulation von Gehirnregionen ist die transkranielle Elektrostimulation (tES), bei der ein elektrischer Gleichstrom (**tDCS**, *transcranial direct current stimulation*) oder aber ein elektrischer Wechselstrom (**tACS**, *transcranial alternating current stimulation*) eingesetzt wird (Miniussi et al. 2013; Monti et al. 2013; Kadosh 2014; Knotkova et al. 2019; Weiss, 2021). Über Schwämmchen mit Kochsalzlösung werden über die Kopfhaut sehr geringe Ströme (1–4 mA) appliziert, die je nach Stärke und Stromrichtung die Schwellen der neuronalen Membranpotentiale anheben oder absenken. Über diese neurophysiologische Voraktivierung können bestimmte kognitive Prozesse gebahnt und erleichtert werden, was z. B. für die therapeutische Arbeit bei neurodegenerativen Erkrankungen genutzt werden kann (Meinzer et al. 2015; Balduin et al. 2022). Diese Effekte lassen sich auch bei gesunden Probanden zeigen. Auch bei sprachgesunden Probanden können bestimmte Sprachverarbeitungsprozesse mittels tDCS gebahnt und voraktiviert werden (Flöel 2012; Hartwigsen 2015; Klaus & Schutter 2018). Bei jungen und sprachgesunden Personen sind jedoch ohnehin alle Prozesse bereits optimiert und laufen höchsteffizient ab, so dass sich nur schwer weitere Steigerungen erreichen lassen (Deckeneffekt, *ceiling effect*). In der Rehabilitation, insbesondere in der Therapie von neurogenen Sprachstörungen (Aphasie) zeigen sich jedoch nachweisbare Effekte (Biou et al. 2019; Elsner et al. 2020; Khan et al. 2022; Matar et al. 2022).

13.3 Die oszillatorische Stimulation von Neuronen

Neben der transkraniellen Elektrostimulation mit Gleichstrom können auch Wechselströme appliziert werden, deren Frequenz auf die jeweiligen neuronalen Oszillationen abgestimmt sind (Klink et al. 2020; Elyamany et al. 2021). So ist eine direkte Beeinflussung neuronaler Rhythmen möglich, die natürlicherweise mit bestimmten kognitiven Aufgaben korrelieren. Dabei kann eine bestimmte Frequenz vorgegeben werden, um ein Gehirnareal zu stimulieren oder es kann zunächst für eine bestimmte kognitive Teilleistung die jeweils individuelle, natürliche Frequenz einer Versuchsperson mittels EEG ermittelt werden, um mit exakt dieser Frequenz zu stimulieren (s. Abb. 13.4). So kann eine Unterstützung bzw. Voraktivierung des jeweiligen Teilprozesses erreicht werden.

Im sprachlichen Gedächtnisexperiment (vgl. Abb. 13.4) sollen die Probanden Wörter lernen, abspeichern und später erinnern/abrufen. Die hier getestete Teilleistung (*word recognition*) geht mit Veränderungen im Theta-Band einher, die im weiteren Verlauf manipuliert werden sollen. Dazu wird mittels EEG zunächst

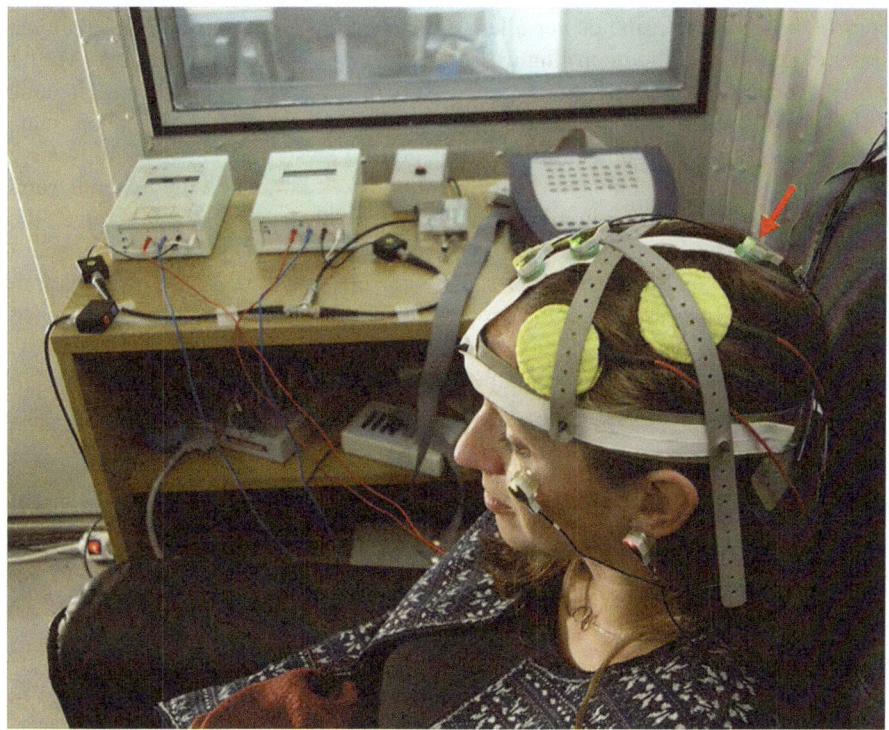

Abb. 13.4 Setting eines sprachlichen Gedächtnisexperimentes während einer kombinierten transkraniellen Wechselstromstimulation (tACS) und Elektroenzephalographie (EEG) in einer Versuchskammer. Zu erkennen sind zwei der vier gelben Stimulationselektroden. Der rote Pfeil zeigt auf eine der sieben EEG-Elektroden zur Bestimmung der individuellen Frequenz.

die individuelle Peakfrequenz der neuronalen Oszillation im Alpha-Band für das erfolgreiche Worterinnern gemessen. Diese Peakfrequenz kann für das Thetaband umgerechnet und für eine entsprechende transkranielle Wechselstromstimulation exakt in diesem Theta-Frequenzbereich benutzt werden. Durch diese unterstützende Voraktivierung im Theta-Band können die Probanden mit tACS im Vergleich zur Kontrollbedingung (Sham-Stimulation) signifikant mehr Wörter erinnern. Ebenso ist es möglich kognitive Prozesse mit störenden Frequenzen zu behindern. Die transkranielle Wechselstromstimulation (tACS) zeigt Leistungssteigerungen bei unterschiedlichen kognitiven Prozessen (Lee et al. 2023). In Bezug auf die Sprachverarbeitung sind Effekte z. B. bei Lesestörungen (Marchesotti et al. 2020), bei der phonematischen Wahrnehmung (Moliadze et al. 2021) oder der Wortwahrnehmung (Kösem et al. 2020) nachgewiesen. Insbesondere für die **Sprachtherapie** von Patienten mit neurodegenerativen Erkrankungen (Mild Cognitive Impairment, Alzheimer-Krankheit, Demenzen) zeigt die tACS positive Effekte (Manippa et al. 2023).

Neben der reinen Grundlagenforschung der Neurolinguistik, die zu einem fortschreitend umfangreicheren Verständnis der neurokognitiven Grundlagen der Sprachfähigkeit führt, sind es vor allem die anwendungsorientierten Umsetzungen dieser Erkenntnisse, die neurolinguistische Forschung bedeutsam machen (Müller 2021). Natürlich schaffen grundlegende Erkenntnisse zur Sprachfähigkeit neue Sichtweisen, tragen zur theoretischen Modellentwicklung bei, erlauben neue Forschungshypothesen und führen zu neuen Fragestellungen. Die ultimative Prüfung für jede Modellannahme zur Sprachfähigkeit ist jedoch die Formulierung von evidenzbasierten Handlungsanweisungen, z. B. für die Sprachtherapie, die neurokognitive Intervention beim Spracherwerb, ein möglichst spracherhaltendes neurochirurgisches Vorgehen oder eine faktenbasierte Didaktik des Fremdspracherwerbs. Insbesondere in einer durch demographischen Wandel alternden Gesellschaft eröffnen die Methoden der nicht-invasiven Hirnstimulation neue Möglichkeiten für eine zukünftige experimentelle Neurolinguistik.

Wissenschaftshistorische und wissenschaftstheoretische Aspekte zur Frage der Hirnfunktion

14

Wat man nich´ selber weiß, dat muss man sich erklären.
Jürgen von Manger-Koenig alias Adolf Tegtmeier (1981)

Denken: Modellannahmen und Erklärungen
In der belebten Natur ist das menschliche Gehirn gegenwärtig die komplexeste Realisierung eines Organs, das kognitive Phänomene wie z.B. mentale Repräsentationen, Bewusstsein, Selbstbewusstsein und Neugierde hervorbringt. Das extreme Verlangen des Menschen nach Erkenntnis ist dabei nicht nur auf die Umwelt und auf Vorgänge in der Natur beschränkt, sondern richtet sich auch gegen sich selbst: Die Erforschung der eigenen Erkenntnisfähigkeit ist zu allen Zeiten ein wichtiges Bestreben des Menschen gewesen – und gleichzeitig auch das wesentliche Kennzeichen für die Wahrnehmung des eigenen Selbst und für das Vorhandensein eines menschlichen Selbst-Bewusstseins.

Zu allen Zeiten und in allen Kulturen haben Menschen ihr eigene Existenz hinterfragt und nach Erklärungen gesucht, um die Entstehung des eigenen Bewusstseins und dessen Verbleib nach dem Tode nachvollziehen zu können. Zu allen Zeiten existierten in den jeweiligen Gesellschaften zur Klärung dieser Fragen ausgewiesene Personen, z.B. Stammesälteste, Heiler, Seher, Schamanen, religiöse Führer, Universalgelehrte, Philosophen oder Neurowissenschaftler. Unsere gegenwärtigen Erklärungen zu den Phänomenen ‚Kognition' und ‚Sprache' sind sehr elaboriert, und im Vergleich zu den entsprechenden Erklärungen z.B. der Schamanen in ursprünglichen Kulturen sehr viel belastbarer und konsistenter. Die prognostische Kraft der gegenwärtigen Erklärungsmodelle ist vergleichsweise groß und erlaubt verlässlichere Erklärungen. Beispielsweise erlauben die gegenwärtigen Annahmen zur Kognition umfangreiche medizinische Hilfen bei Erkrankungen des Gehirns (Neurochirurgie, Pharmakologie, Psychotherapie) oder sogar den teilweisen Nachbau von kognitiven Teilprozessen mit Maschinen — aber auch gegenwärtig sind wir von einem wirklichen Verständnis der Hirnfunktion sehr weit entfernt. Auch wenn wir aus heutiger Sicht historische Erklärungen zur Existenz des eigenen Bewusstseins als naiv und unwissenschaftlich einstufen, so haben die jeweils modernsten Erklärungen vor 100, vor 500, 1000 oder 3000 Jahren ebenso eine Erklärungsfunktion in der jeweiligen Gesellschaft erfüllt, wie es die heutigen Erklärungen leisten. An dieser Stelle sollen nicht etwa frühere Erklärungen hochstilisiert oder überbewertet werden. Vielmehr soll ein Blick auf die historische Entwicklung der Erklärungsversuche zur menschlichen Kognition es ermöglichen, den aktuellen Kenntnisstand kritisch hinterfragen zu können. Auch wenn unser gegenwärtiges Wissen um die neurophysiologischen Grundlagen von Kognition, Kommunikation und Sprache ein zuvor unerreichtes Maß an Komplexität und Erklärungsstärke im Sinne zutreffender Prognosen erreicht hat, so ist das jedoch ein Zustand, den auch alle früheren Kulturen in früheren Zeiten jeweils für sich in Anspruch genommen haben. Zu jeder Zeit waren Gesellschaften mit den jeweils erreichten Erkenntnismodellen einigermaßen ‚zufrieden', haben die jeweiligen Kenntnisse gelehrt und an die nächste Generation weitergegeben. Und das trifft natürlich auch auf die erklärenden Inhalte in vorliegendem Buch zu.

Kulturhistorische Aspekte
Eine erkenntnistheoretische bzw. wissenschaftstheoretische Reflexion ist gerade für die Untersuchung der Hirnfunktion sehr wichtig. Neben der Untersuchung der Sprachverarbeitungsprozesse muss der Erkenntnisprozess selbst dabei ebenso untersucht werden, um zu evidenzbasierten, interdisziplinär belastbaren und mit einer prognostischen Kraft versehenen Erkenntnissen zu gelangen, die auch erfolgreich in Medizin und Alltag angewendet werden können. Die in konkreten Untersuchungsszenarien jeweils erreichten Antworten hängen u.a. stark davon ab, mit welchen spezifischen Fragen (Hypothesen) man die Untersuchung geplant hat. Zu jeder Zeit in der Menschheitsgeschichte existierten bestimmte Fragen, die man gerade nicht gestellt hat, weil sie als absurd eingestuft worden sind. Beispielsweise Fragen zu sprachlichen Teilleistungen in einer Zeit, zu der man von einer unteilbaren Beseeltheit des Menschen ausgegangen ist (vgl. Abschn. 2.1). Weiterhin bestimmen die jeweils verwendeten Verfahren und Methoden einer Untersuchung den möglichen Erkenntnisraum einer Fragestellung, beispielsweise hat die funktionelle Magnetresonanztomographie (fMRT), mit der über mehr als 25 Jahre lediglich kontinuierlich auftretende Gehirnaktivität in engumgrenzten Gehirnarealen festgestellt werden konnte, in der Neurowissenschaft zu einer Renaissance lokalistischer Modelle geführt, obwohl seit den 1980er Jahren die Existenz komplexer und wechselnder Neuronennetzwerke im Gehirn aufgezeigt worden ist. Natürlich weiß man zu keiner Zeit welche neuartigen Fragen man besser stellen oder erstmalig für sich ‚erfinden' sollte, um zu gänzlich neuen Einsichten zu gelangen. Das kann auch nicht das Ziel sein. Aber das kritische Hinterfragen der eigenen Modellvorstellungen, der eigenen Methodik und der Begrenztheit des eigenen Erkenntnisraumes hilft bei der Planung und

Interpretation eigener Forschungsergebnisse. Einsichten in diese Zusammenhänge kann man sich leicht verschaffen, wenn man die eigene Forschungstätigkeit in die jeweilige Wissenschaftshistorie eingebettet sieht.

Der historische Verlauf der Erklärungen zur Hirnfunktion kann wissenschaftsgeschichtlich und erkenntnistheoretisch zumindest für die letzten 3000 Jahre ansatzweise nachvollzogen werden. Die gegenwärtig akzeptierten Erklärungsansätze der Neuzeit haben ihre Wurzeln deutlich erkennbar in den früheren Erklärungsmodellen und basieren auch auf diesen – teilweise zurück bis in Antike. Betrachtet man die Wissenschaftsgeschichte der kognitiven Neurowissenschaft drängt sich sofort der Eindruck auf, dass auch unsere gegenwärtigen Modelle nicht die letzte Stufe dieser Geschichte darstellen können. Drei wesentliche Punkte werden deutlich:

1. Die neurophysiologischen Grundlagen von Kognition und Sprache sind nach wie vor unzureichend bekannt,
2. mit jedem Erklärungsansatz wird allerdings eine komplexere Annäherung erreicht (nicht im Sinne einer Kumulation von Wissen), sodass leistungsfähigere Voraussagen zu physiologischen Abläufen der Hirnfunktion getroffen werden können und
3. die zeitlichen Abstände zwischen den jeweils neuen und umfangreicheren Erklärungsmodellen werden immer kürzer.

In der Extrapolation kann dies nur bedeuten, dass entweder es in einigen Jahrzehnten zu einem qualitativen Sprung und zu einem Durchbruch im Bemühen um ein Verständnis der Hirnfunktion kommt – oder, was nicht unwahrscheinlich ist, dass dieser Durchbruch aus prinzipiellen Gründen niemals erreicht werden kann.

14.1 Das Gehirn verstehen: Metaphern zur Erklärung der Hirnfunktion

Ein menschliches Gehirn besteht aus etwa 86 Milliarden Neuronen, von denen sich etwa 16 Milliarden in der 1,3 bis 4 Millimeter dicken Hirnrinde (Kortex) befinden. Miteinander verbunden sind die Neuronen des Gehirns über etwa 100 Billionen Synapsen. Die sich hieraus ergebenden Netzwerke können über chemische Botenstoffe (Neuropeptide, Neurohormone) in ihren Aktivitätsmustern moduliert werden (Neuromodulatoren). Das Gehirn ist dadurch in vielen Funktionsbereichen sehr flexibel (**Plastizität**), was insbesondere für Lernvorgänge von großer Bedeutung ist. Diese Form der Plastizität ermöglicht es auch neuartige mentale Konzepte oder Bewegungsmuster in kurzer Zeit zu erlernen (vgl. Abb. 13.1) und dann ggf. für längere Zeit abrufbar zu halten (z.B. Langzeit-Potenzierung). Das Gehirn hat somit einen strukturierten Aufbau (hierarchisch und systemisch), der dennoch langfristig verändert und sogar kurzfristig moduliert werden kann, um plastisch und lernfähig zu sein. Beim kindlichen Spracherwerb sind diese kognitiven Leistungen eindrucksvoll zu beobachten (vgl. Abschn. 4).

Das menschliche Gehirn erreicht eine **Komplexität**, die an die Komplexität des Universums reicht – und somit ähnliche erkenntnistheoretische Probleme bereitet, wenn es um tiefere Einsichten und Erklärungsansätze geht. Auch für das menschliche Gehirn gilt nach wie vor, dass weder die grundsätzliche Funktionsweise noch die Erzeugung eines Selbstbewusstseins verstanden ist. Es ist sogar fraglich, ob diese Antworten in absehbarer Zeit überhaupt zu erlangen sind. Andererseits gehört es gerade zu den besonderen Leistungen des menschlichen Bewusstseins alles zu hinterfragen und nach Funktionsprinzipien zu suchen. Das Gehirn befindet sich somit in einem permanenten kognitiven Spannungszustand, vergleichbar mit dem Zustand der kognitiven Dissonanz in der Sozialpsychologie. Auf der einen Seite steht ein großes Verlangen nach Verstehen (wissenschaftliche Neugier), gleichzeitig scheint es unmöglich ein tieferes Verstehen der Gehirnfunktion zu erlangen. Sogenannte dissonanzreduzierende Informationen können diesen Spannungszustand auflockern. Um im Hier und Jetzt dem eigentlich unerreichbaren Ziel des Verstehens der Hirnfunktion zumindest näher zu kommen, können Vergleiche mit Alltagsobjekten im Sinne einer Kausalattribuierung dienlich sein. Solche Vergleiche können durch eine Übertragung von Bekanntem, eine gewisse Nachvollziehbarkeit der beobachteten Phänomene der Hirnfunktion ermöglichen. Zumindest ansatzweise können solche Übertragungen (Metaphern) das aktuelle Wissen zur Hirnfunktion bündeln und in eine in sich geschlossene, scheinbar sinnstiftende Form bringen. Beispielsweise wurde das Gehirn im übertragenen Sinn als eine Art Computer gesehen (Computermetapher, vgl. Kapitel 14.3), was auch gegenwärtig für viele Menschen einen Sinn ergibt – aber dennoch nicht zutrifft.

Die grundsätzlichen Fragen zum Ursprung des Denkens und des Bewusstseins sind zumindest so alt wie der moderne Homo sapiens selbst, und es ist anzunehmen, dass zu allen Zeiten **Metaphern** zur ‚Erklärung' dieser Phänomene herangezogen wurden. Ein Beispiel für den Einsatz solcher metaphorischen Übertragungen ist die in Abschn. 13.1 verwendete ‚Fabrik-Metapher'. Betrachtet man die historische Entwicklung der Hirnforschung, so fällt auf, dass zur Erklärung der Hirnfunktion in jeder Epoche die jeweils höchstentwickelte technische Errungenschaft als sinnstiftende Metapher zur Erklärung von ‚Belebtheit' oder ‚Denken' herangezogen wurde. Lediglich die Übertragung der Funktionsprinzipien der zur jeweiligen Zeit kompliziertesten Technik konnte das menschliche Erklärungsbedürfnis annähernd befriedigen. Gegenwärtig eignen sich quantenphysikalische Phänomene der Physik (z.B. Aspekte der Verschränkung bzw. Quantenkorrelationen) besonders gut zur Erklärung unverstandener hirnphysiologischer Abläufe – vor 3000 Jahren war es die Herstellung von Lehmziegeln.

14.2 Technikmetaphern von der Antike bis zur Aufklärung

Die Herstellung von Lehmziegeln

In ursprünglichen Kulturen wurden und werden komplexe Phänomene der Welt mit einem Wirken von Naturgewalten oder Gottheiten erklärt, die ihrerseits den Menschen geläufige Techniken des Alltags dazu einsetzen. Beispielsweise wurde die Entstehung des Menschen damit erklärt, dass die ersten Menschen aus Ton geformt oder aus Holz geschnitzt worden sind (vgl. die mittelalterliche Golem-Legende). Ein Beispiel ist die mesopotamische Lehre um 1000 v. Chr., nach der alle Lebewesen und Objekte ursprünglich aus Erde und Wasser geformt und dann in der Sonne gebrannt wurden. Dieses Erklärungskonzept geht zweifellos auf die technische Herstellung von Lehmziegeln zurück.

Die Destillation von Flüssigkeiten und Fußbodenheizungssysteme
In der Zeit von etwa 300 v. Chr. bis zur Mitte des 15. Jahrhunderts wurden überwiegend Metaphern der Hydraulik zur Erklärung der Hirnfunktion benutzt, die sich auf anatomische Befunde stützten. Die ältesten Belege für eine anatomische Forschung erschienen relativ spät in der Menschheitsgeschichte. Erste nachgewiesene Sektionen des menschlichen Körpers führte Alkmaion von Kroton um 600 v. Chr. in Griechenland durch. Seiner Ansicht nach ist das Gehirn zwar für alle Sinneswahrnehmungen verantwortlich, funktionell jedoch nur eine Art Drüse, da alle Denkprozesse auf einen in dieser Drüse vorkommenden ‚**Spiritus**' zurückgehen. Dieser vermutlich flüssige ‚Spiritus' wurde als ein vom Körper unabhängiger Lebenshauch gesehen. Bereits Pythagoras (570–510 v. Chr.) vertrat die Ansicht einer Seelenwanderung, und ein Schwerpunkt der Untersuchungen bezog sich darauf, wo genau sich die Seele zu Lebzeiten im Körper befindet. Es handelte sich somit eher um einen ganzheitlichen Ansatz, bei dem die Seele als die einzige und treibende Kraft des Denkens angesehen und mit ihr gleichgesetzt wurde. Die Sprachfähigkeit als eine davon isolierte Teilleistung zu sehen, wäre demnach eine unsinnige Sichtweise gewesen. Von den griechischen Philosophen der Antike wurde eine dualistische Anschauung beibehalten, sie unterteilten die Seele jedoch weiter in die drei Hauptvermögen ‚Vorstellungsvermögen', ‚Urteilsvermögen' und ‚Erinnerungsvermögen'. Zur Frage wo diese drei Vermögen im Körper entstehen, gab es im Wesentlichen zwei miteinander konkurrierende Hypothesen: Die von Platon (429–348 v. Chr.) formulierte zephalozentrische These, mit dem Gehirn als Sitz der Seele, sowie die von Aristoteles (384–322 v. Chr.) vertretene kardiozentrische These, mit dem Herz als wesentlichem Bestandteil des Lebendigen. Weiterhin gingen die Griechen bereits um 800 v. Chr. von der Existenz eines transmateriellen **Pneumas** aus, das in der Tiefe der Unterwelt existiert und Lebendigkeit bewirkt (Finger 2001; Oeser 2010). Im Zuge anatomischer Forschungen sezierten die beiden Ärzte Herophilos (von Chalkedon) und Erasistratos im dritten und vierten Jahrhundert v. Chr. in Alexandria viele hundert Leichen. Eine entscheidende Bedeutung für die anatomische Hirnforschung dieser Zeit hatte dabei die Entdeckung der Hirnventrikel. Drei der eigentlich vier Ventrikel wurden zu dieser Zeit beschrieben und zugleich als Sitz der Denkprozesse angesehen. Bei den Hirnventrikeln handelt es sich um Kammern, die mit Hirnwasser (Cerebrospinalflüssigkeit) gefüllt sind. Die damalige Entdeckung von drei Ventrikeln, die zudem mit einer Flüssigkeit (= ‚Pneuma') gefüllt sind, ließen sie als ideale Kandidaten für den Sitz der Seele und der drei Hauptvermögen erscheinen. Diese Erkenntnis der griechischen Antike ist

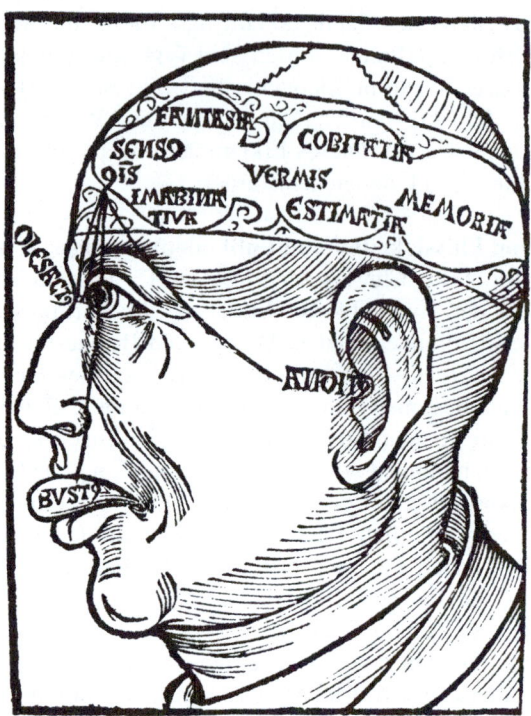

Abb. 14.1 Mittelalterliche Darstellung der Hirnfunktion nach der Ventrikellehre. Die Abbildung stammt aus der 1525er Ausgabe des 1497 erstmals erschienenen Werkes *Das Buch der Chirurgia: Hantwirckung der Wundartzny* des deutschen Arztes Hieronymus Brunschwig. (Finger 2001, 20)

Grundlage der sogenannten **Ventrikellehre** oder Dreizellenlehre, die im Wesentlichen bis zum 16. Jahrhundert beibehalten wurde (s. Abb. 14.1).

Nach der Ventrikellehre werden in der ersten Zelle die Sinne miteinander verbunden und dort ist das Vorstellungsvermögen (Phantasia) angesiedelt. In der mittleren Zelle ist das Urteilsvermögen (Ratio) und in der dritten Zelle das Erinnerungsvermögen (Memoria). Man ging davon aus, dass die bewusste Verarbeitung von Sinneseindrücken der ersten Zelle über ein wurmförmiges Ventil (Vermis) geregelt wird, das den Zugang zur zweiten und dritten Zelle regelt (Oeser 2010).

Eine Zusammenführung der zephalozentrischen und der kardiozentrischen Lehre (s.o.) erreichte der griechische Arzt und Anatom Galenos von Pergamon (Galen) (129–216), indem er die Ventrikellehre mit aristotelischer Erkenntnis verband. Nach Galens Ansicht wird der lebensnotwendige ‚Spiritus vitalis' des Herzens in den Hirnventrikeln zu ‚Spiritus animalis' destilliert und aktiviert dort die seelischen Leistungen. Der überwiegend in Rom arbeitende Galen durfte gemäß der damals gültigen römischen Rechtsprechung keine Leichenöffnungen vornehmen, er arbeitete jedoch als Gladiatorenarzt, was ihm ebenfalls die Möglichkeit umfangreicher anatomischer/physiologischer Studien eröffnete. Im antiken Rom war das Heizungssystem luxuriöser Wohnhäuser, das aus einer komplizierten Heißluft-Fußbodenheizung bestand, für die damalige Zeit eine technische Meisterleistung. So wundert es nicht, dass in der Antike sowohl die Denkvorgänge des Menschen als auch das Prinzip des Lebens allgemein auf Vorgänge der Destillation von Flüssigkeiten sowie auf eine feine, kontrollierte Verteilung von Gasen oder Substanzen zurückgeführt wurden.

Die Möglichkeiten der mittelalterlichen Feinmechanik
Bereits im 16. Jahrhundert schufen Uhrmacher feinmechanische Uhren und Bewegungsmaschinen auf sehr hohem Niveau. Neben der ‚Wirkmechanik' verdeutlichen diese apparativen Kunstwerke, wie aus gespeicherter Bewegungsenergie in Form eines Federwerks über viele Stunden kontrollierte und sinnvolle Bewegung erzeugt werden kann (Mayr 1987). Etwa zur gleichen Zeit erreichte der Orgelbau einen technischen Höhepunkt. Mehrere tausend Orgelpfeifen können von einem mehrere Meter entfernten Spieltisch gespielt werden, während außerhalb der Kirche einige Helfer als sogenannte Balgtreter die Luftsäcke (Bälge) treten, um genug Windenergie für die Orgelpfeifen bereitzustellen. Mit diesen beiden technischen Meisterleistungen mechanischer Systeme vor Augen wundert es nicht, dass René Descartes (1596–1650) im 17. Jahrhundert den ‚Spiritus animalis' der Antike als etwas beschrieb, das „über die Natur eines Hauches oder einer sehr feinen Flamme verfügt". Nach seiner Ansicht fungieren die damals bereits bekannten aber noch unverstandenen Nerven als sehr feine Röhrchen, in denen mikroskopische Fäden bewegt werden und die sehr kleine Ventile steuern. Bei einer Zeigegeste würde der sensorische Input, z.B. das Betrachten eines Objektes, eine Zugkraft an bestimmten Fäden auslösen. Diese Fäden würden dazugehörige Ventile öffnen und bewirken, dass bestimmte Muskeln mit ‚Spiritus animalis' aufgebläht werden und so zu einer Muskelkontraktion führen. Während der Kontraktion des Muskels (Beuger) sollte aus dem antagonistischen Muskel (Strecker) Spiritus entweichen. So würde das Zeigen auf das gesehene Objekt und letztlich auch die Artikulationsmotorik für die Benennung des Objektes ausgelöst. Willkürliche Bewegungen würden nach Descartes durch kontrollierendes Öffnen und Schließen der **Zirbeldrüse** (Pinealorgan, Epiphyse) gesteuert (s. Abb. 14.2). Bereits um 300 v. Chr. haben griechische Anatomen die Zirbeldrüse für ein Ventil gehalten, das den Spiritus kontrolliert und zwischen der Wahrnehmung, dem Bewusstsein und dem Gedächtnis vermittelt. Gegenwärtig wird davon ausgegangen, dass es sich bei der wenige Millimeter großen Zirbeldrüse um spezielle Nervenzellen handelt, die z.B. Neuropeptide (Melatonin) zur Steuerung des Tag-Nacht-Rhythmus produzieren.

14.3 Neuzeitliche Modelle zur Erklärung der Hirnfunktion

Produktionsfabriken und die Antriebstechnik von Dampfmaschinen
Die Frage, was in den Nerven fließt, konnte erst 1786 von Luigi Galvani beantwortet werden, der die Körperelektrizität entdeckte. Es existieren somit keine ‚feinen Seilzüge' in den Nerven, sondern Ionenströme und Potentialdifferenzen. Diese bahnbrechende Erkenntnis über die körpereigene Elektrizität (**Bioelektrizität**) konnte sich nach ihrer Entdeckung nur zögerlich durchsetzen, obwohl bereits

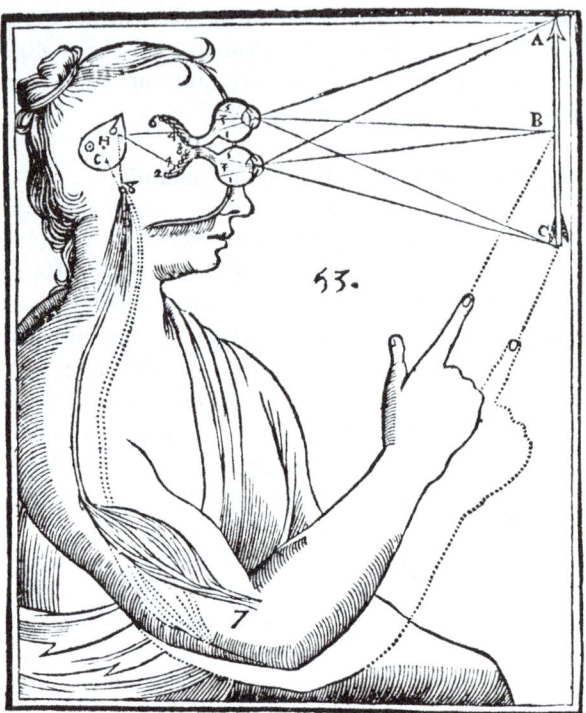

Abb. 14.2 Der Zusammenhang von visueller Wahrnehmung und willkürlicher Zeigebewegung nach einer Zeichnung aus Descartes' *De homine* aus dem Jahre 1662. Der betrachtete Pfeil wird durch die Linsen auf die Retinae projiziert, Nerven ziehen zu den Ventrikeln und die Zirbeldrüse (H) veranlasst den Muskel durch eine Aufblähung mit ‚Spiritus animalis' zur Kontraktion. (Finger 2001, 26)

im antiken Rom Heilungsversuche durch Stromschläge unternommen wurden. Damals wurden Patienten mit Lähmungen oder Kopfschmerzen den bis zu 200 Volt reichenden Spannungsstößen der Zitterrochen (*Torpedo*) ausgesetzt, um die ‚Lebensgeister' positiv zu beeinflussen – natürlich ohne über ein Verständnis elektrischer Phänomene zu verfügen. Zu Beginn des 19. Jahrhunderts war die Bedeutung elektrischer Phänomene für den Organismus dann aber allgemein bekannt und wurde in vielen Experimenten untersucht.

Das elektrische Prinzip der Sinneswahrnehmung wurde 1826 von Johannes Müller formuliert und sein Schüler Hermann v. Helmholtz hat 1848 erstmals die Leitungsgeschwindigkeit von Nervenfasern gemessen. Die Frage, wie die elektrischen Nervenimpulse (Aktionspotentiale) entstehen, konnte mit der 1902 von Julius Bernstein aufgestellten Membrantheorie und mit der in den 1950er Jahren von Alan Lloyd Hodgkin und Andrew Fielding Huxley formulierten Ionentheorie der Erregung beantwortet werden. Zu Beginn des 20. Jahrhunderts führten Erkenntnisse zum anatomischen Feinbau des Gehirns (Zytoarchitektonik) durch Korbinian Brodmann sowie zur Struktur und zur unabhängigen Funktion

14.3 Neuzeitliche Modelle zur Erklärung der Hirnfunktion

der Nervenzelle zur Einsicht, dass alle Denkprozesse auf ein neuronales Substrat zurückzuführen sind. Seit mehr als 100 Jahren wird die funktionelle Neuroanatomie und Physiologie des Gehirns als Grundlage und Ursache kognitiver Prozesse und des Bewusstseins gesehen.

Aus technischer Sicht ist die Zeit um 1900 durch die Errungenschaft der Dampfmaschine geprägt, die genug Bewegungsenergie für die Fertigungsprozesse einer ganzen Fabrikhalle erzeugen konnte. Diese Dampfmaschine befand sich an einem zentralen Ort unterhalb der Fabrikhalle und lieferte über viele Antriebsriemen, Laufbänder und Getrieberäder die jeweils notwendige Menge an Bewegungsenergie zu jedem einzelnen Hammerwerk, Bohrwerk, zu jeder Schleifmaschine oder Biegestation. In dieser Zeit der sogenannten Industriellen Revolution entwickelte sich das Konzept eines **zentralen Schrittmachers**, auf dessen Aktivität letztlich alle weiteren Ereignisse einer Fabrik, eines Lebewesens oder einer Galaxie zurückgeführt werden können. Dabei leisten alle beteiligten und mit Antriebsenergie versorgten Einzelstationen jeweils spezialisierte Beiträge. Dieses Konzept eines zentralen Antriebs und einer Aufgabenverteilung und -spezialisierung findet sich dann auch in den Erklärungsmetaphern zur Hirnfunktion der 1950er Jahre wieder. Das Herz ist die zentrale „Pumpe", das Gehirn besteht aus spezialisierten Kompartimenten. Unterstützt wurde diese Sichtweise durch Befunde, dass sich im Gehirn bestimmte motorische und sensorische Funktionen geordnet und exakt lokalisierbar in der Hirnrinde verorten lassen (Somatotopie). Darauf aufbauend hat vor allem Karl Kleist eine vollständige Funktionsbeschreibung der Hirnrinde zu erreichen versucht. Während seiner Tätigkeit als Militärarzt im Ersten Weltkrieg hat er hunderte von Soldaten mit offenen Kopfverletzungen untersucht und von vielen Patienten die Genehmigung für eine Obduktion im Todesfall erhalten. Aufgrund dieser Erkenntnisse hat Kleist in den 1920/30er Jahren eine detaillierte Karte zur Hirnfunktion veröffentlicht. Die aus heutiger Sicht überholte Hirnkarte stellte einen Höhepunkt streng lokalistischer Hirnforschung dar und wird häufig als „Hirnmythologie" eingestuft. Populärwissenschaftlich wurde diese topographische Anordnung von Teilleistungen der Hirnfunktion in Form einer hierarchischen Organisationsstruktur mit jeweiligen Abteilungen dargestellt (s. Abb. 14.3).

Dieses Grundmodell mit einem General Manager, einer Central Processing Unit (CPU), einem Pacemaker, einer letztlich in der Verantwortung stehenden Entscheidungsinstanz ist allgegenwärtig. Das Gegenmodell ist ein sich selbst organisierendes und selbsterhaltendes System. Das Phänomen der **Selbstorganisation** ist ebenfalls bis zur griechischen Antike zurückzuverfolgen, wurde z.B. 1647 von René Descartes als Möglichkeit diskutiert und ist, um nur einige Personen zu nennen, wesentlich 1947 von W. Ross Ashby, in den 1960er Jahren von Heinz von Foerster und später von Humberto Maturana, Hermann Haken und anderen zu einem wissenschaftlichen Modell entwickelt worden. Obwohl das Konzept eines selbstorganisierenden Systems die größere Erklärungsstärke besitzt, bleibt uns zur Erklärung der Hirnfunktion das bewährte Konzept eines zentral agierenden Verantwortlichen vertrauter.

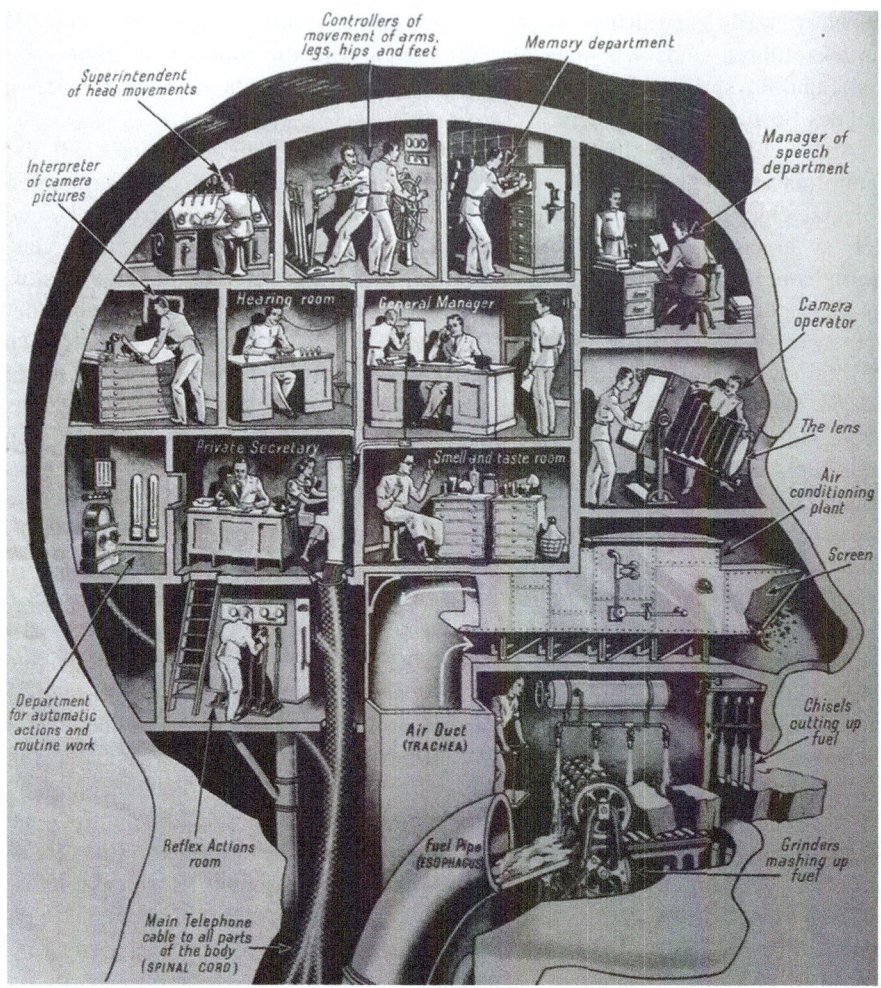

Abb. 14.3: Die auf den Arzt Fritz Kahn zurückgehende Veranschaulichung der Hirnfunktion mit einem zentralen ‚General Manager' und vielen untergeordneten Abteilungen: Beispielsweise die Gedächtnisabteilung oder der Kameramann. Die Verbindungen zum Körper sind, dem technischen Stand der Zeit entsprechend, als Telefonkabel mit einer Vermittlungsstelle dargestellt. (Wheeler 1938, 354)

Regelkreise und kybernetische Schalter
In den 1960er Jahren kamen neue Impulse für die Hirnforschung aus der technischen Disziplin der Kybernetik, einem Vorläufer der heutigen Künstliche-Intelligenz-Forschung. Ganz nach den psychologischen Konzepten des Behaviorismus der 1950er Jahre wurden z.B. die Intelligenzleistungen von Tieren mit sehr komplexen Anordnungen mechanischer Schalter erklärt. Solche Schalter, die letztlich auch z. B. als UND-, ODER- und NICHT-Gatter in elektrischen

14.3 Neuzeitliche Modelle zur Erklärung der Hirnfunktion

Schaltkreisen agieren, konnten in vergleichsweise einfachen Automaten sinnvolles und scheinbar intelligentes ‚Verhalten' erzeugen. Ein bekanntes Beispiel für einen einfachen autonomen Automaten ist die bereits 1949 von William Grey Walter entwickelte „**Kybernetische Schildkröte**". Hierbei handelte es sich um ein kleines Fahrzeug, dass sich, mit Licht- und Berührungssensor ausgestattet, scheinbar intelligent im Raum bewegen konnte. In Verbindung mit behavioristischen Theorien konnte so auch der Ursprung menschlicher Intelligenz extrapoliert werden, indem lediglich eine weitaus höhere Komplexität der Gatter-Systeme angenommen wurde. Daher glaubte man in den 1960er Jahren auch, dass die Entwicklung von autonomen Robotern innerhalb weniger Jahrzehnte erreicht werden könne, um z.B. Haushaltsroboter zu produzieren.

Von-Neumann-Architektur und Computertechnik
Die in der Kybernetik formulierte notwendige Komplexität von Schalteranordnungen wurde mit der technischen Erfindung der Mikroelektronik und des Computers erreicht. Gegenwärtige Computerprozessoren (CPU) aus dem Consumerbereich (Apple M2 Ultra) verfügen über 134 Milliarden Schalter (Transistoren) und spätestens seit den 1980er Jahren hat die **Computermetapher** Eingang in die Reihe der Hirnfunktionsmodelle gefunden. So wird der Eindruck erweckt, als ob das Gehirn ähnlich wie ein Computer funktionieren würde. Einzelne Funktionen des Gehirns werden definiert, in Module unterteilt und ähnlich wie bei einem Computer gruppiert. So wird für die Kognition von der Existenz eines Arbeitsspeichers, eines Zwischenspeichers und eines nichtflüchtigen Speichers ausgegangen, der jeweils gebuffert, gelöscht oder gesperrt sein kann. Weiterhin wird eine zentrale Verarbeitungseinheit angenommen, die über einen Datenbus mit den peripheren Sinnessystemen verbunden ist und deren maximale Informationsmenge in Bit angegeben werden kann. Der für Computer typische Aufbau, die nach ihrem Erfinder John von Neumann benannte Von-Neumann-Architektur mit Ein- und Ausgabeeinheiten, wird zur Erklärung der Hirnfunktion benutzt. In diesem Modell, der sogenannten Computermetapher, ist allerdings die Möglichkeit zur parallelen Verarbeitung gegeben.

Das Phänomen Laser und die Technik der Holographie
Ebenfalls in den 1960er Jahren stand der Gestaltpsychologie, die zu Beginn des 20. Jahrhunderts entwickelte wurde und lange Zeit eher unbeachtet geblieben ist, eine technische Neuerung zur Veranschaulichung ganzheitlicher Prinzipien zur Verfügung: Die Erzeugung von Laserlicht und die damit verbundenen Möglichkeiten der dreidimensionalen Holographie. Die traditionelle Fototechnik funktioniert nach den Gesetzen der geometrischen Optik: Jeder Punkt eines fotografierten Objekts wird als ein Bildpunkt an entsprechender Stelle auf dem Foto abgebildet. Geht dieser Bildpunkt durch eine mechanische Beschädigung des Fotos verloren, so ist die dort gespeicherte Information unwiederbringlich verschwunden. Anders ist es bei der Holographie mit Laserlicht. Hier wird die Information eines Objektpunktes gewissermaßen aufgeteilt und auf dem gesamten Informationsträger verteilt. Jeder Bildpunkt auf dem Informationsträger ent-

hält somit eine geringe Information eines jeden Punktes des Objekts. Geht nun ein Bildpunkt auf dem Informationsträger verloren, so verschwindet kein Stück Objektinformation komplett, sondern von jedem Objektpunkt verschwindet lediglich nur ein ganz kleiner Teil. Ist ein solcher Informationsträger geringfügig beschädigt, so wird die auf ihm gespeicherte Holographie lediglich etwas kontrastärmer, es bleiben aber alle Objektinformationen erhalten. Bei einem traditionellen Foto hingegen geht mit jeder kleinen Beschädigung ein Stück Bildinformation komplett verloren.

Dieses technische Modell hat die **ganzheitlichen Hypothesen** zur Hirnfunktion massiv unterstützt. Auch beim Gehirn lässt sich nämlich feststellen, dass kleine Beschädigungen von Gehirnbereichen nicht den kompletten Verlust einer ganz bestimmten Information bedeuten. Beispielsweise gehen nicht alle Informationen oder Gedächtniseinträge zu einer bestimmten Stadt, Straße, Person oder zu einem bestimmten Ereignis verloren, wenn Gehirngewebe verloren geht. Die in Abschn. 9.1 beschriebenen elektrischen Stimulationsversuche während einer Operation am offenen Gehirn haben gezeigt, dass selbst wenn durch kortikale Stimulation eine bestimmte Fähigkeit einem Kortexbereich zugeordnet werden konnte, diese Fähigkeit einige Tage nach der Entfernung dieses Kortexbereiches wieder vorhanden sein kann. Die Fähigkeit ist dann vielleicht verlangsamt oder nicht mehr so leistungsstark wie zuvor, aber sie ist wieder vorhanden. Solche Beobachtungen an Patienten lassen sich nicht mit einer streng lokalistischen Sichtweise vereinbaren, die in der oben genannten Metapher eher der traditionellen Fotografie entspricht.

Dementsprechend etablierten sich in der Neurowissenschaft seit 1978 Theorien, die nicht von einer lokalistischen und hierarchischen Organisation des Gehirns ausgehen. Es wurde vielmehr vermutet, dass kognitive Prozesse von vielen Neuronen in einem großen Neuronenverband (*neuronal assembly*) getragen werden, wobei kein Einzelneuron über alle notwendigen Informationen verfügt. Die einzelnen Neuronen können weiterhin in ganz unterschiedlichen Verbänden aktiv sein, so wie beispielsweise ein einzelner Mensch, der in der Rolle als Student eines Fachs, als Kirchenmitglied, als Fachschaftsmitarbeiter, als Mitglied eines Streichquartetts usw. in vielen unterschiedlichen Gruppen aktiv ist (vgl. Abschn. 13.1). Es gibt daher keine feste und unabänderliche Abhängigkeit der jeweiligen Gruppenleistung vom einzelnen Individuum, sondern die Individuen können wechseln. Dieses Beispiel mag als Metapher die Sicht auf eine Hirnfunktion ermöglichen, die lediglich aus kurzfristig zusammen agierenden Netzwerken mit prinzipiell austauschbaren Neuronen besteht. Es wäre dann den jeweiligen Neuronengruppen keine Funktion fest zugewiesen. Es würden parallel arbeitende virtuelle Einheiten jeweils für kurze Zeit entsprechende Aufgaben übernehmen. Wiederum eine technische Metapher benutzend, könnte man die Arbeitsweise solcher Neuronen mit der Technik des Multiplexing und des Multitasking vergleichen. Bei den Neuronal Assemblies handelt es sich um virtuelle Einheiten, die sich je nach Anforderung formieren (Badin et al. 2017) (vgl. Abschn. 9.1). Das ordnende und regelnde Prinzip wäre ein synergetisches, im Sinne eines selbstorganisierenden System (s.o).

14.3 Neuzeitliche Modelle zur Erklärung der Hirnfunktion

Zusammenfassung

Alle hier aufgeführten Technikmetaphern haben jeweils zu ihrer Zeit einen Erkenntnisfortschritt bewirkt, auch wenn uns heute beispielsweise die Erschaffung des Menschen aus Lehm als Erklärung wenig überzeugt und eher kindlich naiv wirkt. Allerdings sind auch unsere heutigen Metaphern lediglich Ausdruck dessen, dass wir zumindest bislang noch kein wirklich tiefgreifendes Verständnis neurokognitiver Vorgänge erreicht haben; trotz aller Fortschritte in der Untersuchung des arbeitenden Gehirns und der funktionellen Neuroanatomie.

Hinsichtlich der Frage, wie die Sprachfähigkeit vom Gehirn geleistet wird, bleiben gegenwärtig nur die Aussichten auf die zukünftigen Metaphern zur Erklärung der Hirnfunktion: selbstlernende **neuronale Netze** und Erklärungsmodelle der **Quantenphysik**, wie beispielsweise das Phänomen der Quantenverschränkung, die dann die menschliche Neugierde in Bezug auf die Fragen nach den Ursachen der Kognition zumindest für einige Zeit stillen.

Die kognitive Neurowissenschaft gehört zu den gegenwärtig am schnellsten wachsenden wissenschaftlichen Disziplinen. Die technisch-apparativen Möglichkeiten der Untersuchung von Sprache im Gehirn wachsen ebenso schnell. Die Möglichkeit, die sich aus neuen Befunden ergebenden Modelle anhand von Computersimulationen sofort zu überprüfen, stellt einen neuen Prüfstein für sprachwissenschaftliche Modelle dar. Erst wenn ein technisches System (Roboter) mit einem funktionierenden Sprachmodul ausgestattet werden kann, das ebenso wie ein Mensch die Bedeutung von Sprache erfassen kann, sind die neurokognitiven Grundlagen der Sprache tatsächlich verstanden.

Literatur

AbdulSabur, N. Y., Xu, Y., Liu, S., Chow, H. M., Baxter, M., Carson, J. & Braun, A. R. (2014). Neural correlates and network connectivity underlying narrative production and comprehension: A combined fMRI and PET study. *Cortex*, 57: 107–127. https://doi.org/10.1016/j.cortex.2014.01.017

Abutalebi, J., Cappa, S. F. & Perani, D. (2005). What can functional neuroimaging tell us about the bilingual brain. In: J. F. Kroll & A. M. B De Groot (Hrsg.), *Handbook of Bilingualism: Psycholinguistic Approaches*. Oxford: Oxford University Press, S. 497–515.

Ackermann, H. & Hertrich, I. (2000). The contribution of the cerebellum to speech processing. *Journal of Neurolinguistics*, 13: 95–116. https://doi.org/10.1080/14734220701266742

Agrawal, K., Skillen, A., Esmail, A. & Usmani, S. (2022, Hrsg.). *PET/CT Imaging: Basics and Practice*. Cham: Springer.

Alajouanine, T., Ombredane, A. & Durant, M. (1939). *Le syndrome de désintégration phonétique dans l'aphasie*. Paris: Mason.

Alderson-Day, B. & Fernyhough, C. (2015). Inner speech: Development, cognitive functions, phenomenology, and neurobiology. *Psychological Bulletin*, 141: 931–965. https://doi.org/10.1037/bul0000021

Anderhuber, F., Pera, F. & Streicher, J. (2012, Hrsg.). *Waldeyer – Anatomie des Menschen: Lehrbuch und Atlas in einem Band*. 19. Aufl. Berlin: de Gruyter.

Anderson, J. R. (2007). *Kognitive Psychologie*. 6. Aufl. Berlin: Spektrum.

Anderson, W. S. & The Society for Innovative Neuroscience (2019). *Deep Brain Stimulation: Techniques and Practices*. Stuttgart: Thieme.

Annett, M. (2002). *Handedness and Brain Asymmetry: The Right Shift Theory*. New York: Psychology Press.

Ardila, A., Cieślicka, A. B., Heredia, R. R. & Roselli, M. (2017, Hrsg.). *Psychology of Bilingualism: The Cognitive and Emotional World of Bilinguals*. Cham: Springer.

Armeni, K., Willems, R. M., Bosch, A. v. d. & Schoffelen, J. M. (2019). Frequency-specific brain dynamics related to prediction during language comprehension. *NeuroImage*, 198: 283–295. https://doi.org/10.1016/j.neuroimage.2019.04.083

Arnal, L. H. & Giraud, A. L. (2012). Cortical oscillations and sensory predictions. *Trends in Cognitive Sciences*, 16: 390–398. https://doi.org/10.1016/j.tics.2012.05.003

Auroux, S., Koerner, E. F. K., Niederehe, H. J. & Versteegh, K. (2000, Hrsg.). *History of the Language Sciences*. Berlin: Mouton de Gruyter.

Baars, B. J. & Gage, N. M. (2010). *Cognition, Brain, and Consciousness: Introduction to Cognitive Neuroscience*. 2. Aufl. Burlington: Academic Press.

Babikian, V. L. & Wechsler, L. R. (1999, Hrsg.). *Transcranial Doppler Ultrasonography*. 2. Aufl. Boston: Butterworth-Heinemann.

Badcock, N.A., Nye, A. & Bishop, D.V.M. (2012). Using functional transcranial Doppler ultrasonography to assess language lateralisation: Influence of task and difficulty level. *Laterality*, 17: 694–710. https://doi.org/10.1080/1357650X.2011.615128

Baddeley, A., Eysenck, M. W. & Anderson, M. C. (2020). *Memory*. 3. Aufl. Milton Park: Routledge.

Badin, A.-S., Fermani, F. & Greenfield, S. A. (2017). The features and functions of neuronal assemblies: Possible dependency on mechanisms beyond synaptic transmission. *Frontiers in Neural Circuits*, 10, 114: 1–10. https://doi.org/10.3389/fncir.2016.00114

Baillet, S. (2011). Magnetoencephalography. In: H. Duffau (Hrsg.). *Brain Mapping: From Neural Basis of Cognition to Surgical Applications*. Wien: Springer, S. 77–89.

Balduin, L. S., Weiss, S., Schaller, F. & Müller, H. M. (2021). Abstract action language processing in eleven-year-old children: Influence of upper limb movement on sentence comprehension. *Behavioral Sciences*, 11, 162: 1–16. https://doi.org/10.3390/bs11120162

Balduin, L. S., Weiss, S. & Müller, H. M. (2022). Supporting auditory word recognition with transcranial direct current stimulation: Effects in elderly individuals with and without objective memory complaints. *Aging, Neuropsychology and Cognition*, 29: 237–259. https://doi.org/10.1080/13825585.2020.1861203

Bandettini, P. A. (2020). *fMRI*. Cambridge, Mass: MIT Press.

Barsalou, L. W. (2008). Grounded cognition. *Annual Review of Psychology*, 59: 617–645. https://doi.org/10.1146/annurev.psych.59.103006.093639

Barsalou, L. W. (2020). Challenges and opportunities for grounding cognition. *Journal of Cognition*, 3,31: 1–24. https://doi.org/10.5334/joc.116

Bastiaansen, M. & Hagoort, P. (2006). Oscillatory neuronal dynamics during language comprehension. *Progress in Brain Research*, 159: 179–196. https://doi.org/10.1016/S0079-6123(06)59012-0

Bastiaansen, M., Mazaheri, A. & Jensen, O. (2012). Beyond ERPs: Oscillatory neuronal dynamics. In: S. J. Luck & E. S. Kappenmann (Hrsg.). *The Oxford Handbook of Event-Related Potential Components*. Oxford: Oxford University Press, S. 31–49.

Bastiaansen M. C. M., Oostenveld, R., Jensen, O. & Hagoort, P. (2008). I see what you mean: theta power increases are involved in the retrieval of lexical semantic information. *Brain & Language*, 106: 15–28. https://doi.org/10.1016/j.bandl.2007.10.006

Bavin, E. L. (2009, Hrsg.). *The Cambridge Handbook of Child Language*. Cambridge: Cambridge University Press.

Baxendale, S. (2009). The Wada test. *Current Opinion in Neurology*, 22: 185–189. https://doi.org/10.1097/WCO.0b013e328328f32e

Beaton, A. A. (2003). The nature and determinants of handedness. In: K. Hugdahl & R. J. Davidson (Hrsg.). *The Asymmetrical Brain*. Massachusetts: MIT Press, S. 105–158.

Behrens, H. (2006). The input–output relationship in first language acquisition. *Language and Cognitive Processes*, 21: 2–24. https://doi.org/10.1080/01690960400001721

Belfi, A. M., Kasdan, A. & Tranel, D. (2017). Anomia for musical entities. *Aphasiology*, 33: 382–404. https://doi.org/10.1080/02687038.2017.1409871

Belke, E. (2008). Effects of working memory load on lexical-semantic encoding in language production. *Psychonomic Bulletin & Review*, 15: 357–363. https://doi.org/10.3758/PBR.15.2.357

Benassi, A., Gödde, V. & Richter, K. (2012). *BIWOS – Bielefelder Wortfindungsscreening für leichte Aphasien*. Hofheim: NAT-Verlag.

Beppi, C., Ribeiro Violante, I., Scott, G. & Sandrone, S. (2021). EEG, MEG and neuromodulatory approaches to explore cognition: Current status and future directions. *Brain and Cognition*, 148, 105677: 1–20. https://doi.org/10.1016/j.bandc.2020.105677

Berghoff, C., Weiss, S. & Müller, H. M. (2005). Processing figurative language: EEG-study with coherence analysis. *Proceedings of the 11th Annual Meeting of the Organization for Human Brain Mapping*, Toronto, Canada, 1576.

Berlit, P. (2014). *Basiswissen Neurologie*. 6. Aufl. Berlin: Springer.

Berlit, P. (2020, Hrsg.). *Klinische Neurologie*. 4. Aufl. Berlin: Springer.
Bermúdez, J. L. (2023). *Cognitive Science: An Introduction to the Science of the Mind*. 4. Aufl. Cambridge: Cambridge University Press.
Berthier, M. L. & Pulvermüller, F. (2011). Neuroscience insights improve neurorehabilitation of post-stroke aphasia. *Nature Reviews Neurology*, 7: 86–97. https://doi.org/10.1038/nrneurol.2010.201
Bialystok, E. & Craik, F. I. M. (2010). Cognitive and linguistic processing in the bilingual mind. *Current Directions in Psychological Science*, 19: 19–23. https://doi.org/10.1177/0963721409358571
Bialystok, E. & Sullivan, M. D. (2017). *Growing Old with Two Languages: Effects of Bilingualism on Cognitive Aging*. Amsterdam: Benjamins.
Binder, J. R., Desai, R. H., Graves, W. W. & Conant, L. L. (2009). Where is the semantic system? A critical review and meta-analysis of 120 functional neuroimaging studies. *Cerebral Cortex*, 19: 2767–2796. https://doi.org/10.1093/cercor/bhp055
Biou, E., Cassoudesalle, H., Cogné, M., Sibon, I., De Gabory, I., Dehail, P., Aupy, J. & Glize, B. (2019). Transcranial direct current stimulation in post-stroke aphasia rehabilitation: A systematic review. *Annals of Physical and Rehabilitation Medicine*, 62: 104–121. https://doi.org/10.1016/j.rehab.2019.01.003
Birbaumer, N. & Schmidt, R. F. (2010). *Biologische Psychologie*. 7. Aufl. Berlin: Springer.
Birkmann, U. & Kley, C. (2018). *FEES: Die funktionelle Schluckuntersuchung in der Neurologie: Ein Videolehrgang*. Bad Honnef: Hippocampus.
Blumstein, S. E. (2022). *When Words Betray Us: Language, the Brain, and Aphasia*. Cham: Springer.
Boucsein, W. (2012). *Electrodermal Activity*. 2. Aufl. New York: Springer.
Braeutigam, S., Bailey, A. J. & Swithenby, S. J. (2001). Phase-locked gamma band responses to semantic violation stimuli. *Cognitive Brain Research*, 10: 365–377. https://doi.org/10.1016/S0926-6410(00)00055-0
Brandes, R., Lang, F. & Schmidt, R. F (2019). *Physiologie des Menschen: mit Pathophysiologie*. 32. Aufl. Berlin: Springer.
Bressler, S. L. & Richter, C. G. (2015). Interareal oscillatory synchronization in top-down neocortical processing. *Current Opinion in Neurobiology*, 31: 62–66. https://doi.org/10.1016/j.conb.2014.08.010
Breznitz, Z. (2008, Hrsg.). *Brain Research in Language*. New York: Springer.
Brodmann, K. (1909). *Vergleichende Lokalisationslehre der Grosshirnrinde: in ihren Prinzipien dargestellt auf Grund des Zellenbaues*. Leipzig: J. A. Barth.
Brown, C. M., Hagoort, P. (1999, Hrsg.). *The Neurocognition of Language*. Oxford: Oxford University Press.
Brudzynski, S. M. (2010, Hrsg.). *Handbook of Mammalian Vocalization: An Integrative Neuroscience Approach*. London: Academic Press.
Bühler, K. (1965). *Sprachtheorie: Die Darstellungsfunktion der Sprache*. 2. Aufl. Stuttgart: Fischer.
Bursill-Hall, G. L. (1972). *Thomas of Erfurt (1300): Grammatica Speculativa – An edition with translation and commentary*. London: Longman.
Buzsáki, G. & Draguhn, A. (2004). Neuronal oscillations in cortical networks. *Science*, 304: 1926–1929. https://doi.org/10.1126/science.1099745
Buzsáki, G. & Wang, X. J. (2012). Mechanisms of gamma oscillations. *Annual Review of Neuroscience*, 35, 203–225. https://doi.org/10.1146/annurev-neuro-062111-150444
Cachia, A., Mangin, J.-F. & Dubois, J. (2022). In: O. Houdé & G. Borst (Hrsg.), *The Cambridge Handbook of Cognitive Development*. Cambridge: Cambridge University Press, S. 50–84.
Cappa, S. F. (2011). The neural basis of aphasia rehabilitation: Evidence from neuroimaging and neurostimulation. *Neuropsychological Rehabilitation*, 21: 742–754. https://doi.org/10.1080/09602011.2011.614724

Caramazza. A. & Mahon, B. Z. (2003). The organization of conceptual knowledge: The evidence from category-specific semantic deficits. *Trends in Cognitive Sciences*, 7: 354–361. https://doi.org/10.1016/S1364-6613(03)00159-1

Carey, S. & Bartlett, E. (1978). Acquiring a single new word. *Papers and Reports on Child Language Development*, 15: 17–29.

Cashmore, L., Uomini, N. & Chapelain, A. (2008). The evolution of handedness in humans and great apes: A review and current issues. *Journal of Anthropological Sciences*, 86: 7–35.

Catani, M. (2022). The connectional anatomy of the temporal lobe. In: G. Miceli, P. Bartolomeo & V. Navarro (Hrsg.), *Handbook of Clinical Neurology, Vol. 187, The Temporal Lobe*. Amsterdam: Elsevier, S. 3–16.

Cauchard, F., Cane, J. E. & Weger, U. W. (2012). Influence of background speech and music in interrupted reading: An eye-tracking study. *Applied Cognitive Psychology*, 26: 381–390. https://doi.org/10.1002/acp.1837

Chen, R., Blumberger, D. M. & Fitzgerald, P. B. (2022). *A Practical Guide to Transcranial Magnetic Stimulation Neurophysiology and Treatment Studies*. Oxford: Oxford University Press.

Chiang, H.-S., Lydon, E. A., Kraut, M. A., Hart, J. Jr. & Mudar, R. A. (2023). Differences in electroencephalography oscillations between normal aging and mild cognitive impairment during semantic memory retrieval. *European Journal of Neuroscience*, 1-19. https://doi.org/10.1111/ejn.16001

Collins, A. M. & Loftus, E. F. A (1975). Spreading-activation theory of semantic processing. *Psychological Review*, 6: 407–428. https://doi.org/10.1037/0033-295X.82.6.407

Clark, H. H. (2002). Spoken discourse and its emergence. In: M. J. Spivey, K. McRae & M. F. Joanisse (Hrsg.), *The Cambridge Handbook of Psycholinguistics*. Cambridge: Cambridge University Press, S. 541–557.

Cochlewa, J. (2020). *Spezifische Sprachentwicklungsstörungen: Psycholinguistische Grundlagen und Sprachdiagnostik*. Stuttgart: Thieme.

Colgin, L. L. (2013). Mechanisms and functions of theta rhythms. *Annual Review of Neuroscience*, 36: 295–312. https://doi.org/10.1146/annurev-neuro-062012-170330

Collée, E., Vincent, A., Visch-Brink, E., De Witte, E., Dirven, C. & Satoer, D. (2023). Localization patterns of speech and language errors during awake brain surgery: A systematic review. *Neurosurgical Review*, 46, 38: 1–18. https://doi.org/10.1007/s10143-022-01943-9

Cong, F, Ristaniemi, T. & Lyytinen, H (2015). *Advanced Signal Processing on Brain Event-related Potentials-Filtering ERPs in Time, Frequency and Space Domains Sequentially*. Singapur: World Scientific.

Conklin, K., Pellicer-Sánchez, A. & Carrol, G. (2018). *Eye-Tracking: A Guide for Applied Linguistics Research*. Cambridge: Cambridge University Press.

Corballis, M. C. (2003). From mouth to hand: Gesture, speech, and the evolution of right-handedness. *Behavioral and Brain Sciences*, 26: 199–260. https://doi.org/10.1017/s0140525x03000062

Corrigan, N. M., Yarnykh, V. L., Huber, E., Zhao, T. C. & Kuhl, P. K. (2022). Brain myelination at 7 months of age predicts later language development. *NeuroImage*, 263, 119641. https://doi.org/10.1016/j.neuroimage.2022.119641

Cook, V. & Bassetti, B. (2011, Hrsg.). *Language and Bilingual Cognition*. New York: Psychology Press.

Cooper, R. P. (2019). Multidisciplinary flux and multiple research traditions within cognitive science. *Topics in Cognitive Science*, 11: 869–879. https://doi.org/10.1111/tops.12460

Coulmas, F. (2003). *Writing Systems: An Introduction to their Linguistic Analysis*. Cambridge: Cambridge University Press.

Cowan, W. M. (1988). Die Entwicklung des Gehirns. In: *Gehirn und Nervensystem*. 9. Aufl. Heidelberg: Spektrum der Wissenschaft, S. 101–110.

Cummings, L. (2020). *Language in Dementia*. Cambridge: Cambridge University Press.

Curtiss, S. (1977). *Genie: A Psycholinguistic Study of a Modern-Day "Wild Child"*. New York: Academic Press.
Cutler, A. (2008). The abstract representations in speech processing. *The Quarterly Journal of Experimental Psychology*, 61: 1601–1619. https://doi.org/10.1080/13803390802218542
Daniels, S. K., Huckabee, M.-L. & Gozdzikowska, K. (2019). *Dysphagia Following Stroke*. 3. Aufl. San Diego: Plural Publishing.
Davidson, D. J. & Indefrey, P. (2007). An inverse relation between event-related and time-frequency violation responses in sentence processing. *Brain Research*, 1158: 81–92. https://doi.org/10.1016/j.brainres.2007.04.082
Dawson, M. E. & Schell, A. M. (1982). Electrodermal Responses to attended and nonattended significant stimuli during dichotic listening. *Journal of Experimental Psychology: Human Perception and Performance*, 8: 315–324. https://doi.org/10.1037/0096-1523.8.2.315
Dean, A., Voss, D. & Draguljić, D. (2017). *Design and Analysis of Experiments*. 2. Aufl. New York: Springer.
De Bleser, R., Cholewa, J., Stadie, N. & Tabatabaie, S. (2004). *LEMO – Lexikon modellorientiert. Einzelfalldiagnostik bei Aphasie, Dyslexie und Dysgraphie*. München: Urban & Fischer.
De Groot, A. M. B. (2011). *Language and Cognition in Bilinguals and Multilinguals: An Introduction*. New York: Psychology Press.
De Groot, A. M. B. & Hagoort, P. (2018, Hrsg.). *Research Methods in Psycholinguistics and the Neurobiology of Language: A Practical Guide*. Hoboken: Wiley-Blackwell.
De Ruiter, J. P. (2000). The production of gesture and speech. In: D. McNeill (Hrsg.) *Language and Gesture*. Cambridge: Cambridge University Press, S. 248–311.
De Ruiter, J. P., Bangerter, A. & Dings, P. (2012). The interplay between gesture and speech in the production of referring expressions: investigating the tradeoff hypothesis. *Topics in Cognitive Science*, 4: 232–248. https://doi.org/10.1111/j.1756-8765.2012.01183.x
De Zubicaray, G. I. & Schiller, N. O. (2019, Hrsg.). *The Oxford Handbook of Neurolinguistics*. New York: Oxford University Press.
DeCasper, A. J. & Spence, M. J. (1986). Prenatal maternal speech influences newborns perception of speech sounds. *Infant Behavior and Development*, 9: 133–150.
Dehaene-Lambertz, G., Hertz-Pannier, L. & Dubois, J. (2006). Nature and nurture in language acquisition: anatomical and functional brain-imaging studies in infants. *Trends in Neurosciences*, 29: 367–373. https://doi.org/10.1016/j.tins.2006.05.011
Deppe, M., Ringelstein, E. B. & Knecht, S. (2004). The investigation of functional brain lateralization by transcranial Doppler sonography. *NeuroImage*, 21: 1124–1146. https://doi.org/10.1016/j.neuroimage.2003.10.016
DeReKo (2009): Deutsches Referenzkorpus. IDS, Mannheim. http://www.ids-mannheim.de/kl/projekte/korpora/
Devlin, J. T. & Watkins, K. E. (2007). Stimulating language: Insights from TMS. *Brain*, 130: 610–622. https://doi.org/10.1093/brain/awl331
Devlin, J. T. & Watkins, K. E. (2008). Investigating language organization with TMS. In: E. M. Wassermann, C. M. Epstein, U. Ziemann, V. Walsh, T. Paus & S. Lisanby (Hrsg.). *The Oxford Handbook of Transcranial Stimulation*. New York: Oxford University Press, S. 479–499.
Dietrich, R. & Gerwien, J. (2017). *Psycholinguistik: Eine Einführung*. 3. Aufl. Stuttgart: Metzler.
Dijkstra, T. & Kempen, G. (1993). *Einführung in die Psycholinguistik*. Bern: Huber.
Dittmann, J. (2020). *Der Spracherwerb des Kindes: Verlauf und Störungen*. 4. Aufl. München: Beck.
Dittmar, N. (2009). *Transkription: Ein Leitfaden mit Aufgaben für Studenten, Forscher und Laien*. 3. Aufl. Wiesbaden: VS Verlag.
Dóczi, B. (2020). An overview of conceptual models and theories of lexical representation in the mental lexicon. In: S. Webb (Hrsg.), *The Routledge Handbook of Vocabulary Studies*. Milton Park: Routledge, S. 46–65.

Döring, N. & Bortz, J. (2016). *Forschungsmethoden und Evaluation in den Sozial- und Humanwissenschaften*, Kap. 4, Forschungs- und Wissenschaftsethik. 5. Aufl. Heidelberg: Springer, S. 121–139.

Donkin, C. & Brown, S. D. (2018). Response times and decision-making. In: J. T. Wixted & E.-J. Wagenmakers (Hrsg.), *Stevens' Handbook of Experimental Psychology and Cognitive Neuroscience, Vol. 5: Methodology*. 4. Aufl. New York: John Wiley, S. 349 -381.

Dubois, C., Otzenberger, H., Gounot, D., Sock, R. & Metz-Lutz, M. N. (2012). Visemic processing in audiovisual discrimination of natural speech: A simultaneous fMRI-EEG study. *Neuropsychologia*, 50: 1316–1326. https://doi.org/10.1016/j.neuropsychologia.2012.02

Duchowski, A. T. (2017). *Eye Tracking Methodology: Theory and Practice*. 2. Aufl. London: Springer.

Duden (2019). *Duden: Deutsches Universalwörterbuch*. 9. Aufl. Berlin: Dudenverlag.

Duden (2020). *Duden: Die deutsche Rechtschreibung*. 28. Aufl. Berlin: Dudenverlag.

Duecker, K., Gutteling, T. P., Herrmann, C. S. & Jensen, O. (2021). No evidence for entrainment: Endogenous gamma oscillations and rhythmic flicker responses coexist in visual cortex. *Journal of Neuroscience*, 41: 6684–6698. https://doi.org/10.1523/JNEUROSCI.3134-20.2021

Duffau, H. (2011, Hrsg.). *Brain Mapping: From Neural Basis of Cognition to Surgical Applications*. Wien: Springer.

Eda, H. (2004). Measurement of brain activity by near infrared light. *Journal of the National Institute of Information and Communications Technology*, 51: 73–88.

Eggermond, J. (2021). *Brain Oscillations, Synchrony and Plasticity: Basic Principles and Application to Auditory-Related Disorders*. London: Academic Press.

Eisenberg, P. (2020a). *Grundriss der deutschen Grammatik: Das Wort*. 5. Aufl. Stuttgart: Metzler.

Eisenberg, P. (2020b). *Grundriss der deutschen Grammatik: Der Satz*. 5. Aufl. Stuttgart: Metzler.

Elman, J. (2004). An alternative view of the mental lexicon. *Trends in Cognitive Sciences*, 8: 301–306. https://doi.org/10.1016/j.tics.2004.05.003

Elsner, B., Kugler, J. & Mehrholz, J. (2020). Transcranial direct current stimulation (tDCS) for improving aphasia after stroke: A systematic review with network meta-analysis of randomized controlled trials. *Journal of NeuroEngineering and Rehabilitation*, 17: 1–11. https://doi.org/10.1186/s12984-020-00708-z

Elyamany, O., Leicht, G., Herrmann, C.S. & Mulert, C. (2021). Transcranial alternating current stimulation (tACS): From basic mechanisms towards first applications in psychiatry. *European Archives of Psychiatry and Clinical Neuroscience*, 271: 135–156. https://doi.org/10.1007/s00406-020-01209-9

Engel, A. K. & Fries, P. (2010). Beta-band oscillations: Signalling the status quo. *Current Opinion in Neurobiology*, 20: 156–165. https://doi.org/10.1016/j.conb.2010.02.015

Epstein, C. M., Meador, K. J., Loring, D. W., Wright, R. J., Weissman, J. D., Sheppard, S., Lah, J. J., Puhalovich, F., Gaitan, L. & Davey, K. R. (1999). Localization and characterization of speech arrest during transcranial magnetic stimulation. *Clinical Neurophysiology*, 110: 1073–1079. https://doi.org/10.1016/S1388-2457(99)00047-4

Eschweiler, G. W. (2003). Physikalische und physiologische Grundlagen der transkraniellen Magnetstimulation. In: G. W. Eschweiler, B. Wild & M. Bartels (Hrsg.), *Elektromagnetische Therapien in der Psychiatrie: Elektrokrampftherapie (EKT), Transkranielle Magnetstimulation (TMS) und verwandte Verfahren*. Darmstadt: Steinkopff, S. 143–150.

Evans, V. & Green, M. (2006). *Cognitive Linguistics: An Introduction*. Edinburgh: Edinburgh University Press.

Eysenck, M. W. & Keane, M. T. (2020). *Cognitive Psychology: A Student's Handbook*. 8. Aufl. London: Psychology Press.

Faust, M. (2012, Hrsg.). *The Handbook of the Neuropsychology of Language: Vol. 1, Language Processing in the Brain: Basic Science. Vol. 2, Language Processing in the Brain: Clinical Populations*. Chichester: Wiley-Blackwell.

Ferrari, P. F., Visalberghi, E., Paukner, A., Fogassi, L., Ruggiero, A., & Suomi, S. (2006). Neonatal imitation in rhesus macaques. *PLoS Biology*, 4, e302: 1501–1508. https://doi.org/10.1371/journal.pbio.0040302

Ferreira, F. & Çokal, D. (2016). Sentence processing. In: G. Hickok & S. L. Small (Hrsg.). *Neurobiology of Language*. London: Academic Press, S. 265–274.

Fernández, E. M. & Cairns, H. S. (2018, Hrsg.). *The Handbook of Psycholinguistics*. Hoboken: Wiley-Blackwell.

Finger, S. (2001). *Origins of Neuroscience: A History of Explorations into Brain Function*. 2. Aufl. New York: Oxford University Press.

Fleck, J. S., Jansen, S. M. J., Wollny, D., Zenk, F., Seimiya, M., Jain, A., Okamoto, R., Santel, M., He, Z., Camp, J. G. & Treutlein, B. (2022). Inferring and perturbing cell fate regulomes in human brain organoids. *Nature*, 5. Okt., https://doi.org/10.1038/s41586-022-05279-8.

Flöel, A. (2012). Non-invasive brain stimulation and language processing in the healthy brain. *Aphasiology*, 26: 1082–1102.

Flöel, A. & Knecht, S. (2002). Transkranielle Magnetstimulation in der Therapie von Schlaganfallfolgen. *Klinische Neurophysiologie*, 33: 100–105. https://doi.org/10.1080/02687038.2011.589892

Fodor, J. A. (1983). *The Modularity of Mind: An Essay on Faculty Psychology*. Cambridge: Bradford.

Forssmann, W. G. & Heym, C. (1985). *Neuroanatomie*. 4. Aufl. Berlin: Springer.

Franceschi, A. M. & Franceschi, D. (2022). *Hybrid PET/MR Neuroimaging: A Comprehensive Approach*. Cham: Springer.

Frayer, D. W., Lozano, M., Bermudez de Castro, J. M., Carbonell, E., Arsuaga, J. L., Radovcic, J., Fioref, I. & Bondiolif, L. (2011). More than 500,000 years of right-handedness in Europe. *Laterality*, 17: 51–69. https://doi.org/10.1080/1357650X.2010.529451

Friedenberg, J., Silverman, G. & Spivey, M. J. (2021). *Cognitive Science: An Introduction to the Study of Mind*. 4. Aufl. Los Angeles: Sage.

Friederici, A. (2002). Towards a neural basis of auditory sentence processing. *Trends in Cognitive Sciences*, 6: 78–84.

Friederici, A. D. (2005). Neurophysiological markers of early language acquisition: from syllables to sentences. *Trends in Cognitive Sciences*, 9: 481–488. https://doi.org/10.1016/s1364-6613(00)01839-8

Fromkin, V., Krashen, S., Curtiss, S., Rigler, D. & Rigler, M. (1974). The development of language in Genie: a case of language acquisition beyond the "critical period". *Brain & Language*, 1: 81–107. https://doi.org/10.1016/0093-934X(74)90027-3

Gagnon, G., Schneider, C, Grondin, S. & Blanchet, S. (2011). Enhancement of episodic memory in young and healthy adults: A paired-pulse TMS study on encoding and retrieval performance. *Neuroscience Letters*, 488: 138–142. https://doi.org/10.1016/j.neulet.2010.11.016

Ganel, T., Valyear, K. F., Goshen-Gottstein, Y. & Goodale, M. A. (2005). The involvement of the "fusiform face area" in processing facial expression. *Neuropsychologia*, 43: 1645–1654. https://doi.org/10.1016/j.neuropsychologia.2005.01

García-Larrea, L., Lukaszewicz, A. C. & Mauguiere, F. (1992). Revisiting the oddball paradigm. Non-target vs neutral stimuli and the evaluation of ERP attentional effects. *Neuropsychologia*, 30: 723–741. https://doi.org/10.1016/0028-3932(92)90042-K

Gardt, A. (1999). *Geschichte der Sprachwissenschaft in Deutschland: Vom Mittelalter bis ins 20. Jahrhundert*. Berlin: de Gruyter.

Garfield, J. L. (1991, Hrsg.). *Modularity in Knowledge Representation and Natural-Language Understanding*. Cambridge, Mass.: Bradford.

Gastaldon, S., Arcara, G., Navarrete, E. & Peressotti, F. (2020). Commonalities in alpha and beta neural desynchronizations during prediction in language comprehension and production. *Cortex*, 133: 328–345. https://doi.org/10.1016/j.cortex.2020.09.026

Gazzaniga, M. S. (2005). Forty-five years of split-brain research and still going strong. *Nature Reviews Neuroscience*, 6: 653–659. https://doi.org/10.1038/nrn1723

Gazzaniga, M. S., Ivry, R. B. & Mangun, G. R. (2009). *Cognitive Neuroscience: The Biology of the Mind*. 3. Aufl. New York: Norton.

Gervain, J., Macagno, F., Cogoi, S., Pena, M. & Mehler, J. (2008). The neonate brain detects speech structure. *Proceedings of the National Academy of Sciences USA*, 105: 14222–14227.

Gervain, J. & Mehler, J. (2010). Speech perception and language acquisition in the first year of life. *Annual Review in Psychology*, 61: 191–218. https://doi.org/10.1073/pnas.0806530105

Geukes, C. & Müller, H. M. (2015). Proper name anomia after right-hemispheric lesion: a case study. *Neurocase*, 21: 520–528. https://doi.org/10.1080/13554794.2014.945462

Gillioz, C. & Zufferey, S. (2020). *Introduction to Experimental Linguistics*. London: Wiley.

Goldberg, E. B. & Hillis, A. E. (2022). Sign language aphasia. In: A. E. Hillis & J. Fridriksson (Hrsg.), *Handbook of Clinical Neurology, Vol. 185, Aphasia*. Amsterdam: Elsevier, S. 297–315.

Gratton, E., Toronov, V., Wolf, U., Wolf, M. & Webb, A. (2005). Measurement of brain activity by near-infrared light. *Journal of Biomedical Optics*, 10 (011008): 1–13. https://doi.org/10.1117/1.1854673

Grimm, H. (2012). *Störungen der Sprachentwicklung: Grundlagen, Ursachen, Diagnose, Intervention, Prävention*. 3. Aufl. Göttingen: Hogrefe.

Grohnfeld, M. (2009). Zur Geschichte des Sprachheilwesens in Deutschland. *Sprache – Stimme – Gehör*, 33: 39–45.

Grosjean, F. & Li, P. (2013). *The Psycholinguistics of Bilingualism*. Malden: Wiley-Blackwell.

Güntürkün, O., Ströckens, F. & Ocklenburg, S. (2020). Brain lateralization: A comparative perspective. *Physiological Reviews*, 100: 1019–1063. https://doi.org/10.1152/physrev.00006.2019

Gullberg, M. & Indefrey, P. (2006, Hrsg.). *The Cognitive Neuroscience of Second Language Acquisition*. Malden: Wiley-Blackwell.

Hacke, W. (2019, Hrsg.). *Neurologie*. 14. Aufl. Berlin: Springer.

Harr, A.-K, Liedke, M. & Riehl, C. M. (2018). *Deutsch als Zweitsprache: Migration – Spracherwerb – Unterricht*. Stuttgart: Metzler.

Hartmann, P., Ramseier, A., Gudat, F., Mihatsch, M. J., Polasek, W. & Geisenhoff, C. (1994). Das Normgewicht des Gehirns beim Erwachsenen in Abhängigkeit von Alter, Geschlecht, Körpergröße und Gewicht. *Der Pathologe*, 15: 165–170. https://doi.org/10.1007/s002920050040

Haarmann, H. (1991). *Universalgeschichte der Schrift*. Frankfurt: Campus.

Hartwigsen, G. (2015). The neurophysiology of language: Insights from non-invasive brain stimulation in the healthy human brain. *Brain and Language*, 148: 81–94. https://doi.org/10.1016/j.bandl.2014.10.007

Hagoort, P. (2019, Hrsg.). *Human Language: Frome Genes and Brains to Behavior*. Cambridge, Mass.: MIT Press.

Hagoort, P., Brown, C. & Groothusen, J. (1993). The syntactic positive shift (SPS) as an ERP measure of syntactic processing. *Language and Cognitive Processes*, 8: 439–483. https://doi.org/10.1080/01690969308407585

Hagoort, P., Hald, L., Bastiaansen, M. & Petersson, K. M. (2004). Integration of word meaning and world knowledge in language comprehension. *Science*, 304: 438–441. https://doi.org/10.1126/science.1095455

Hammer, S. S. & Teufel-Dietrich (2017). *Stimmtherapie mit Erwachsenen: Was Stimmtherapeuten wissen sollten*. 6. Aufl. Berlin: Springer.

Hampe, B. & Grady, J. E. (2005, Hrsg.). *From Perception to Meaning: Image Schemas in Cognitive Linguistics*. Berlin: Mouton de Gruyter.

Handy, T. C. (2005). *Event-Related Potentials: A Methods Handbook*. Cambridge, Mass.: Bradford.

Hannemann, R., Obleser, J. & Eulitz, C. (2007). Top-down knowledge supports the retrieval of lexical information from degraded speech. *Brain Research*, 1153: 134–143. https://doi.org/10.1016/j.brainres.2007.03.069

Hartje, W. & Poeck, K. (2006). *Klinische Neuropsychologie*. 6. Aufl. Stuttgart: Thieme.

Hatta, T. (2007). Handedness and the brain: A review of brain-imaging techniques. *Magnetic Resonance in Medical Sciences*, 6: 99–112. https://doi.org/10.2463/mrms.6.99

Heilig, G. (1916). Kriegsverletzungen des Gehirns in ihrer Bedeutung für unsere Kenntnis von den Hirnfunktionen. *Zeitschrift für die gesamte Neurologie und Psychiatrie*, 33: 408–493.

Heim, S., Eickhoff, S. B., Ischebeck, A. K., Friederici, A. D., Stephan, K. E. & Amunts, K. (2009). Effective connectivity of the left BA 44, BA 45, and inferior temporal gyrus during lexical and phonological decisions identified with DCM. *Human Brain Mapping*, 30: 392–402. https://doi.org/10.1002/hbm.20512

Heimann, F. & Müller, H. M. (2021). Die Bestimmung der Sprachlateralisation im Gehirn mittels funktioneller transkranieller Dopplersonographie (fTCD). In: H. M. Müller (Hrsg.), *Sprache in Therapie und neurokognitiver Forschung*. Tübingen: Stauffenburg, S. 233–249.

Heimann, F., Weiss, S. & Müller, H. M. (2022). Reproducibility of hemispheric lateralization over several days using functional transcranial Doppler sonography (fTCD): A pilot single-case study of word fluency. *Journal of Integrative Neuroscience*, 21, 064: 1–10. https://doi.org/10.31083/j.jin2102064

Herfurth, K., Harpaz, Y., Roesch, J., Mueller, N., Walther, K., Kaltenhaeuser, M. et al. (2022). Localization of beta power decrease as measure for lateralization in pre-surgical language mapping with magnetoencephalography, compared with functional magnetic resonance imaging and validated by Wada test. *Frontiers in Human Neuroscience*, 16, 996989: 1–21. https://doi.org/10.3389/fnhum.2022.996989

Hernandez, A. E. (2013). *The Bilingual Brain*. Oxford: Oxford University Press.

Hervais-Adelman, A., Moser-Mercer, B., Murray, M. M. & Golestani, N. (2017). Cortical thickness increases after simultaneous interpretation training. *Neuropsychologia*, 98: 212–219. https://doi.org/10.1016/j.neuropsychologia.2017.01

Hickok, G. & Small, S. L. (2016, Hrsg.). *Neurobiology of Language*. London: Academic Press.

Hickok, G. & Poeppel, D. (2007). The cortical organization of speech processing. *Nature Reviews Neuroscience*, 8: 393–402. https://doi.org/10.1038/nrn2113

Hielscher-Fastabend, M. & Richter, K. (2022). *BIAS-K: Bielefelder Aphasie Screening für Kinder*. Hofheim: NAT-Verlag.

Hillis, A. E. & Fridriksson, J. (2022, Hrsg.). *Handbook of Clinical Neurology, Vol. 185, Aphasia*. Amsterdam: Elsevier.

Hines, M. (2010). Sex-related variation in human behavior and the brain. *Trends in Cognitive Sciences*, 14: 448–456. https://doi.org/10.1016/j.tics.2010.07.005

Hirschmann, H. (2019). *Korpuslinguistik: Eine Einführung*. Stuttgart: Metzler.

Höhle, B. (2012, Hrsg.). *Psycholinguistik*. 2. Aufl. Berlin: Akademie Verlag.

Hoff, E. & Core, C. (2013). Input and language development in bilingually developing children. *Seminars in Speech and Language*, 34: 215–226. https://doi.org/10.1055/s-0033-1353448

Hoit, J. D., Weismer, G. & Story, B. (2022). *Foundations of Speech and Hearing: Anatomy and Physiology*. 2. Aufl. San Diego: Plural Publishing.

Holmqvist, K., Nystrom, M., Andersson, R., Dewhurst, R., Jarodzka, H. & Weijer, J. v. d. (2011). *Eye Tracking: A Comprehensive Guide to Methods and Measures*. New York: Oxford University Press.

Holtmann, M. (2008). *Psychiatrische Syndrome nach Hirnfunktionsstörungen*. Heidelberg: Springer.

Hopkins, W. D., Phillips, K. A., Bania, A., Calcutt, S. E., Gardner, M., Russell, J., Schaeffer, J., Lonsdorf, E. V., Ross, S. R. & Schapiro, S. J. (2011). Hand preferences for coordinated bimanual actions in 777 great apes: Implications for the evolution of handedness in Hominins. *Journal of Human Evolution*, 60: 605–611. https://doi.org/10.1016/j.jhevol.2010.12.008

Houdé, O. & Borst, G. (2022, Hrsg.) *The Cambridge Handbook of Cognitive Development*. Cambridge: Cambridge University Press.

Huber, W., Poeck, K. & Springer, L. (2006). *Klinik und Rehabilitation der Aphasie: Eine Einführung für Therapeuten, Angehörige und Betroffene*. Stuttgart: Thieme.

Huber, W., Poeck, K., Weniger, D. & Willmes, K. (1983). *Der Aachener Aphasie Test (AAT)*. Göttingen: Hogrefe.

Huettel, S. A., Song, A. W. & McCarthy, G. (2008). *Functional Magnetic Resonance Imaging*. 2. Aufl. Sunderland: Sinauer Associates.

Huggenberger, S., Moser, N., Schröder, H., Cozzi, B., Granato, A. & Merighi, A. (2019). *Neuroanatomie des Menschen*. Berlin: Springer.

Hull, R., Bortfeld, H. & Koons, S. (2009). Near-infrared spectroscopy and cortical responses to speech production. *Open Neuroimaging Journal*, 3: 26–30. https://doi.org/10.2174/1874440000903010026

Indefrey, P. (2007). Brain-imaging studies of language production. In: G. Gaskell (Hrsg.). *Oxford Handbook of Psycholinguistics*. New York: Oxford University Press, S. 547–564.

Indefrey, P. (2011). The spatial and temporal signatures of word production components: a critical update. *Frontiers in Psychology*, 2, 255: 1–16. https://doi.org/10.3389/fpsyg.2011.00255

Indefrey, P. & Levelt, W. J. (2004). The spatial and temporal signatures of word production components. *Cognition*, 92: 101–144. http://dx.doi.org/https://doi.org/10.1016/j.cognition.2002.06.001

Ingram, J. C. L. (2007). *Neurolinguistics: An Introduction to Spoken Language Processing and its Disorders*. Cambridge: Cambridge University Press.

Jaecks, P. (2014). *Restaphasie*. Stuttgart: Thieme.

Jensen, A. R. (2006). *Clocking the Mind: Mental Chronometry and Individual Differences*. Oxford: Elsevier.

Johnson, E. K. & Seidl, A. (2008). Clause segmentation by 6-month-old infants: A crosslinguistic perspective. *Infancy*, 13: 440–455. https://doi.org/10.1080/15250000802329321

Johnson, L. P. & Fridriksson, J. (2022). Electrophysiologic evidence of reorganization in poststroke aphasia. In: A. E. Hillis & J. Fridriksson (Hrsg.), *Handbook of Clinical Neurology, Vol. 185, Aphasia*. Amsterdam: Elsevier, S. 165–174.

Jones, P. E. (1995). Contradictions and unanswered questions in the Genie case: A fresh look at the linguistic evidence. *Language and Communication*, 15: 261–280. https://doi.org/10.1016/0271-5309(95)00007-D

Josse, G. & Tzourio-Mazoyer, N. (2004). Hemispheric specialization for language. *Brain Research Reviews*, 44: 1–12. https://doi.org/10.1016/j.brainresrev.2003.10.001

Just, M. A., Carpenter, P. A., Keller, T. A. & Eddy, W. F. (1996). Brain activation modulated by sentence comprehension. *Science*, 274: 114–116. https://doi.org/10.1126/science.274.5284.114

Kadosh, R.C. (2014, Hrsg.). *The Stimulated Brain: Cognitive Enhancement Using Non-invasive Brain Stimulation*. Amsterdam: Elsevier.

Kalbe, E., Reinhold, N., Ender, U. & Kessler, J. (2002). *Aphasie-Check-Liste (ACL)*. Köln: ProLog.

Kalladka, D. & Muir, K. W. (2011). Stem cell therapy in stroke: designing clinical trials. *Neurochemistry International*, 59: 367–370. https://doi.org/10.1016/j.neuint.2011.03.016

Kandel, E. R., Schwartz, J. H., Jessell, T. M. & Benner, S. (1996). *Neurowissenschaften: Eine Einführung*. Heidelberg: Spektrum Akademischer Verlag.

Kannengieser, S. (2019). *Sprachentwicklungsstörungen: Grundlagen, Diagnostik und Therapie*. 4. Aufl. München: Elsevier.

Kanwisher, N. & Yovel, G. The fusiform face area: A cortical region specialized for the perception of faces. *Philosophical Transactions of the Royal Society B*, 361: 2109–2128. https://doi.org/10.1098/rstb.2006.1934

Karnath, H.-O. & Thier, P. (2012, Hrsg.). *Kognitive Neurowissenschaften*. 3. Aufl. Berlin: Springer.

Kauschke, C. (2012). *Kindlicher Spracherwerb im Deutschen: Verläufe, Forschungsmethoden, Erklärungsansätze*. Berlin: de Gruyter.

Kazanina, N. & Tavano, A. (2023). What neural oscillations can and cannot do for syntactic structure building. *Nature Reviews Neuroscience*, 24: 113–128. https://doi.org/10.1038/s41583-022-00659-5

Kemmerer, D. (2015). *Cognitive Neuroscience of Language*. New York: Psychology Press.

Kendon, A. (2004). *Gesture: Visible Action as Utterance*. Cambridge: Cambridge University Press.

Keren-Happuch, E., Chen, S.-H. A., Ho, M.-H. R. & Desmond, J. E. (2014). A meta-analysis of cerebellar contributions to higher cognition from PET and fMRI studies. *Human Brain Mapping*, 35: 593–615. https://doi.org/10.1002/hbm.22194

Khan, A., Yuan, K., Bao, S. C., Ti, C. H. E., Tariq, A., Anjum, N. & Tong, R. K.-Y. (2022). Can transcranial electrical stimulation facilitate post-stroke cognitive rehabilitation? A systematic review and meta-analysis. *Frontiers in Rehabilitation Sciences*, 3, 795737: 1–14. https://doi.org/10.3389/fresc.2022.795737

Kiefer, M. (2012). Executive control over unconscious cognition: Attentional sensitization of unconscious information processing. *Frontiers in Human Neuroscience*, 6, 61: 1–12. https://doi.org/10.3389/fnhum.2012.00061

Kim, M.-K., Müller, H. M. & Weiss, S. (2021). What you "mean" is not what I "mean": Categorization of verbs by Germans and Koreans using the semantic differential. *Lingua*, 252, 103012: 1–13. https://doi.org/10.1016/j.lingua.2020.103012

Kirschen, M. P., Davis-Ratner, M. S., Jerde, T. E., Schraedley-Desmond, P. & Desmond, J. E. (2006). Enhancement of phonological memory following transcranial magnetic stimulation (TMS). *Behavioural Neurology*, 17: 187–194. https://doi.org/10.1155/2006/469132

Kisilevsky, B. S. (2016). Fetal auditory processing: 8 implications for language development? In: N. Reissland & B. S. Kisilevsky (Hrsg.), *Fetal Development Research on Brain and Behavior: Environmental Influences, and Emerging Technologies*. Cham: Springer, S. 133–152.

Klann-Delius, G. (2016). *Spracherwerb*. 3. Aufl. Stuttgart: Metzler.

Klaus, J. & Schutter, D. J. (2018). Non-invasive brain stimulation to investigate language production in healthy speakers: A meta-analysis. *Brain and Cognition*, 123: 10–22. https://doi.org/10.1016/j.bandc.2018.02.007

Kleist, K. (1934). *Gehirnpathologie: Vornehmlich auf Grund der Kriegserfahrungen*. Leipzig: J. A. Barth.

Klepp, A., Niccolai, V., Buccino, G., Schnitzler, A. & Biermann-Ruben, K. (2015). Language-motor interference reflected in MEG beta oscillations. *NeuroImage*, 109: 438–448. https://doi.org/10.1016/j.neuroimage.2014.12.077

Klicpera, C. & Schabmann, A., Gasteiger-Klicpera, B. & Schmidt, B. (2020). *Legasthenie – LRS: Modelle, Diagnose, Therapie und Förderung*. 6. Aufl. Stuttgart: UTB.

Klimesch, W. (1999). EEG alpha and theta oscillations reflect cognitive and memory performance: A review and analysis. *Brain Research Reviews*, 29: 169–195. https://doi.org/10.1016/S0165-0173(98)00056-3

Klink, K., Paßmann, S., Kasten, F. H. & Peter, J. (2020). The modulation of cognitive performance with transcranial alternating current stimulation: A systematic review of frequency-specific effects. *Brain Sciences* 10, 932: 1–33. https://doi.org/10.3390/brainsci10120932

Knecht, S., Deppe, M., Dräger, B., Bobe, L., Lohmann, H., Ringelstein, E.-B. & Henningsen, H. (2000). Language lateralization in healthy right-handers. *Brain*, 123: 74–81. https://doi.org/10.1093/brain/123.1.74

Knecht, S., Dräger, B., Deppe, M., Bobe, L., Lohmann, H., Flöel, A., Ringelstein, E.-B. & Henningsen, H. (2000). Handedness and hemispheric language dominance in healthy humans. *Brain*, 123: 2512–2518. https://doi.org/10.1093/brain/123.12.2512

Knotkova, H., Nitsche, M. A., Bikson, M. & Woods, A. J. (2019). *Practical Guide to Transcranial Direct Current Stimulation: Principles, Procedures and Applications*. Cham: Springer.

Koerner, E. F. K. & Asher, R. E. (1995, Hrsg.). *Concise History of the Language Sciences: From the Sumerians to the Cognitivists*. Oxford: Pergamon.

Kösem, A., Bosker, H. R., Jensen, O., Hagoort, P. & Riecke, L. (2020). Biasing the perception of spoken words with transcranial alternating current stimulation. *Journal of Cognitive Neuroscience*, 32: 1428–1437. https://doi.org/10.1162/jocn_a_01579

Kraus, E. (2019, Hrsg.). *Zwischen Links- und Rechtshändigkeit: Theorie, Diagnostik und Therapie bei wechselndem Handgebrauch*. Berlin: Springer.

Krishnan, A. (2023). *Auditory Brainstem Evoked Responses: Clinical and Research Applications.* San Diego: Plural Publishing.

Kroll, J. F. & De Groot, A. M. (2005, Hrsg.). *Handbook of Bilingualism: Psycholinguistic Approaches.* Oxford: Oxford University Press.

Kuhl, P. & Rivera-Gaxiola, M. (2008). Neural substrates of language acquisition. *Annual Review of Neuroscience,* 31: 511–534. https://doi.org/10.1146/annurev.neuro.30.051606.094321

Kuhl, P. K., Stevenson, J., Corrigan, N. M., van den Bosch, J. J. F., Can, D. D. & Richards, T. (2016). Neuroimaging of the bilingual brain: Structural brain correlates of listening and speaking in a second language. *Brain and Language,* 162: 1–9. https://doi.org/10.1016/j.bandl.2016.07.004

Kupietz, M. & Schmidt, T. (2018, Hrsg.). *Korpuslinguistik.* Berlin: de Gruyter.

Kurthen, M. (1992). Der intrakortikale Amobarbitaltest – Indikation – Durchführung – Ergebnisse. *Nervenarzt,* 63: 713–724.

Kurthen, M. (1993). Die Bestimmung der zerebralen Sprachdominanz im Intrakarotidalen Amobarbital-Test. *Fortschritte der Neurologie – Psychiatrie,* 61: 77–89. https://doi.org/10.1055/s-2007-999079

Kutas, M. & Federmeier, K. D. (2007). Event-related brain potential (ERP) studies of sentence processing. In: M. G. Gaskell (Hrsg.), *The Oxford Handbook of Psycholinguistics.* Oxford: Oxford University Press, S. 385–406.

Kutas, M. & Federmeier, K. D. (2011). Thirty years and counting: finding meaning in the N400 component of the event-related brain potential (ERP). *Annual Review of Psychology,* 62: 621–647. https://doi.org/10.1146/annurev.psych.093008.131123

Kutas M & Hillyard S. A. (1980). Reading senseless sentences: Brain potentials reflect semantic incongruity. *Science,* 207: 203–205. https://doi.org/10.1126/science.7350657

Kutas, M., Kiang, M. & Sweeney, K. (2012). Potentials and paradigms: Event-related brain potentials and neuropsychology. In: M. Faust (Hrsg.), *The Handbook of the Neuropsychology of Language, Vol. 2, Language Processing in the Brain: Clinical Populations.* Chichester: Wiley Blackwell, S. 545–564.

Kutas M. & Van Petten C. (1994). Psycholinguistics electrified: event-related brain potential investigations. In: M. A. Gernsbacher (Hrsg.), *Handbook of Psycholinguistics.* San Diego: Academic, S. 83–143.

Lachaud, C. M. (2013). Conceptual metaphors and embodied cognition: EEG coherence reveals brain activity differences between primary and complex conceptual metaphors during comprehension. *Cognitive Systems Research,* 22–23: 12–26. https://doi.org/10.1016/j.cogsys.2012.08.003

Lachmann, T. & Weis, T. (2018, Hrsg.). *Reading and Dyslexia: From Basic Functions to Higher Order Cognition.* Cham: Springer.

Lagercrantz, H. (2016). *Infant Brain Development Formation of the Mind and the Emergence of Consciousness.* Cham: Springer.

Laitman, J. T. (1987). Konnte unser Urahn sprechen? *Bild der Wissenschaft,* 5: 40–47.

Langdon, J. H. (2022). *Human Evolution: Bones, Cultures, and Genes.* Cham: Springer.

Lange, F. & Tachtsidis, I. (2019). Clinical brain monitoring with time domain NIRS: A review and future perspectives. *Applied Sciences,* 9, 1612: 1–31. https://doi.org/10.3390/app9081612

Lass, N. J. & Donai, J. J. (2023). *Hearing Science: Fundamentals.* San Diego: Plural Publishing.

Lautenbacher, S., Güntürkün, O. & Hausmann, M. (2007, Hrsg.): *Gehirn und Geschlecht: Neurowissenschaft des kleinen Unterschieds zwischen Frau und Mann.* Heidelberg: Springer.

Lebrun, Y. & Leleux, C. (1993). The effects of electrostimulation and of resective and stereotactic surgery on language and speech. *Acta Neurochirurgica Supplement,* 56: 40–51. https://doi.org/10.1007/978-3-7091-9239-9_8

Lee, T. L., Lee, H. & Kang, N. (2023). A meta-analysis showing improved cognitive performance in healthy young adults with transcranial alternating current stimulation. *npj Science of Learning,* 8: 1–20. https://doi.org/10.1038/s41539-022-00152-9

Lefaucheur, J.-P. (2019). Transcranial magnetic stimulation. In: K. H. Levin & P. Chauvel (Hrsg.), *Handbook of Clinical Neurology, Vol. 160, Clinical Neurophysiology: Basis and Technical Aspects.* Amsterdam: Elsevier, S. 559–580.
Leite, C. da C. & Castillo, M. (2016, Hrsg.). *Diffusion Weighted and Diffusion Tensor Imaging: A Clinical Guide.* Stuttgart: Thieme.
Lejko, N., Larabi, D. I., Herrmann, C. S., Aleman, A. & Ćurčić-Blake, B. (2020). Alpha power and functional connectivity in cognitive decline: A systematic review and meta-analysis. *Journal of Alzheimer's Disease,* 78: 1047–1088. https://doi.org/10.3233/JAD-200962
Lenneberg, E. H. (1977). *Biologische Grundlagen der Sprache.* Frankfurt: Suhrkamp.
Lesser, R. P., Arroyo, S., Hart, J. & Gordon, B. (1994). Use of subdural electrodes for the study of language functions. In: A. Kertesz (Hrsg.), *Localization and Neuroimaging in Neuropsychology.* San Diego: Academic Press, S. 57–72.
Levelt, W. J. M. (1989). *Speaking: From Intention to Articulation.* Cambridge, Mass.: MIT Press.
Levelt, W. J. M. (1999). Producing spoken language: a blueprint of the speaker. In: C. M. Brown & P. Hagoort (Hrsg.) *Neurocognition of Language.* Oxford: Oxford University Press, S. 83–122.
Li, R., Mukadam, N. & Kiran, S. (2022). Functional MRI evidence for reorganization of language networks after stroke. In: A. E. Hillis & J. Fridriksson (Hrsg.), *Handbook of Clinical Neurology, Vol. 185, Aphasia.* Amsterdam: Elsevier, S. 128–150.
Liepert, J. (2007). Grundlagen und Anwendung der transkraniellen Magnetstimulation. *Das Neurophysiologie-Labor,* 29: 70–78. https://doi.org/10.1016/j.neulab.2007.05.001
Lizarazu, M., Carreiras, M. & Molinaro, N. (2023). Theta-gamma phase-amplitude coupling in auditory cortex is modulated by language proficiency. *Human Brain Mapping,* 2023;1–11. https://doi.org/10.1002/hbm.26250
Loddenkemper, T., Morris, H. H. & Moddel, G. (2008). Complications during the Wada test. *Epilepsy & Behavior,* 13: 551–553. https://doi.org/10.1016/j.yebeh.2008.05.014
Logie, N., Camos, V. & Cowan, N. (2021, Hrsg.). *Working Memory: State of the Science.* Oxford: Oxford University Press.
Lohmann, H., Dräger, B., Müller-Ehrenberg, S., Deppe, M. & Knecht, S. (2005). Language lateralization in young children assessed by functional transcranial Doppler sonography. *Neuroimage,* 24: 780–790. https://doi.org/10.1016/j.neuroimage.2004.08.053
Lucas, T. H., Drane, D. L., Dodrill, C. B. & Ojemann, G. A. (2008). Language reorganization in aphasics: an electrical stimulation mapping investigation. *Neurosurgery,* 63: 487–497. https://doi.org/10.1227/01.NEU.0000324725.84854.04
Luck, S. J. (2014). *An Introduction to the Event-Related Potential Technique.* 2. Aufl. Cambridge, Mass.: MIT Press.
Luck, S. J. & Kappenman, E. S. (2011). *The Oxford Handbook of Event-Related Potential Components.* New York: Oxford University Press.
Luders, E. & Toga, A. W. (2010). Sex differences in brain anatomy. *Progress in Brain Research,* 186: 3–12. https://doi.org/10.1016/B978-0-444-53630-3.00001-4
Lutz, L. (2016). *MODAK – Modalitätenaktivierung in der Aphasietherapie: Ein Therapieprogramm.* 3. Aufl. Berlin: Springer.
MacDonald, M. C., Hsiao, Y. (2018). Sentence comprehension. In: S.-A. Rueschemeyer & M. G. Gaskell (Hrsg.), *The Oxford Handbook of Psycholinguistics.* 2. Aufl. Oxford: Oxford University Press, S. 171–196.
Mahon, B. Z. & Caramazza, A. (2009). Concepts and categories: A cognitive neuropsychological perspective. *Annual Review of Psychology,* 60: 27–51. https://doi.org/10.1146/annurev.psych.60.110707.163532
Manippa,V., Palmisano, A., Nitsche, M. A., Filardi, M., Vilella,D., Logroscino,G. & Rivolta,D. (2023). Cognitive and neuropathophysiological outcomes of gamma-tACS in dementia: A systematic review. *Neuropsychology Review,* march 2023: 1–24. https://doi.org/10.1007/s11065-023-09589-0

Marchesotti, S., Nicolle, J., Merlet, I., Arnal, L. H., Donoghue, J. P. & Giraud, A.-L. (2020). Selective enhancement of low-gamma activity by tACS improves phonemic processing and reading accuracy in dyslexia. *PLoS Biology* 18, e3000833: 1–23. https://doi.org/10.1371/journal.pbio.3000833

Markand, O. N. (2020). *Clinical Evoked Potentials: An Illustrated Manual*. Cham: Springer.

Marslen-Wilson, W. D. (1985). Speech shadowing and speech comprehension. *Speech Communication*, 4: 55–73. https://doi.org/10.1016/0167-6393(85)90036-6

Marslen-Wilson, W. & Tyler, L. K. (1980). The temporal structure of spoken language understanding. *Cognition*, 8: 1–71. https://doi.org/10.1016/0010-0277(80)90015-3

Marslen-Wilson, W. D. & Welsh, A. (1978). Processing interactions and lexical access during word recognition in continuous speech. *Cognitive Psychology*, 10: 29–63. https://doi.org/10.1016/0010-0285(78)90018-X

Mårtensson, J., Eriksson, J., Bodammer, N. C., Lindgren, M., Johansson, M., Nyberg, L. & Lövdén, M. (2012). Growth of language-related brain areas after foreign language learning. *NeuroImage*, 63: 240–244. https://doi.org/10.1016/j.neuroimage.2012.06.043

Martin, A. (2007). The representation of object concepts in the brain. *Annual Review of Psychology*, 58: 25–45. https://doi.org/10.1146/annurev.psych.57.102904.190143

Martin, J. H. (2021). *Neuroanatomy: Text and Atlas*. 5. Aufl. New York: McGraw Hill.

Martín-Monzón, I., Rivero Ballagas, Y. & Arias-Sánchez, S. (2022). Language mapping: A systematic review of protocols that evaluate linguistic functions in awake surgery. *Applied Neuropsychology: Adult*, 29: 845–854. https://doi.org/10.1080/23279095.2020.1776287

Massot-Tarrús, A., White, K. P., Mousavi, S. R., Hayman-Abello, S., Hayman-Abello, B. & Mirsattari, S. M. (2020). Concordance between fMRI and Wada test for memory lateralization in temporal lobe epilepsy: A meta-analysis and systematic review. *Epilepsy & Behavior*, 107, 107065. https://doi.org/10.1016/j.yebeh.2020.107065

Matar, S. J., Newton, C., Sorinola, I. O. & Pavlou, M. (2022). Transcranial direct-current stimulation as an adjunct to verb network strengthening treatment in post-stroke chronic aphasia: A double-blinded randomized feasibility study. *Frontiers in Neurology*, 13, 722402: 1–14. https://doi.org/10.3389/fneur.2022.722402

Mattle H. (2000). Der akute Hirnschlag. *Schweizer Ärztezeitung*, 81: 680–687. https://doi.org/10.4414/saez.2000.07194

Maurer, H. (2021). *Cognitive Science Integrative Synchronization Mechanisms in Cognitive Neuroarchitectures of Modern Connectionism*. Boca Raton: CRC Press.

Maurer, K, Lang, N. & Eckert, J. (2005). *Praxis der evozierten Potentiale: SEP – AEP – MEP – VEP*. Darmstadt: Steinkopff.

Mayr, O. (1987). *Uhrwerk und Waage: Autorität, Freiheit und technische Systeme in der frühen Neuzeit*. München: Beck.

McCallum, W. C., Farmer, S. F. & Pocock, P. V. (1984). The effects of physical and semantic inconcruities on auditory event-related potentials. *Electroencephalography and Clinical Neurophysiology*, 59: 477–488. https://doi.org/10.1016/0168-5597(84)90006-6

McClelland, J. L. & Elman, J. L. (1986). The TRACE model of speech perception. *Cognitive Psychology*, 18: 1–86. https://doi.org/10.1016/0010-0285(86)90015-0

McGurk, H. & MacDonald, J. (1976). Hearing lips and seeing voices. *Nature*, 264: 746–748. https://doi.org/10.1038/264746a0

McKinley, R. A., Bridges, N., Walters, C. M. & Nelson, J. (2012). Modulating the brain at work using noninvasive transcranial stimulation. *NeuroImage*, 59: 129–137. https://doi.org/10.1016/j.neuroimage.2011.07.075

McNamara, T. P. (2005). *Semantic Priming: Perspectives from Memory and Word Recognition*. New York: Psychology Press.

McNeill, D. (1992). *Hand and Mind: What Gestures Reveal About Thought*. Chicago: University of Chicago Press.

McNeill, D. (2000). *Language and Gesture: Window into Thought and Action*. Cambridge: Cambridge University Press.

McNeill, D. (2012). *How Language Began: Gesture and Speech in Human Evolution.* Cambridge: Cambridge University Press.

Meindl, C. (2022). *Methodik für Linguisten: Eine Einführung in Statistik und Versuchsplanung.* Tübingen: Narr.

Meinzer, M., Lindenberg, R., Phan, M. T., Ulm, L., Volk, C. & Flöel, A. (2015). Transcranial direct current stimulation in mild cognitive impairment: Behavioral effects and neural mechanisms. *Alzheimer's & Dementia,* 11: 1032–1040. https://doi.org/10.1016/j.jalz.2014.07.159

Meyer, D. E. & Schvaneveldt, R. W. (1971). Facilitation in recognizing pairs of words: Evidence of a dependence between retrieval operations. *Journal of Experimental Psychology,* 90: 227.

Meyer, L. (2018). The neural oscillations of speech processing and language comprehension: state of the art and emerging mechanisms. *European Journal of Neuroscience,* 48: 2609–2621. https://doi.org/10.1037/h0031564

Meyer, L., Sun, Y. & Martin, A. E. (2020). Synchronous, but not entrained: Exogenous and endogenous cortical rhythms of speech and language processing. *Language, Cognition and Neuroscience,* 35, 9: 1089–1099. https://doi.org/10.1080/23273798.2019.1693050

Milton J. (2009). *Measuring Second Language Vocabulary Acquisition.* Bristol: Multilingual Matters.

Minagawa-Kawai, Y., Lely, H. v. d., Ramus, F., Sato, Y., Mazuka, R. & Dupoux, E. (2011). Optical brain imaging reveals general auditory and language-specific processing in early infant development. *Cerebral Cortex,* 21: 254–261. https://doi.org/10.1093/cercor/bhq082

Miniussi, C., Paulus, W. & Rossini, P. M. (2013). *Transcranial Brain Stimulation.* Boca Raton: CRC Press.

Miniussi, C., Ruzzoli, M. & Walsh, V. (2010). The mechanism of transcranial magnetic stimulation in cognition. *Cortex,* 46: 128–130. https://doi.org/10.1016/j.cortex.2009.03.004

Moliadze, V., Stenner, T., Matern, S., Siniatchkin, M., Nees, F. & Hartwigsen, G. (2021). Online effects of beta-tACS over the left prefrontal cortex on phonological decisions. *Neuroscience,* 463: 264–271. https://doi.org/10.1016/j.neuroscience.2021.03.002

Monti A, Ferrucci R, Fumagalli M, Mameli, F. Cogiamanian, F., Ardolino, G. & Priori, A. (2013). Transcranial direct current stimulation (tDCS) and language. *Journal of Neurology, Neurosurgery, and Psychiatry,* 84: 832–842. https://doi.org/10.1136/jnnp-2012-302825

Moon, C., Lagercrantz, H. & Kuhl, P. K. (2013). Language experienced in utero affects vowel perception after birth: a two-country study. *Acta Paediatrica,* 102: 156–160. https://doi.org/10.1111/apa.12098

Moritani, T. & Capizzano, A. A. (2022, Hrsg.). *Diffusion-Weighted MR Imaging of the Brain, Head and Neck, and Spine.* 3. Aufl. Cham: Springer.

Morton, J. (1969). Interaction of information in word recognition. *Psychological Review,* 76: 165–178. https://doi.org/10.1037/h0027366

Mottaghy, F. M., Sparing, R. & Topper, R. (2006). Enhancing picture naming with transcranial magnetic stimulation. *Behavioural Neurology,* 17: 177–186. https://doi.org/10.1155/2006/768413

Müller, C., Cienki, A., Fricke, E., Ladewig, S. H., McNeill, D. & Teßendorf, S. (2013a, Hrsg.). *Body – Language – Communication: An International Handbook on Multimodality in Human Interaction.* Vol. 1. Berlin: De Gruyter Mouton.

Müller, C., Cienki, A., Fricke, E., Ladewig, S. H., McNeill, D. & Bressem, J. (2013b, Hrsg.). *Body – Language – Communication: An International Handbook on Multimodality in Human Interaction.* Vol. 2. Berlin: De Gruyter Mouton.

Müller, H. M. (1990). *Sprache und Evolution: Grundlagen der Evolution und Ansätze einer evolutionstheoretischen Sprachwissenschaft.* Berlin: de Gruyter.

Müller, H. M. (2003). Neurobiologische Grundlagen der Sprache. In: G. Rickheit, T. Hermann & W. H. Deutsch (Hrsg.), *Psycholinguistik: Ein internationales Handbuch.* Berlin: de Gruyter, S. 57–80.

Müller, H. M. (2009, Hrsg.) *Arbeitsbuch Linguistik: Eine Einführung in die Sprachwissenschaft.* 2. Aufl. Stuttgart: UTB.

Müller, H. M. (2010). Neurolinguistic findings on the language lexicon: the special role of proper names. *Chinese Journal of Physiology*, 53: 351–358. https://doi.org/10.4077/cjp.2010.amm032

Müller H. M. (2021). Anwendungsorientierung als Ziel sprachwissenschaftlicher Forschung. In: H. M. Müller (Hrsg.), *Sprache in Therapie und neurokognitiver Forschung*. Tübingen: Stauffenburg, S. 9–19.

Müller, H. M. & Kutas, M. (1996). What's in a name? Electrophysiological differences between spoken nouns, proper names, and one's own name. *NeuroReport*, 8: 221–225. https://doi.org/10.1097/00001756-199612200-00045

Müller, H. M., King, J. W. & Kutas, M. (1997). Event related potentials elicited by spoken relative clauses. *Cognitive Brain Research*, 5: 193–203. https://doi.org/10.1016/S0926-6410(96)00070-5

Müller, H. M. & Weiss, S. (2010). Elektrophysiologische und hämodynamische Verfahren zur Untersuchung von Sprache. *Sprache – Stimme – Gehör*, 34: 106–111. https://doi.org/10.1055/s-0030-1253429

Müsseler, J. (2003). Periphere und zentrale Prozesse beim Lesen. In: G. Rickheit, T. Hermann & W. H. Deutsch (Hrsg.), *Psycholinguistik: Ein internationales Handbuch*. Berlin: de Gruyter, S. 600–608.

Murdoch, B. E. (2010). The cerebellum and language: Historical perspective and review. *Cortex*, 46: 858–868. https://doi.org/10.1016/j.cortex.2009.07.018

Näätänen, R. & Picton, T. (1987). The N1 wave of the human electric and magnetic response to sound: A review and an analysis of the component structure. *Psychophysiology*, 24: 375–425. https://doi.org/10.1111/j.1469-8986.1987.tb00311.x

Natke, U. & Kohmäscher, A. (2020). *Stottern: Wissenschaftliche Erkenntnisse und evidenzbasierte Therapie*. 4. Aufl. Berlin: Springer.

Neisser, U. (1967). *Cognitive Psychology*. New York: Appleton Century Crofts.

Nichols, J. (2012). Monogenesis o polygenesis: A single ancestral language for all humanity? In: M. Tallerman & K. R. Gibson (Hrsg.), *The Oxford Handbook of Language Evolution*. Oxford: Oxford University Press, S. 558–572.

Nieuwland, M. S. (2019). Do 'early' brain responses reveal word form prediction during language comprehension? A critical review. *Neuroscience and Biobehavioral Reviews*, 96: 367–400. https://doi.org/10.1016/j.neubiorev.2018.11.019

Nishimura, Y., Sugisaki, K., Hattori, N., Inokuchi, Y., Komachi, M., Nishimura, Y., Ogawa, M., Okada, M., Okazaki, Y., Taki, W., Yamamoto, T., Yoshida, E. & Ayano, S. (2010). An event-related fNIRS investigation of Japanese word order. *Experimental Brain Research*, 202: 239–246. https://doi.org/10.1007/s00221-009-2113-x

Nobis-Bosch, R., Biniek, R., Rubi-Fessen, I. & Springer, L. (2012). *Diagnostik und Therapie akuter Aphasien*. Stuttgart: Thieme.

Norris, D. & McQueen, J. M. (2008). Shortlist B: A Bayesian model of continuous speech recognition. *Psychological Review*, 115: 357–395. https://doi.org/10.1037/0033-295X.115.2.357

Ochsenkühn, C., Frauer, C. & Thiel, M. M. (2015). *Stottern bei Kindern und Jugendlichen: Bausteine einer mehrdimensionalen Therapie*. 3. Aufl. Berlin: Springer.

Oeser, E. (2010). *Geschichte der Hirnforschung: Von der Antike bis zur Gegenwart*. 2. Aufl. Darmstadt: Wissenschaftliche Buchgesellschaft.

Ojemann, G. A. (1994). Cortical stimulation and recording in language. In: A. Kertesz (Hrsg.), *Localization and Neuroimaging in Neuropsychology*. San Diego: Academic Press, S. 35–55.

Ojemann, G. (2011). Brain maping in epilepsy surgery. In: H. Duffau (Hrsg.), *Brain Mapping: From Neural Basis of Cognition to Surgical Applications*. Wien: Springer, S. 295–303.

Ojemann, G. A. & Whitaker, H. A. (1978). The bilingual brain. *Archives of Neurology*, 35: 409–412. https://doi.org/10.1001/archneur.1978.00500310011002

Oldfield, R. C. (1971). The assessment and analysis of handedness: The Edinburgh Inventory. *Neuropsychologia*, 9: 97–113. https://doi.org/10.1016/0028-3932(71)90067-4

Ooi, T. L. & He, Z. J. (2020). Sensory eye dominance: Relationship between eye and brain. *Eye Brain*, 12: 25–31. https://doi.org/10.2147/EB.S176931

Ozen, S., Sirota, A., Belluscio, M. A., Anastassiou, C. A., Stark, E., Koch, C. & Buzsaki, G. (2010). Transcranial electric stimulation entrains cortical neuronal populations in rats. *Journal of Neuroscience*, 30: 11476–11485. https://doi.org/10.1523/JNEUROSCI.5252-09.2010

Papadatou-Pastou, M., Ntolka, E., Schmitz, J., Martin, M., Munafò, M. R., Ocklenburg, S. & Paracchini, S. (2020). Human handedness: A meta-analysis. *Psychological Bulletin*, 146: 481–524. https://doi.org/10.1037/bul0000229

Papafragou, A., Trueswell, J. C. & Gleitman, L. R. (2021, Hrsg.). *The Oxford Handbook of the Mental Lexicon*. Oxford: Oxford University Press.

Papanicolaou, A. C. (2009). *Clinical Magnetoencephalography and Magnetic Source Imaging*. Cambridge: Cambridge University Press.

Papanicolaou, A. C., Rezaie, R. & Simos, P. G. (2019). The auditory and association cortex and language evaluation methods. In: K. H. Levin & P. Chauvel (Hrsg.), *Handbook of Clinical Neurology, Vol. 160, Clinical Neurophysiology: Basis and Technical Aspects*. Amsterdam: Elsevier, S. 465–479.

Paradis, M. (2004). *A Neurolinguistic Theory of Bilingualism*. Amsterdam: Benjamins.

Parise, E., Friederici, A. D. & Striano, T. (2010). "Did you call me?" 5-month-old infants own name guides their attention. *PLoS One*, 5: e14208. https://doi.org/10.1371/journal.pone.0014208

Pascual-Leone, A., Walsh, V. & Rothwell, J. (2000). Transcranial magnetic stimulation in cognitive neuroscience – virtual lesion, chronometry, and functional connectivity. *Current Opinion in Neurobiology*, 10: 232–237. https://doi.org/10.1016/S0959-4388(00)00081-7

Patterson, K. (1988). Acquired disorders of spelling. In: G. Denes, C. Semenza & P. Bisiacchi (Hrsg.), *Perspectives in Cognitive Neuropsychology*. Hove: Lawrence Erlbaum, S. 213–229.

Paulus, W. & Siebner, H. R. (2007). Sicherheitsaspekte und Anwendungsrichtlinien. In: H. Siebner & U. Ziemann (Hrsg.), *Das TMS-Buch: Handbuch der transkraniellen Magnetstimulation*. Berlin: Springer, S. 47–56.

Paus, T. (2010). Sex differences in the human brain: a developmental perspective. *Progress in Brain Research*, 186: 13–28. https://doi.org/10.1016/B978-0-444-53630-3.00002-6

Pavlenko, A. (2009, Hrsg.). *The Bilingual Mental Lexicon: Interdisciplinary Approaches*. Bristol: Multilingual Matters.

Pavlova, A., Tyulenev, N., Tretyakova, V. & Skavronskaya, Nikolaeva, N., Prokofyev, A. & Stroganova, T. (2023). Learning of new associations invokes a major change in modulations of cortical beta oscillations in human adults. *Psychophysiology*, March. https://doi.org/10.1111/psyp.14284

Pavlov, Y. G. & Kotchoubey, B. (2021). Temporally distinct oscillatory codes of retention and manipulation of verbal working memory. *European Journal of Neuroscience* 54: 6497–6511. https://doi.org/10.1111/ejn.15457

Pavlov, Y. G. & Kotchoubey, B. (2022). Oscillatory brain activity and maintenance of verbal and visual working memory: A systematic review. *Psychophysiology*, 59, e13735: 1–26. https://doi.org/10.1111/psyp.13735

Penfield, W. & Rasmussen, T. (1950). *The Cerebral Cortex of Man: A Clinical Study of Localization of Function*. New York: Macmillan.

Penfield, W. & Roberts, L. (1959). *Speech and Brain Mechanisms*. Princeton: Princeton University Press.

Peng, F. C. C. (1985). What is neurolinguistics? *Journal of Neurolinguistics*, 1: 7–30. https://doi.org/10.1016/S0911-6044(85)80003-8

Perani, D. & Cappa, S. F. (2022). The Contribution of Positron Emission Tomography to the Study of Aphasia. In: A. E. Hillis & J. Fridriksson (Hrsg.), *Handbook of Clinical Neurology, Vol. 185, Aphasia*. Amsterdam: Elsevier, S. 151–165.

Perani, D., Saccuman, M. C., Scifo, P., Anwander, A., Spada, D., Baldoli, C., Poloniato, A., Lohmann, G. & Friederici, A. D. (2011). Neural language networks at birth. *Proceedings of the National Academy of Sciences USA*, 108: 16056–16061. https://doi.org/10.1073/pnas.1102991108

Perry, G. (2023). *Working with MEG: A Practical Guide to Magnetoencephalography*. Milton Park: Routledge.
Petsche, H. & Etlinger, S. C. (1998). *EEG and Thinking*. Wien: Österreichische Akademie der Wissenschaften.
Peuser, G. (1977). Patholinguistik: ein neues Gebiet der Angewandten Sprachwissenschaft. In: C. Gutknecht (Hrsg.), *Grundbegriffe und Hauptströmungen der Linguistik*. Hamburg: Hoffmann & Campe, S. 156–184.
Pfeiffer, T. (2013a). Documentation of gestures with motion capture. In: C. Müller, A. Cienki, E. Fricke & D. McNeill (Hrsg.), *Body – Language – Communication*, Vol. 1. Berlin: De Gruyter Mouton, S. 857–868.
Pfeiffer, T. (2013b). Documentation of gestures with data gloves. In: C. Müller, A. Cienki, E. Fricke & D. McNeill (Hrsg.), *Body – Language – Communication*, Vol. 1. Berlin: De Gruyter Mouton, S. 868–879.
Phelps, M.E. (2006, Hrsg.). *PET: Physics, Instrumentation, and Scanners*. New York: Springer.
Piai, V., Klaus, J. & Rossetto, E. (2020). The lexical nature of alpha-beta oscillations in context-driven word production. *Journal of Neurolinguistics*, 55: 100905. https://doi.org/10.1016/j.jneuroling.2020.100905
Pickles, J. O. (2012). *An Introduction to the Physiology of Hearing*. 4. Aufl. Bingley: Emerald.
Plewnia, C. (2003). Transkranielle Magnetstimulation in der neuropsychiatrischen Forschung. In: G. W. Eschweiler, B. Wild & M. Bartels (Hrsg.), *Elektromagnetische Therapien in der Psychiatrie: Elektrokrampftherapie (EKT) Transkranielle Magnetstimulation (TMS) und verwandte Verfahren*. Darmstadt: Steinkopff, S. 160–178.
Poeck, K. & Hacke, W. (2006). *Neurologie*. 12. Aufl. Heidelberg: Springer.
Poeppel, D. & Monahan, P. J. (2008). Speech perception: cognitive foundations and cortical implementation. *Current Directions in Psychological Science*, 17: 80–85. https://doi.org/10.1111/j.1467-8721.2008.00553.x
Poeppel, D., Mangun, G. R. & Gazzaniga, M. S. (2020, Hrsg.). *The Cognitive Neurosciences*. 6. Aufl. Cambridge: MIT Press.
Poldrack, R. A. (2012). The future of fMRI in cognitive neuroscience. *NeuroImage*, 62: 1216–1220. https://doi.org/10.1016/j.neuroimage.2011.08.007
Polich, J. (2012). Neuropsychology of P300. In: S. J. Luck & E. S. Kappenmann (Hrsg.), *The Oxford Handbook of Event-Related Potential Components*. Oxford: Oxford University Press, S. 159–186.
Posner, M. I. & Raichle, M. E. (1994). *Images of Mind*. New York: Scientific American Library.
Pratt, H. (2012). Sensory ERP components. In: S. J. Luck & E. S. Kappenmann (Hrsg.), *The Oxford Handbook of Event-Related Potential Components*. Oxford: Oxford University Press, S. 89–114.
Price, C. J. (2012). A review and synthesis of the first 20 years of PET and fMRI studies of heard speech, spoken language and reading. *NeuroImage*, 62: 816–847. https://doi.org/10.1016/j.neuroimage.2012.04.062
Proverbio, A. M., Crotti, N., Zani, A. & Adorni, R. (2009). The role of left and right hemispheres in the comprehension of idiomatic language: an electrical neuroimaging study. *BMC Neuroscience*, 10, 116: 1–16. https://doi.org/10.1186/1471-2202-10-116
Pulsifer, M. B., Brandt, J., Salorio, C. F., Vining, E. P., Carson, B. S. & Freeman, J. M. (2004). The cognitive outcome of hemispherectomy in 71 children. *Epilepsia*, 45: 243–254. https://doi.org/10.1111/j.0013-9580.2004.15303.x
Pulvermüller, F. (1999). Words in the brain's language. *Behavioral and Brain Sciences*, 22: 253–336. https://doi.org/10.1017/S0140525X9900182X
Pulvermüller, F. (2005). Brain mechanisms linking language and action. *Nature Reviews Neuroscience*, 6: 576–582. https://doi.org/10.1038/nrn1706
Pulvermüller, F. & Berthier, M. L. (2008). Aphasia therapy on a neuroscience basis. *Aphasiology*, 22: 563–599. https://doi.org/10.1080/02687030701612213
Pulvermüller, F. & Fadiga, L. (2010). Active perception: Sensorimotor circuits as a cortical basis for language. *Nature Reviews Neuroscience,* 11: 351–360. https://doi.org/10.1038/nrn2811

Pulvermüller, F., Garagnani, M., & Wennekers, T. (2014). Thinking in circuits: toward neurobiological explanation in cognitive neuroscience. *Biological Cybernetics*, 108: 573–593. https://doi.org/10.1007/s00422-014-0603-9

Pulvermüller, Hauk, O., Nikulin, V. V. & Ilmoniemi, R. J. (2005). Functional links between motor and language systems. *European Journal of Neuroscience*, 17: 187–194. https://doi.org/10.1111/j.1460-9568.2005.03900.x

Pulvermüller, F., Tomasello, R., Henningsen-Schomers, M. R. & Wennekers, T. (2021). Biological constraints on neural network models of cognitive function. *Nature Review Neuroscience*, 22: 488–502. https://doi.org/10.1038/s41583-021-00473-5

Pylyshyn, Z. W. (1986). *Computational cognition: Toward a foundation for cognitive science*. Cambridge, Mass: MIT Press.

Radach, R. & Kennedy, A. (2013). Eye movements in reading: Some theoretical context. *The Quarterly Journal of Experimental Psychology*, 66: 429–452. https://doi.org/10.1080/17470218.2012.750676

Reilly, J. S. & Pulse, L. R. (2019). Neuroplasticity Language and Emotional Development in Children with Perinatal Stroke. In: G. I. De Zubricary & N. O. Schiller (Hrsg.), The Oxford Handbook of Neurolinguistics. New York: Oxford University Press, S. 231–260.

Reissland, N. & Kisilevsky, B. S. (2016, Hrsg.). *Fetal Development Research on Brain and Behavior, Environmental Influences, and Emerging Technologies*. Cham: Springer.

Reiterer, S. M. (2018, Hrsg.). *Exploring Language Aptitude: Views from Psychology, the Language Sciences, and Cognitive Neuroscience*. Cham: Springer.

Reiterer, S., Berger, M. L., Hemmelmann, C. & Rappelsberger, P. (2005). Decreased EEG coherence between prefrontal electrodes: A correlate of high language proficiency. *Experimental Brain Research*, 163: 109–113. https://doi.org/10.1007/s00221-005-2215-z

Richter, K. & Hielscher-Fastabend, M. (2018). *BIAS A&R: Bielefelder Aphasie Screening Akut und Reha*. Hofheim: NAT-Verlag.

Rickheit, G., Hedtmann, T. & Hielscher-Fastabend, M. (2009). Störungen der sprachlichen Kommunikation. In: H. M. Müller (Hrsg.), *Arbeitsbuch Linguistik: Eine Einführung in die Sprachwissenschaft*. 2. Aufl. Paderborn: UTB, S. 327–349.

Rickheit, G., Herrmann, T. & Deutsch, W. (2003, Hrsg.). *Psycholinguistik: Ein internationales Handbuch*. Berlin: de Gruyter.

Rickheit, G., Sichelschmidt, M. & Strohner, H. (2007). *Psycholinguistik: die Wissenschaft vom sprachlichen Verhalten und Erleben*. 2. Aufl. Tübingen: Stauffenburg.

Rickheit, G., Weiss, S. & Eikmeyer, H.-J. (2010). *Kognitive Linguistik: Theorien, Modelle, Methoden*. Tübingen: UTB.

Robinson, M. D. & Thomas, L. E. (2021, Hrsg.). *Handbook of Embodied Psychology: Thinking, Feeling, and Acting*. Cham: Springer.

Rohen, J. W. (2001). *Funktionelle Neuroanatomie: Lehrbuch und Atlas*. 6. Aufl. Stuttgart: Schattauer.

Rohmann, H. & Aguado, K. (2009). Der Spracherwerb: Das Erlernen von Sprache. In: H.M. Müller (Hrsg.), *Arbeitsbuch Linguistik: Eine Einführung in die Sprachwissenschaft*. 2. Aufl. Stuttgart: UTB, S. 263–285.

Rohlfing, K. J. (2019). *Frühe Sprachentwicklung*. Tübingen: Narr (UTB).

Rohlfing, K. J., Fischer, S., Viertel, F. & Grimminger, A. (2021). Spracherwerb: Warum ist die Situation des gemeinsamen Buchvorlesens für die Sprachentwicklung förderlich? In: H. M. Müller (Hrsg.), *Sprache in Therapie und neurokognitiver Forschung*. Tübingen: Stauffenburg, S. 21–41.

Roseberry, S., Hirsh-Pasek, K., Parish-Morris, J. & Golinkoff, R. M. (2009). Live action: can young children learn verbs from video? *Child Development*, 80: 1360–1375. https://doi.org/10.1111/j.1467-8624.2009.01338.x

Ross, P. E. (1991). Streit um Wörter. *Spektrum der Wissenschaft*, 6: 92–101.

Rossi, S., Antal, A., Bestmann, S., Bikson, M., Brewer, C., Brockmöller, J. et al. (2021). Safety and recommendations for TMS use in healthy subjects and patient populations, with updates on training, ethical and regulatory issues: Expert Guidelines. *Clinical Neurophysiology*, 132: 269–306. https://doi.org/10.1016/j.clinph.2020.10.003

Rowe, M. L. (2012). Recording, transcribing, and coding interaction. In: E. Hoff (Hrsg.), *Research Methods in Child Language: A Practical Guide*. Chichester: Wiley-Blackwell, S. 193–207.

Rues, B., Redecker, B., Koch, E., Wallraff, U. & Simpson, A. P. (2009). *Phonetische Transkription des Deutschen: Ein Arbeitsbuch*. 2. Aufl. Tübingen: Narr.

Rueschemeyer, S.-A. & Gaskell, G. (2018). *Oxford Handbook of Psycholinguistics*. 2. Aufl. New York: Oxford University Press.

Sachse, S., Bockmann, A.-K. & Buschmann, A. (2020, Hrsg.). *Sprachentwicklung: Entwicklung, Diagnostik, Förderung im Kleinkind- und Vorschulalter*. Berlin: Springer.

Saha, G. B. (2005, Hrsg.). *Basics of PET Imaging: Physics, Chemistry, and Regulations*. 2. Aufl. New York: Springer.

Sanai, N., Mirzadeh, Z. & Berger, M. S. (2008). Functional outcome after language mapping for glioma resection. *New England Journal of Medicine*, 358: 18–27. https://doi.org/10.1056/NEJMoa067819

Sandrieser, P. & Schneider, P. (2015). *Stottern im Kindesalter*. 4. Aufl. Stuttgart: Thieme.

Sauseng, P., Klimesch, W., Doppelmayr, M., Pecherstorfer, T., Freunberger, R. & Hanslmayr, S. (2005). EEG alpha synchronization and functional coupling during top-down processing in a working memory task. *Human Brain Mapping*, 26: 148–155. https://doi.org/10.1016/j.neuropsychologia.2011.09.004

Schack, B., Weiss, S. & Rappelsberger, P. (2003). Cerebral information transfer during word processing: Where and when does it occur and how fast is it? *Human Brain Mapping*, 19: 18–36. https://doi.org/10.1002/hbm.10104

Schaller, F., Weiss, S. & Müller, H. M. (2017a). "Pushing the button while pushing the argument": Motor priming of abstract action language. *Cognitive Science*, 41: 1328–1349. https://doi.org/10.1111/cogs.12433

Schaller, F., Weiss, S. & Müller, H. M. (2017b). EEG beta-power changes reflect motor involvement in abstract action language processing. *Brain and Language*, 168: 95–105. https://doi.org/10.1016/j.bandl.2017.01.010

Scharlau, I, Ansorge, U. & Neumann, O. (2003). Spezielle Verfahren IV: Reaktionszeitmessung: Grundlagen und Anwendungen. In: G. Rickheit, T. Herrmann & W. Deutsch (Hrsg.), *Psycholinguistik: Ein internationales Handbuch*. Berlin: de Gruyter, S. 190–201.

Schenkeveld, D. M. (2004). *A Rhetorical Grammar. C. Iulius Romanus, Introduction to the Liber de Adverbio as Incorporated in Charisius' Ars Grammatica II. 13. Edition with Introduction, Translation, and Commentary*. Leiden: Brill.

Schindelmeiser, J. (2020). *Neurologie für Sprachtherapeuten*. 4. Aufl. München: Elsevier.

Schmid, E., Thomschewski, A., Taylor, A., Zimmermann, G., Kirschner, M., Kobulashvili, T., et al. (2018). Diagnostic accuracy of functional magnetic resonance imaging, Wada test, magnetoencephalography and functional transcranial Doppler sonography for memory and language outcome after epilepsy surgery: A systematic review. *Epilepsia* 59: 2305–2317. https://doi.org/10.1111/epi.14588

Schmidt, R. F. & Schaible, H.-G. (2006, Hrsg.). *Neuro- und Sinnesphysiologie*. Heidelberg: Springer.

Schmidt, R. F. & Thews, G. (1993, Hrsg.). *Physiologie des Menschen*. 25. Aufl. Berlin: Springer.

Schneider, B., Wehmeyer, M. & Grötzbach, H. (2021). *Aphasie: ICF-orientierte Diagnostik und Therapie*. 7. Aufl. Berlin: Springer.

Schneider, F. & Fink, G. R. (2013, Hrsg.). *Funktionelle MRT in Psychiatrie und Neurologie*. 2. Aufl. Heidelberg: Springer.

Schomer, D. L. & da Silva, F. A. (2018). *Niedermeyer's Electroencephalography: Basic Principles, Clinical Applications, and Related Fields*. 7. Aufl. Oxford: Oxford University Press.

Schotter, E. R., Angele, B. & Rayner, K. (2012). Parafoveal processing in reading. *Attention, Perception & Psychophysics*, 74: 5–35. https://doi.org/10.3758/s13414-011-0219-2

Schreier, M. & Echterhoff, G., Bauer, J. F., Weydmann, N. & Hussy, W. (2023). *Forschungsmethoden in Psychologie und Sozialwissenschaften für Bachelor*. 3. Aufl. Berlin: Springer.

Schwarz, M. (2008). *Einführung in die Kognitive Linguistik*. 3. Aufl. Tübingen: Francke.

Schwieter, J. W. (2015, Hrsg.) *The Cambridge Handbook of Bilingual Processing*. Cambridge: Cambridge University Press.

Schwieter, J. W. (2019, Hrsg.). *The Handbook of the Neuroscience of Multilingualism*. Chichester: Wiley Blackwell.

Sedivy, J. (2020). *Language in Mind: An Introduction to Psycholinguistics*. 2. Aufl. New York: Sinauer.

Sedlmeier, P. & Renkewitz, F. (2018). *Forschungsmethoden und Statistik für Psychologen und Sozialwissenschaftler*. 3. Aufl. Hallbergmoos: Pearson.

Seikel, J. A., Drumright, D. G. & Hudock, D. J. (2021). *Anatomy & Physiology for Speech, Language, and Hearing*. 6. Aufl. San Diego: Plural Publishing.

Semenza, C. (2022). Proper names and personal identity. In: G. Miceli, P. Bartolomeo & V. Navarro (Hrsg.), *Handbook of Clinical Neurology, Vol. 187, The Temporal Lobe*. Amsterdam: Elsevier, S. 286–302.

Shapiro, L. (2014, Hrsg.). *The Routledge Handbook of Embodied Cognition*. London: Routledge.

Sheikh, U. A., Carreiras, M. & Soto, D. (2019). Decoding the meaning of unconsciously processed words using fMRI-based MVPA. *NeuroImage* 191: 430–440. https://doi.org/10.1016/j.neuroimage.2019.02.010

Shellhaas, R. A., Chervin, R. D., Barks, J. D. E., Hassan, F., Carlson, M. D. & Burns, J. W. (2022). Lateralized neonatal EEG coherence during sleep predicts language outcome. *Pediatric Research*, 91: 962–969. https://doi.org/10.1038/s41390-021-01554-y

Siebner, H. & Ziemann, U. (2007, Hrsg.). *Das TMS-Buch: Handbuch der transkraniellen Magnetstimulation*. Berlin: Springer.

Siegler, R., Saffran, J. R., Gershoff, E. T. & Eisenberg, N. (2020). *Entwicklungspsychologie im Kindes- und Jugendalter*. 5. Aufl. Berlin: Springer.

Simkins-Bullock, J. (2000). Beyond speech lateralization: a review of the variability, reliability, and validity of the intracarotid amobarbital procedure and its nonlanguage uses in epilepsy surgery candidates. *Neuropsychology Review*, 10: 41–74. https://doi.org/10.1023/A:1009044630227

Singer, W. (1999). Neuronal Synchrony: A versatile code for the definition of relations? *Neuron*, 24: 49–65. https://doi.org/10.1016/s0896-6273(00)80821-1

Singer, W. (2009). Distributed processing and temporal codes in neuronal networks. *Cognitive Neurodynamics*, 3: 189–196. https://doi.org/10.1007/s11571-009-9087-z

Singer, W. (2021). Recurrent dynamics in the cerebral cortex: Integration of sensory evidence with stored knowledge. *Proceedings of the National Academy of Sciences USA*, 118, 33, e2101043118: 1–12. https://doi.org/10.1073/pnas.2101043118

Singer, W., Engel, A. K., Kreiter, A. K., Munk, M. H., Neuenschwander, S. & Roelfsema, P. R. (1997). Neuronal assemblies: necessity, signature and detectability. *Trends in Cognitive Sciences*, 1: 252–261. https://doi.org/10.1016/S1364-6613(97)01079-6

Sinha, G. R. & Suri, J. S. (2020, Hrsg.) *Cognitive Informatics, Computer Modelling, and Cognitive Science, Volume 1: Theory, Case Studies, and Applications*. London: Academic Press.

Skeide, M. A. (2022, Hrsg.). *The Cambridge Handbook of Dyslexia and Dyscalculia*. Cambridge: Cambridge University Press.

Smith, S. M. (2012). The future of fMRI connectivity. *NeuroImage*, 62: 1257–1266. https://doi.org/10.1016/j.neuroimage.2012.01.022

Snowling, M. J., Hulme, C. & Nation, K. (2022, Hrsg.). *The Science of Reading: A Handbook*. 2. Aufl. Hoboken: Wiley-Blackwell.

Šoškić, A., Jovanović, V., Styles, S.J., Kappenman, E. S. & Ković (2022). How to do better N400 studies: Reproducibility, consistency and adherence to research standards in the existing literature. *Neuropsychology Review*, 32: 577–600. https://doi.org/10.1007/s11065-021-09513-4

Spagna, A. (2022). Visual mental imagery: Inside the mind's eyes. In: G. Miceli, P. Bartolomeo & V. Navarro (Hrsg.), *Handbook of Clinical Neurology, Vol. 187, The Temporal Lobe*. Amsterdam: Elsevier, S. 145–160.

Spitzer, B. & Haegens, S. (2017). Beyond the status quo: A role for beta oscillations in endogenous content (re)activation. *eNeuro*, 4,4: 1–15. https://doi.org/10.1523/ENEURO.0170-17.2017

Springer, S. P. & Deutsch, G. (1998). *Linkes – Rechtes Gehirn*. 4. Aufl. Heidelberg: Spektrum.

Stalnaker, R. (2002). Common ground. *Linguistics and Philosophy*, 25: 701–721. https://doi.org/10.1023/A:1020867916902

Starr, M. S. & Rayner, K. (2001). Eye movements during reading: Some current controversies. *Trends in Cognitive Sciences*, 5: 156–163. https://doi.org/10.1016/S1364-6613(00)01619-3

Stemmer, B. & Whitaker, H. A. (1998, Hrsg.). *Handbook of Neurolinguistics*. San Diego: Academic Press.

Stemmer, B. & Whitaker, H. A. (2008, Hrsg.). *Handbook of the Neuroscience of Language*. San Diego: Academic Press.

Sterelny, K. (2012). Language, gesture, skill: the co-evolutionary foundations of language. *Philosophical Transactions of the Royal Society B: Biological Sciences*, 367: 2141–2151. https://doi.org/10.1098/rstb.2012.0116

Sternberg, S. (1969). Memory-scanning: Mental processes revealed by reaction-time experiments. *American Scientist*, 57: 421–457. http://www.jstor.org/stable/27828738

Stephan, A. & Walter, S. (2013, Hrsg.). *Handbuch Kognitionswissenschaft*. Stuttgart: Metzler.

Stevens, C. E. Jr. & Zabelina, D. L. (2019). Creativity comes in waves: an EEG-focused exploration of the creative brain. *Current Opinion in Behavioral Sciences*, 27: 154–162. https://doi.org/10.1016/j.cobeha.2019.02.003

Stewart L., Walsh V., Frith U. & Rothwell J. (2001). Transcranial magnetic stimulation produces speech arrest but not song arrest. *Annals of the New York Academy of Sciences*, 2001: 433–435. https://doi.org/10.1111/j.1749-6632.2001.tb05762.x

Stieltjes, B., Brunner, R. M., Fritzsche, K. H. & Laun, F. B. (2013). *Diffusion Tensor Imaging- Introduction and Atlas*. Berlin: Springer.

Stiles, J. & Jernigan, T. L. (2010). The basics of brain development. *Neuropsychological Review*, 20: 327–348. https://doi.org/10.1007/s11065-010-9148-4

Stippich, C. (2022, Hrsg.). *Clinical Functional MRI: Presurgical Functional Neuroimaging*. 3. Aufl. Cham: Springer.

Stout, D. & Chaminade, T. (2012). Stone tools, language and the brain in human evolution. *Philosophical Transactions of the Royal Society London B: Biological Sciences*, 367: 75–87. https://doi.org/10.1098/rstb.2011.0099

Stuart, S. (2022, Hrsg.). *Eye Tracking: Background, Methods, and Applications*. New York: Humana Press.

Supek, S. & Aine, C. J. (2019, Hrsg.). *Magnetoencephalography: From Signals to Dynamic Cortical Networks*. 2. Aufl. Cham: Springer.

Swaab, T. Y., Ledoux, K., Camblin, C. C. & Boudewyn, M. A. (2012). Language-related ERP components. In: S. J. Luck & E. S. Kappenmann (Hrsg.), *The Oxford Handbook of Event-Related Potential Components*. Oxford: Oxford University Press, S. 397–439.

Swerts, M. & Collier, R. (1992). On the controlled elicitation of spontaneous speech. *Speech Communication*, 11: 463–468. https://doi.org/10.1016/0167-6393(92)90052-9

Szagun, G. (2019). *Sprachentwicklung beim Kind*. 7. Aufl. Weinheim: Beltz.

Tallerman, M. & Gibson, K. R. (2012, Hrsg.). *The Oxford Handbook of Language Evolution*. Oxford: Oxford University Press.

Tate, R. L. & Perdices, M. (2019). *Single-Case Experimental Designs for Clinical Research and Neurorehabilitation Settings: Planning, Conduct, Analysis and Reporting*. Milton Park: Routledge.

Temel, Y., Leentjens, A. F. G., de Bie, R. M. A., Chabardes, S. & Fasano, A. (2020, Hrsg.). *Fundamentals and Clinics of Deep Brain Stimulation: An Interdisciplinary Approach*. Cham: Springer.

Terporten, R., Schoffelen, J. M., Dai, B., Hagoort, P. & Kösem, A. (2019). The Relation between alpha/beta oscillations and the encoding of sentence induced contextual information. *Scientific Reports*, 9, 20255: 1–12. https://doi.org/10.1038/s41598-019-56600-x

Tesak, J. (2005). *Einführung in die Aphasiologie*. 2. Aufl. Stuttgart: Thieme.

Thut, G., Schyns, P. G. & Gross, J. (2011). Entrainment of perceptually relevant brain oscillations by non-invasive rhythmic stimulation of the human brain. *Frontiers in Psychology*, 2, 170: 1–10. https://doi.org/10.3389/fpsyg.2011.00170

Tian, L., Chen, H., Heikkinen, P. P., Liu, W. & Parviainen, T. (2023). Spatiotemporal dynamics of activation in motor and language areas suggest a compensatory role of the motor cortex in second language processing. *Neurobiology of Language*, 4: 178–197. https://doi.org/10.1162/nol_a_00093

Tillmann, B. N. (2010). *Atlas der Anatomie des Menschen*. 2. Aufl. Heidelberg: Springer.

Traxler, M. J. (2012). *Introduction to Psycholinguistics: Understanding Language Science*. Malden: Wiley-Blackwell.

Traxler, M. J. & Gernsbacher, M. A. (2006, Hrsg.). *Handbook of Psycholinguistics*. 2. Aufl. Burlington: Elsevier.

Tomasello, M. (2014). *Eine Naturgeschichte des menschlichen Denkens*. Berlin: Suhrkamp.

Trepel, M. (2021). *Neuroanatomie: Struktur und Funktion*. 8. Aufl. München: Urban & Fischer.

Tuggy, D. (2007). Schematicity. In: D. Geeraerts & H. Cuyckens (Hrsg.), *The Oxford Handbook of Cognitive Linguistics*. Oxford: Oxford University Press, S. 82–116.

Ulmer, S. & Jansen, O. (2020, Hrsg.). *fMRI: Basics and Clinical Applications*. 3. Aufl. Cham: Springer.

van Gaal, S., Naccache, L., Meuwese, J. D. I., van Loon, A. M., Leighton, A. H., Cohen, L. & Dehaene, S. (2014). Can the meaning of multiple words be integrated unconsciously? *Philosophical Transactions of the Royal Society B*, 369: 20130212. https://doi.org/10.1098/rstb.2013.0212

Van Hecke, W., Emsell, L. & Sunaert, S. (2016, Hrsg.). *Diffusion Tensor Imaging: A Practical Handbook*. New York: Springer.

Visani, E., Garofalo, G., Rossi Sebastiano, D., Duran, D., Craighero, L., Riggio, L. & Buccino, G. (2022). Grasping the semantic of actions: A combined behavioral and MEG study. *Frontiers in Human Neuroscience*, 16, 1008995: 1–10. https://doi.org/10.3389/fnhum.2022.1008995

von der Malsburg, C. (1981). *The correlation theory of brain function*. Internal Report 81–2. Abteilung für Neurobiologie, Max-Planck-Institut für biophysikalische Chemie, Göttingen.

Wang, P., Knösche, T. R., Chen, L., Brauer, J., Friederici, A. D. & Maess, B. (2021). Functional brain plasticity during L1 training on complex sentences: Changes in gamma-band oscillatory activity. *Human Brain Mapping*, 42: 3858–3870. https://doi.org/10.1002/hbm.25470

Warbrick, T. (2022). Simultaneous EEG-fMRI: What have we learned and what does the future hold? *Sensors*, 22, 2262: 1–31. https://doi.org/10.3390/s22062262

Warnecke, T., Dziewas, R. & Langmore, S. (2021). *Neurogenic Dysphagia*. Cham: Springer.

Wassermann, E. M., Epstein, C. M., Ziemann, U., Walsh, V., Paus, T., Lisanby, S. H. (2008, Hrsg.). *The Oxford Handbook of Transcranial Stimulation*. New York: Oxford University Press.

Weatherhead, D. & White, K. S. (2017). Read my lips: Visual speech influences word processing in infants. *Cognition*, 160: 103–109. https://doi.org/10.1016/j.cognition.2017.01.002

Weishaupt, D., Köchli, V. D. & Marinek, B. (2014). *Wie funktioniert MRI?: Eine Einführung in Physik und Funktionsweise der Magnetresonanzbildgebung*. 7. Aufl. Berlin: Springer.

Weiss, S. (2009). *Gehirnoszillationen und neuronale Kommunikation während der Verarbeitung von Sprache*. Habilitationsschrift, Universität Bielefeld.

Weiss S. (2021). Neurostimulation bei der Sprachverarbeitung: Transkranielle Wechselstromstimulation (tACS) zur Modulation oszillatorischer Prozesse. In: H. M. Müller (Hrsg.), *Sprache in Therapie und neurokognitiver Forschung*. Tübingen: Stauffenburg, S. 251–269.

Weiss, S. & Müller, H. M. (2003). The contribution of EEG coherence to the investigation of language. *Brain & Language*, 85: 325–343. https://doi.org/10.1016/S0093-934X(03)00067-1

Weiss, S. & Müller, H. M. (2012). Too many betas do not spoil the broth: The role of beta brain oscillations in language processing. *Frontiers in Psychology*, 3, 201: 1–15. https://doi.org/10.3389/fpsyg.2012.00201

Weiss, S. & Müller, H. M. (2013). The non-stop road from concrete to abstract: High concreteness causes the activation of long-range networks. *Frontiers in Human Neuroscience*. 7, 526: 1–13. https://doi.org/10.3389/fnhum.2013.00526

Weiss, S. & Müller, H. M. (2017). Entwicklung von Nervensystem und Sprache sowie mögliche Störungen. In: T. Lücke, S. Costard & S. Illsinger (Hrsg.), *Neuropädiatrie für Sprachtherapeuten*. München: Elsevier, S. 17–30.

Weiss, S., Müller, H. M., Mertens, M. & Wörmann, F. G. (2011). "Tooth and Truth": An fMRI study on the comprehension of concrete and abstract lexical items. *The Open Behavioral Science Journal*, 5: 37–47. https://doi.org/10.2174/1874230001105010037

Weiss, S., Müller, H. M., Schack, B., King, J. W., Kutas, M. & Rappelsberger, P. (2005). Increased neuronal synchronization accompanying sentence comprehension. *International Journal of Psychophysiology*, 57: 129–141. https://doi.org/10.1016/j.ijpsycho.2005.03.013

Weiss, S. & Rappelsberger, P. (1996). EEG coherences within the 13–18 Hz band as correlates of a distinct lexical organization of concrete and abstract nouns in humans. *Neuroscience Letters*, 209: 17–20. https://doi.org/10.1016/0304-3940(96)12581-7

Weiss, S. & Rappelsberger, P (2000). Long-range EEG synchronization during word encoding correlates with successful memory performance. *Cognitive Brain Research*, 9: 299–312. https://doi.org/10.1016/S0926-6410(00)00011-2

Weiss-Croft, L. J. & Baldeweg, T. (2015). Maturation of language networks in children: A systematic review of 22 years of functional MRI. *NeuroImage*, 123: 269–281. https://doi.org/10.1016/j.neuroimage.2015.07.046

Welford, A. T. (1980). *Reaction Times*. London: Academic Press.

Wen, X. & Taylor, J. R. (2021, Hrsg.). *The Routledge Handbook of Cognitive Linguistics*. New York: Routledge.

Wentura, D. & Frings, C. (2013). *Kognitive Psychologie*. Wiesbaden: Springer VS.

Werker, J. F. & Lalonde, C. E. (1988). Cross-language speech perception: Initial capabilities and developmental change. *Developmental Psychology*, 24: 672–683. https://doi.org/10.1037/0012-1649.24.5.672

Wesselmeier, H., Jansen, S., & Müller, H. M. (2014). Influences of semantic and syntactic incongruence on readiness potential in turn-end anticipation. *Frontiers in Human Neuroscience*, 8, 296: 1–9. https://doi.org/10.3389/fnhum.2014.00296

Wesselmeier, H. & Müller, H. M. (2015). Turn-taking: From perception to speech preparation. *Neuroscience Letters*, 609, 147–151. https://doi.org/10.1016/j.neulet.2015.10.033

Wheeler, H. (1938). *The Miracle of Life*. London: Odham.

Whitaker, H. A. (1971). *On the Representation of Language in the Human Brain: Problems in the Neurology of Language and the Linguistic Analysis of Aphasia*. Edmonton: Linguistic Research.

Wianda, E. & Ross, B. (2019). The roles of alpha oscillation in working memory retention. *Brain and Behavior* 9, e01263: 1–21. https://doi.org/10.1002/brb3.1263

Wichmann, F. A. & Jäkel, F. (2018). Methods in psychophysics. In: J. T. Wixted & E.-J. Wagenmakers (Hrsg.), *Stevens' Handbook of Experimental Psychology and Cognitive Neuroscience, Vol. 5: Methodology*. 4. Aufl. New York: John Wiley, S. 265–306.

Wittler, M. & Ptok, M. (2007). Transkranielle Magnetstimulation: Eine neue Therapieoption bei Aphasie? *Sprache – Stimme – Gehör*, 31: 112–117. https://doi.org/10.1055/s-2007-985140

Woermann, F. G., Jokeit, H., Luerding, R., Freitag, H., Schulz, R., Guertler, S., Okujava, M., Wolf, P., Tuxhorn, I. & Ebner, A. (2003). Language lateralization by Wada test and fMRI in 100 patients with epilepsy. *Neurology*, 61: 699–701. https://doi.org/10.1212/01.WNL.0000078815.03224.57

Wright, H. H. (2016, Hrsg.). *Cognition, Language and Aging.* Amsterdam: Benjamins.
Wu Y. C., Müller, H. M. & Coulson, S. (2022). Visuospatial working memory and understanding co-speech iconic gestures: Do gestures help to paint a mental picture? *Discourse Processes,* 59: 275–297. https://doi.org/10.1080/0163853X.2022.2028087
Wulff, D. U., De Deyne, S., Jones, M. N. Mata, R. & Aging Lexicon Consortium (2019). New perspectives on the aging lexicon. *Trends in Cognitive Sciences,* 23: 686–698. https://doi.org/10.1016/j.tics.2019.05.003
Zachlod, D., Kedo, O. & Amunts, K. (2022). Anatomy of the temporal lobe: From macro to micro. In: G. Miceli, P. Bartolomeo & V. Navarro (Hrsg.), *Handbook of Clinical Neurology, Vol. 187, The Temporal Lobe.* Amsterdam: Elsevier, S. 17–51.
Zenner, H.-P. (1994). *Hören: Physiologie, Biochemie, Zell- und Neurobiologie.* Stuttgart: Thieme.
Zerilli, J. (2019). Neural reuse and the modularity of mind: Where to next for modularity? *Biological Theory,* 14: 1–20. https://doi.org/10.1007/s13752-018-0309-7
Zilles, K. & Rehkämper, G. (1998). *Funktionelle Neuroanatomie: Lehrbuch und Atlas.* 3. Aufl. Berlin: Springer.
Zschocke, S. & Hansen, H. C. (2012). *Klinische Elektroenzephalographie.* 3. Aufl. Berlin: Springer.
Zwaan, R. A. (2003). The immersed experiencer: Toward an embodied theory of language comprehension. *Psychology of Learning and Motivation,* 44: 35–62. https://doi.org/10.1016/S0079-7421(03)44002-4

Register

A
Aachener Aphasietest (AAT), 99
abstrakt, 25, 27, 56, 188, 190
Abtastrate, 116
Abū l-Aswad ad-Duʾalī, 6
Additive-Faktoren-Methode, 113
Adenosintriphosphat (ATP), 91
Adjektiv, 27, 28, 96
affektiv, 48
age of acquisition (AoA), 60
Agrammatismus, 96
Aktivsätze, 12
akustisch evozierte Potentiale (AEP), 153
Akutphase, 92, 94, 98, 99
Alkmaion von Kroton, 199
Alpha-Band, 187, 194
Alpha-Blockade, 187
Altersstimme, 56
Alzheimer-Krankheit, 156, 178, 194
Ambidexter, 78
Ammensprache, 45
Amobarbital, 129
amodal, 24
Amplitudenspektrum, 146
Amygdala, 73
Amyloidangiopathie, 93
anaerobe Glykolyse, 91
ANELT, 99
Aneurysma, 93, 94
Angiographie, 93
Annihilation, 165
Annotation, 106
Anomie, 31
Antizipation, 35
Aphasie, 2, 11, 19, 28, 83, 89, 90, 92–95, 97–100, 130
    amnestische, 94, 97, 100
    globale, 94, 100
    primär progrediente, 165
    primär progressive, 165
Aphasie-Check-Liste (ACL), 99
Aphasiologie, 11
Apotose, 63
Appell, 8, 9
Appellativum, 31, 112, 176
apperzeptive Ergänzung, 8
Aristoteles, 42, 199
ars grammatica, 5
Arteria
    carotis interna (ACI), 94, 129
    cerebri media (ACM), 94, 98, 162, 163, 174
    cerebri posterior, 130
    comunicans posterior, 93
Arteriosklerose, 93
Artikulation, 21, 22, 35, 49, 50, 56, 58, 112, 125, 158, 180
Artikulationsmotorik, 58
Ataxie, 93
Audiometrie, 141, 153
auditorische Projektion, 76
Äugigkeit, 80
Äußerung, 21, 22, 25, 35, 37, 43, 55, 96, 106, 158
Äußerungslänge, 51
Aussprachestörung, 60

B
Babbelphase, 49, 51, 52
Babylonische Sprachverwirrung, 7
Bahnung, 110, 134, 191
Balbuties, 60
Balken, 72, 83–85
Barbiturat, 129

Battarismus, 60
Beat-Geste, 108
Bedeutungskonstitution, 18, 25, 149, 151, 153, 159, 165, 188, 189
Bedeutungszuweisung, 18, 25, 28, 31, 32, 35
behavioral studies, 105
Behaviorismus, 10, 204
Benennen, 28, 32, 38, 39, 111, 112, 125, 128, 150
Benennexperiment, 32
Benennstörung, 31, 100, 123
Bereitschaftspotential, 159
Beta-Band, 187, 189
Bewegungserfassung, 109
Bewegungsmessung, 109
Bewegungssteuerung, 77, 183
bewusst, 13, 105, 115, 135, 137, 138, 200
BIAS A&R, 99
Bielefelder Wortfindungsscreening für leichte Aphasien (BIWOS), 100
bilateralsymmetrisch, 72, 77, 83
Bilateria, 72
Bildbenennen, 191
bildgebendes Verfahren, 165, 171
bildhaft, 27, 34, 82
bilingual, 57–59
Bindestrich-Disziplin, 9
Binding, 67, 124, 186
binding by synchrony, 124, 186
Bioelektrizität, 201
Biogenetische Grundregel, 43
Blickbewegung, 112, 115–119
Blood Oxygen Level Dependency (BOLD), 175
BOLD-Kontrast, 175
Bostoner Schule, 11
bottom-up, 18, 19, 22, 35, 36, 110
Brain Imaging, 171
Brain Mapping, 121–125, 128
Brain Monitoring, 171
brain synchronization, 191
Broca-Aphasie, 94–96
Broca-Region, 65, 72, 81, 95, 129, 148
Brodmann-Areal, 71, 74, 82
Button-Box, 112

C

Callosotomie, 83
Cerebellum, 29, 30, 82
cerebrale Blutflussmessung, 161
Cerebraler Blutfluss (CBF), 90, 161
Cerebrospinalflüssigkeit, 199

Cerebrum, 90
Chiasma opticum, 73, 84
Child-directed Speech (CDS), 45
Chrysippos von Soloi, 5
cloze probability, 156
Cochlea, 76
Cognitive Science, 2, 4, 9, 11, 119
Colliculus inferior, 76
Common Ground, 20
Computermetapher, 198, 205
Corpus callosum, 72, 83
Corpus geniculatum mediale, 76
COSMAS II, 36

D

Deep Brain Stimulation (DBS), 129
Deixis, 108
Demenz, 2, 59, 178, 194
Denkprozess, 5, 10, 17, 18, 199, 203
diamagnetisch, 175
Dichotisches Hören, 137
Differenzbild, 167, 168
Diffusionsgewichtete Magnetresonanztomographie (DW-MRT), 178
Diffusions-Tensor-Bildgebung (DT-MRT), 178
Diffusion Tensor Imaging (DTI), 178
Diskriminationspunkt, 35
Diskursmodell, 21
Distraktor, 138, 156
Dual-Stream-Modell, 178, 180
dwell time, 117
Dysgrammatismus, 61
Dyslalie, 60
Dyslexie, 61
Dysphagie, 102

E

early left-anterior negativity (ELAN), 107, 156
Edinburgh Inventory of Handedness, 79
EEG-Experiment, 140
EEG-Kohärenz, 145, 185, 186, 189
Effektor, 78
Efferenzen, 75
elektrischer Hautwiderstand, 135
Elektroden-Grid, 122–124, 131
elektrodermale Aktivität (EDA), 135, 136, 138
elektrodermale Reaktion (EDR), 136, 137
Elektroenzephalogramm, 139
Elektroenzephalographie (EEG), 47, 138–145, 150, 151, 154, 185–189, 193
Elektrokortikogramm (ECoG), 122, 123

elektrophysiologische Methoden, 135
Elizitation, 106
Emblem, 108
Embodied Cognition, 24, 25
Embodiment, 25
Embryo, 63, 66
Empirie, 5, 7, 8, 10, 26, 106, 147, 182
Energieverbrauch des Gehirns, 162
Entrainment, 191
Epiglottis, 50, 103
Epilepsie, 121–123, 133
Erasistratos, 199
ereigniskorreliertes Potential (EKP, ERP), 141, 143, 144, 151, 152, 155, 157–159, 185
Erster Grammatischer Traktat, 6
Erstspracherwerb, 63, 68
Erwerbsalter, 60
Ethologie, 8
event-related Potential (ERP), 139, 141, 143, 144
Evolution, 37, 43, 72, 78, 86, 189
evoziertes Potential (EP), 151
Experimentaldesign, 9, 105
Eye-Mind-Hypothese, 115
eye tracking, 115, 116, 119

F
^{18}F-FDG, 164, 165
Faserbahn, 179
Faserverlauf, 178
fast mapping, 52
Feinmechanik, 201
Fiberoptic endoscopic evaluation of swallowing (FEES), 102, 103
figurativ, 77, 82, 85, 188
Fixationspunkt, 116–119
Flavius Sosipater Charisius, 5
Fluordesoxyglucose, 164, 165
Fötus, 44, 66, 79, 101
Fovea centralis, 115
freie Radikale, 91
Fremdsprache, 1, 44, 58, 60, 69, 185, 190
Frequenzbänder, 124, 140, 185
Frontallappen, 30, 95
frühe akustisch evozierte Potentiale (FAEP), 151–153
Frühgeborene, 43, 90, 171, 185
funktionelle Bildgebung, 147
funktionelle Magnetresonanztomographie (fMRT), 10, 34, 147, 149, 150, 171, 176–178, 196
funktionelle Neuroanatomie, 10, 11, 19, 67, 83, 86, 121, 129, 178

funktionelle transkranielle Dopplersonographie (fTCD), 162, 163
Funktionsmodell, 26
Funktionsschwelle, 90

G
Galen, 200
Galvani, Luigi, 201
galvanic skin reaction (GSR), 135
Gamma-Band, 189
Gammadetektor, 166
Gattungsbezeichnung, 31, 112, 176
gaze duration, 117
Gebärdensprache, 89
Gedächtnis, 37, 55, 85, 130, 155, 187, 191, 193, 200
Gehirnentwicklung, 46, 54, 60, 61, 63, 66, 68
Gehirngewicht, 94, 161
Gehirnlappen, 29, 30
Gehirnvolumen, 63, 65
Genie, 69
Georg Fabricius, 5
germanisch, 7
Geschlechtsdifferenzierung, 60
Gesichtserkennung, 17, 29, 31, 43, 83, 85, 177
Gesichtsfeld, 73, 84, 85
Gestaltpsychologie, 205
Geste, 22, 48, 77, 108, 109, 130, 181
  ikonische, 108
Gestik, 6, 42, 95, 108
Gestus, 108
glint, 116
Glucose, 164
Glutamat, 91
Golem-Legende, 199
Gradientenspulen, 173
grammatica speculativa, 6
Grammatik, 6, 8, 68
  deskriptive, 6
  präskriptive, 6
  von Port-Royal, 6
Grammatiktheorie, 3
grand average, 144, 145
graphematisch, 27, 36
Graphem-Phonem-Umsetzung, 73
Greifwerkzeug, 78
Großhirnrinde, 29, 71, 78
Grounded Cognition, 25
Grounding, 20
Gyrus cinguli, 33
Gyrus frontalis inferior, 33, 82, 95, 180
Gyrus fusiformis, 33
Gyrus parahippocampalis, 33

Gyrus postcentralis, 127
Gyrus praecentralis, 125
Gyrus temporalis medius, 180
Gyrus temporalis superior, 97, 180

H
Hämoglobin
  desoxygenisiertes, 175
  oxygenisiertes, 175
Hand, 78
Händigkeit, 77–79, 81, 86, 113
Händigkeitstest, 79
Handlungserkennung, 39
Hauptvermögen, 199
hautgalvanische Reaktion, 135
Hautleitfähigkeitsmessung, 135
Hebbsche Lernregeln, 190
Hemiparese, 77, 83, 93, 94, 97
Hemiplegie, 77
Hemisphäre, 31, 33, 71, 72, 77, 79, 81–85, 92, 93, 128, 130, 131, 147, 188
Hemisphärenspezialisierung, 45, 81, 82
Hermeneutik, 3
Herophilos, 199
Heschl'sche Querwindung, 71, 75, 76
Hidden Layer, 23
high-amplitude-sucking technique (HSE), 44
High-Cloze-Satz, 156, 157
Hinterhauptslappen, 30
Hirnbasis, 33
Hirnblutung, 89, 92, 98
Hirninfarkt, 89, 98
Hirnmark, 162
Hirnparenchym, 91
Hirnreifung, 41, 51, 55, 64, 65, 67–69
Hirnrinde, 29, 65, 66, 78, 162, 176
Hirnschädigung, 89, 174
Hirnstammaudiometrie, 141
Hirnstammpotential, 153
Hirnwachstum, 43
holistisch, 16–19, 182
Holographie, 205
homolog, 81, 92, 148
Hörbahn, 73, 75, 76, 82, 83
Horizontalschnitt, 34
Hörnerv, 76
Hörrinde, 76, 77, 125
Hörschnecke, 76
Hörschwelle, 56
Hörstrahlung, 76
Hypertonus, 93
Hypometabolismus, 165

I
Imagination, 34
Imitation, 181, 182
Implementierung, 19
indoeuropäisch, 7, 42
infant-directed speech (IDS), 45
Infarzierungsschwelle, 90, 91
Initialkohorte, 35, 36
Initialphonem, 35
Insult
  hämorrhagischer, 90
  ischämischer, 90
Interaktion, 22, 66
Intrakarotidaler Amobarbital-Test (IAT), 129
Introspektion, 3, 5, 7–9
ipsilateral, 73, 76
Ischämie, 89, 91, 92
  cerebrale, 89
ischämischer Halbschatten, 91, 92

J
joint action, 20

K
kanonisches Lallen, 52
kardiozentrische These, 199
Kausalität, 182
Kausalkette, 15, 183
Kehldeckel, 50, 103
Kehlkopf, 49, 50, 55, 103
Kehlkopfabsenkung, 49, 50
Kernzone, 91, 92
Khoisan-Sprachen, 42
Kleinhirn, 29, 30, 82, 92
Kleinkind, 45, 46, 51–55, 61, 62, 65, 67, 68, 79, 90, 171
Klinische Linguistik, 2, 11, 12, 100, 102
Kognition, 17, 18, 23, 24, 28, 37, 41, 42, 51, 59, 65, 78, 83, 86, 186, 189, 195
Kognitive Wende, 10
Kohortenmodell, 34, 35
Kommissur, 73
Kommissurenfaser, 72, 85
Kommunikation, 8, 41–43, 48, 58, 84, 100, 108, 182
Kommunikationsmodell, 8
konkret, 25, 27, 34, 114, 188, 190
konnektionistisch, 23
Konsonant, 49, 51
Konsonant-Vokal-Silbe, 52
kontralateral, 73, 76

Kontrast
  phonematischer, 46, 47
  phonemdistinktiver, 49
Konzept, 22, 25, 38, 39, 52, 111
  mentales, 110, 190, 197
Konzeptualisator, 22
Korpora, 28, 36
Kortex, 65, 78, 122
  auditorischer, 71, 76, 77, 83, 87
  motorischer, 77, 114, 128, 183
  präfrontaler, 29, 33, 55, 65, 114
  prämotorischer, 77, 114, 180
  sensorischer, 127, 128
  supplementärmotorischer, 77
  visueller, 71
Kortexdicke, 60
Kortexoberfläche, 65
Kreuzdominanz, 80
Künstliche-Intelligenz-Forschung, 2, 3, 11, 204
Kybernetik, 204
Kybernetische Schildkröte, 205

L
Lächeln, 43, 48
Laktat, 91
Längsmagnetisierung, 173
large-scale-Synchronisation, 187
Larmorfrequenz, 173
Larynx, 50, 103
Läsion, 123, 124, 131
  temporäre, 123, 129, 131, 133
late bloomer, 61
Lateralisation, 83
Lateralitätsquotient, 80
late talker, 62
Lautäußerung, 42, 82, 125
Legasthenie, 61
Leistungsmodell, 26
Lemma, 21, 22
Lernen, 1, 25, 42, 44, 46, 48, 52, 53, 58, 60, 65, 67, 68, 181
Leseexperiment, 110, 148
Lesen, 57, 61, 73, 82, 89, 93, 94, 97, 98, 101, 115, 117–119, 158
Lese-Rechtschreib-Schwäche, 17
Lese-Rechtschreib-Störung (LRS), 61
Leukotriene, 91
lexical decision, 110, 112, 115
lexikalische Entscheidung, 110, 112, 191
lexikalischer Konkurrent, 35
Ligamentum vocale, 103
Linguistik, 5

linkshändig, 78, 81
Lippenbewegung, 48, 108
Lippenbild, 54, 108
Lippenlesen, 108
Lobulus parietalis inferior, 87
Lobus frontalis, 30
Lobus occipitalis, 30
Lobus parietalis, 30
Lobus temporalis, 30
Logogenmodell, 20, 100
Lokalisation, 125, 183
lokalistisch, 177, 182, 196, 203, 206
Longitudinalmagnetisierung, 173
Longitudinal-Relaxation, 173

M
Magnetenzephalogramm, 141
Magnetenzephalographie (MEG), 10, 138, 139, 141, 142, 150, 185
Magnetfeld, 133, 171–173, 177
magnetic resonance imaging (MRI), 171
magnetoencephalography, 141
magnetohydrodynamischer Effekt, 177
Magnetophosphene, 177
Magnetresonanztomographie (MRT), 72, 172, 174, 176, 177
Mandelkern, 73
McGurk-Effekt, 106
mean length of utterance (MLU), 55
Medulla, 77
Mehrsprachigkeit, 57
Menschenaffen, 42, 50, 78, 79, 81, 86
mentale Repräsentation, 32, 34, 37, 38, 52, 195
mentales Lexikon, 1, 17, 27, 28, 31, 32, 111, 188
Metaanalyse, 33, 81, 149, 150
metabolische Methoden, 161, 169
Metapher, 25, 82, 85, 197, 198
Mild Cognitive Impairment (MCI), 186, 194
Mimik, 6, 42, 48, 95, 108
Mismatch Negativity (MMN), 47
Mittelungstechnik, 144
mittlere akustisch evozierte Potentiale (MAEP), 152, 153
mittlere Hirnschlagader (MCA), 163
modal, 24
Modell, 10, 15, 19, 20, 22, 23, 26, 34, 37, 100, 101, 195
Modul, 21
modular, 16, 17, 19
Monitoring, 21
Monsieur Tan, 95

Morphologie, 3
Moses-Illusion, 110
Motherese, 45
motion capture, 109
motion tracking, 108, 109
Mutismus, 94
Mutter-Kind-Interaktion, 53
Muttersprache, 1, 42, 46, 47, 49, 51, 55, 58–60
Muttersprachler, 27
Myelinisierung, 51, 63, 65

N
N100-Komponente, 155
N400-Komponente, 155–157
nahinfrarotes Licht, 169
Nahinfrarotspektroskopie (NIRS), 169, 170
near-infrared spectroscopy, 169
Nekrose, 91
Nervus acusticus, 76
Nervus opticus, 73
Netzwerk
   funktionelles, 146
   neuronales, 124, 181, 184
   transientes, 124, 182, 183
Neugeborene, 44–47, 63, 65, 171, 181, 182
Neuralinduktion, 63
Neurochirurgie, 121, 122, 125, 126, 128–130
neurodegenerative Erkrankung, 164, 178, 187, 192, 194
Neurogenese, 63
Neurolinguistik, 1, 3, 11, 12
Neuron, 63, 67, 78, 90, 91, 101, 123, 124, 131, 133, 138, 185, 206
neuronal assemblies, 124, 181, 184, 206
Neuronal Binding by Synchrony, 124
Neuronennetz, 190
Neuronennetzwerk, 181, 196
Neuroplastizität, 66–68, 181
Neurulation, 63
nicht-invasiv, 10, 135, 139, 169, 171
nicht-phasengekoppelt, 186
Nomen, 7, 24, 27–29, 34, 52, 54, 56, 96, 176, 188, 190
   appellativum, 31, 112, 176
   proprium, 31, 49, 112, 176
non-verbal, 43, 106, 182
Normgehirn, 176, 177
Nuckelrate, 44, 45

O
^{15}O, 165, 169

Oberflächenstruktur, 21
Objektbenennung, 32, 34, 85, 112, 124, 129
Objekterkennung, 16, 28, 29, 31, 32, 39
Oddball, 155
okulare Dominanz, 80
Okulomotorik, 115, 118
Okzipitallappen, 29, 30, 34, 73, 74
Ontogenese, 57
Organon-Modell, 8, 9
Oszillation, 146, 181, 185, 190, 192
oszillatorisch, 124, 184, 185, 189–192

P
P300-Komponente, 155
P600-Komponente, 156
Pāṇini, 5
Parallelverarbeitung, 13, 23, 72, 124, 146
paramagnetisch, 175
Paraphasie
   phonematische, 97
   semantische, 97
Parietallappen, 30, 33
Pars opercularis, 87
Pars triangularis, 82, 87, 95
Passivkonstruktion, 55, 97
Passivsätze, 12
Patholinguistik, 12
Penumbra, 91, 92
Personennamen, 7, 31, 49, 137, 176, 177
Phase
   chronische, 100, 101
   kritische, 63, 68
   sensible, 63, 68
phasensynchron, 186
Phasensynchronisation, 145
Phonation, 103
Phonemanalyse, 77
Phonemerkennung, 176
Phonem-Graphem-Umsetzung, 61
Phonemset, 49, 58, 68
Phonemwahrnehmung, 46
Phonetik, 3
Photodetektor, 169
Photonen, 165
Phrenologie, 183
Phylogenese, 57
Plaques, 93
Platon, 5, 199
Plica vocalis, 103
Pneuma, 16, 199
Poltern, 60
Polygraphie, 135

Positronenemissionstomographie (PET), 147, 149, 150, 163–168
Postakutphase, 94, 99, 100
Potential
  endogen ereigniskorreliertes, 154
  exogen ereigniskorreliertes, 150
präattentiv, 13
Pragmatik, 3
präoperative Diagnostik, 121–123, 129
präverbale Botschaft, 21
Präzession, 173
Presbyakusis, 56
Presbyphonie, 56
Primaten, 39, 43, 49, 77, 78, 178
Priming, 110, 191
  semantisches, 110
proficiency level (PL), 60
programmierter Zelltod, 63
Proprium, 7, 31, 112, 176
Prosodie, 6, 45, 95
prosodisch, 77, 82, 130
Psycholinguistik, 106
Pubertät, 45, 60, 65, 67, 68, 79
Pulse-train, 124
pyramidales System, 77
Pyramidenbahn, 77
Pythagoras, 199

Q
Quermagnetisierung, 173

R
Radiatio auditiva, 76
Radioisotope, 163–165, 168
Radionuklide, 163–165, 168
Reaktionszeit, 111–113
Reaktionszeitexperiment, 113
Reaktionszeitmessung, 112, 135
Rechtsäugigkeit, 80
rechtshändig, 78–81
Reflexschrei, 47
Regional Cerebral Blood Flow (rCBF), 162
Regression, 118
Relativsatz, 55, 61, 148
Reorganisation, 92
repetitive transkranielle Magnetstimulation (rTMS), 133, 191
Restaphasie, 98, 100
Restitution, 92
Retina, 73
Rhetorik, 7

Rima glottidis, 103
romanisch, 7
Romanus, 5
Rücksakkade, 118
Ruhe-EEG, 150

S
Sakkade, 117, 118
sampling rate, 116
Sanskrit, 5, 8
Sauerstoff, 164
Sauerstoffisotop, 165, 169
Säugling, 44–47, 49, 50, 171, 181
Schädel-Hirn-Trauma, 89, 90, 122
Schädelprellung, 89
Scheitellappen, 30
Schema, 32, 37, 38, 110
Schimpansen, 39, 79
Schimpansengehirn, 162
Schläfenlappen, 30
Schlaganfall, 2, 89, 90, 92, 174
Schlucken, 49
Schluckstörung, 102
Schmetterlingsspule, 132, 133
schreiben, 57, 61, 82, 89, 93, 94, 97, 98
Seele, 16, 17, 196, 199
Sehbahn, 73, 83
Sehbahnkreuzung, 73, 84
Sehnerv, 73
Sehrinde, 87, 125, 149
Selbstorganisation, 203, 206
semantic decision, 112, 138
semantisch, 29, 33, 100, 110, 130, 156, 187
semantische Restriktion, 155
semantisches Feld, 29, 138, 191
Semiotik, 8
sensomotorisch, 66, 78, 81, 83, 86, 125
seriell, 21
SETK 2, 62
shadowing, 23, 158
Sham-Stimulation, 194
SHORTLIST, 36
ShortlistB, 23
Silbenplappern, 51
Simple Recurrent Network (SRN), 23
Simulation, 10, 19, 22, 25, 37, 39, 190
single trial, 145, 186
Skript, 37, 38
slawisch, 7
Sloan Report, 4
Somatotopie, 125, 184, 203

späte akustisch evozierte Potentiale (SAEP), 154
Specific Language Impairment (SLI), 61
speech arrest, 124, 127
spektralanalytisch, 146, 185, 186
spektrale Kohärenz, 145
spezifische Sprachentwicklungsstörung (SSES), 61
Spieluhr, 44
Spiritus, 16, 199, 201
    animalis, 201, 202
    vitalis, 200
Split-Brain-Patienten, 83, 85
Spontan-EEG, 139, 142, 144, 145
Spontanremission, 94, 99, 100
Sprachautomatismen, 95
Sprache
    egozentrische, 54
    innere, 54
    kindgerichtete, 45
Sprachentwicklung, 41, 43, 52, 60, 61, 65
Sprachentwicklungsstörung, 60
Spracherwerb, 10, 37, 41, 43, 47, 57, 69, 182
Sprachevolution, 57
Sprachfähigkeit, 1, 2, 6, 8, 13, 18, 19, 28, 37, 42, 43, 51, 57, 60, 65, 68, 81, 85, 87, 90, 106, 124, 130, 147, 178, 181, 185, 194, 199, 207
Sprachkompetenz, 59, 60, 156
Sprachlateralisierung, 71, 129, 131, 162, 163
Sprachorgan, 37
Sprachphilosophie, 11
Sprachplanung, 86
Sprachproduktion, 10, 17, 19–21, 81, 89, 93, 127, 133, 149, 150, 161, 171
Sprachproduktionsmodell, 19–21
Sprachrezeption, 10, 17, 22, 34, 82, 89, 93, 97, 161
Sprachstörung, 1, 57, 60, 62, 83, 89
    neurogene, 89, 191
Sprachtherapie, 94, 98–101, 194
Sprachwissenschaft, 3, 8, 9, 11
Sprechhemmung, 124, 125, 127, 128
Sprechplanung, 97
stammesgeschichtlich, 86
Stammzelle, 101
Stellknorpel, 103
Stenose, 89
Stimmbänder, 89, 103
Stimme, 55, 82
Stimmlippen, 103
Stimmritze, 103

Stimulation, 99, 121, 123–129, 131, 133, 190, 191
    subkortikale, 129
Stottern, 60
Stroke Unit, 92
Subarachnoidalblutung, 89
Subtraktionsmethode, 113, 164, 166, 167, 176
Sulcus centralis, 126, 180
Sulcus lateralis, 175
Sulcus temporalis inferior, 175, 180
Sulcus temporalis superior, 175, 180
Summenpotential, 142, 156, 185
superconducting quantum interference device (SQUID), 141–143
svPPA, 165
Sylvische Fissur, 175
symbolisch, 39
Symbolsystem, 25
Synapse, 67
Synapseneliminierung, 65, 67
Synaptogenese, 65, 67
Synchronisation, 67, 146, 181, 185, 187–189, 191
syntactic positive shift (SPS), 156, 158
Syntax, 3
Szenario, 32
Szintillationszähler, 165, 166

T
T1-Signal, 173
T2-Signal, 173
Talairach Atlas, 177
Teilchenbeschleuniger, 168
Teilleistungsschwäche, 17
Temporallappen, 30, 114, 126, 165, 175, 179
Temporallappenepilepsie, 122
Testosteron, 60
Thalamus, 82, 129
Theory of Mind (ToM), 21
Theta-Band, 187, 193
Thomas von Erfurt, 6
Tiefe Hirnstimulation, 192
Tiefenelektrode, 129
Tiefenstruktur, 21
Tierlaute, 82
time-locked, 186
Tonotopie, 125
top-down, 18, 19, 22, 23, 35, 36, 38, 110, 118, 189
Topie, 184
Topographie, 124, 125
TRACE, 23, 36

Tracer, 162
Traktographie, 178, 179
transcranial alternating current stimulation (tACS), 192–194
transcranial direct current stimulation (tDCS), 192
transkranielle Elektrostimulation (tES), 192
transkranielle Gleichstromstimulation, 192
transkranielle Magnetstimulation (TMS), 131, 132, 191
transkranielle Wechselstromstimulation, 192–194
Transkription, 106
Turn-Ende, 155
Turn-Taking, 159
Typologie, 8

U
Ultraschallsonographie, 162
unbewusst, 13, 108, 135, 138, 153
uniqueness point, 35
Unterwelt, 16

V
Vena anastomotica inferior, 126
Ventrikel, 199
Ventrikellehre, 183, 200
Verarbeitung
  inkrementelle, 13, 19, 20
  parafoveale, 119
Verb, 7, 24, 27–29, 52, 53, 96, 191
Verhaltensuntersuchung, 105
Verhaltensversuch, 111
Vernichtungsstrahlung, 165
very early left-anterior negativity, 156
Videofluoroskopie, 102
Video-Rhinolaryngoskop, 103
visuelle Projektion, 73
Voice Key, 112
Vokalisation, 42, 47, 81, 82, 125, 129, 130, 178
Von-Neumann-Architektur, 205
vorbewusst, 13

W
Wada-Test, 129–131
Was-Pfad, 29, 30

Wasserstoffatom, 173
weiße Substanz, 51, 162
Weltwissen, 20, 36
Werkzeuggebrauch, 86, 87
Wernicke-Aphasie, 94, 97
Wernicke-Region, 34, 65, 72, 81, 148
Wissensrepräsentation, 10, 28
Wolfskinder, 69
Wo-Pfad, 29, 30
word fluency task, 162
World Speed Reading Championship, 158
Wortentscheidungsaufgabe, 115
Wortentscheidungsexperiment, 110
Wortfeld, 110
Wortfindung, 82
Wortfindungsstörung, 55, 95, 97, 100
Wortflüssigkeit, 82
Wortflüssigkeitsaufgabe, 162
Wortfrequenz, 27, 35–37, 115, 156
Worthäufigkeit, 115
Wortkategorie, 29, 31, 53
Wortklasse, 7
Wortlänge, 27
Wortschatz, 27, 46, 53, 58
Wortschatzexplosion, 52
Wortverstehen, 34, 35, 53, 148

Z
Zahlwort, 7
zeichenbasiert, 41
Zeichencharakter, 9
Zeichentheorie, 8
Zeigebewegung, 77, 202
Zeigegeste, 201
Zeit-Frequenz-Darstellung, 186
Zeitkodierungshypothese, 186
Zellmigration, 63
Zellproliferation, 63
zephalozentrische These, 199
Zirbeldrüse, 201
Zweiseitentiere, 72
Zweisprachigkeit, 58, 59
Zweitspracherwerb, 57, 68
Zwei-Wort-Phase, 53
Zyklotron, 168

SPRINGER NATURE

GPSR Compliance

The European Union's (EU) General Product Safety Regulation (GPSR) is a set of rules that requires consumer products to be safe and our obligations to ensure this.

If you have any concerns about our products, you can contact us on ProductSafety@springernature.com

In case Publisher is established outside the EU, the EU authorized representative is:

Springer Nature Customer Service Center GmbH
Europaplatz 3
69115 Heidelberg, Germany

The manufacturer's authorised representative in the EU is Springer Nature Customer Service Centre GmbH, Europaplatz 3, 69115 Heidelberg, Germany. If you have any concerns regarding our products, please contact ProductSafety@springernature.com

Printed and bound by CPI Group (UK) Ltd, Croydon, CR0 4YY

25/03/2026

02078186-0012